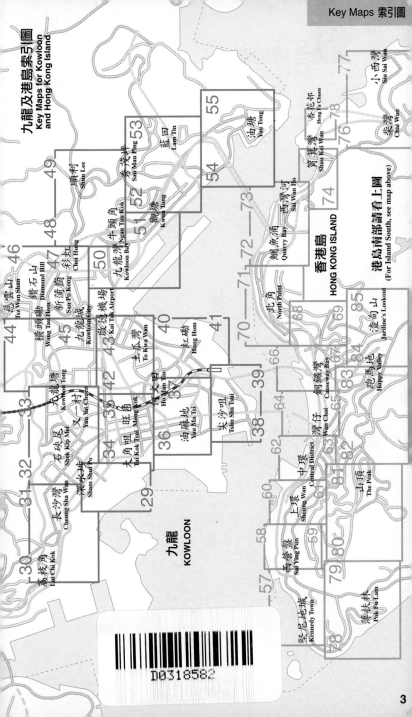

九龍及港島索引圖
Key Maps for Kowloon
and Hong Kong Island

小西灣
Siu Sai Wan

順利
Shun Lee
49

藍田
Lam Tin
53

秀茂坪
Sau Mau Ping

油塘
Yau Tong
55

48

杏花邨
Heng Fa Chuen

52
牛頭角
Ngau Tau Kok
51

54

柴灣
Chai Wan

筲箕灣
Shau Kei Wan

47
彩虹
Choi Hung
46

慈雲山
Tsz Wan Shan

觀塘
Kwan Tong

76

78

77

鑽石山
Diamond Hill

44
黃大仙
Wong Tai Sin
45
新蒲崗
San Po Kong
50

九龍灣
Kowloon Bay

港島南部請看上圖
(For Island South, see map above)

74

西灣河
Sai Wan Ho
73

鰂魚涌
Quarry Bay
72

九龍城
Kowloon City

啟德機場
Kai Tak Airport
43

牛池灣
To Kwa Wan

40

北角
North Point
71

香港島
HONG KONG ISLAND

85

33

石硤尾
Shek Kip Mei
32

深水埗
Sham Shui Po

九龍塘
Kowloon Tong
42

又一村
Yau Yat Chuen

何文田
Ho Man Tin
37

紅磡
Hung Hom
41

70

68

69

渣甸山
Jardine's Lookout

銅鑼灣
Causeway Bay
65

84

跑馬地
Happy Valley
83

34
大角咀
Tai Kok Tsui

旺角
Mong Kok
35

油麻地
Yau Ma Tei
36

尖沙咀
Tsim Sha Tsui
38

39

66

灣仔
Wan Chai
64

62

中環
Central District
63

82

山頂
The Peak
81

30
荔枝角
Lai Chi Kok
31

長沙灣
Cheung Sha Wan

29

九龍
KOWLOON

尖沙咀
Tsim Sha Tsui

60

上環
Sheung Wan

上環
Sheung Wan
59

80

60

58

西營盤
Sai Ying Pun

堅尼地城
Kennedy Town
57

79

薄扶林
Pok Fu Lam

D0318582

3

香港全境地圖
Map of Hong Kong Territory

深圳
SHENZHEN

后海灣
HAU HOI WAN
(Deep Bay)

皇崗口岸
(廣深珠公路起點)

落馬洲
Lok Ma Chau

古洞
Kwu Tung

尖鼻咀
Tsim Bei Tsui

米埔
Mai Po

錦繡花園
Fairview Park

流浮山
Lau Fau Shan

天水圍
Tin Shui Wai

橫洲
Wang Chau

八鄉
Pat Heung

廈村
Ha Tsuen

屏山
Ping Shan

元朗
YUEN LONG

閂頭
Au Tau

白泥
Pak Nai

錦田
Kam Tin

新　界
新 界

CASTLE PEAK RD

YUEN LONG HIGHWAY 朗公路

大棠
Tai Tong

稔灣
Nim Wan

大欖涌水塘
Tai Lam Chung Reservoir

龍鼓洲
LUNG KUN CHAU

龍鼓灘
Lung Kwu Tan

青山
Castle Peak

屯門
TUEN MUN

踏石角
Tap Shek Kok

黃金海岸
HK Gold Coast

大欖涌
Tai Lam Chung

深井
Sham Tseng

荃灣
TSUEN WAN

沙洲
SHA CHAU

馬灣
MA WAN

青衣
TSING YI

青洲仔
Tsing Chau Tsai

蔭洲
Yam O

建築中香港新機場
Hong Kong Airport
New Site
(Under Construction)

大白灣
愉景灣
DISCOVERY BAY

大蠔
Tai Ho

坪洲
PENG CHAU

交椅洲

青洲
Green I

沙螺灣
Sha Lo Wan

東涌
TUNG CHUNG

大水坑
Trappist Haven

周公島

往南丫

昂坪
Ngong Ping

大嶼山
LANTAU ISLAND
(TAI YUE SHAN)

梅窩
MUI WO

喜靈洲
HEI LING CHAU

大澳
TAI O

鳳凰山
Lantau Peak

二澳
YI O

塘福
Tong Fuk

長沙
Cheung Sha

貝澳
Pui O

芝麻灣半島
CHI MA WAN PENINSULA

西博寮海峽
West Lamma Channel

石壁
Shek Pik

長洲
CHEUNG CHAU

分流
FAN LAU

石鼓洲
SHEK KWU CHAU

索罟群島
SOKO ISLANDS

← 7.5Km (比例尺 Scale 1:258,000) →

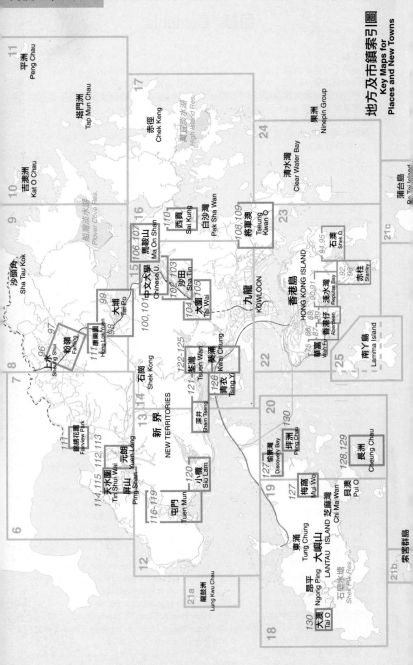

地方及市鎮索引圖
Key Maps for
Places and New Towns

平洲
Peng Chau

塔門洲
Tap Mun Chau

吉澳洲
Kat O Chau

赤徑
Chek Keng

果洲
Ninepin Group

清水灣
Clear Water Bay

蒲台島
Po Toi Island

沙頭角
Sha Tau Kok

西貢
Sai Kung

白沙灣
Pak Sha Wan

將軍澳
Tseung
Kwan O

108,109

110

馬鞍山
Ma On Shan

106,107

中文大學
Chinese.U.
100,101

沙田
Sha Tin
102,103

105

大圍
Tai Wai
104

大埔
Tai Po
99

康樂園
Hong Lok Yuen
98

粉嶺
Fanling
96 97

上水
Sheung Shui

111

錦繡花園
Fairview Park
117

元朗
Yuen Long
112,113

天水圍
Tin Shui Wai
114,115

屏山
Ping Shan

116-119

屯門
Tuen Mun

小欖
Siu Lam
120

深井
Sham Tseng
121

青衣
Tsing Yi
126

葵涌
Kwai Chung

荃灣
Tsuen Wan
122-125

石崗
Shek Kong

新界
NEW TERRITORIES
13, 14

石澳
Shek O
94,95

赤柱
Stanley
92,93

淺水灣
Repulse Bay
90,91

香港仔
Aberdeen
88,89

華富
Wah Fu
75 86,87

香港島
HONG KONG ISLAND

九龍
KOWLOON

南丫島
Lamma Island
25

大嶼山
LANTAU ISLAND

東涌
Tung Chung

芝麻灣
Chi Ma Wan

昂平
Ngong Ping

大澳
Tai O
130

石壁水塘
Shek Pik Res.

愉景灣
Discovery Bay
127

坪洲
Ping Chau
130

梅窩
Mui Wo
127

貝澳
Pui O

長洲
Cheung Chau
128,129

龍鼓洲
Lung Kwu Chau
21a

21b

索罟群島

18

19

20

龍尾洲

船灣淡水湖
Plover Cove Res.

高島淡水湖
High Island Res.

11

10

9

8

7

6

17

16

15

24

23

22

21c

目錄　Contents

圖例 28	Legend 28
索引圖 2,3	Key Maps 2,3
香港陸上交通系統圖 26,27	Map of Hong Kong Land Carriage System 26,27
香港全境地圖 4,5	Map of Hong Kong Territory 4,5
香港全境各區地方圖 6-25	Maps of Places of Hong Kong 6-25
九龍各區街道圖 29-55	Street Plans of Kowloon 29-55
港島各區街道圖 56-95	Street Plans of Hong Kong Island 56-95
市鎮街道圖： 96-130	Street Plans of Towns: 96-130
上水,粉嶺 96,97	Sheung Shui, Fan Ling 96,97
大埔 98,99	Tai Po 98,99
九肚山,中文大學 100,101	Kau To, Chinese University 100,101
火炭,小瀝源 102,103	Fo Tan, Siu Lik Yuen 102,103
大圍,沙田 104,105	Tai Wai, Sha Tin 104,105
馬鞍山,泥涌 106,107	Ma On Shan, Nai Chung 106,107
將軍澳,坑口 108,109	Tseung Kwan O, Hang Hau 108,109
西貢 110	Sai Kung 110
錦繡花園,康樂園 111	Fairview Park, Hong Lok Yuen 111
元朗 112,113	Yuen Long 112,113
天水圍,屏山 114,115	Tin Shui Wai, Ping Shan 114,115
屯門 116-119	Tuen Mun 116-119
小欖深井 120,121	Siu Lam, Sham Tseng 120,121
青衣,荃灣葵涌 122-126	Tsing Yi, Tsuen Wan, Kwai Chung 122-126
愉景灣梅窩 127	Discovery Bay, Mui Wo 127
長洲 128,129	Cheung Chau 128,129
坪洲,大澳 130	Peng Chau, Tai O 130
常用電話號碼 131	Useful Telephone Numbers 131
屯門輕便鐵路路線及票價 132	Tuen Mun LRT Route & Fare Chart 132
地下鐵路單程車費表 133	MTR Single Journey Fare Table 133
九廣及地下鐵路頭尾班車時間 134,135	KCR & MTR First / Last Train Departure Time 134,135
大嶼山巴士路線表 136	Lantau Island Bus Routes 136
九廣鐵路車費表及接駁巴士路線 137	KCR Fare Table & Feeder Bus Routes 137
專線小巴路線 137,138	Franchaised Minibus Routes 137
九龍巴士路線 139-142	Kowloon Bus Routes 139-142
香港島巴士及城巴路線 143,144	Hong Kong Island Bus & City Bus Routes 143,144
港內,外線小輪服務 145-148	Ferry Routes 145-148
各國駐港領事館地址及電話 149	Addresses & Telephone Numbers of Consulates 149
遊覽地點簡介 150-160	Recommended Places to Visit (in Chinese) 150-160
政府機關及主要公用事業 161	Government Offices & Major Utilities 161
醫院及診療所 162	Hospitals & Clinics 162
公園,博物館及主要遊點 163	Parks, Museums & Scenic Spots 163
體育活動場地及主要圖書館 164	Sports Grounds & Utilities 164
宗教,殯儀館,火葬場及墳場 165	Religious, Funeral Parlours & Cemeteries 165
戲院及公眾表演場所(附電話) 166	Cinemas & Public Performing Places (with phone nos.) 166
酒店及賓館 (附電話) 167	List of Hotels & Hostels (with phone nos.) 167
中學及大專學院 168-171	Secondary Schools & Colleges 168-171
全港公共屋邨 (中-英) 172,173	Public Housing Estates (in alphabetical order) 174,175
全港主要大廈及私人屋邨 176-189	Major Buildings & Private Est. (in alphabetical order) 190-203
全港街道索引(中-英) 204-219	Streets (in alphabetical order) 220-235
全港地方索引 236-240	Places of Hong Kong Territory (Chinese-English) 236-240

2100m米 (比例尺Scale 1:71,400)

華僑城
Huaqiao Town

南 福 田 區
Nan Fu Tian District

深圳賽馬場
Race Course

A

世界之窗
Window of
the World

中國民俗文化村
Folk Village

錦繡中華
Splendid China

B

后 海 灣
HAU HOI WAN

(DEEP BAY)

C

南沙莆
Nam Sha Po

沙橋村
Sha Kiu Tsuen

•69

尖鼻咀
Tsim Bei Tsui

網井園
Mong Tseng Wai

D

網井村
Mong Tseng Tsuen

流浮山
LAU FAU SHAN

雲浮仙觀

池塘
Ponds

吳屋村
Ng Uk Tsuen

大井

新慶村
San Hing
Tsuen

沙江圍
Sha Kong
Wai

天水圍
TIN SHUI WAI

E

坑口村
Hang Hau
Tsuen

沙江村
Sha Kong
Tsuen

嘉湖山莊
Kingswood Villas

馮家園
Fung Ka
Wai

丫髻山

盛屋村

121

橫洲
WANG CHAU

F

洪水坑

鳳降村
Fung Kong
Tsuen

楊侯宮

東頭村
Tung Tau
Tsuen

天瑞邨

天耀邨
Tin Yiu Est

鳳池村
Fung Chi
Tsuen

朗

紫磡石
Ngau Hom
Shek

29•

新屋
Sah Nai

聚星樓

屏山
PING SHAN

M25

紫磡沙
Ngau Hom
Sha

錫降圍
Sik Kong Wai

鄧氏宗祠

橋頭圍
Kiu Tau
Wai

坑尾村
Hang Mei
Tsuen

YU

上白泥
Sheung
Pak Nai

DEEP BAY ROAD

100

廈尾市
Ha Tsuen Shi

廈村
HA TSUEN

石埗村
Shek Po
Tsuen

灰沙圍
Fui Sha Wai

馬田
Ma Ti

G

100

200

新生村
Tin San

田心村
Tin Sam

洪水橋
HUNG SHUI KIU

石埗村

路

唐人新村
Tong Yan
San Tsuen

山下村
Shan Ha Tsuen

欖口
Lam Hau

6
泥

1

100

2

靈渡山

100

200

300

亦園村

鍾屋村
Chung Uk Tsuen

丹桂村
Tan Kwai Tsuen

12

3

4

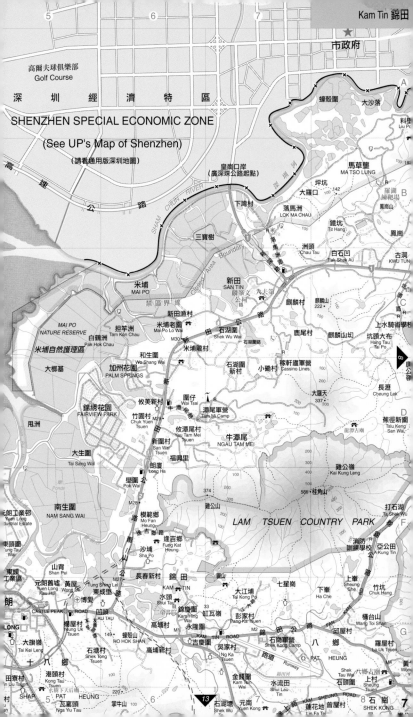

市政府

高爾夫球俱樂部
Golf Course

深圳經濟特區

SHENZHEN SPECIAL ECONOMIC ZONE

(See UP's Map of Shenzhen)

(請看通用版深圳地圖)

蠔殼圍　大沙落
Liu Pok
料壆

皇崗口岸
(廣深珠公路起點)

馬草壟
MA TSO LUNG

坪坑
大羅町　142

下灣村

落馬洲
LOK MA CHAU
羅湖聯檢大樓
鳳崗山
鳳崗

三寶樹

洲頭
Chau Tau
白石凹
Pak Shek Au
古洞
KWU TUNG

鐵坑
Tit Hang

米埔
MAI PO

新田
SAN TIN
惇裕文
公所
大夫第

麒麟山
222

禁區界線

上水騎術學校
Hang Tau Tai Po

MAI PO
NATURE RESERVE

擔竿洲
Tam Ken Chau

米埔老圍
Mai Po Lo Wai
石湖圍
Shek Wu Wai
石湖圍路

鹿尾村

麒麟山坳

抗頭大布

米埔自然護理區

白鶴洲
Pak Hok Chau

和生圍
Wo Shang Wai

米埔隴村

石湖圍
新村

小磡町

稼軒廬軍營
Cassino Lines

大欖基

加州花園
PALM SPRINGS

大欖天
337

長瀝
Cheung Lek

蕉徑新圍
Tsiu Keng
San Wai

錦綉花園
FAIRVIEW PARK

攸美新村
Chuk Yuen
Tsuen

圍仔
Wai Tsai

潭尾村
牛潭尾路

潭尾軍營
Tam Mi Camp

雞公嶺
Kai Kung Leng

龍躍頭古廟

甩洲

竹園村
M29

攸潭尾村
Yau Tam Mei
Tsuen

新圍村
San Wai
Tsuen

牛潭尾
NGAU TAM MEI

大生圍
Tai Sang Wai

朗廈
Long Ha

福興里

壆圍
Pok Wai

雞公山

374

200

400

雞公山

300

586 桂角山

打石湖
Ta Shek Wu

Ponds

南生圍
NAM SANG WAI
M28

模範鄉
Mo Fan
Heung

LAM TSUEN COUNTRY PARK

消防
訓練學校

亞公田
A Kung Tin

朗工業邨
Industrial Estate

達吉鄉
Fung Kat
Heung

沙埔
Sha Po

東成里

長春新村

錦田
KAM TIN

大江埔
Tai Kong Po

七星崗

上輋
Sheung
Che

竹坑
Chuk Hang

山背
Shan Pui

元朗舊墟
Yuen Long
Kau Hui

橫屋村
Wong Uk
Tsuen

東頭
工業區

CASTLE PEAK ROAD

壆屋村
Yeung Uk
Tsuen

博愛

凹頭
AU TAU

水頭
Shui Tau
Tsuen

錦上路

下輋
Ha Che

橫台山
Wang Toi Shan

鄧屋村
Tang Uk
Tsuen

149

石湖塘
Shek Tong
Tsuen

高埔村

錦慶圍
Kam Hing
Wai

永隆圍

紅瓦寮

彭家村
Pang Ka
Tsuen

M2

八
鄉
HEUNG

羅屋村
Lo Uk Tsuen

大旗嶺
Tai Kei Leng

十八鄉

高埔新村
Ho Hok Shan

吉慶圍

吳家村
Ng Ka
Tsuen

石岡軍營
Shek Kong Camp

PAT

八鄉

頭村

石岡
SHEK KONG

港頭村
Kong Tau
Tsuen

石岡
SHEK KONG

瓦窰頭
Nga Yiu Tau

掌牛山　100

石湖圍
Shek Wu

13

元崗
Yuen Kong

金錢圍
Kam Tsin

水流田
Shui Lau
Tin

跑道
Runway

蓮花地
曽屋村

石頭圍
Shek Tau
Wai

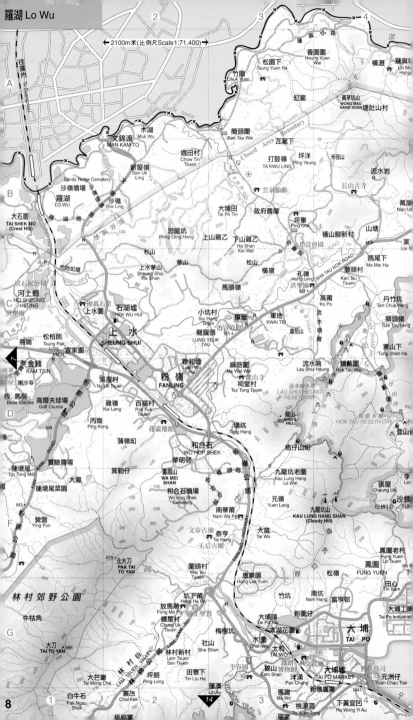

2100m米(比例尺Scale1:71,400)→

BBC
英國海外電台
Tsang Tsui
嘗咀

大水坑
Tai Shui Hang

下白泥
Ha Pak Nai

總灣
Nim Wan

屯子圍
Tuen Tsz Wai

新慶村
San Hing Tsuen

寶塘下
Po Tong Ha

桃園圍
To Yuen Wai

麒麟圍
Kei Lun Wai

虎地中
Fu Tei Chung

兆康苑

嶺南園
Lingnan Yuen

湧浪
Yung Long

乾山

臥龍潭

屯門醫院

青山醫院

良景邨
Leung King Est

大興邨
Tai Hing Est

新墟村
San Hui Tsuen

井頭村中村
Tseng Tau Tsuen

龍鼓上灘
Lung Kwu
Sheung Tan

山景邨
Shan King Est

屯門
TUEN MUN

大冷水
TAI LANG SHUI

海山禪院
Tsing Shan Temple

青山
TSING SHAN
(Castle Peak)

楊小坑
Yeung Siu Hang

北朗
Pak Long

南朗
Nam Long

沙埔崗
Sha Po Kong

龍仔
Lung Tsai

龍鼓灘
LUNG KWU TAN

散石灣新村
San Shek Wan
San Tsuen

高爾夫球場

輕鐵車廠

紅樓

騎術學校

蝴蝶邨
Butterfly Est

踏石角
Tap Shek Kok

青山發電廠
Power Station

水泥廠

小冷水
SIU LANG SHUI

望后石
Mong Hau Shek
(Pillar Point)

蝴蝶灣公園
Butterfly Beach

Cafeteria Beach

URMSTON ROAD

大磨刀
TAI MO TO
(West Brother)

小磨刀
SIU MO TO
(East Brother)

磨刀洲
MO TO CHAU
(The Brothers)

匙羹洲
TSZ KAN CHAU

LUNG KWU TAN RD

白沙澳 Pak Sha O 5

獅地

大灘 Tai Tan

公園 下洋 黃石 Wong Shek

黃竹塱 Wong Chuk Long 高塘 Ko Tong

岩頭山 NGAM TAU SHAN 屋頭 234 牛耳石山

422 土瓜坪 To Kwa Peng

TRY PARK

北潭凹 Pak Tam Au 北潭 Pak Tam

北潭路

鯽魚湖 Tsak Yue Wu 北潭涌 Pak Tam Chung

黃麖地 Wong Keng Ti 西貢東郊野

白普理堂 上窰 Sheung Yiu 黃宜洲 Wong Yi Chau

ONG YI CHAU

獅子 5

大湖將軍木研習徑

東心淇 Tung Sam Kei

水上活動中心

老虎頭

牛湖墩

赤徑 Chek Keng

大枕蓋

田尾山 田尾山

西貢東郊野公園

大浪凹 MAC LE HOLE TRAIL

沙頭

白普理旅舍

大浪 Tai Long 370 大蚊山 TAI MUN SHAN

鹿湖 Luk Wu

螺地墩

吹風坳

吹筒坳

長環

狐狸叫 Wu Lei Kiu

東龍臂

米粉咀

蚺蛇 蚺蛇尖 NAM SHE TSIM (Sharp Peak) 468 蚺蛇凹

林屋圍 Lam Uk Wai

張屋圍 Cheung Uk Wai

鹹田 Ham Tin

望魚角 Mong Yue Kok

大浪西灣 Tai Long Sai Wan

西灣 Sai Wan

西灣山 SAI WAN SHAN

螺螺石頂

水邀頂 157

基督教互愛中心

元五墳 Yuen Ng Fan

大頭洲 TAI TAU CHAU (Um Island)

雞洲 KAI CHAU

企人石

212

浪茄 Long Ke

獨孤山

HIGH ISLAND RESERVOIR

MACLE HOLE TRAIL

大蛇頂 TAI SHE TENG 278

大蛇灣 Tai She Wan

蛇頂山

北丫 Pak A

大岩頂 蛇灣角 She Wan Kok

南風灣

糧船灣洲 LEUNG SHUEN WAN CHAU (High Island)

白臘 Pak Lap

糧船灣 東丫

白虎山 沙橋頭

企頭角嘴

消匙扣

標尖角

東壩 209 花山

吊鐘洲 TIU CHUNG CHAU 216

金鐘排

企山凹

LEUNG SHUEN WAN HOI (Rocky Harbour)

飲頭洲 SEE CHAU

伙頭墳洲岩 FU TAU FAN CHAU

福音戒毒所 (糧曝島)

赤角岩

米粉頂

298 東灣山 TUNG WAN SHAN

大灣 Tai Wan

大浪灣

欄頭排

TAI CHAU 大洲

尖洲 TSIM CHAU

Tai Long Wan

大牛湖 Tai Yue Ngam

睇魚岩 Yin Tsz Ngam

睇魚岩頂

石芽頭

企角頭 Kei Kok Tau

長岩頂

薯榔角頂 141

飯甑洲 FAN TSANG CHAU

破邊洲 PO PIN CHAU

黃泥洲 WONG NAI CHAU

光頭排 KONG TAU PAI

橫洲 WANG CHAU

橫洲角

三洲門

17

2100m米(比例尺Scale1:71,400)

赤鱲角
CHEK LAP KOK

把港古廟
沙螺灣
Sha Lo Wan

曲石灣
San Shek Wan

深石村
Sham Shek Tsuen

三山國王廟

茜草灣
Sai Tso Wan

新洲

深屈
Sham Wat

大樹凹

蓮花山
NEI LAK SHAN

LANTAU NORTH COUNTRY

狗伸地
Kau San Tei

榕樹仔

751

彌勒山
NEI LAK SHAN

叮噹山

寶珠潭
Po Chue Tam

虎山

449
拿山
CHEUNG SHAN

昂坪
NGONG PING

蓮花石

寶蓮寺

將軍石
Shek Tsai Po

洪聖廟
楊侯宮

大街市

鹽田
Yim Tin

325

獅山

獅子頭山
494

大嶼山大佛
Buddha Statue

石仔埗

大澳
TAI O

坑尾
Hang Mei

延慶寺

茶園
Tea Farm

大澳碼頭

天后廟

南涌
Nam Chung

鹿湖
Luk Wu

352

木魚山

牙鷹角
Nga Ying Kok

梁屋
Leung Uk

M13

長亭
Cheung Ting

堯山
KEUNG SHAN

大風凹

鳳凰

番鬼塘
Fan Kwai Tong

尖峰山

坑背

犛頭哥山

LANTAU

天壇

寶林寺

青林角

牙廱山
Luk Tsai

龍仔
Luk Tsai

434

狗牙山
KAU NGA LING

水澇漕

374

西狗牙

二澳燈

中狗牙山

雞公山
196

二澳新村
Yi O San Tsuen

萬丈布
Man Cheung Po

459
羗山
KEUNG SHAN

M10

石壁水塘
SHEK PIK
RESERVOIR

428

二澳舊村
Yi O Kau Tsuen

臺灣亭
飛龍

石壁花園

466
大冚森
TAI HOM SHAN

靈會山
Ling Wui Shan

162

石壁
SHEK PIK

石壁
藍獄
Chung Hau

古石刻

204

水口
Shui Hau

羗凰崖

490
靈會山
LING WUI SHAN

大浪灣村
Tai Long Wan
Tsuen

M8

分水坳

TAI LONG WAN

紅十字會營

東灣尾
Tung Wan
Mei

95

179
石門山
SHEK MUN
SHAN

430 深坑瀝
SHAM HANG LEK

煎魚灣
Tsin Yue Wan

白角

石欖洲

LO KEI

響鐘坳

分流頂

分界界碑

狗嶺涌
Kau Ling
Chung

分流
Fan Lau

分流西灣
FAN LAU SAI WAN

分流東灣
FAN LAU TUNG WAN

天后古廟

5   6   12   7

小蠔
Siu Ho

LAU

往中環、屯門及荃灣

A

老虎頭
LO FU TAU

建造中新機場
New Airport Under Construction

2nd Expressway   Under   Construction

Airport Railway

企頭角

六合玄宮

白芒
Pak Mong

大蠔
Tai Ho

TAI HO
WAN

田寮
Tin Liu

低埔
Tai Po

牛牯塱
Ngau Kwu
Long

大蠔新村
Tai Ho San
Tsuen

B

東涌炮台
Fu Tung Est

富東邨
Fu Tung Est

TUNG CHUNG
WAN
東涌灣

馬灣涌
Ma Wan
Chung

佛教青年營

東涌
TUNG CHUNG

馬灣
Ma Wan

山下
Shan Ha

新東涌坑
San Tung
Chung Hang

482
婆髻山
POR KAI SHAN

200

紅花顔
Hung Fa
Ngan

禾上凹

高

牛凹
Ngau Au

東涌古堡

嶺皮
Ling Pei

赤鱲角
新村

薄刀
PO TO YAN

529

黃公田

窩田
Wang Tong
白銀鄉

瀑布

横塘

稔園
Nim Yuen

石榴埔
Shek Lau
Pei

黃龍坑
Wong Lung
Hang

北 大 嶼 郊 野 公 園

721

龍尾村
Lung Mei
Tsuen

窩田
Wa Tei Tong

梅
窩
MUI WO

涌口
Chung Hau

莫家

石門甲
Shek Mun Kap

M2

324
禾寮墩

石獅山
SHEK SZE
SHAN

340

756
蓮花山
LIN FA SHAN

大地塘
Tai Tei Tong

銀灣邨

羅漢寺

大

嶼

山

200
300

400

雙東坳

500

鹿地塘
Luk Tei Tong

荔枝
園村

地塘仔
Tei Tong Tsai

大東山
TAI TUNG SHAN
(Sunset Peak)

869

二東山
YI TUNG SHAN

爛頭營

747

南山
NAM SHAN

132

M1

20

LANTAU   ISLAND

伯公坳

南 大 嶼 郊 野 公 園

400

茅園
Mau Yuen

M2

白富田

275

横塘
Wang Tong

(Lantau Peak)

NG SHAN

羅屋村

貝澳
Pui O

牛塘

UTH   COUNTRY   PARK

TRAIL

M3

嶼石灣
San Shek Wan

鹹田
Ham Tin

M4

十塱舊村
Shap Long
Kau Tsuen

芝麻灣

CHI MA WAN

涌口
Chung Hau

嶼南醫院

M5

長沙
CHEUNG SHA

青年會望東涌
PUI O WAN

沙咀

芝 麻 灣 道

塘福
TONG FUK

蒲苔坪監獄

LANTAU ROAD

SOUTH

302

老人山
LO YAN
SHAN

303

芝 麻 灣 半

TONG FUK MIU WAN

下長沙海灘

望東灣
MONG TUNG
WAN

廣州基督教東涌
青年旅舍

大浪
Tai Long

TAI
LONG
WAN

136

鹿頸山 165

茶果洲
CHA KWO CHAU

唯排
Tsui Pai

澄碧邨
Sea Ranch

YI LONG
WAN

5   6   往澳門 To Macau   7   8

石碑
石鼓洲

芝蔴灣 Chi Ma Wan

YAM O 四白坳 大山
大嘴岃 四白坳 TAI SHAN
TAI CHE TUNG
梨壁山
三白 四白
Sam Pak Sz Pak
四白咀
A 二白坳
榴花洞
LAU FA TUNG
大白灣
TAI PAK WAN
(Discovery Bay)
大白咀
烏蠅排
65 愉景灣 來往中環及愉景灣
DISCOVERY BAY
稔樹灣村
Nim Shue
Wan Tsuen 大利 橋仔頭 坪洲
B 長沙欄 Tai Lei 金坪邨 PENG CHAU
Cheung Sha Lan 涌仔尾 小交椅洲
高爾夫球場 SIU KAU
Golf Course 98 銀洲 YI CHAU
紅水 交椅洲 117
KAU YI CHAU
大水坑 熙篤會神樂院
TAI SHUI HANG 276
戶外康樂營 狗亂灣
Kau Shat
Wan 往中環
C 東灣頭 萬角
Tung Wan Tau Man Kok
NGAN KWONG WAN 萬角咀
(Silver Mine Bay) 牛磡排 往中環及尖沙咀

108 周公島
CHAU KUNG TO
(Sunshine Island)
196 碼頭 戒毒所
牛牯灣 羈留中心
D 水井灣 187
Ngau Kyu Wan 喜靈洲
HEI LING CHAU
戒毒所

SAI POK LIU HOI HAP
(West Lamma Channel)
芝蔴灣監獄
F 沙灣 石仔環
Sheung Sha Wan 芝蔴灣半島
CHI MA WAN PENINSULA 165
231 往中環
下徑 蝦艇排
Ha Keng
龜頭咀
北角
仙公洞
大貴灣 長洲
Tai Kwai Wan CHEUNG CHAU
G 長貴邨
東灣
長洲灣 TUNG WAN
CHEUNG
CHAU WAN 人頭石
花坪 花瓶石
南氹 FA PENG 深水排
NAM TAM Sham Shui Pai

天后廟
張保仔洞
Cheung Po Tsai Cave 繪頭石

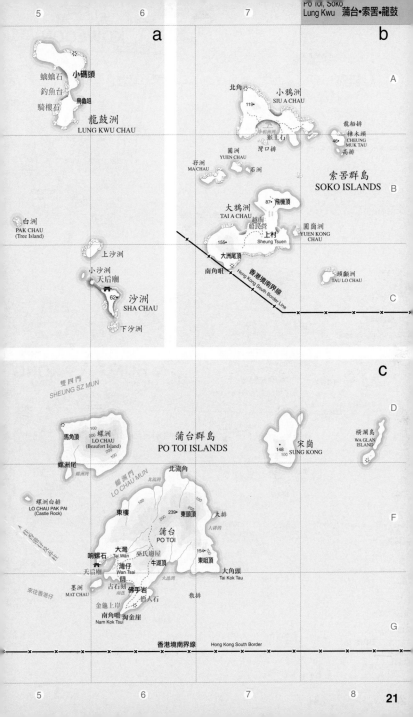

a

蝻蟧石　小磡頭
釣魚台
騎樓石　烏龜咀
龍鼓洲
LUNG KWU CHAU

白洲
PAK CHAU
(Tree Island)

上沙洲
小沙洲
天后廟
62　沙洲
SHA CHAU
下沙洲

b

北角　小鴉洲
119　SIU A CHAU
龍船排
孖仔石　樟木頭
圓洲　灣口排　46　CHEUNG MUK TAU
YUEN CHAU　石洲　高排
孖洲
MA CHAU

索罟群島
SOKO ISLANDS

87　飛機頂
大鴉洲
TAI A CHAU
越南　圓崗洲
船民營　YUEN KONG
155　上村　CHAU
Sheung Tsuen
大洲尾頂
南角咀　頭廟洲
TAU LO CHAU
香港境南界線
Hong Kong South Border Line

c

雙四門
SHEUNG SZ MUN

馬角頂　螺洲
100　LO CHAU
200　(Beaufort Island)
螺洲尾　200
100

蒲台群島
PO TOI ISLANDS

宋崗
148　SUNG KONG
100

橫瀾島
WA GLAN
ISLAND

螺洲白排
LO CHAU PAK PAI
(Castle Rock)

鱲洲門
LO CHAU MUN
北流角
北流洲

100　100
東樓　200　239　東頭頂　大排
蒲台　人排咀
PO TOI

大灣
Tai Wan
響螺石　巫氏廟屋　牛湖頂　154
天后廟　灣仔　東咀頂
Wan Tsai　蒲台
墨洲　古石刻　佛手岩　大角頭
MAT CHAU　金龜上岸　僧人石　Tai Kok Tau
來往香港仔　南角咀　淘金崖　散排
Nam Kok Tsui

D

E

F

G

香港境南界線　Hong Kong South Border

21

香港島 Hong Kong Is.

MEI FOO

LAI CHI KOK

CHEUNG SHA WAN

長沙灣

石硤尾
SHEK KIP MEI

九龍
KOWLOON

KOWLOON TONG

九龍城
KOWLOON CITY

深水埗
SHAM SHUI PO

太子
PRINCE ED.

8號碼頭(東)
中遠一國際公司
44M

昂船洲
STONECUTTER ISLAND

8號碼頭(西)
現代公司

大角咀
TAI KOK TSUI

旺角
MONG KOK

馬頭圍
MA TAU WAI

馬坑
MA TAI

土瓜灣
TO KWA WAN

2100米(比例尺Scale1:71,400)

油麻地
YAU MA TEI

京士柏
KING'S PARK

何文田
HO MAN TIN

佐敦
JORDAN

紅磡
HUNG HOM

Airport Railway

鐵路總站
KCR Terminus

機場鐵路

西區海底隧道
Western Harbour Crossing

尖沙咀
TSM SHA TSUI

香港文化中心
Cultural Centre

太空館
Space Museum

VICTORIA HARBOUR

Cross Harbour Tunnel

小青洲
LITTLE GREEN ISLAND

西營盤
SAI YING PUN

上環
SHEUNG WAN

中環
CENTRAL DISTRICT

金鐘
ADMIRALTY

灣仔
WAN CHAI

銅鑼灣
CAUSEWAY BAY

掃桿埔
SO KON PO

堅尼地城
KENNEDY TOWN

香港大學
Hong Kong University

摩星嶺
MT. DAVIS

龍虎山
266

西高山
HIGH WEST

VICTORIA PEAK
552

HONG

KONG

跑馬地
HAPPY VALLEY

瑪麗醫院

薄扶林郊野公園
POK FU LAM COUNTRY PARK

歌賦山
MT.GOUGH
479

香港仔
WAN CHAI GAP

MAGAZINE GAP

金馬倫山
MT.CAMERON

香港仔郊野公園
ABERDEEN COUNTRY PARK

聶高信山
MT.NICHOLSON

香港

奇力山
MT.KELLETT

薄扶林村

置富花園

薄扶林花園

田灣山

壽臣山
SHOUSON HILL

鋼綫灣
KONG SIN WAN

華富
WAH FU

華貴邨

黃竹坑
WONG CHUK HANG

香港仔
ABERDEEN

高爾夫球場
Golf Course

北角
Pak Kok

火藥洲
FO YEUK CHAU
(Magazine Island)

海怡半島
South Horizons

南朗山
NAM LONG SHAN
(Brick Hill)
284

海洋公園
Ocean Park

深水灣
Deep Water Bay

138

利東邨

龍山排

玉桂山
196

鴨脷洲
AP LEI CHAU

鴨脷排
AP LEI PAI

深水角
Sham Shui Kok

TONG PO CHAU
(Middle Island)

愛秩序
TUNG POK LIU HOI HAP
(East Lamma Channel)

海洋公園
Middle Kingdom

鴨脷咀

蘆荻灣
Luk Chau Wan

蘆狄灣
Lo Tik Wan

大灣新村
Tai Wan San Tsuen

洪聖爺
Hung Shing Ye

鹿洲
Luk Chau Tsuen

天后廟

龍洲
LUK CHAU
(George Island)

青年營

銀洲
NGAN CHAU
(Round Island)

頭洲
TAU CHAU

石礦場

22

牛尾海
NGAU MEI HOI
泥埔
17
吊鐘洲
TIU CHUNG CHAU
216
企山凹
金鐘岩
潮音洞
吊鐘排
往灣排
LEUNG SHUEN WAN HOI
(Rocky Harbour)
匙洲
SEE CHAU
桅夾排
銀線灣
Silverstand Beach
牛尾洲
NGAU MEI CHAU
(Shelter Island)
117
牛頭排
孖仔排
沉排
甕缸
UNG KONG
沙塘口山
沙塘口洞
番塔排
沙塘口尾
Sha Tong Hau Mei
坑口永隆路
M11
五塊田
清水灣道
檳榔灣
Pan Long Wan
公屋
KUNG UK
上洋
Sheung Yeung
上洋山
三育
相思灣
Sheung Sze Wan
M12
龍蝦灣
Lung Ha Wan
古石刻
平面洲
PING MIN CHAU
(Table Island)
白排
Duck Rocks
孖排
大癩痢
TAI LAK LEI
(Trio Island)
下洋
Ha Yeung
大坑口
Tai Hang Hau
CLEAR WATER BAY COUNTRY PARK
清水灣郊野公園
湛山寺
下洋山
釣魚翁
TIU YUE YUNG
(High Junk Peak)
大坳門
Tai Au Mun
M13
291
大嶺峒
大環頭
Tai Wan Tau
清水灣遊客中心
大坑墩燒烤場地(風箏場)
清水灣樹木研習徑
大赤沙
TAI CHIK SHA
清水灣第一灣
清水灣第二灣
蘇鼠頭
清水灣
Clear Water Bay
上流灣
Sheung Lau Wan
黑心篤
石尾頭
洪聖廟
鞋頭角
23
田下
Tin Ha
273
田下山
TIN HA SHAN
布袋澳
Po Toi O
高爾夫球場
Golf Course
鶴咀洞
青洲
CHING CHAU
(Steep Island)
古石刻
天后廟
(大廟)
地堂咀
Tei Tong Tsui
清水灣遊艇會
寶鏡頂
長山咀
鵝洲仔
鐵笭洲
TIT CHAM CHAU
大廟灣
Tai Miu Wan
(Joss House Bay)
鄉村俱樂部
Country Club
鐵砧石
佛堂門
Fat Tong Mun
殼仔排
銀瓶頸
斷頸
大角咀
北果洲
PAK KWO CHA
細洲尾
石室
打浪排
天后廟
穿窿門
大洲尾
南果
NAM KWO
貓眼洞
天梯洞
南堂
Nam Tong
東龍古堡
古石刻
232
東龍洲
TUNG LUNG CHAU
牙鷹排
石涌角
雞魚氹
南堂尾
Nam Tong Mei
(Tathong Point)
藍塘海峽
LAM TONG HOI HAP
(Tathong Channel)
2100m米(比例尺Scale1:71,400)
1
2
3
4
A
B
C
D
F
G

一光頭排
KONG TAU PAI

龍岩
FU TAU FAN CHAU
伏頭磺洲
福音戒毒所
(磺礦島)

橫洲
WANG CHAU

左角岩

三仔門

橫洲大澗
橫洲角

三洲
SAM CHAU

番鬼倫洲
FAN KWAI LUN CHAU

宛難紀念碑

穗砒山
174

火石洲
FO SHEK CHAU
(Basalt Island)

大洲

欖洲仔洞 三洲

龍船排

洲操炮區
Island   Range

北角
Pak Kok
(Boulder Point)

138

往中環、聖尼地城

往中環

東博寮海峽
TUNG POK LIU HOI HAP
(East Lamma Channel)

北角新村
Pak Kok San Tsuen

鹿洲灣
Luk Chau Wan

榕樹灣
Yung Shue Wan
榕樹灣
Yung Shue Wan

蘆狄灣
Lo Tik Wan

鹿洲
LUK CHAU
(George Island)

高塱
Ko Long

大灣新村
Tai Wan
San Tsuen

洪聖爺
Hung
Shing Ye

南
青年營

天后廟

鹿洲村
Luk Chau Tsuen

Power Station
電力廠

洪聖爺灣
Hung Shing Ye Beach

石礦場

東果洲
TUNG KWO CHAU

羊島
KWAN TO
Group)

薯莨洲

短洲仔

龍船排

水泥廠

索罟灣
Sok Kwu Wan
(Picnic Bay)

榕樹下村

下尾灣
Ha Mei Wan

鐵砂城
Lo So Shing

南丫島康樂中心

索罟灣
So Kwu
Wan

菱角山
LING KOK
SHAN

模達
Mo Tat

黃竹坑

147
崖頭

100

東澳灣
Tung O Wan

東澳
Tung O

104

353 山地塘
SHAN TEI TONG
(Mt. Stenhouse)

下尾咀
Ha Mei Tsui

163

113

112

深灣
Sham Wan

158

圓角
Yuen Kok

南　丫　島
LAMMA ISLAND

大角
Tai Kok

5　　　　6　　　　7　　　　8

25

圖例 LEGEND

SHA TIN RD	主要道路	Vehicular Road
	編號公路	Route Number
	限制道路	Road Restricted
	單行道路	Single Traffic Road
	高架道路	Elevated Road
	車行隧道	Vehicular Subway
	電車路 電車總站	Tramway & Terminal
68X	巴士路線 巴士總站	Bus Route & Terminal
	小巴總站／專線小巴總站	Light Bus Terminal
B1 Tai Wo Hau	地下鐵路出入口 路線及車站	MTR Access, Route & Station
	鐵路 及車站	Railway & Station
翠湖	輕便鐵路 及車站	Light Rail Transit & Station
	人行天橋 人行隧道	Pedestrian Bridge Pedestrian Subway
	渡輪航線	Ferry Route
沙田UA	電影院	Cinema
市	街市	Market
	公廁	Public Toilet
	市政大樓	Urban Services Complex
P P	停車場／多層停車場	Car Park / Multi-story Car Park
P	警署或警崗	Police Station or Post
	消防局	Fire Station
	圖書館	Library
	郵局	Post Office
小	小學	Primary School
中	中學	Secondary School
	商場	Shopping Centre
	政務處	District Office
	社區中心	Community Centre
	酒店或賓館	Hotel or Hostel
	醫院或診所	Hospital or Clinic
	政府合署	Govt. Office Building
	教堂	Church
	廟宇／回教寺	Temple / Mosque

	室內體育館	Games Hall
	保齡球場	Bowling Alley
	壁球館	Squash Court
	籃球場	Basketball Court
	網球場	Tennis Court
	足球場	Football Court
	汽油站	Petrol Station
	緊急求助電話	Emergency Helpline
	電力站	Power Transmission
	電話機樓	Telephone Exchange
	熟食檔攤	Cooked Food Stalls
	食肆	Restaurant
	發射站	Radio Station
	墳場	Cemetery
	告示板	Information Board
	單車徑	Bicycle Trail
	沙灘／泳灘	Beach / Swimming Beach
	海上導航燈	Navigation Light
	划艇處／風帆	Rowing Area / Windsurfing
	垂釣處	Fishing Spot
	青年旅舍	Youth Hostel
	營地	Camp Site
	燒烤處	Barbecue Area
	野餐處	Picnic Area
	觀景點	Viewing Point
	郊野公園管理處	Country Park Office
	古蹟	Antiquity
	涼亭	Pavilion
	室內泳池	Indoor Pool
	室外泳池	Outdoor Pool
	公園／運動場 或花園	Park / Sports Ground or Garden
	步行徑／遊覽徑	Footpath or Trail
	水塘及溪澗 引水道	Pond & Stream Catchwater
	郊野公園界線	Country Park Border

步行徑／遊覽徑 (次要) (主要)

高度間色表　Elevation Tints (米 Meter):

600+	500	400	300	200	100	平地 Land	海面 Sea

除部份地圖有方向指示外，所有地圖均以上方為北。
All maps in this book, unless with pointers, are placed vertically to the North.

麗閣邨 LAI KOK ESTATE

麗安邨 LAI ON ESTATE

東京街 TONKIN ST

深水埗公眾泳池 Sha Tsui Wan Abattoir
Pool & Swimming Pool

九龍走廊 WEST KOWLOON CORRIDOR

荔枝角道 LAI CHI KOK ROAD

大南街

出口 Exit

12A,18,31B
36A,114,230M
⬜10M

南昌邨 NAM CHEONG EST

長沙灣批發市場
Cheung Sha Wan Wholesale Market

深圳中機場鐵路及公路
Airport Railway and Expressway

深水埗 SHAM SHUIPO

通州街公園 Tung Chau Street Park

魚類統營處 魚市場
FMO Market

入口 Entrance

潤發倉

大角咀 TAI KOK TSUI

Under Construction

惠安街 WONG TAI ST

13D,16,32
33A,37,43C
66,66X,72,72X
87,87A,87B,87P

通往油麻地貨物裝卸區

避風塘 Typhoon Shelter

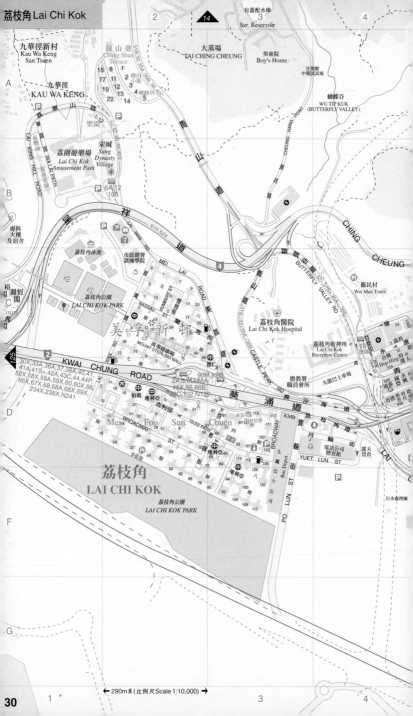

荔枝角
LAI CHI KOK

← 290m米 (比例尺 Scale 1:10,000) →

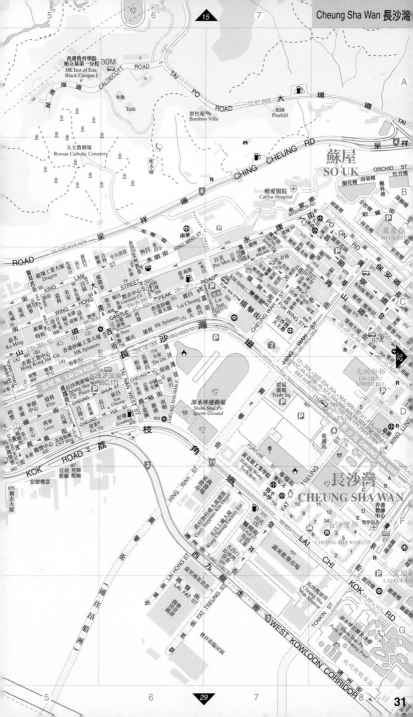

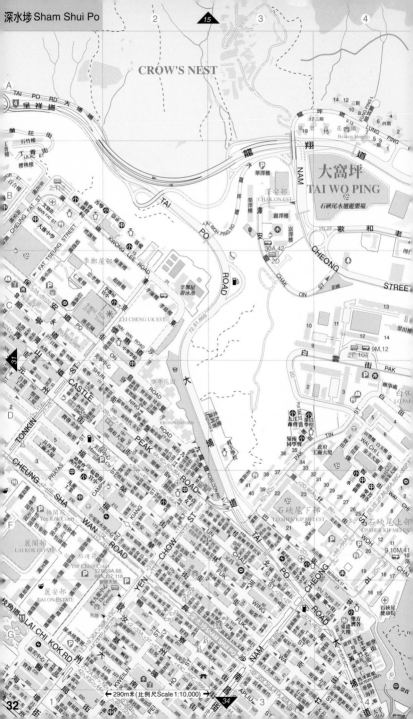

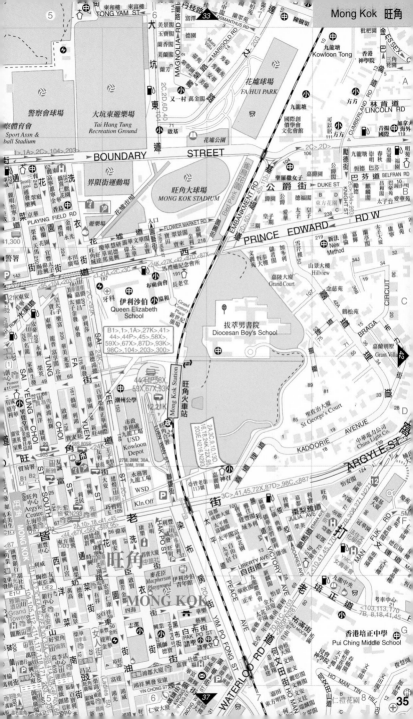

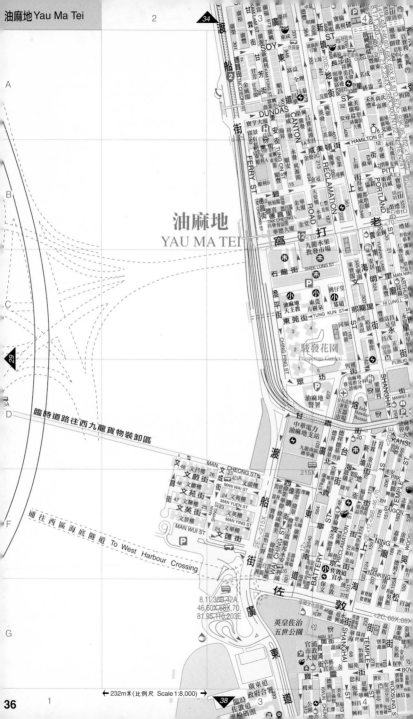

油麻地 Yau Ma Tei

油麻地
YAU MA TEI

36

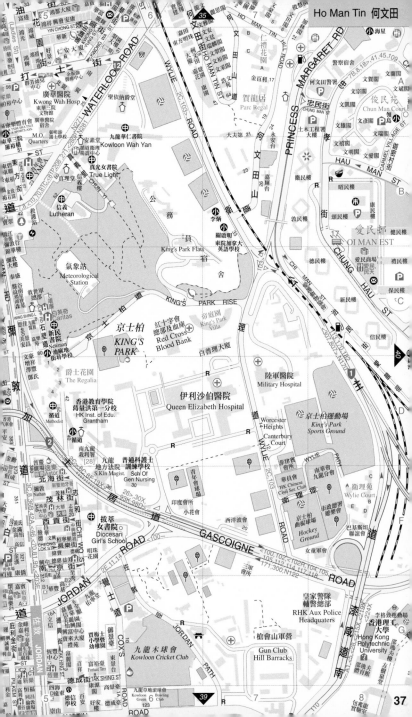

尖沙咀 Tsim Sha Tsui

TYPHOON SHELTER
避風塘

臨時休憩道 渡輪碼頭
廣東道 政府合署

廣東道
HK City
Tower 3 利豐
中港城 [8]
Tower 2 3C,12,14,238X
Tower 1

皇家太平洋
Royal Pacific

Ferries to China
港威大廈
Gateway
中港碼頭

海港
Prestigious
文化

新同樂 (北座)
環球金融中心 (南座)
World Finance Centre
帝國

馬可孛羅
Marco Polo
世界商業中心
World Commi
香港新港中心
New T & T
Centre

九龍倉碼頭

HARBOUR CENTRE

CITY [22]
海洋中心
Ocean Centre

海運大廈
Ocean Terminal

Sight Seeing Cruises
觀光遊河船

旅遊協會
HK Tourist Assn
往中環

天星碼頭
Star Ferry Pier

BOWRING ST

廣東道 CANTON RD

九龍 KOWLOON RD

新港 HAIPHONG ROAD

北京 PEKING RD

梳士巴利道
SALISBURY RD

KOWLOON PARK DRIVE

海防道
海港警署

香港歷史博物館
Museum of History. HK

KOWLOON PARK
九龍公園

Chinese Garden
中國式花園

Landmark Centre Piece
百鳥苑
瞭望台
鳥湖

清真寺
Kowloon Masjid
Islamic Centre

ASHLEY RD
HANKOW RD
LOCK RD

漢口
新聲
加拿分

尖沙咀 TSIM SHA TSUI

NATHAN RD
彌敦道

加連威老道 CARNARVON RD

金巴利道 KIMBERLEY
Miramar Tower
美麗華大廈
諾士佛臺

東英大廈

金馬倫道

金巴利道

MODY RD
金域假日
Holiday Inn
Golden Mile

重慶大廈
Chungking Mansions

帝國
Imperial

MIDDLE RD
中間道

半島酒店
Peninsula

喜來登
Sheraton

半島
Mariners Club
海員之家

HK Space Museum
香港太空館

Salisbury Garden & Shopping Mall

香港文化中心
HK Cultural Centre
Clock Tower
鐘樓

香港藝術館
HK Museum of Art

尖沙咀 公眾碼頭
Tsim Sha Tsui Public Pier

往灣仔

尖沙咀
TSIM SHA TSUI

← 218米 m (比例尺 Scale 1:7,500)

38
1   2   3   4

Gun Club
Hill Barracks
槍會山軍營

香港理工大學
Hong Kong
Polytechnic
University

Austin
Tower
柯士甸
Tower

St. Mary's Canossian
College
嘉諾撒聖瑪利書院

九龍火車總站
Kowloon
Station

香港電影資料館休憩處
Film Archive Planning Office

香港科學館
Hong Kong Museum
of Science & Technology

香港體育館
Hong Kong Coliseum

Concordia Plaza
康宏廣場

GRANVILLE RD
加連威老道

SCIENCE MUSEUM RD 科學館道

GRANVILLE RD

SOUTH 南

CHATHAM ROAD 漆咸道

MODY ROAD 麼地道

Energy
Plaza

Hilton Towers
希爾頓大廈

New Mandarin Plaza
新文華中心

Chinachem
South Seas Ctr 南洋中心

Golden Plaza
金都廣場

New World
Centre
新世界中心

MODY SQ.

The Urban Council Centenary Garden
市政局百週年紀念公園

Houston Centre
好時中心

SALISBURY ROAD 梳士巴利道

International
Mail Centre
國際郵遞中心

海底隧道 入口

A2,A3,A5,A20,100,101,101R,102,
102R,103,104,105,106,107,108,
109,110,111,112,113,114,115,
116,117,118,170,171,182,300,
301,307,807,N121,N122,N170

Shangri-la
香格里拉

Wing On
Plaza
永安廣場

Wing On
Plaza Garden
永安廣場公園

飛翔船來往中環
Hydrofoil to Central

Tsim Sha Tsui East Promenade
尖沙咀東部海濱花園

Hill Garden
訊山公園

CROSS HARBOUR TUNNEL

39

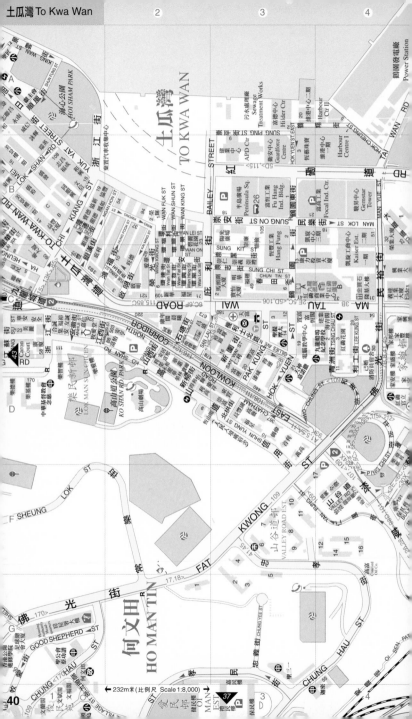

大坑東公園
Tai Wan Shan Park

大坑東冰池
Tai Wan Shan Swimming Pool

WAN HOI ST
TAK HONG ST

海逸廣場
One Harbour Front

Harbour Plaza

第10期 紅磡苑
Cotton Mans

紅磡碼頭
(往中環)
Hung Hom Ferry Pier

黃埔公園
Hutchison Park

第12期 竹樹苑 1
Bamboo Mans

樂公會停車場

菜心苑
Oak Mans

海逸豪園

百合苑
Lily Mans

第11期 紫荊苑
Bauhinia Mans

第6期

TAK HONG ST
TAK FUNG ST

TAK ON ST

第5期
桔梗苑

八佰伴

TAK FUNG ST

第9期

3B/7B
15/85C

WHAMPOA GARDEN

第10期
Cherry Mans 11

第4期
棕櫚苑
Palm Mans

DYER AVE
HUNG HONG

民泰街 TAK MAN ST

SHUNG KING ST

香港往還
巴士站
Bus to Guangdong

紅磡
分區警署

HUNG HOM EST
WAI WAN

紅磡
STATION

WUHU ST

第1期
金柏苑
Juniper Mans

第3期 楊柳苑
Willow Mans

WHAMPOA EST

黃埔新邨

BAKER ST

GILLIES AVE

紅磡南道 HUNG HOM SOUTH RD

WALKER ST

WINSLOW ST

WHAMPOA ST

HUNG HOM WAN
紅磡灣

HUNG HOM WAN
紅磡灣

◄39

香港體育館
Hong Kong Coliseum

九龍
火車
總站
Kowloon
Station

紅磡貨運碼頭入口
International

HONG CHONG RD

CHEONG WAN RD
暢運道

香港理工大學
Hong Kong Polytechnic University

◄39

41

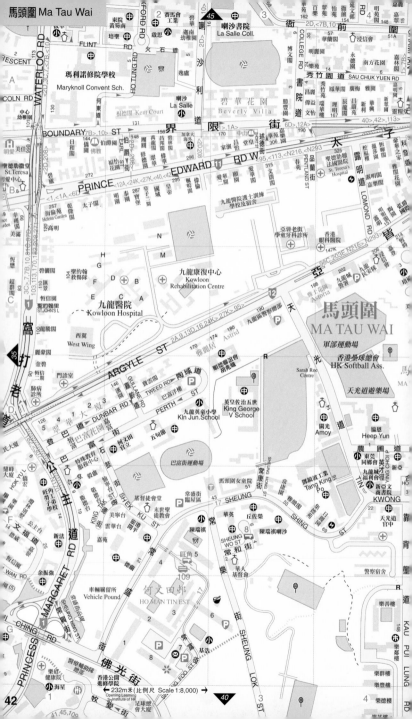

馬頭圍 Ma Tau Wai

MA TAU WAI
馬頭圍

232m米 (比例尺 Scale 1:8,000)

42

香港（啟德）
國際機場
Hong Kong
International Airport
(Kai Tak)

真善美邨
CHUN SEEN MEI
CHUEN

香港飛行會
HK Aviation Club

AIRPORT TUNNEL
機場隧道

Tien Chu Centre
天廚中心

Freder Centre
飛達中心

DHL

HK Society
for the Blind
香港盲人輔導會

EMSD Workshops
機電工程署工場

Newport Centre
新寶工商中心

MOK
CHEUNG

Jubilant Place
欣榮中心

Grandview
Garden
龍景花園

Livestock Quarantine Depot
馬頭角大型動物檢疫所

China Gas Co.
中華煤氣公司

To Kwa Wan
Recreation Ground
土瓜灣運動場

馬坑涌道

Merit
Ind Ctr.

Public Pier
馬頭角公眾碼頭

Kowloon City Ferry Pier
九龍城渡輪碼頭

Vehicular
Ferry Pier
往北角汽車
渡輪碼頭

43

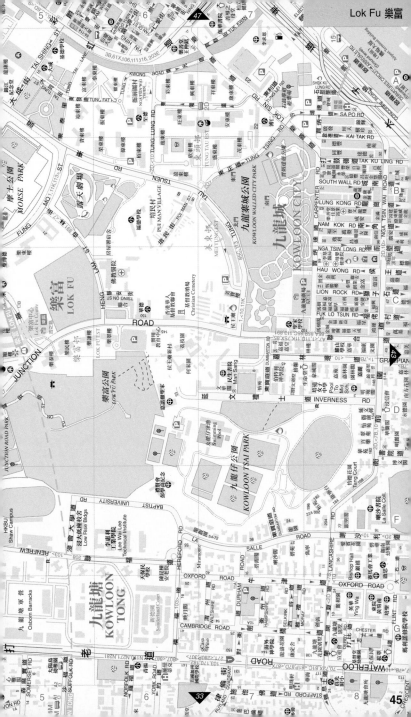

← 290米 (比例尺Scale 1:10,000)

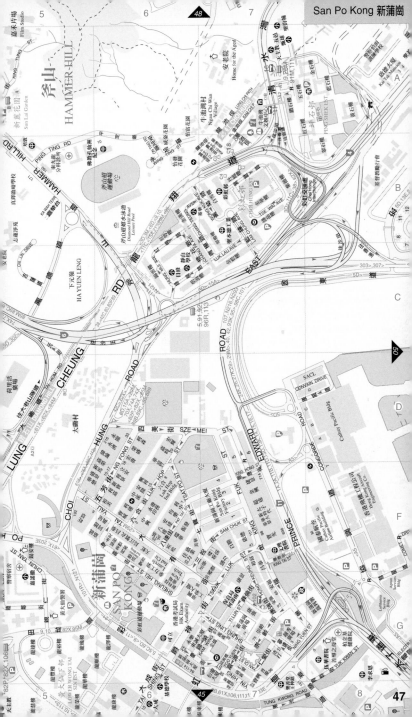

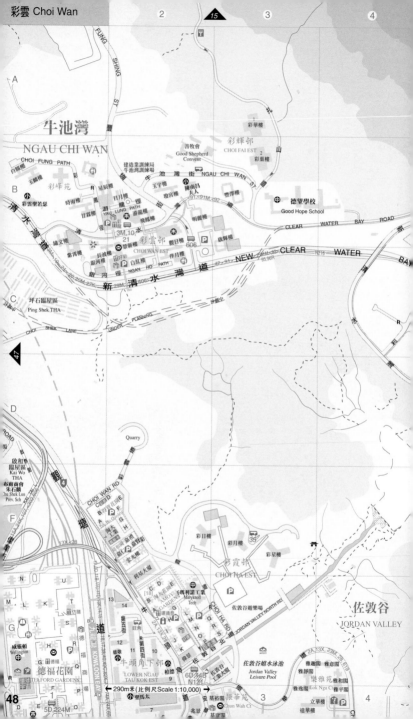

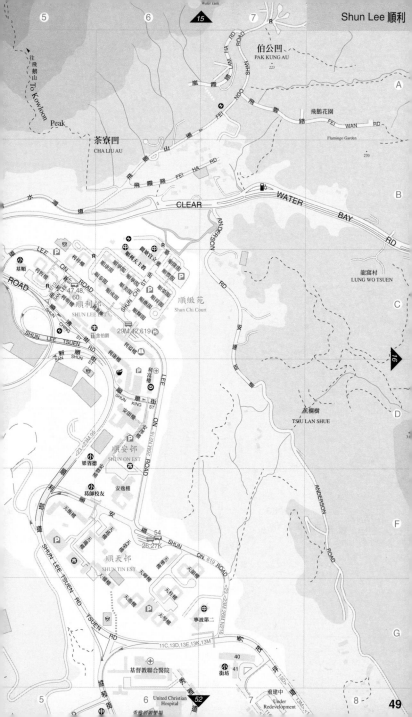

Water Tank

15

7

伯公凹
PAK KUNG AU
223

蠄蟝路 LAM HA RD

飛蠄路 NGO

往飛鵝山
To Kowloon
Peak

飛鵝花園
飛雲路 FEI WAN RD
Flamingo Garden
270

茶寮凹
CHA LIU AU

飛蠄路 FEI HA RD

水壩道

CLEAR WATER BAY RD

ANDERSON RD

龍窩村
LUNG WO TSUEN

利安道 LEE ON ROAD
順利邨
SHUN LEE TSUEN

順利天主教堂
順安街 SHUN CHI ST

順緻苑
Shun Chi Court

基順
利明樓
利安樓
利恆樓
47,48,60
順智街 SHUN CHING RD
新順街 SAN SHUN ST

順天聖母
順欣街
順暉街

利富樓
利涓街
29M,42,619
金伯爵

利安街 LEE ON RD

安田田
ANDERSON RD

利東樓
順翔街 SHUN KING ST
安暉樓

蒸欄樹
TSIU LAN SHUE

順安邨
SHUN ON EST
23,42M,95

葛師校友
梁省德
安德樓

天漢樓
利安道 SHUN ON RD
91X,92X,N216

順天邨
SHUN TIN EST
54
26,27K
天澤樓
天祥樓
天平樓

利安道 SHUN ON 619 RD

ANDERSON RD

順利邨道 SHUN LEE TSUEN RD
天瑤樓
天謙樓

寧波第二

11C,13D,13E,13K,13M

基督教聯合醫院
United Christian Hospital

40
街坊
41

重建中
Under
Redevelopment

52

8

順利道

49

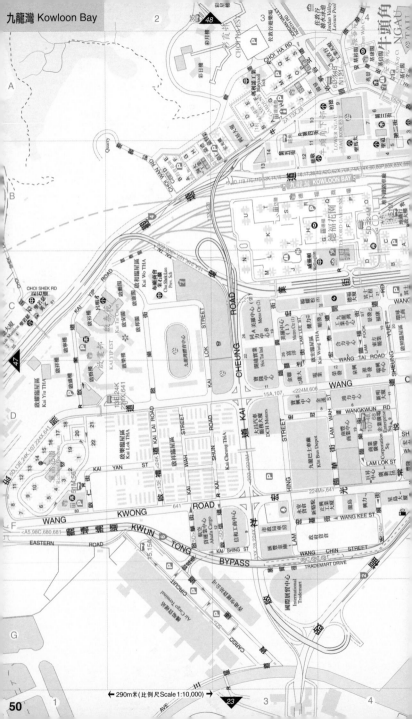

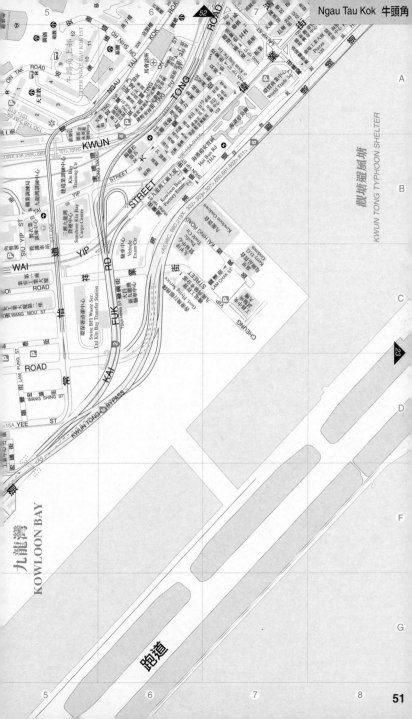

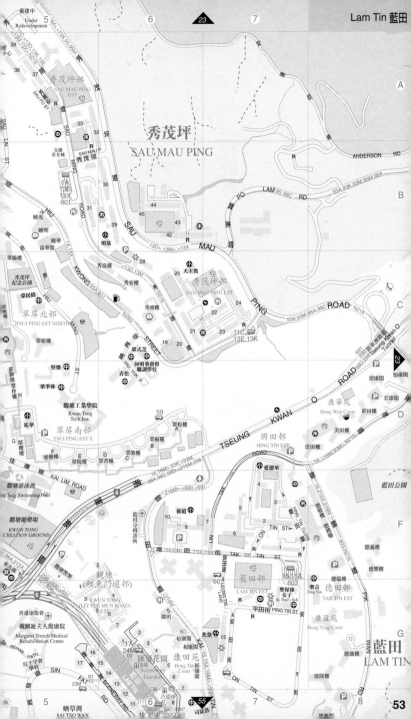

秀茂坪
SAU MAU PING

秀茂坪邨
SAU MAU PING EST

ANDERSON RD

LAM 95,98C RD

93K,93M,95M,98A

93K,93M,98A ROAD N216

691 新清水灣道 (Tseung Kwan O Tunnel)
怡康閣
頌康閣 宏康閣
彩田閣

康華苑
Hong Wah Court

藍田公園

興田邨
HING TIN EST

美田樓
恩田樓

16,21BM,93M,N216

藍田
LAM TIN

康盈苑
Hong Ying Court

翠屏北邨
TSUI PING EST NORTHING

秀茂坪紀念公園

翠屏邨翠楊樓

觀塘工業學院
Kwun Tong Tech. Inst.

祐華樓

翠屏南邨
TSUI PING EST S.

觀塘游泳池
Kwun Tong Swimming Pool

KAI LIM ROAD

觀塘遊樂場
KWUN TONG
RECREATION GROUND

98A,215X

16,16M,93,93M,98A,98C,98D,216M,298

216M? <690,<691

藍田分科診所

9,15A,93M 田 街 215X,216M

觀塘
(鯉魚門道邨)
KWUN TONG
(LEI YUE MUN ROAD)

香港康復會

戴麟趾夫人復康院
Margaret Trench Medical
Rehabilitation Centre

REHAB

紅十字會 SIN
學校醫院 FAT

晒草灣
SAI TSO WAN

TSEUNG KWAN O ROAD

循道小

藍田邨
LAM TIN EST

聖保祿
St. Paul's Sch

平田街 PING TIN ST

平田邨

匯景花園
Sceneory
Garden

康田苑
Hong Tin
Court

SCENEVERY RD

德田邨
TAK TIN EST

聖言
Sing Yin

德義樓

德瑞樓 德樂樓

德田邨
TAK TIN EST

德盛樓

德隆樓

53

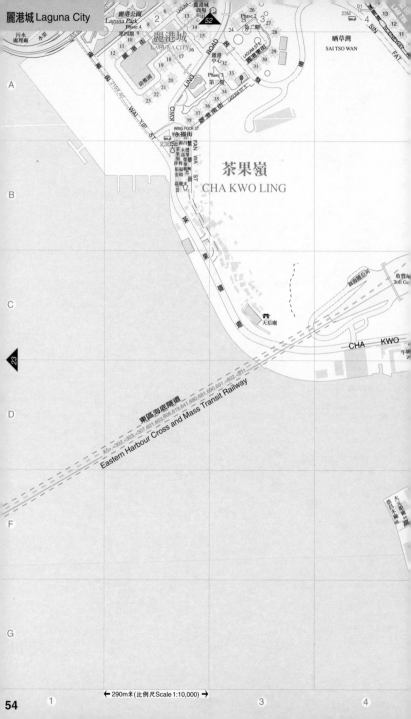

麗港城 Laguna City

茶果嶺
CHA KWO LING

晒草灣
SAI TSO WAN

CHA KWO

麗港公園
Laguna Park

東區海底隧道
Eastern Harbour Cross and Mass Transit Railway

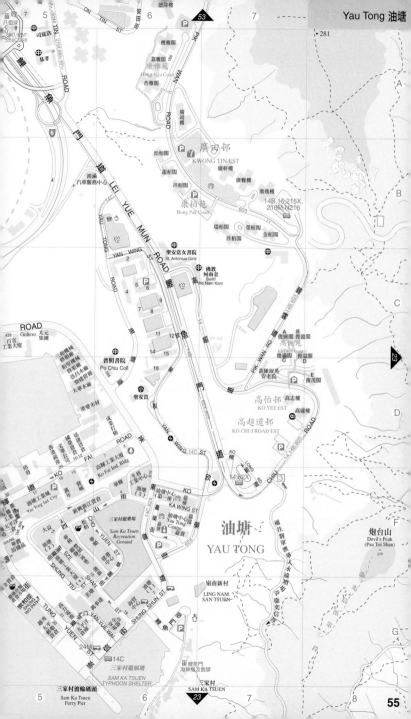

• 281

M-33H TIN ST
八佰伴 289-298
290-298

司徒浩
基苓

ON TIN ST

德�樓

TIN ON ST

安田苑

桃雅閣

荔雅閣 189
康雅苑
Hong Nga Court

杏雅閣

廣靖樓

廣田邨
KWONG TIN EST

松栢閣

龍栢閣

廣軒樓

祥栢閣

廣雅樓

康栢苑
Hong Pak Court

廣逸樓
14B,16,215X,
216M,N216
603

瑞栢閣

欣栢閣

榮栢閣

金栢閣

LEI YUE MUN ROAD

鴻灝汽車服務中心

YAU TONG ROAD

YAN WING ST

聖安當女書院
St. Antonius Girls'

佛教
阿南金
Budd
Ho Nam Kam

魚

PIK WAN RD

PIK WAN RD

俊穎閣 俊盈閣

高雅苑

俊僑閣 俊濤閣

鯉魚門

428 太元集團
Goltens
百真工業大廈

ROAD

普照書院
Po Chiu Coll

11
15

12

16

茂名欣松機械
栢恒機械鋼材
新昌大機械
洛昌木機械
大華木機械

港榮木材

蓬安竹棚

聖安當

小

平陳淑英
安老院
Home

E
俊茂閣

高怡邨 高志樓
KO YEE EST

高遠樓

高超道邨
KO CHUI ROAD EST

CHIU ROAD

CHUI ROAD

3,14B,603

ROAD

迅發貨倉

匯達貨倉

文偉汽車
漢科汽修

荔輝工業大廈
Ko Fai Ind. Bldg

油塘工業城
Yau Tong Ind City

P

新興潮江百貨

KO FAI

10,12-19

14C-62X

KO WING ST

大益

三家村遊樂場
Sam Ka Tsuen
Recreation Ground

油塘中心(第一期)嘉信
Yau Tong
Centre

油塘(第一座)嘉貿

嘉裕

P

YAN WING 14C ST

KO LONG ROAD

14,602X

3

油塘
YAU TONG

通往將軍澳入水邊加
及鯉美信
E

炮台山
Devil's Peak
(Pau Toi Shan)
219

TUNG YUEN ST

CHO YUEN

SHUNG YIU

YUEN SHAN

SHUNG SHUN ST

YAN YUE WAI

嶺南新村
LING NAM
SAN TSUEN

鯉魚門

24M

14C

三家村避風塘
SAM KA TSUEN
TYPHOON SHELTER

鯉魚門
海鮮舫及食肆

三家村渡輪碼頭
Sam Ka Tsuen
Ferry Pier

三家村
SAM KA TSUEN

2 ▲ 22 3 4

A

B

堅尼地城

KENNEDY TOWN

C

◄ 22

招商局碼頭
China Merchants Wharf

碼頭 堅彌地城 新海旁 KEN
42 2A 嘉富大廈
裕林 嘉安 KE

加多近街

域多利
公眾殮房
Ex-Incinerator

D
招商局
第二倉
China Merchants Godown
招商局
第一倉

堅尼地城屠房
Abattoir

西市街 SAI SEE ST
金文 101號
厚和街 163 金和 金輝

富恆 HAU WO
厚和街

聯康
聯威
聯基
聯安

VICTORIA RD

西寧街 SAI NING ST
麗景 開源街
35 西寧 富基
84

享富 P

巴士廠

海外 59
施工中心

百利大樓

安泰大廈

CADOGAN STREET

科士街 DAVIS ST

FORBES

城西道

5B 47

道慈佛社

新加坡
國際學校

賽馬會
診所 29
聖路加堂 呂明才
KA WAI MAN RD
屠房宿舍 13

北苑台

西苑台 西環邨

中苑台 東苑台

公民村
Kung Man Tsuen
(Mount Davis Cottage Area)

警察宿舍

南苑台

SAI WAN EST

G E

12

F

L

G

摩星嶺
MO SING LENG
(MOUNT DAVIS)

MOUNT DAVIS 1

← 218米 (比例尺 Scale 1:7,500) →

▲ 78 3 4

青年旅舍 Youth Hostel

SAI YING PUN
西營盤

175m米 (比例尺 Scale 1:6,024)

St. Stephen's Girls College
St. Stephen's Girls College

LYTTELTON ROAD

OAKLANDS AVE

ROBINSON ROAD

BONHAM ROAD

KOTEWALL ROAD

BABINGTON PATH

Woodland Garden

Woodgreen

Jade Garden
翠園

翠雅園 Fairmont Gardens

羅便臣花園 Reilly Garden

G·G

維也納 Imperial Court

CONDUIT ROAD

41C 41B

43A

45 寄廬閣

福園 Scenic Garden

9 秀逸閣 2

青翠閣

帝峯豪苑

藝麗閣 70

Pine Hse 松屋

47 碧波樓

Skyline Mansion 嵐波樓

PO SHAN ROAD

30

23

24

21

55 53

3 14-16

10-12 寶城大廈 Po Shan Mansion

University Heights 大學閣 42-44

Greenview Gardens 翠景樓

維基大廈

8

Hamilton Court 愛登大廈

Piccadilly Mansion 碧苑

1

3A

Robert Black College 柏立基學院

Eliot Wing 儀禮堂

May Wing 梅堂

UNIVERSITY DRIVE

Graduate House 研究生堂

UNIVERSITY OF HONG KONG 香港大學

Haking Wong Bldg 黃克競樓

13

港大校長住宅

R

5 Wisdom Court 慧賢

15

17 19

香悅苑 Hatton Place

HATTON ROAD

LUNG FU SHAN (Hill Above Belcher's) 龍虎山

HATTON RD

上環 Sheung Wan

HK-Macau Ferry Terminal 港澳碼頭

Shun Tak Ctr 信德中心

Sheung Wan 上環

West 西

Sheung Wan 上環

建築中西區海底隧道入口
Western Harbour Crossing Access

← 175米(比例尺 Scale 1:6,024)

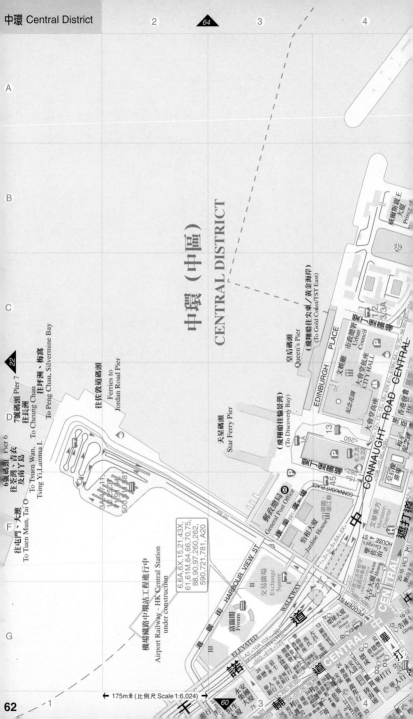

中環（中區）
CENTRAL DISTRICT

往青洲 Pier 7
To Cheung Chau
往坪洲、梅窩
To Peng Chau, Silvermine Bay

往坎道碼頭
Ferries to
Jordan Road Pier

6 號碼頭 Pier 6
往荃灣、青衣
及南Y島
To Tsuen Wan, Tsing Yi,Lamma I.

往屯門、大澳
To Tuen Mun, Tai O

皇后碼頭
（飛翔船往尖東／黃金海岸）
Queen's Pier
(To Gold Coast/TST East)

天星碼頭
（飛翔船往愉景灣）
Star Ferry Pier
(To Discovery Bay)

文物館
大會堂低座
CITY HALL

EDINBURGH PLACE

市政總署
Urban Council

CONNAUGHT ROAD CENTRAL

郵政總局
Central Post Office

怡和大廈
Jardine House

CONNAUGHT PLACE

6,6A,6X,15,21,43X,
61,61M,64,66,70,75,
88,90,97,260,262,
590,721,781, A20

機場鐵路中環站工程進行中
Airport Railway - HK Central Station
under construction

交易廣場
Exchange
Square

置地廣場
Forum

HARBOUR VIEW ST

WALKWAY

ELEVATED

FEDDER ST

CENTRAL

中環

畢打街

遮打道

CONNAUGHT ROAD CENTRAL

中環

← 175m米 (比例尺 Scale 1:6,024)

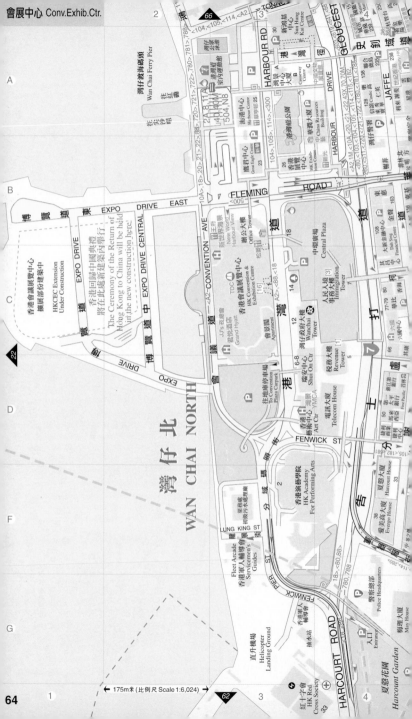

會展中心 Conv.Exhib.Ctr.

Wan Chai Ferry Pier
灣仔渡海碼頭

HARBOUR RD
港灣道

GLOUCESTER
告士打道

JAFFE
謝斐道

EXPO DRIVE EAST
博覽道東

香港會議展覽中心
擴展部份建築中
HKCEC Extension
Under Construction

香港回歸中國典禮
將在此處新建築內舉行
The Ceremony of the Return of
Hong Kong to China will be held
in the new construction here!

EXPO DRIVE
博覽道

EXPO DRIVE CENTRAL
博覽道中

EXPO DRIVE
博覽道

FLEMING
菲林明道

ROAD
道

CONVENTION AVE
會議道

HK Convention &
Exhibition Centre
香港會議展覽中心
TDC

君悅酒店
Grand Hyatt
JJ's

會景閣
Apartment

灣仔政府大樓
Wanchai
Tower

人民入境
事務大樓
Immigration
Tower

Central Plaza
中環廣場

New World
Harbour View
新世界海景

稅務大樓
Revenue
Tower

HARBOUR
灣仔道

往Convention
Plaza Carpark
往會議中心停車場

Shui On Ctr
瑞安中心

電訊大廈
Telecom House

FENWICK ST
分域街

香港
藝術中心
HK
Art Ctr

灣仔
YMCA

HK Academy
For Performing Arts
香港演藝學院

LUNG KING ST
龍景街

Fleet Arcade
香港華人婦女會
Servicemen's
Guides

夏慤大廈
Harcourt House

愛美高大廈
Evergo House

PIER ST
分域碼頭街

FENWICK
分域

夏慤花園
Harcourt Garden

Police Headquarters
警察總部

May House
梅夫大廈

栢林大廈

Helicopter
Landing Ground
直升機場

Entrance
入口

HARCOURT ROAD
夏慤道

HK Red
Cross Society
紅十字會

WAN CHAI NORTH
灣仔北

← 175m米 (比例尺 Scale 1:6,024) →

64   1   62   3   4

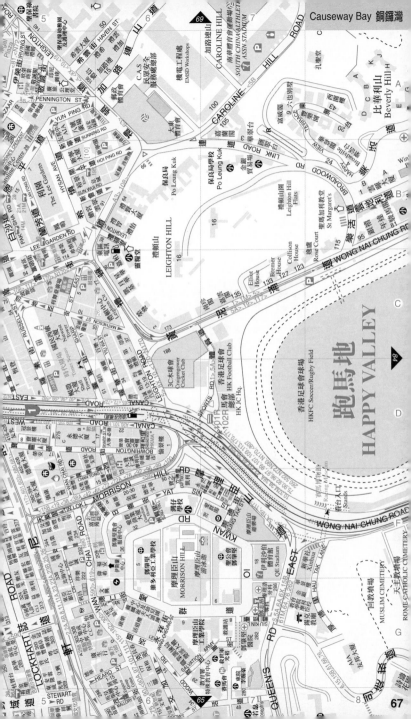

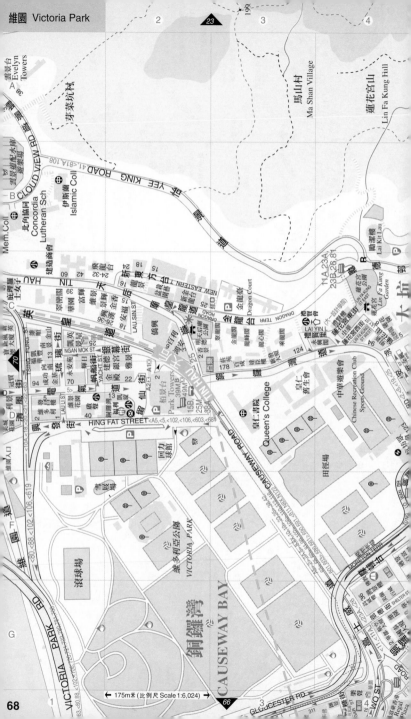

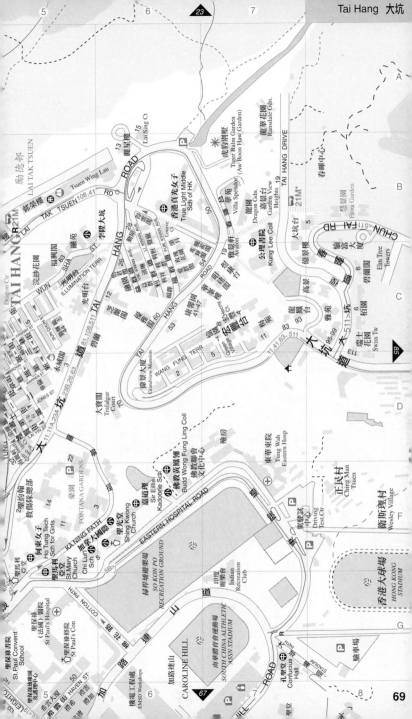

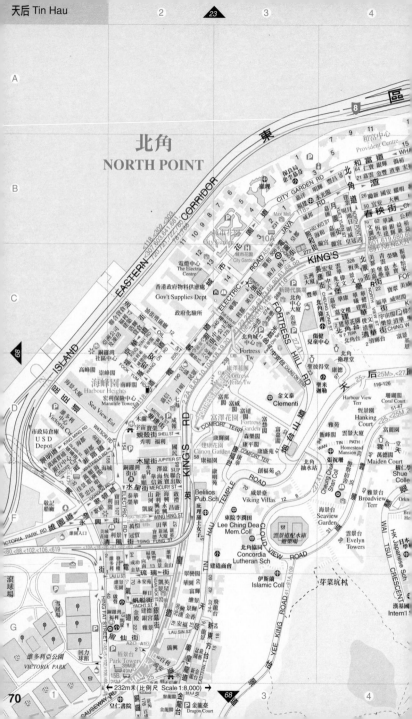

鰂魚涌
QUARRY BAY

← 232m米 (比例尺 Scale 1:8,000) →

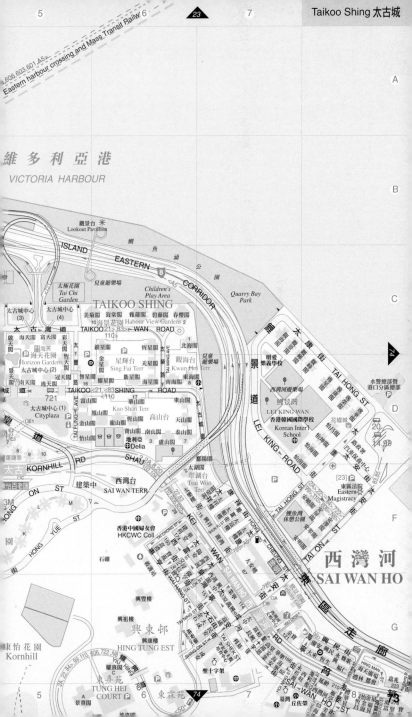

5 6 23 7

A

B

維多利亞港
VICTORIA HARBOUR

ISLAND EASTERN CORRIDOR

觀景台
Lookout Pavilion

鯉魚涌公園

太極花園
Tai Chi Garden

兒童遊樂場
Children's
Play Area

Quarry Bay
Park

C

TAIKOO SHING

太古城中心
(3)

太古城中心
(4)

美菊閣 海棠閣 雅蓮閣 碧華閣 春櫻閣

海景花園 Habour View Gardens

TAIKOO WAN ROAD

110

敞天閣 富天閣 彩天閣

海天花園
Horizon Gardens

太古城中心(2)

皓天閣 恆天閣

逸天閣

城道 721

TAIKOO SHING ROAD

太古城中心(1)
Cityplaza

110

銀星閣 恆星閣

星輝台
Sing Fai Terr

金星閣 智星閣

天星閣 月星閣

北海閣

兒童
遊樂場

觀海台
Kwun Hoi Terr

東海閣

富山閣 華山閣

高山閣 天山閣

鳳山閣

金山閣 龍山閣

恆山閣

寶山閣 南山閣

泰山閣

Kao Shan Terr

怡山閣

盧山閣

地利亞
Delia

D

太康街 TAI HONG ST

樂善學校

明愛

西灣河遊樂場

鯉景灣
LEI KING WAN

香港韓國國際學校
Korean Inter'l
School

LEI KING ROAD

水警總部暨
Eastern
港口分區總部

20

74

SHAU KEI WAN ROAD

朝陽閣

翠湖台
Tsui Woo
Terr

太湖閣

KORNHILL RD

西灣臺
SAI WAN TERR

建築中

[23]
東區法院暨
Eastern
Magistracy

鯉魚灣休憩公園

E

F

HONG YUE ST

ON ST

香港中國婦女會
HKCWC Coll

石礦

太祥街 TAI CHEUNG ST

太安街 TAI ON ST

太康街 TAI HONG ST

太祥街 TAI CHEUNG ST

西灣河街 SAI WAN HO ST

西灣河
SAI WAN HO

太寧街

興豐樓

興祖樓

興康樓

HING MAN ST

興東邨
HING TUNG EST

康怡花園
Kornhill

東區走廊

聖十字架

G

5 6 74 7

東霖苑

康怡花園
Kornhill

東熹苑
TUNG HEI
COURT

東霖苑

聖約翰救傷隊

SAI WAN HO ST

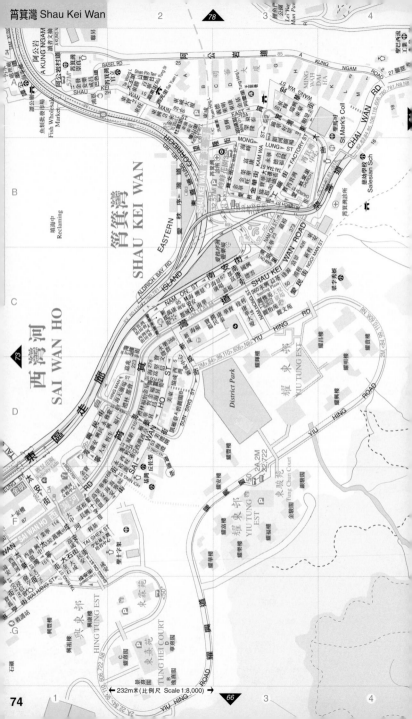

SHAU KEI WAN

筲箕灣

SAI WAN HO

西灣河

District Park

耀東邨

YIU TUNG EST

← 232m米 (比例尺 Scale 1:8,000) →

碧瑤灣
BAGUIO VILLA

巴
大
尼

巾政府苗圃
79

薄扶林騎術學校

薄扶林
訓練中心

薄扶林村
POK FU LAM TSUEN

置富花園
CHI FU FA YUEN
7,40,43,45

富興
富榮 富昌 富昇
富澤 富明 富俊 富雅
CLAYMORE AVENUE 富恒
富島 富愉
薄扶林花園 富華
POK FU LAM 聖心 始南 富慧
GARDENS 置富徑 富仁 富怡
余振強 富逸
紀念第一 富景 富班
富安
富圓
富麗 雅緻洋房
Yar Chee Villas
L7
L1 L4

VICTORIA

125.2

ROAD

POK FU LAM

CHI FU

ROAD

40,40M
47,48,73
43,45,504

華翠�
培英
華景街 WAH KING
免疫學
研究院
4X,94A, 華生樓 鶴山 奇力灣
170,N170 魯班 英皇小學 23°
瀑布灣公園 華興樓 華安樓
Waterfall Bay Park 呂明才
寶血小 華建樓 華泰樓 華樂街
東華三院 華昌 4,42, CHEONG ST
徐展堂 華清樓 45,
特殊學校 華昌樓 華賢樓
華明樓 華善樓 華康樓
華富邨 華基樓 華樂樓
WAH FU ESTATE WAH FU RD 華貴邨
華裕樓 WAH KWAI EST
華信樓 華富商場 華孝樓
華珍樓 華昇樓
華康樓 華隆苑
華美樓 嘉傑閣 華隴徑 WAH LUNG 43,43X,72,78,
嘉平閣 嘉昇閣 79,374,N73
嘉俊閣 嘉隆苑 51,53
Ka Lung Court

雞籠灣
KAI LUNG WAN
(KELLETT BAY)

37,37M,38,38A,338,537

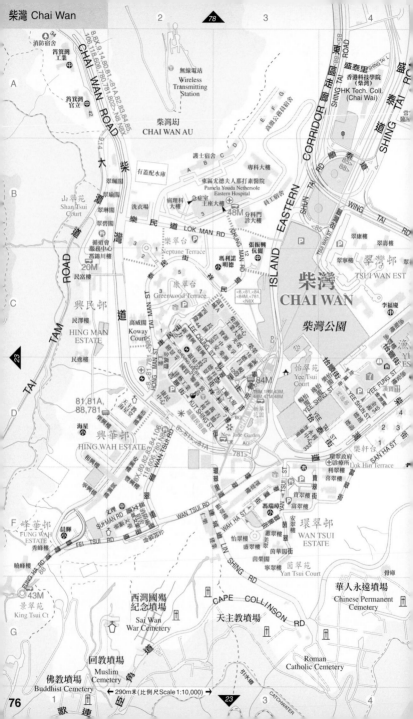

← 290m米 (比例尺 Scale 1:10,000) →

貨物裝卸灣
CARGO HANDLING BASIN

常泰臨屋區
Sheung Tai T.H.A.

柴灣貨倉
Chivas Godown

KA YIP ST
安全貨倉
工業大廈

富城貨
（地鐵）貨倉

污水處理廠
Sewage
Treatment
Works

垃圾處理廠
Island Transfer
Station

柴灣海水抽水站

SHEUNG ON ST
Chai Wan 柴灣 港鐵
Ind. City Cornel
柴灣
Kalley

新翠
SUN YIP ST
FUNG

ON YIP ST
安業街

八號商業廣場

新華豐
業
第一亞洲

中華巴士廠
Bus Depot

安業臨屋區

新藝大廈

第一工業中心
Honour
安力

Cargo Working Area

CHAI
保良局
第一
新平街
HONG PING ST
新康
WING PING ST
雅康
富安
富城
雅景
富明街
富裕
396

WAN ROAD

可愛職業先修

柴灣游泳池

樂耕埔
LOK KANG PO

SIU SAI WAN

富欣花園
Harmony Garden

3
1
7

東院李志雄

SIU SAI WAN RD

瑞發樓
瑞盛樓
J
瑞益樓
碧翠閣
晴翠苑
雅翠閣
Hin Tsui Ct
D
瑞隆樓

MING TSUI STREET

HIU TSUI ST

HIU TSUI ST

小西灣
SIU SAI WAN

8X,85,106
118,606,N8X
8,80,83,84M
780,788,N8

富怡花園
Cheerful Gdn

衛理
嶺南
杏花邨

小西灣道

P

11

富景花園
Fullview Garden

9
7

瑞滿樓
C
瑞富樓
YMCA SIU SAI WAN EST
瑞樂樓
A
瑞喜樓

小西灣邨
SIU SAI WAN EST

47M
瑞明樓
瑞泰樓

44M

頤翠閣
佳翠苑
Kai Tsui Ct
P

歌連臣角華人永遠墳場
Chinese Permanent Cemetery

CAPE COLLINSON RD

歌連臣角道

（興建中之配水庫）

歌連臣角道

青年旅舍
Youth Hostel

摩星嶺
MO SING LENG
(MOUNT DAVIS)

微波發射台

廢炮台

電離層研究站
MicrowaveStation

廢堡
Disused Battery

269

High House

VICTORIA ROAD

MOUNT DAVIS PATH

Dora

3A
5B

摩星嶺道

to Dora

福利別墅

華光小築
趙苑
192 張苑

206 216
華光草堂

華亭閣
54

Honey Villa
57

聖嘉勒
50

碧海閣 49

Ocean View
37

SANDY BAY RD

東華義庄

根德公爵夫人
兒童醫院
The Duke of Kent
Children's Hospital

馮堯敬療養院

中華基督教墳場

10 59

甘迺廸中心

紅十字會
學校

昌邁閣

碧荔台
CROWN

Disney
Villas

碧麗軒

麥理浩
物理治療中心
Maclehose Med.
Rehab. Ctr

59 碧麗台

VICTORIA

VILLA DRIVE

美景台
Scenic
Villa

SCENIC DRIVE

10A
24

Rodrigues
Court

柏立基

D
杏花園
白沙灣
PAK SHA WAN

SHING TAI ROAD

盛康里

29
30 27
26
25

SHING HONG L.

19
21
32
31 28

22
23

杏花邨
HENG FA CHUEN

36
34
33

38

40

39

42

43

45

46

44

香港大學
運動場
何鴻燊
體育中心

SHA WAN ROAD

HENG FA CHUEN

HENG FA CHUEN

ISLAND EASTERN CORRIDOR

1

SHING MAN

49
50

百福
Magn
Vill

Pe
Pine

290m米 (比例尺 Scale 1:10,000)

78

1   2   3   4

薄扶林道 HONG KONG TRAIL SECTION 1 · 港島徑第一段

西高山
SAI KO SHAN
(HIGH WEST)
· 493

夏力道

翠林苑
錦案小築
利嘉大廈
林泉
裕仁大廈 碧林園
碧林大廈
福慧苑

昭遠墳場

怡林閣
衛星花園

中華基督教墳場
Chinese Christian
Cemetery

香港大學病理大樓
病理大樓
K座

瑪麗醫院
Queen Mary
Hospital

利希慎堂
何善衡夫人堂
利銘澤堂

教授樓
新教授樓
行政大樓
豪峰 118
恩廬

李樹芬樓

薄扶林
POK FU LAM

Jessville 131

心光盲人學校

128

132-136
玫瑰村
Alberose

140
明德村
Middleton Tws

羅富國教育學院
Northcote College of Education

NORTHCOTE CLOSE

SASSOON ROAD

Provident Villas 29
Stone Manor 33

Carriana Sassoon 45
金香園
愛琴苑 60

鋼綫灣村
Kong Sin Wan Tsuen

嘉林閣

大學堂宿舍

薄扶林水塘道

西苑

薄扶林水塘
Pok Fu Lam
Reservoir

POK FU LAM RESERVOIR

麥理浩夫人傷健中心
The Lady Maclehose
PHAB Centre

19
21

28
31
16
550
555
33
17
18

碧瑤灣
BAGUIO VILLA

24
28
27
26
150
伯大尼 139
市政局苗圃

薄扶林道 POK FU LAM ROAD

利南道

SAI KO SHAN
(HIGH WEST)
493 西高山

山頂公園
VICTORIA PEAK GARDEN

THE GOVERNOR'S WALK
同 樂 徑

LUGARD RD 龍虔

HONG KONG TRAIL SECTION 1

AUSTIN ROAD

柯 士 甸 山 道

Wireless Station
Antenna
MASTS
Overthrope
28-24
Haystack

HARLECH RD 夏力道

Westcrag Hirst Mansions

山景花園
Mt. Austin Estate
South Carig

柯士甸山遊樂場

爐峰峽
VICTORIA GA

薄扶林郊野公園
POK FU LAM COUNTRY PAR

POK FU LAM RESERVOIR RD

島 徑 第 一 段

港

FU - LAM RESERVOIR ROAD
薄扶林水塘
Pok Fu Lam
Reservoir

HONG KONG TRAIL SECTION 2

嘉麗園
嘉利
65 69

Chelsea
Court

MOU

58

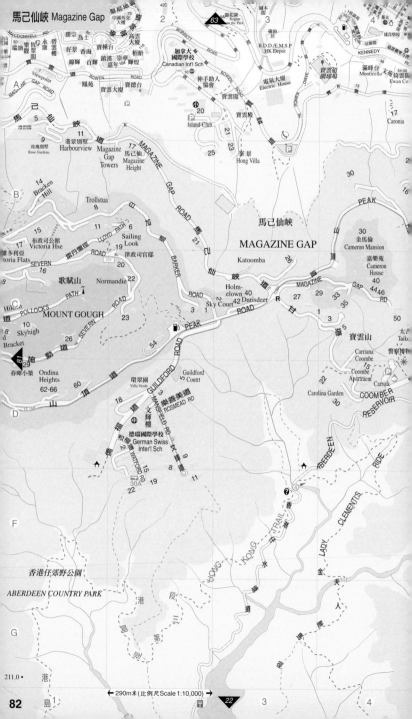

馬己仙峽

MAGAZINE GAP

MOUNT GOUGH

歌賦山

寶雲山

COOMBER RESERVOIR

ABERDEEN COUNTRY PARK
香港仔郊野公園

← 290m米 (比例尺Scale 1:10,000) →

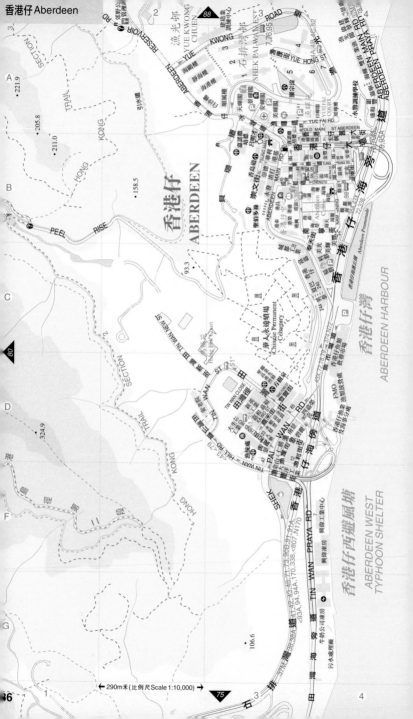

香港仔 Aberdeen

←290m米(比例尺Scale 1:10,000)

鴨脷洲
AP LEI CHAU

玉桂山
YUK KWAI SHAN
(MOUNT JOHNSTON)

龍山排
LUNG SHAN PAI
(WEST ROCK)

利東邨
LEI TUNG EST.

利東邨
LEI TUNG ESTATE

利南道
LEE NAM ROAD

利榮街
LEE WING STREET

南寧街

鴨脷洲邨
AP LEI CHAU ESTATE

怡雅路
YI NAM RD

海怡半島
SOUTH HORIZONS

怡峰路（東）
SOUTH HORIZON DRIVE

Marina Sq.

The Oasis

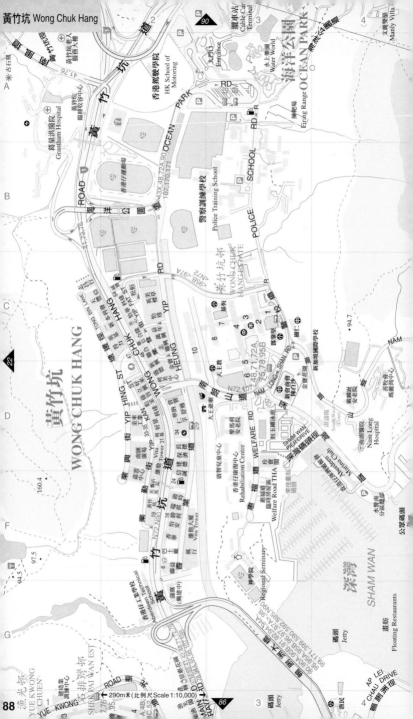

5　　　　6　　　90　　　7

4.9

A

南朗山
NAM LONG SHAN
(BRICK HILL)
221.1
247.2
232.0
211.5

152.0
175.8
186.4

纜車站
Cable Car
Terminal
112.6
海洋礁
AOI Reef

海洋公園
OCEAN PARK

海洋劇場
Ocean Theatre

B

南
朗
山
道
NAM
LONG
SHAN
ROAD

南島天堂
Bird Paradise

海濤館
Wave Cove
128.5

"集古村"
"Middle Kingdom"
大樹灣
海洋公園入口

登山電梯
Escalators

C

93.4

LONG　SHAN　RD

大樹灣
TAI SHUE WAN

66.1

22

77.3

SHUM　WAN　RD

碼頭
Piers

風塔
工業區

D

香港仔南避風塘
ABERDEEN SOUTH
TYPHOON SHELTER

布廠灣
PO CHONG WAN

香港仔海峽
HEUNG KONG TSAI HOI HAP
(ABERDEEN CHANNEL)

E

F

碼頭
Jetty

船塢
Shipyards

鴨脷排
AP LEI PAI

48.2

AP LEI CHAU PRAYA RD

鴨脷洲
AP LEI CHAU

52.7

玉桂山
YUK KWAI SHAN
(MOUNT JOHNSTON)

5　　　　6　　　87　　　7　　　　8

香港木球會
Hong Kong Cricket
Club

女童軍新德倫訓練中心
Girl Guides New Sandilands
Training Centre

4 Blue
Echoes

RESERVOIR ROAD

陽明居 山景園
晚景台
陽明山莊
摘星樓
HK Parkview 凌雲閣
澄碧苑 環翠軒

黃泥涌水塘公園
Wong Nai Chung
Reservoir Park

黃泥涌峽
WONG NAI
CHUNG GAP

Carcianna
Pepulse Bay

•330

373

蘗奕信徑第一段

紫羅蘭山
TSZ LO LAN SHAN
(VIOLET HILL)

萠峰園
山
蘅
徑

皇山 23
Rozlyn
冠園 海峯園
19
福慧

TSZ LO LAN SHAN

435•

PATH

430.0 •

SECTION 1

WILSON TRAIL

219.5

227.2

183.2

淺水灣道
37 號

南山

淺水灣
REPULSE BAY

275.9

141.9

154.7

TSZ LO LAN SHAN PATH

紫羅蘭山徑

淺水灣凹
TSIN SHUI WAN AU

147.2

149.5

160.4

淺水灣
新邨 40

P

寶馬苑

影灣園
The Repulse Bay
101

VIEW DRIVE

Eucliff

淺水灣
海灘 109

保華大廈 115

61.61M
374.399

樂陶苑 金和庚嫿
南灣 海逸坊
國際
學校

南
道

郵

南灣
新邨
30

南灣
海庭

南灣
花園
Gulestan

淺水灣泳灘

SEAVIEW PROMENADE

淺水灣海灘
REPULSE BAY BEACH

SOUTH BAY ROAD 56

SOUTH BAY ROAD 55

Roseville
康南

Fairmount
Terrace

Royden
Court

362.9

福瀨
Quay

CATCHW

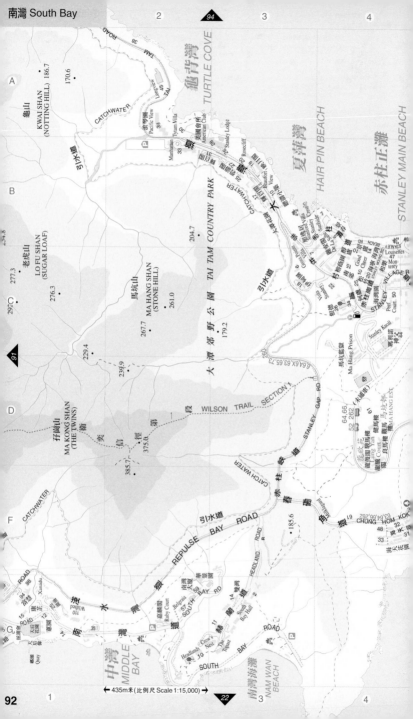

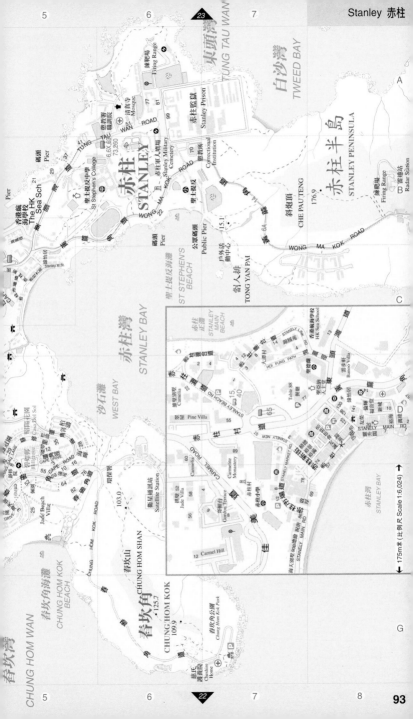

赤柱 STANLEY

東頭灣 TUNG TAU WAN

白沙灣 TWEED BAY

練靶場 Firing Range

清真寺 Mosque

赤柱監獄 Stanley Prison

懲教署職員訓練院

WAN ROAD

赤柱軍人墳場 Stanley Military Cemetery

懲教院 Correctional Institution

香港航海學校 The HK Sea Sch

聖士提反書院 St Stephen's College

赤柱 STANLEY

WONG MA KOK ROAD

聖士提反

斜煙頭 CHE PAUTENG

176.9

赤柱半島 STANLEY PENINSULA

練靶場 Firing Range

雷達站 Radar Station

Pier

碼頭 Pier

碼頭 Pier

Stanley M.St.

碼頭 Pier

公眾碼頭 Public Pier

戶外活動中心

15.1

WONG MA KOK ROAD

聖士提反海灘 ST STEPHEN'S BEACH

凱人排 TONG YAN PAI

赤柱灣 STANLEY BAY

沙石灘 WEST BAY

赤柱正灘 STANLEY MAIN BEACH

香港航海學校 HK Sea School

HOI FUNG PATH

STANLEY LANE

舂磡角海景園 Chân Del Sol

CAPE DRIVE

CAPE ROAD

CHUNG HOM KOK ROAD

玉海別墅 Jade Beach Villa

103.0

衛星通訊站 Satellite Station

Camellia

Pine Villa

CARMEL ROAD

Carmelite

Carmelite Monastery

玉壘 Jade Villa

Gong Terrace

12 Carmel Hill

Table 88

STANLEY BEACH RD

STANLEY NEW ST

STANLEY MARKET RD

STANLEY MAIN RD

STANLEY MAIN ST

赤柱 STANLEY BAY

175m米 比例尺 Scale 1:6,024

赤柱小學

Bunso Villa

舂磡灣 CHUNG HOM WAN

舂磡角海灘 CHUNG HOM KOK BEACH

舂磡山 CHUNG HOM SHAN

舂磡角 CHUNG HOM KOK

125.7

109.9

舂磡角公園 Chung Hom Kok Park

慈氏護養院 Cheshire Home

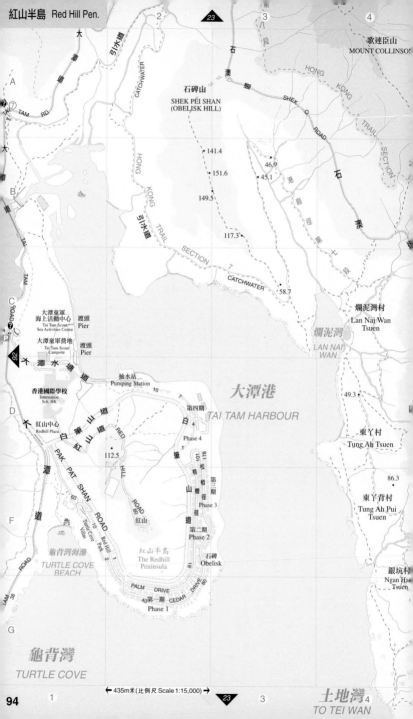

歌連臣山
MOUNT COLLINSON

石碑山
SHEK PEI SHAN
(OBELISK HILL)

HONG KONG

SHEK O ROAD

石澳

引水道 CATCHWATER

大潭道

HONG KONG TRAIL

SECTION

引水道

• 141.4
• 151.6
149.5
• 46.9
• 45.1
117.3 •
7
CATCHWATER
• 58.7

爛泥灣村
Lan Nai Wan Tsuen

爛泥灣
LAN NAI WAN

大潭童軍海上活動中心
Tai Tam Scout Sea Activities Centre

渡頭
Pier

大潭童軍營地
Tai/Tam Scout Campsite

渡頭
Pier

潭水塘道

香港國際學校
Internation Sch. HK

紅山中心
Redhill Plaza

白筆山道

紅山道

大潭道

抽水站
Pumping Station

第四期
Phase 4

大潭港
TAI TAM HARBOUR

49.3 •

東丫村
Tung Ah Tsuen

RED HILL ROAD

紅山

• 112.5

松柏徑 101 178
楊栁徑
第三期
Phase 3

第二期
Phase 2

Red Hill Ptt. 1
Turtic Cove Villa Port. 2

紅山半島
The Redhill Peninsula

石碑
Obelisk

86.3

東丫背村
Tung Ah Pui Tsuen

龜背灣海灘
TURTLE COVE BEACH

PALM DRIVE

CEDAR DRIVE

第一期
Phase 1

銀坑村
Ngan Ha Tsuen

TAM ROAD

PAK PAT SHAN ROAD

大潭道

龜背灣
TURTLE COVE

435m米 (比例尺 Scale 1:15,000)

石 澳 郊 野 公 園
Shek O Country Park

歌連臣角懲教所
Cape Collinson
Correctional
Institution

草堆灣
TSO TUI WAN

古石刻

大浪灣海灘
Big Wave Bay
Beach

大浪灣
BIG WAVE BAY

256.4

264.7

192.0

雲枕山
WAN CHAM SHAN

244.6

1.9

274.7

龍脊
LUNG CHEK
(DRAGON'S BACK)

觀音山
KWUN YAM SHAN

大浪灣道
BIG WAVE BAY ROAD

.3

163.4

284.0

打爛埕頂山
TA LAN TSING TENG SHAN
(SHEK O PEAK)

45.5

石澳道 SHEK O ROAD

高爾夫球場
Golf Course

石澳鄉村俱樂部
Shek O
Country Club

The Rock

石澳
SHEK O

石澳灣
SHEK O WAN

191.7

224.5

246.9

石澳道 SHEK O ROAD

石 澳 道

文新

石澳村
Shek O Village

石澳新村
Shek O New
Village

石澳山仔
SHEK O
HEADLAND

碼頭
Pier

182.9

254.3

土地灣村
To Tei Wan
Tsuen

石澳海灘
Shek O Beach

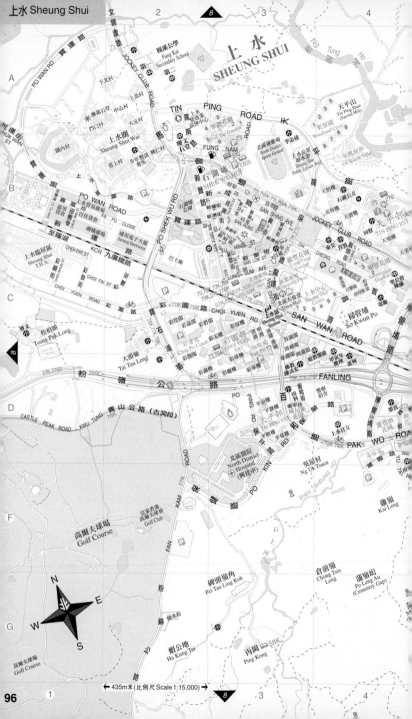

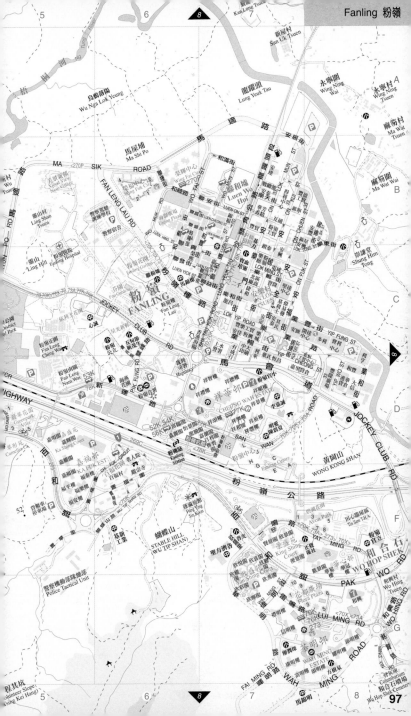

←435m米(比例尺 Scale 1:15,000)→

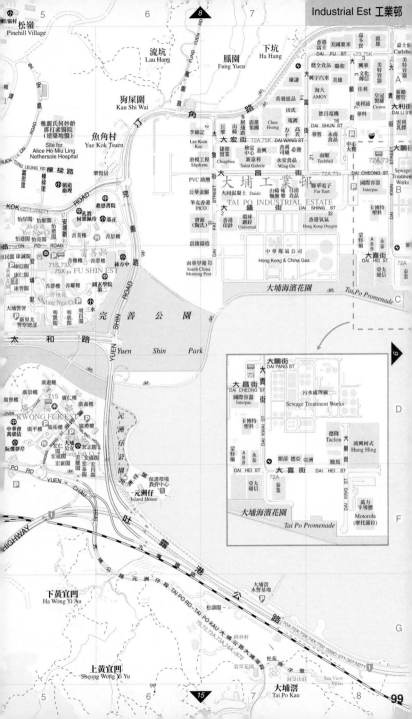

九肚 Kau To

大埔滘段

坡面
Po Min

排門
Pai Mun

逸夫書院
Shaw Campus

聯合書院
United Campus

大埔尾
Tai Po Mei

TAI PO MEI HANG 大埔尾坑

赤泥坪
Chok Nai Ping

馬料水段

大埔公路

UNITED ROAD NEW

水塔
Tanks

聯合道

CENTRAL AVE 中央道

文物館

UNIVERSITY ROAD 大學道

70,72,72A,73A,74A,872 TAI PO ROAD — MA LIU SHUI

HIGH VIEW RD

CHUNG CHI RD

拜

崇

香港中文大學
CHINESE UNIVERSITY
OF HONG KONG

雍雅山房

稔凹
Nim Au

253

長瀝尾
Cheung Lek Mei

KAU TO HANG 九肚坑

坑口
Hang Hau

KAU TO HANG 九肚坑

雍坪路

LAI PING ROAD

九肚坳

雍坪徑 TUNG PING PATH

九肚
Kau To

綠怡居
Monte
Villa

沙田嶺山莊
Shatin Knoll

寶柏苑 66K
Windsor Park I

馬鈴徑 MA LING PATH

馬鞍徑

狗肚山
Cove Hill
(Kau To Shan)

馬尿
Ma Niu

松柏花園
Evergreen
Garden

綠怡徑 MONTE PATH

匡怡居

寶柏苑第二期
Windsor Park II

沙田嶺小築花
Shatin Ka
Lookout Gar

MA LOK PATH 馬樂徑

良莊
Fairview Villa

綠怡徑

富慧苑

綠野小築
Greenery Villa

寶怡苑
Greenland
Villas

遠翠徑

溫莎小築
Winner's
Lodge

KAU TO SHAN RD 九肚山路

雅景臺
Chateau Scenic

MA YING PATH 馬影徑

女童軍山海
小棧度假營

白禤苑
Pak Tak Yuen

TSUNG TAU HA RD 松頭下路

LOK KWAI PATH 樂貴徑 62K

TUNG PATH 同徑

楓徑

LOK KEN PATH 樂健徑

LIN PATH 連徑

TEMPLE 廟

← 435米米 (比例尺 Scale 1:15,000) →

102

駱湖下
Lok Lo Ha

88K Royal Ascot

駿景園

香港賽馬會沙田馬場

沙田馬場
Sha Tin
Racecourse

馬場站
Racecourse
Station

大埔公路

70X,72,72X,73X

沙田馬場
Sha Tin
Racecourse

100

香港中文大學
The Chinese University of Hong Kong

1. 臨床心理學中心　Clinical Psycho Ctr.
2. 嶺南體育館　Stadium
3. 眾志堂　Chung Chi Tang
4. 牟路思怡圖書館　Library
5. 崇基學院禮拜堂　Chapel
6. 崇基教學樓　Teaching Blocks
7. 崇基學院樓　Teaching Blocks
8. 音樂館　Music Centre
9. 崇基行政樓　Admin. Building
10. 何鴻燊工程學大樓　Ho Sin-hang Engineering Bldg
11. 方樹泉樓　Fong Shu Chuen Bldg
12. 應林堂　Ying Lin Tang
13. 明華堂　Ming Hua Tang
14. 華連堂　Hua Lien Tang
15. 文質堂　Wen Chih Tang
16. 何善衡夫人宿舍　Md.S.H.Ho Hall
17. 神學樓　Theology Bldg
18. 大學體育中心　U. Sports Centre
19. 建築倫　Buildings Office
20. 研究院宿舍　Postgraduate Hall
21. 大學保健中心　U. Health Centre
22. 雅禮賓館　Yali Guest House
23. 李卓敏樓（醫學館）　C. M. Li Bldg
24. 科學館　Science Centre
25. 竹苑　Bamboo Lodge
26. 文物館工作組　Art Gallery
27. 中國文化研究所　Inst. of Chinese Studies
28. 碧秋樓　Pi Chiu Bldg
29. 兆龍樓　Siu Loong Pao Bldg
30. 邵逸夫堂（大學禮堂）　Sir Run Run Shaw Hall
31. 潤昌堂　Y. C. Liang Hall
32. 大學行政樓　U. Admin. Bldg
33. 大學圖書館　U. Library
34. 范克廉樓　Benjamin Franklin Ctr
35. 中央游泳池　Swimming Pool
36. 李達三樓　Li Dak Shun Bldg
37. 馮景禧樓　Fung King Hey Bldg
38. 曾肇添樓　Tsang Shiu Tim Bldg
39. 胡忠圖書館　Wu Chung Library
40. 鄭棟材樓　T. C. Cheng Bldg
41. 張祝珊師生康樂中心　Cheung Chuk Shan Amenities Bldg
42. 伯利衡宿舍　Bethlehem Hall
43. 湯若望宿舍　Adam Schall Residence
44. 恒生樓　Hang Seng Hall
45. 大學賓館　U. Guest Houses
46. 誠明館　Cheng Ming Bldg
47. 人文館　Humanities Bldg
48. 曾友梅館　Chien Mu Library
49. 友晴樓　Friendship Lodge
50. 學思樓　Yuexi Hall
51. 樂群館　Staff Student Centre
52. 知行樓　Chih Hsing Hall
53. 志文堂　Grace Tien Hall
54. 文林堂　Wen Lin Tang Hostel
55. 漢園　Vice-Chancellor's Res
56. 海洋科學實驗室　Marine Science Lab
57. 邵逸夫夫人樓　Lady Shaw Bldg
58. 馬臨樓　John Fulton Centre
59. 富爾敦中心　Water Sports Centre
60. 水上活動中心　Leung Kau Kui Bldg
61. 梁球琚樓　U. Residence No.1
62. 第一苑　U.Residence No.3-15
63-75. 第三至十五苑　U. C. Staff Residence
76. 職合苑　Ho Tim Bldg
77. 何添樓　Wong Fu Yuen Bldg
78. 招祖和樓,王福元樓　Panacea Lodge
79. 藝苑

80. 許讓成樓　Hui Yeung Shing Bldg.
81. 博文苑　Inter-University Hall
82. 方潤華堂　Fong Yun Wah Hall
83. 松苑　Pine Lodge
84. 崇基第一學生宿舍　Student Hostel 1
85. 崇基教職員宿舍　Staff Quarters S
86. 汾陽體育館　Kwok Sports Bldg.
87. 何東夫人堂　Lady Ho Tung Hall
88. 科學館東座　Science Centre East Block
89. 大學貯物房一至五號　University Stories No. 1-5
90. 香港生物科技研究院　HK Institute of Biotechnology
91. 田家炳樓　Tin Ka Ping Bldg.
92. 保安交通中心　Security & Transport Bldg.
93. 逸夫書院大講堂　Shaw Lecture Theatre
94. 第一學生宿舍　Student Hostel 1
95. 第二學生宿舍　Student Hostel 2
96. 文瀾堂　Wen Lan Tang
97. 雅群樓　Ya Qun Lodge

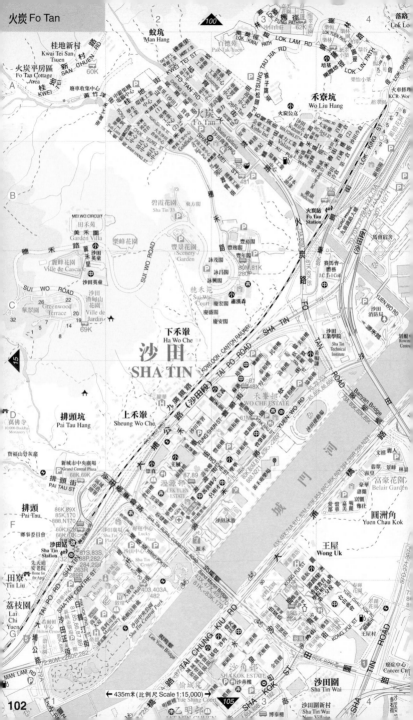

← 435m米 (比例尺 Scale 1:15,000)

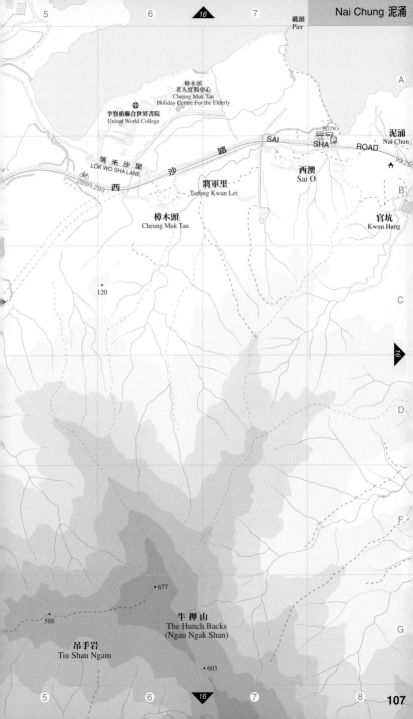

碼頭
Pier

A

樟木頭
老人度假中心
Cheung Muk Tau
Holiday Centre For the Elderly

李寶椿聯合世界書院
United World College

807K

泥涌
Nai Chun

SAI SHA ROAD

99.29

西澳
Sai O

落禾沙里
LOK WO SHA LANE

西沙路

289R.299

將軍里
Tseung Kwan Lei

B

樟木頭
Cheung Muk Tau

官坑
Kwun Hang

C

•120

吊手岩
Tiu Shau Ngam

•677

•588

牛押山
The Hunch Backs
(Ngau Ngak Shan)

•603

G

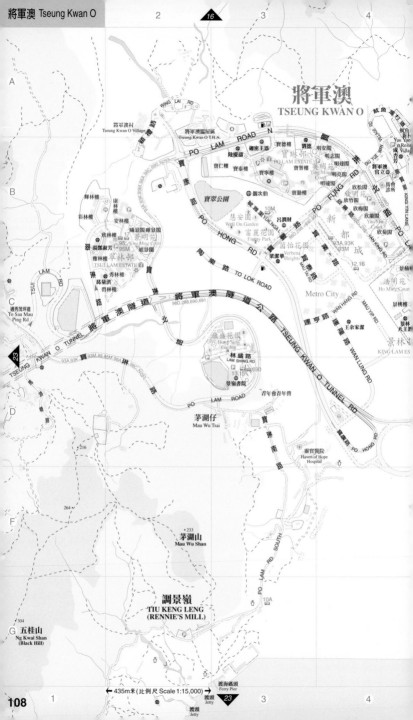

將軍澳
TSEUNG KWAN O

將軍澳村
Tseung Kwan O Village

將軍澳臨屋區
Tseung Kwan O T.H.A.

WING LAI RD

PO LAM ROAD N

寶德樓
迪慶閣
陵慶閣
主恩
明安樓
明志樓

寶珠邨
PO LAM ESTATE

寶仁樓
寶泰樓
寶智樓

英明苑
Ying Ming
Court

明達閣
明建樓
明亮閣
明遠閣

魚角
Yu Kok

裕逸
Yu Yat
Residence

裕樂
裕興
Yu Hing
Residence

將軍澳
官立
Yu Yue

將軍澳
官立中學

魚會診所
馬會診所

寶翠公園
Wo On Garden

馨安園
Yuk Ka

呂園財
10M

欣明苑
Yan-Ming
Court

欣松閣
欣盛閣
欣梅閣
欣怡閣
欣竹閣

新
都
城
Metro City

景翠閣
Ho Ming Court

浩明苑
Ho Ming Court

景琳
Vo L

PO HONG RD

富麗花園
Fungy Park

怡怡花園

京翠苑
Tsui Lam
Court

寶琳
Po Lin

PO FUNG RD

翠琳邨
TSUI LAM ESTATE

欣林樓
康林樓
安林樓

晴景閣淑景閣
景湖苑
Keng Ming Court
翠濤閣
95M
組屋園

KING YAN L

景琳苑

雅林樓
葛林樓
秀林樓
碧林樓

92.16

梁潔華

96M.690

98D.288.690.691

林彩華

Verbena
Heights

陶樂路
TO LOK ROAD

將軍澳隧道
98D.288.690.691

TSUI LAM RD

To Sau Mau
Ping Rd

通秀筱坪道
通秀筱坪道

將軍澳隧道公路
TSEUNG KWAN O TUNNEL RD

連亭路
WAN HANG RD

MAU YIP RD

WAN LUNG RD

京林
KING LAM ES

93A.93K
93M.95.95M.95A
98C.DGA1

寶琳
路
北
道

將軍澳隧道
TSEUNG KWAN O TUNNEL

王余家潔

98C.DGA1

康盛花園
Hong Sing
Garden

林盛路
LAM SHING RD

景嶺書院

青年會青年營

PO LAM ROAD

茅湖仔
Mau Wu Tsai

寶琳南路

海寶醫院
Haven of Hope
Hospital

216

264

茅湖山
·233
Mau Wu Shan

調景嶺
TIU KENG LENG
(RENNIE'S MILL)

寶琳南路
PO LAM RD SOUTH

10A

304
五桂山
Ng Kwai Shan
(Black Hill)

渡海碼頭
Ferry Pier

渡頭
Jetty

23

渡頭
Jetty

渡頭
Jetty

◄—— 435m米 (比例尺 Scale 1:15,000) ——►

香港科技大學 HKUST

無線電視城
TV City

5

6

16

7

阿公灣
A KUNG WAN

Mandel
Villa

Pine
Villas

Mandavin
Villa

碧濤花園
Bella Vista

AH KUNG WAN RD

188.6

彩濤別墅
SILVER TERRACE

龍濤別墅
Rainbow Villa

華富花園
Fullway Garden

SILVER STREAM P

A

銀海
山莊

152.2

YING YIP RD

清水灣片廠
Clear Water Bay
Film Studio

SILVER STRAND BEACH RD

銀星樓

銀線灣海灘
SILVERSTRAND

B

101.7

景欄樓

景榕樓

景楠樓

Hang Hau
Village
坑口村

CHAP FUK RD
集福路

信義會

愛琴別墅
Aegean Villa

安老院
Home For
The Aged

銀灣別墅

海濤別墅
Seamar Villa

滿灣別墅

SILVER CAPE RD
銀岬路

泰灣別墅
Bayside Villa

沙

碧

PIK SHA

滿湖別墅

翡翠里

偉景
別墅

滿湖別墅

JADE

C

Bayside Beach

24

富寧花園
Fu Ning Garden

厚德邨
HAU TAK EST

頌明樓
賢明樓

德康樓

德明樓

德昌樓

裕明苑
Yu Ming Court

擬建將軍澳醫院

98A,98C,98D,
98F,98I,N293

98B,98D,
98F,98I,98J,N293

Chung Ming Court
眾明苑

德祐樓

德安樓

裕榮閣
裕昌閣

DOM

Twin Bay Villa
勝景別墅

坑口
Hang Hau

CLEAR WATER BAY ROAD

D

安寧花園
On Ning Garden

東港城

德明樓

HANG HAU ROAD

麗柏
別墅

半見村
Boon Kin Village

SHEUNG PO KONG RD

保良局 91M

冠明樓

八佰伴

CHUNG WAN RD

明德邨
MING TAK EST

顯明苑
Hin Ming Court

NGAN O RD

銀澳路

陳耀星

裡明苑
Yuk Ming Court

田下灣村

煜明閣

田下灣路
TIN HA WAN

CHIU SHUN ROAD

E

廣明苑
Kwong Ming Court

環保大道

WAN PO ROAD

禾塘崗
Wo Tong Kong

孟公屋
Mang Kung Uk

F

MANG KUNG UK RD

G

香港氧氣公司
Gas Works

WAN PO ROAD
環保大道

通往工業邨

白勝角
Pak Shing Kok

23

5

6

7

8

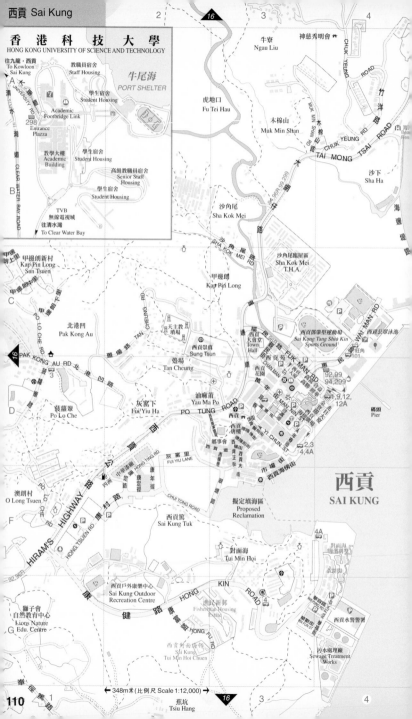

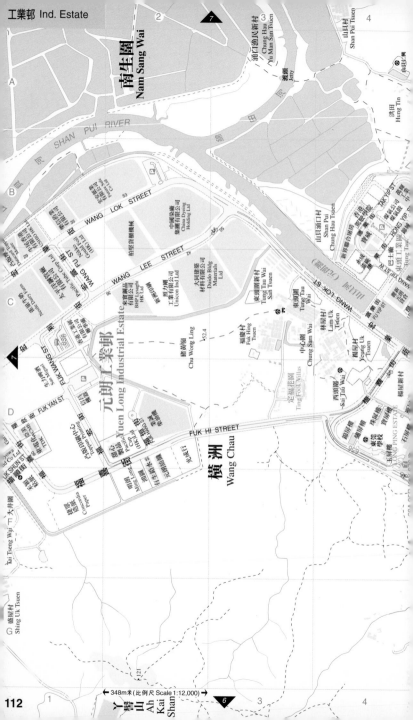

工業邨 Ind. Estate

南生圍
Nam Sang Wai

SHAN PUI RIVER

WANG LOK STREET

WANG LEE STREET

WANG FUI ST

元朗工業邨
Yuen Long Industrial Estate

Chu Wong Ling
豬黃嶺
·52.4

FUK WANG ST

FUK YAN ST

福
喜
街

FUK SHUN ST

福喜街 FUK HI STREET

橫洲
Wang Chau

定福花園
Ting Fook Villas

WANG LOK ST
山貝河 (宏樂街)

東頭圍新村
Tung Tau Wai
San Tsuen

東頭圍
Tung Tau
Wai

林屋村
Lam Uk
Tsuen

楊屋村
Yeung Uk
Tsuen

中心圍
Chung Sam Wai

西頭圍
Sai Tau Wai

楊屋新村

LONG PING ESTATE
朗屏邨

東莞學校

玉器地

永寧村
Wing Ning Tsuen

捕魚灣村
Fuk Hing
Tsuen

浦口漁民新村
Yu Man San Tsuen

涌口村
Chung Hau

山貝村
Shan Pui Tsuen

漁頭
Jetty

洪田
Hung Tin

山貝村
Shan Pui Tsuen

山貝涌口村
Chung Hau Tsuen

TAK YIP ST

HONG YIP ST

WANG YIP ST W

盛屋村
Shing Uk Tsuen

大井圍
Tai Tseng Wai

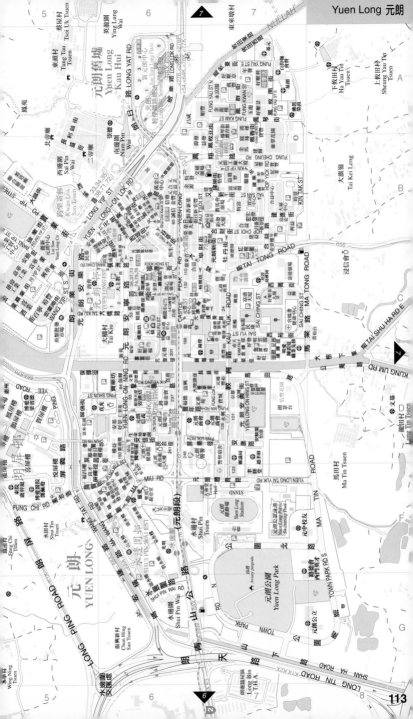

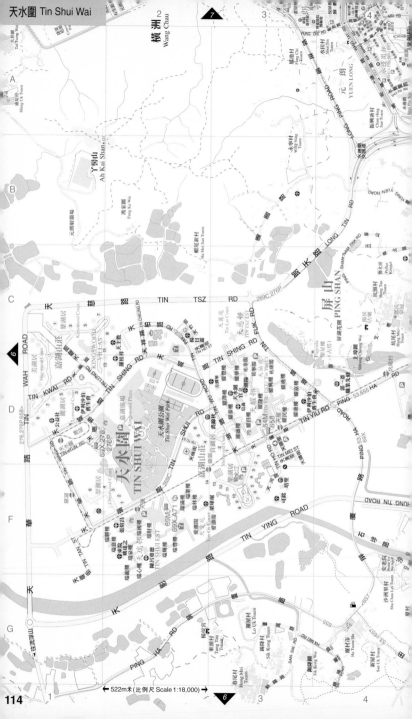

← 522m米 (比例尺 Scale 1:18,000) →

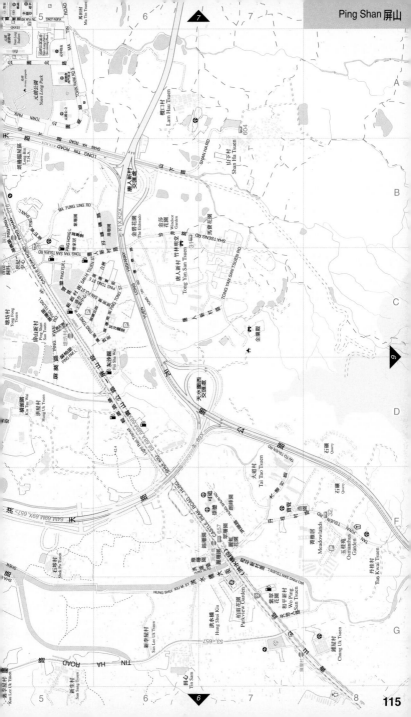

寶塘下
Po Tong Ha

小坑村
Siu Hang Tsuen

政府農場
Government Farm

青山醫院
Castle Peak Hospital 青松仙苑

良景邨
LEUNG KING EST

田景邨
TIN KING EST

Siu Lune Ct

海麗花園
Venice Garden

青松觀
Ching Chung Koon

新圍苑
San Wai Ct

景德邨
KIN SANG EST

大興邨
TAI HING EST

菠蘿山
Por Lo Shan

石頭圍
SHEK PAI TAU ROAD 石頭

公眾泳池

山景邨
SHAN KING EST

屯門市鎮公園
Tuen Mun Town Park

楊小坑

楊小坑錦簇花園

屯門工業學院
Tuen Mun Technical Institute

工業學院街

青山禪院
Ching Shan Monastery

← 435m米 (比例尺 Scale 1:15,000)

118

PUI TO ROAD

Alexan Plaza

湖景 Wu King

青山禪院
Ching Shan Monastery

屯門市鎮公園
Tuen Mun Town Park

青山村
Ching Shan Tsuen

南豐工業城
Tuen Mun Kau Hui

屯門舊墟
Tuen Mun Kau Hui

天德聖教道堂

散石灣新村

歷奇公園
Adventure Park

屯門康樂
體育中心
Tuen Mun Recreation
& Sports Centre

高爾夫球場
Tuen Mun Golf Centre

輕鐵車廠

新屯門中心
Sun Tuen Mun CV

交通安全城

湖山遊樂場

射箭場
Archery

中山公園
紅樓
Hung Lau

公眾騎術學校
Riding School

BUTTERFLY EST

WU KING EST

悅湖山莊

Yuet Wu
Villa

美樂花園
Melisly Garden

翻蝶灣公園

屯門海濱花園 Tuen Mun Promenade

敬豐園
Richland Garden

來往中環渡海碼頭
Ferry Pier to Central District

避風塘
Typhoon Shelter

← 435m米 (比例尺 Scale 1:15,000) →

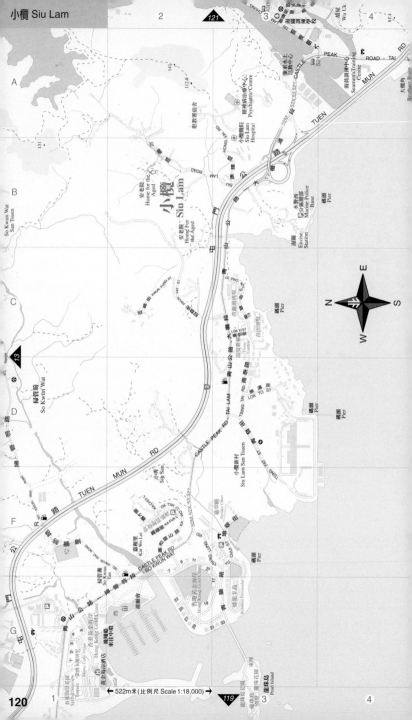

小欖 Siu Lam

安老院 Home for the Aged

安老院 Home For the Aged

聯海精神治療中心 Psychiatric Centre

小欖醫院 Siu Lam Hospital

慈愛警察宿舍

大欖涌水上活動中心 CASTLE PEAK

海員訓練中心 Seamen's Training Centre

水警總區 Marine Police Base

海關 Excise Station

小欖村 Siu Lam San Tsuen

So Kwun Wat San Tsuen

靜賢菴 So Kwun Wat

靜賢菴 So Kwun Wat

小欖 Sip Sau

TUEN MUN RD

CASTLE PEAK RD - TAI LAM

TSING TAI RD

CASTLE PEAK RD - SO KWUN WAT

Hong Kong Gold Coast 香港黃金海岸

香港黃金海岸酒店

Butterfly Peninsula 蝴蝶半島

碼頭 Pier

龍珠島 Pearl Island

← 522米 (比例尺 Scale 1:18,000) →

曹公潭
Tso Kung Tam

下花山
Ha Fa Shan

· 312

柴灣角
Chai Wan Kok

52M,52X,57M,
58M,<58P,58X,
59A,59M,59X,
60,60M,60X,
61X,62X,64M,
66,66M,66P,
66X,67M,67X,
68,68A,68M,
68X,69M,69X,
234A,234P>,
261M,262P>,
263R,868

半山村
Pun Shan Tsuen

TUEN MUN RD.

屯　門　公　路

TSUEN WAN RD.

HOI ON RD.

青　山　公　路

Cargo Working Area
貨物處理區

34,34M,48X,
53,234B,234X

油柑頭濾水廠
Yau Kom Tau
Water Treatment Works

油柑頭
Yau Kom Tau

CASTLE PEAK

荃安公路

Belvedere
Garden

*34,34M
48X,234X

寶豐台
Blossom Terrace

荃景花園

Glenview Court

翠豐臺
Gardenview
Terrace

翠堤灣畔
Bayview Garden

恆麗園
Hanley Villa
金麗苑

新麗苑
Suney Villa
豐景苑
翠景苑

CASTLE PEAK ROAD

海韻花園

TING KAU RD.
53,234B

碼頭
Pier

碼頭
Pier

← 522米(比例尺 Scale 1:18,000) →

246 ·

民安深圍墩營
CAS Yuen Tun Camp

· 278

· 151

深　井
SHAM TSENG

圓墩
Tuen Tan

郊野公園管理站
Country Park
Management Centre

· 111

深井新村
Sham Tseng
San Tsuen

深井舊村
Sham Tseng
Kau Tsuen

深井村路
Sham Tseng
San Tsuen

TUEN MUN RD.

屯門公路

CASTLE PEAK RD.

Rhine Garden

青山公路

深井段

Sham Tseng
Tsuen

Rhine
Terrace

234A,234B

TUEN MUN ROAD

屯　門　公　路

LUNG YUE RD.

青龍頭
TSING LUNG TAU

· 42.6

圓墩村
Yuen Tun Village

排欖角村

翠華園
Sea Crest Villa

浪翠園
Sea Crest Villa

釣魚灣
Anglers' Beach

麗都花園
Lido Garden

碧堤灣畔
Dolphins

豪景花園
Hong Kong Garden

龍勝路

青山公路青龍頭段CASTLE

龍勝村
Tsing Lung Tau
Village

青龍頭村
Tsing Lung Tau
Village

PEAK RD. TSING LUNG TAU

青龍灣
Dragon Beach

碼頭
Pier

碼頭
Pier

← 615米(比例尺 Scale 1:21,200) →

121

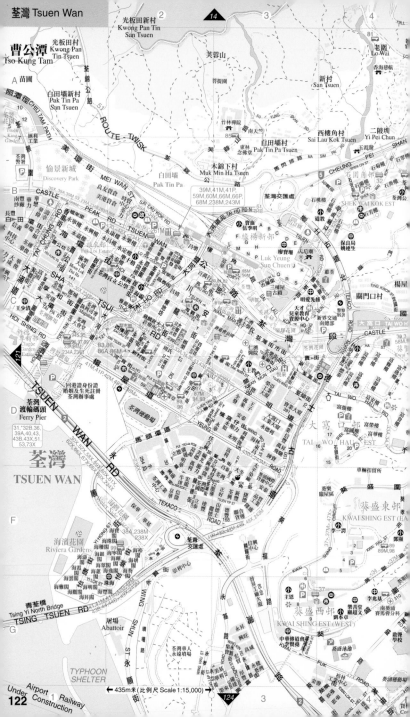

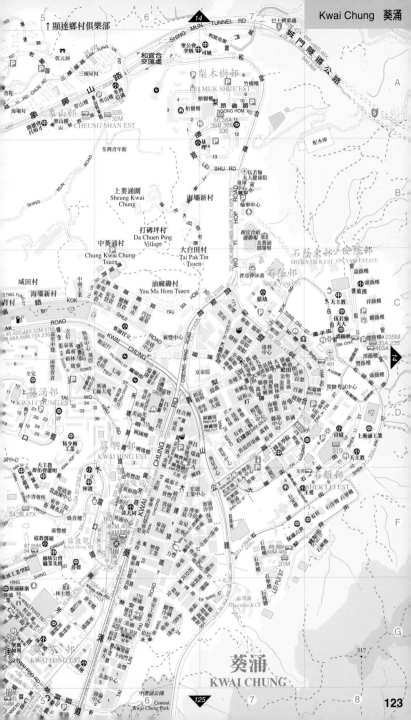

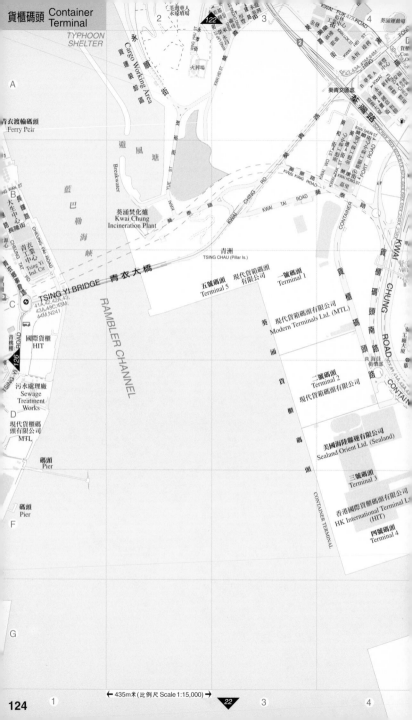

TYPHOON SHELTER

永源街 Cargo Working Area 貨運裝卸區

A

青衣渡輪碼頭
Ferry Pier

藍巴勒海峽

避風塘 Breakwater

葵涌焚化爐
Kwai Chung Incineration Plant

青洲
TSING CHAU (Pillar Is.)

B

大生中心街

衣業中心 青衣工業中心
Tsing Yi Ind. Cnr

青衣大橋 TSING YI BRIDGE

C

RAMBLER CHANNEL

國際貨櫃
HIT

41A,42,42A,43,
43A,43C,43M,
44M,N241

污水處理廠
Sewage Treatment Works

D

現代貨櫃碼
頭有限公司
MTL

碼頭
Pier

碼頭
Pier

F

五號碼頭
Terminal 5

現代貨箱碼頭
有限公司

一號碼頭
Terminal 1

現代貨箱碼頭有限公司
Modern Terminals Ltd. (MTL)

二號碼頭
Terminal 2

現代貨箱碼頭有限公司

美國海陸聯運有限公司
Sealand Orient Ltd. (Sealand)

三號碼頭
Terminal 3

香港國際貨櫃碼頭有限公司
HK International Terminal L.
(HIT)

四號碼頭
Terminal 4

CONTAINER CONTAINER 貨櫃碼頭南路 KWAI CHUNG ROAD 貨櫃碼頭

葵涌貨櫃碼頭

CONTAINER TERMINAL

葵涌交通處

荃灣路

KWAI CHING RD. KWAI KING ROAD KWAI TAI ROAD CONTAINER

KWAI FUK 47X ROAD

G

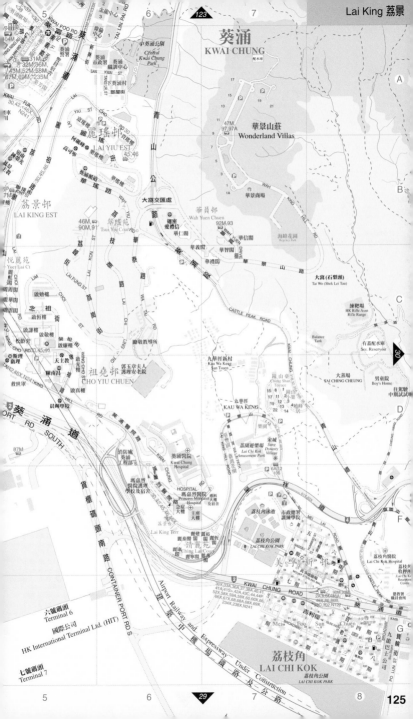

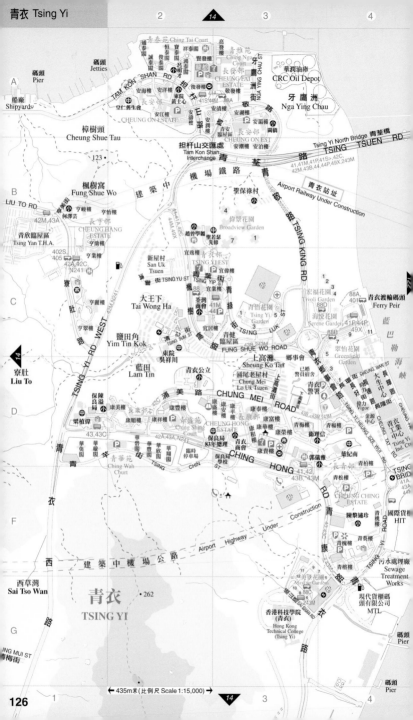

碼頭 Jetties
通泰苑 誠泰閣 通泰閣 青泰苑 Ching Tai Court
亮發樓
青雅苑 Ching Nga Court
長發邨 LONG FAT ESTATE
青衣航空 NGA YING CHAU ST

碼頭 Pier
船廠 Shipyards
碼頭 Pier

華潤油庫 CRC Oil Depot
牙鷹洲 Nga Ying Chau

TAM KON SHAN RD
安海樓 安洋樓
皇仁舊生會
CHEUNG ON ESTATE
長安邨
東江樓
黃士心
長亨苑

樟樹頭 Cheung Shue Tau

擔竿正路
安清樓 敬清樓
青衣 青濤樓 安濤樓
CHEUNG ON EST
安潮樓 安泊樓

Tsing Yi North Bridge 青荃橋
TSING TSUEN RD
41,41M,41P,41S>,42C, 42M,43B,44,44P,49X,243M

123•

擔竿山交匯處 Tam Kon Shan Interchange
青荃路

機場鐵路 Airport Railway Under Construction
青衣站址

楓樹窩 Fung Shue Wo
LIU TO RD

亨峻樓 亨怡樓
阿澤云
CHEUNG HANG ESTATE
長亨邨
亨俊樓

聖保祿村
偉景花園 Broadview Garden

42M,43A

青欣隔離區 Tsing Yan T.H.A.
402S, 405
42A,42C, N241
新屋村 San Uk Tsuen
TSING YU ST

亨蔭樓
亨翠樓 亨麗樓

大王下 Tai Wong Ha

宜逸樓 宜偉樓
超塱聖公會
青衣邨 TSING YI EST
宜業樓

88
荃灣商會
41M 44P

青綠 TSING LUK

青嶼花園 Tsing Yi Garden 5

宏麗花園
Tivoli Garden

88A, 401
青衣渡輪碼頭 Ferry Pier

88D

海悅花園 Serene Garden
41P,44P 49X

88B

鹽田角 Yim Tin Kok
宜居樓
青健臨屋區

宜居 TSING

翠怡花園 Greenfield Garden

藍
田
拉
巴
勒
海
峽

寮肚 Liu To
藍田 Lam Tin

青衣公立 上高灘 Sheung Ko Tan
鄉事會

FUNG SHUE WO ROAD

涌尾老屋村 Lo Uk Tsuen

青衣警署
大生中心
偉力 Vigor
金源

青 TSING YI RD WEST

青康路

CHEUNG HONG ESTATE
長康邨

43B <43M 243M

青怡樓
翠怡樓

嶺康樓 CHEUNG HONG

保良局
陳溢樓 保良局
梁植樓 康美樓 康祥樓

43,43C

康豐樓 康盛樓 長安樓 富溢樓

青楊樓
廟祝信

TSING YI & IND ESTATE

華奐閣 華欣閣
青華苑 Ching Wah Court
華翔閣

CHUNG MEI ROAD
臨時停車場

康榮樓
郭氏樓
翠紀南

TSING CHING RD
青柏樓
43A,44P

保良局學校
保良局83年慶理

青衣公立學校

郭氏樓

CHING HONG RD
41,42 43B,43M
長松樓

CHEUNG CHING ESTATE
青衣邨

F
西草灣 Sai Tso Wan

陳黎鋪珍

青槐樓
青葵樓

國際貨櫃 HIT

Airport Highway Under Construction
機場公路 建築中

青

青衣
TSING YI

•262

青康路 TSING HONG RD
MacGill Gardens

88B 243M

香港科技學院 (青衣) Hong Kong Technical College (Tsing Yi)

青楷樓

現代貨櫃碼頭有限公司 MTL

污水處理廠 Sewage Treatment Works

ING MUI ST 青梅街

碼頭 Pier

碼頭 Pier

←435m米(比例尺 Scale 1:15,000)→

長洲
CHEUNG CHAU

← 522米 (比例尺 Scale 1:18,000) →

高度間色表
Elevation Tints
（只合長洲用）
(For Cheung Chau Only)

100m+
80m
60m
40m
20m
0m

大貴灣新村
Tai Kwai Wan
San Tsuen

配水庫 Service Reservoir
• 96

大貴灣
TAI KWAI WAN

基督教聯合墳場
Christian Cemetery

• 82

Sin Kung Tung 仙公洞

A

北社新村
PAK SHE SAN TSUEN

東堤新村
TUNG TAI SUN TSUEN

東灣
TUNG WAN

長苑
Fortune Villa

大后廟
Tin Hau Temple

東堤小築

北帝廟
Pak Tai Temple

安業中心
On Wing Ctr

B

長貴邨
CHEUNG KWAI ESTATE

冰廠路
PAI CHONG RD

PING CHONG RD

碼頭
Pier

PAK SHE PRAYA RD

KWOK MAN RD

國民

長洲
CHEUNG CHAU

花地瑪堂

浸信會

鄉委會

聖心幼稚園

漁會

東灣海灘
Tung Wan Beach

C

SAN HING ST

PRAYA ST

渡輪碼頭
Ferry Pier

碼頭
Pier

往中環,梅窩,坪洲,芝麻灣

往張保仔洞,西灣

長洲戲院

長老教會

長洲醫院

長洲華威
Warwick
CHEUNG CHAU

石刻
Rock
Carving

直升機坪
Helicopter
Landing Pad

D

TAI HING TAI RD

TAI SAN ST

大新後街

小壘球

中南

中華基督教會

套馬會

PEAK ROAD

南蛇塘
Nam She Tong

白普理退修中心
Bradbury Retreat
Centre

駿興台

E

新街市里

興隆海建築路

洪聖廟

長洲方便醫院

聖心

SCHOOL ST

長洲官立
Govt Sec

學校

德

大菜園區(方便所)
FONG PIN SHO

KWUN YAM WAN RD

關公忠義亭

F

長洲西堤路

慈恩法師
Buddhist-
Wai Yan

中學路

金銀灣

天后廟

古石刻

KIN SAN LANE

中心里

TAI CHOY YUEN RD

HILL SIDE ROAD

嘉士居

明愛職養先修
Caritas Prevo.

建道神學院
The Alliance
Bible Seminary

大石口路

高山村
Ko Shan Tsuen

宜道

龍仔村
Lung Tsai Tsuen

碧麗花園

大后廟

G

翠軒
Greenery
Crest

大石口
Tai Shek Hau

錦江

PEAK ROAD

南氹
Nam Tam

南氹灣
Nam Tam Wan
(Morning Beach)

水坑
Shui Hang

仙人井
Sin Yan Tseng

思維靜院
Xavier House

信義村
Shun Yee Village
(Lutheran Village)

航空氣象站
Aeronautical
Meteorological
Station

← 261m米(比例尺 Scale 1:9,000) →

129

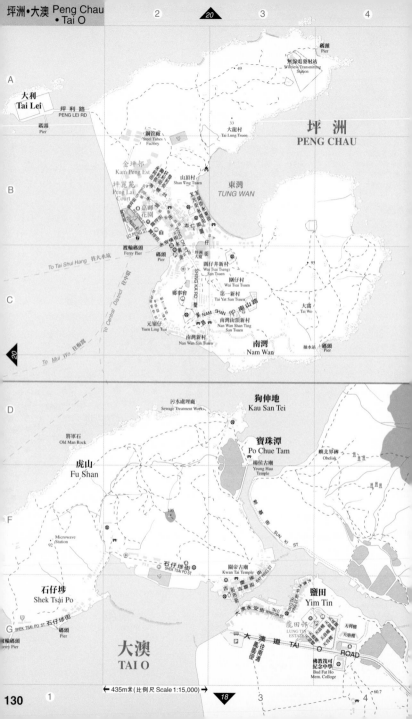

最常用電話號碼表
Useful Telephone Nos.

Transportation	**交通**	
China Motor Bus	中華巴士	25658556
Kowloon Bus	九龍巴士	27454466
City Bus	城巴	28730818
Hong Kong Tramway	香港電車	25598918
Mass Transit Railway	地下鐵路	28818888
Kowloon Canton Railway	九廣鐵路	26027799
Light Rail Transit	輕便鐵路部	24687600
Hong Kong Ferry	香港小輪	25423081
Star Ferry	天星小輪	23662576
Ferry to Ping Chau	東平洲保utf小輪	27711630
Discovery Bay Transp. Ser.	愉景灣航運	29876128
Far East Hydrofoil	遠東水翼船	28593333
HK Macau Hydrofoil	港澳飛翼船	23070880
Chu Kong Passengers Trans.	珠江船務	25479947
Lantau Bus	大嶼山巴士	29849848
Peak Tramways	山頂纜車	25220922
Transport Complaints	道路交通投訴處	25776866

Public Utilities	**公共事業**	
Hong Kong Electric (Enquiry)	香港電燈 (諮詢)	28873411
China Light (Enquiry)	中華電力 (諮詢)	26782678
Telephone Co.	電話公司	28882880
Temperature Report	時間及氣溫報告	18503
Directory Enquiry	查詢電話號碼	1083/1081
International Calls / Fax	國際電話/電傳服務	013 / 014
China Gas (Enquiry)	中華煤氣 (諮詢中心)	28806988

Government Departments	**政府部門**	
UMELCO Office	兩局議員辦事處(立法局)	25264027
Immigration Department	人民入境事務處	28246111
HKID Card Application	電話預約申請身份証	25980888
Labour Department	勞工處	27117171
Inland Revenue	稅務局	25940888
Treasury Department	庫務署	28295124
Rating & Valuation Dept.	差餉物業估價署	28057666
General Enquiry	差餉帳目	28458866
Crown Rent	地稅及地價	28294999
The Urban Services Dept.	市政總署	28680000
Water Authority	水務處	28802500
Complaints	投訴	23960210
General Post Office	郵政署	29212222
Highways Department	路政署	27623333
Education Department	教育署	28910088
Social Welfare Department	社會福利署	28347447
Trade Department	貿易署	23985595
Transport Department	運輸署	28042600
ICAC	廉政公署	28263110
Building Dept.	屋宇署	28689229
Lands Dept.	地政署	28482198
City & N.T. Administration	政務總署	28352500
Customs & Excise Dept.	香港海關	28521411
Royal H.K. Police Force	皇家香港警察處	28602000
General Enquiries	詢問處	28666166
Crime (Hotline)	罪案 (熱線)	25277177
Narcotics Bureau (Hotline)	毒品調查科(熱線)	25271234
Illegal Immigration (Hotline)	反偷渡情報科(熱線)	28602227
Complaints Against Police	投訴警察科	28629697
Marine Department	海事處	28523001

Medical & Health Dept.	醫務衛生署	29618989
St. John's Ambulance	聖約翰免費救護車	25766555

Air Line Campanies	**航空公司**	Flight Info.
Aeroflot Russian	俄羅斯	28454232
Air Canada	楓葉	25221001
Air France	法國	25221190
Air India	印度	27698571
Air Lanka	斯里蘭卡	25210708
Air New Zealand	紐西蘭	27696046
Alitalia Airlines	意大利	25436998
All Nippon Air	全日本空輸	28107100
American Airlines	美國	28269269
British Airways	英國	28680768
CAAC	中國民航	29733666
Canadian Airlines	加拿大國際航空	28683123
Cathay Pacific	國泰	27471234
China Airlines	中華	27698361
Delta Airlines	達美	25265875
Garuda Indonesia	嘉魯達印尼	28400000
Gulf Air	海灣	27698337
Hong Kong Dragon	港龍	27697727
Japan Airways	日航	25230081
Japan Asia Airways	日本亞細亞	25218102
KLM Royal Dutch	荷蘭	27696046
Korean Air	大韓	27697511
Lufthansa German	德國	28682313
Malaysia Airways	馬來西亞	25218181
Northwest	西北	27527347
Philippine	菲律賓	27696253
Qantas	澳洲	28421400
Royal Brunei	皇家汶萊	28698608
SAS Scandinavian	北歐	28651370
Singapore	新加坡	27696498
South African	南非	28773277
Swissair	瑞士	25293670
Thai Airways International	泰國國際	25295601
United Airlines	聯合	27697279
Virgin Atlantic	維珍	25326060

Miscellaneous	**其他**	
HK Tourist Assn	旅遊協會	28076177
Taxi Calling Service	的士電召服務	
	友聯	25276324
	偉發	28611008
N.T. Taxi	新界的士	24572266
Card Centre (24 hrs.)	二十四小時信用咭報失	
American Express	美國運通	28859366
Bank of China	中銀集團	25442222
Chase Manhattan Bank	美國大通銀行	28908188
Hang Seng Bank	恆生銀行	23980000
HK & Shanghai Bank	香港上海匯豐銀行	27484848
Diner's Club	大來信用咭	25797171
Flooding Report	水浸緊急報告	28770660
China Travel Service	中國旅行社	28323888
Tel-Law	法律諮詢電話	25213333
Senior Citizen Services	老人服務熱線	27740111
Typhoon Enquiry	熱帶氣旋詢問	28351473
Weather Forecast	天氣預報	1878200
Consumer Council	消費者委員會	29292222
Samaritans	撒瑪利亞會	23892221
Environmental Protect. Dept.	環境保護署	28351018
Urban Services Complaints	市政衛生投訴	28680000
URBTIX	城市電腦售票網絡	27349009

131

公共輕便鐵路及接駁巴士表
LRT ROUTE & FEEDER BUS SERVICE

輕鐵諮詢熱線
LRT enquiry hot line:
24687788

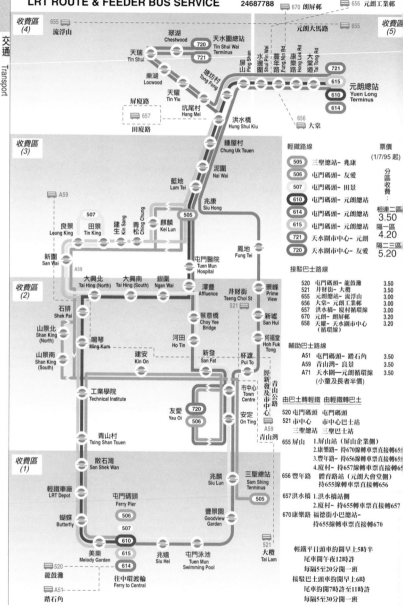

輕鐵路線　　　　　　　　票價
(1/7/95 起)

505	三聖總站－兆康
506	屯門碼頭－友愛
507	屯門碼頭－田景
610	屯門碼頭－元朗總站
614	屯門碼頭－元朗總站
615	屯門碼頭－元朗總站
721	天水圍市中心－元朗
720	天水圍市中心－友愛

分區收費：

相連二區 3.50
隔一區 4.20
隔二三區 5.20

接駁巴士路線

520	屯門碼頭－龍鼓灘	3.50
521	井財街－大櫳	3.50
655	元朗總站－流浮山	3.00
656	大棠－元朗工業邨	3.00
657	洪水橋－廈村循環線	3.00
670	元朗－朗屏邨	3.20
658	天耀－天水圍市中心	3.20
	（循環線）	

輔助巴士路線

A51	屯門碼頭－踏石角	3.50
A59	青山灣－良景	3.50
A71	天水圍－元朗循環線	3.50
	（小童及長者半價）	

由巴士轉輕鐵　　由輕鐵轉巴士

520 屯門碼頭－　屯門碼頭
521 市中心－　　市中心巴士站
　　三聖總站－　三聖巴士站
655 屏山　1.屏山站（屏山企業閣）
　　　　　2.康樂路－持670線轉車票直接轉655
　　　　　3.豐年路－持656線轉車票直接轉655
　　　　　4.廈村－持657線轉車票直接轉655
656 豐年路　體育路線（元朗大會堂側）
　　　　　持655線轉車票直接轉656
657 洪水橋　1.洪水橋站前
　　　　　2.廈村－持655轉車票直接轉657
670 康樂路　福德南小巴總站－
　　　　　持655線轉車票直接轉670

輕鐵平日頭車約開早上5時半
尾車開午夜12時許
每隔5至20分鐘一班
接駁巴士頭車約開早上6時
尾車約開7時許至11時許
每隔5至30分鐘一班

交通 Transport

132

地下鐵路單程車費表 (1/5/96起)
MTR SINGLE JOURNEY FARE CHART
（括號內見儲值車票 Stored Value in brackets）

乘客諮詢服務
All enquiries
2881 8888

特惠車費
		成人票價 Adult
3.0	=	4.0-6.0
4.0	=	7.0
4.5	=	8.5
5.5	=	10.5
6.0	=	12.5

（含65歲或以上/小童/學生）
（上午8時至9時半之間不適用）
每用儲值票，每程再減成
1至3角不等

彈性時間優惠　Staggered Hours Disc. Scheme

由96年5月1日開始，凡於星期一至五（假日除外）上午8:00或9:00至9:30之間入閘用儲值票乘車者均只收8折。

Starting from 1/5/96 Value Ticket users can get a 30% discount at 09:00 to 09:30 or before 08:00 on Mondays through Fridays (Holidays excepted).

出發站 (Origin stations):

上環 Sheung Wan	尖沙咀 Tsim Sha Tsui	石硤尾 Shek Kip Mei
中環 Central	佐敦 Jordan	九龍塘 Kowloon Tong
金鐘 Admiralty	油麻地 Yau Ma Tei	樂富 Lok Fu
灣仔 Wan Chai	旺角 Mong Kok	黃大仙 Wong Tai Sin
銅鑼灣 Causeway Bay	太子 Prince Edward	鑽石山 Diamond Hill
天后 Tin Hau	深水埗 Sham Shui Po	彩虹 Choi Hung
炮台山 Fortress Hill	長沙灣 Cheung Sha Wan	九龍灣 Kowloon Bay
北角 North Point	荔枝角 Lai Chi Kok	牛頭角 Ngau Tau Kok
鰂魚涌 Quarry Bay	美孚 Mei Foo	觀塘 Kwun Tong
太古 Tai Koo	荔景 Lai King	藍田 Lam Tin
西灣河 Sai Wan Ho	葵芳 Kwai Fong	
筲箕灣 Shau Kei Wan	葵興 Kwai Hing	
杏花邨 Heng Fa Chuen	大窩口 Tai Wo Hau	
柴灣 Chai Wan	荃灣 Tsuen Wan	

目的地站 (Destination stations, fare matrix):

Sheung Wan · Central · Admiralty · Wan Chai · Causeway Bay · Tin Hau · Fortress Hill · North Point · Quarry Bay · Tai Koo · Sai Wan Ho · Shau Kei Wan · Heng Fa Chuen · Chai Wan · Tsim Sha Tsui · Jordan · Yau Ma Tei · Mong Kok · Prince Edward · Sham Shui Po · Cheung Sha Wan · Lai Chi Kok · Mei Foo · Lai King · Kwai Fong · Kwai Hing · Tai Wo Hau · Kwai Chung · Tsuen Wan · Shek Kip Mei · Kowloon Tong · Lok Fu · Wong Tai Sin · Diamond Hill · Choi Hung · Kowloon Bay · Ngau Tau Kok · Kwun Tong · Lam Tin

Sample fares (成人 adult, 儲值 stored value in brackets):

	Admiralty	Causeway Bay	North Point	Quarry Bay	Chai Wan
Sheung Wan	4.0 (3.9)				
Admiralty	—	5.0 (4.7)			
Causeway Bay		—	6.0 (5.8)		
North Point			—	6.0 (5.8)	
Chai Wan					7.0 (7.0)

	Tsim Sha Tsui	Mong Kok	Prince Edward	Lai King	Tsuen Wan
Tsim Sha Tsui	8.5 (8.1)				
Yau Ma Tei	10.5 (10.3)				
Tsuen Wan	12.5 (12.1)				

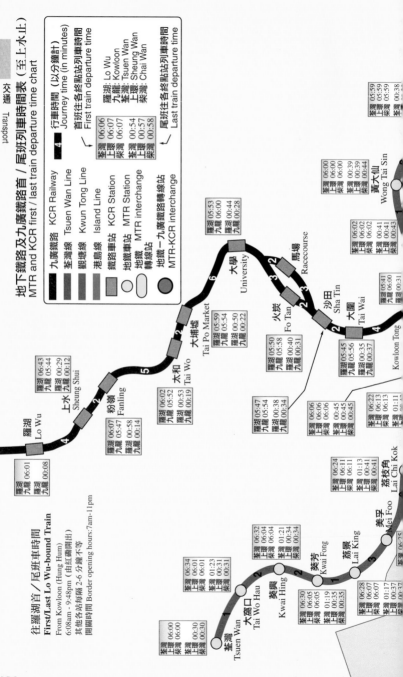

大嶼山巴士時間表
Lantau Bus Timetable　　查詢 Enquiry 2984 9848

星期一至星期六 (公眾假期除外) — Mondays to Saturdays only (Except Public Holidays)

號數 No.	路線 Route		頭班 First Bus	尾班 Last Bus	班次 Frequency	普通車費 Ordinary Fare	冷氣車費 Air-Con. Bus
1	梅窩 Mui Wo	↕	上午6:00am	凌晨1:30am	由 9:00am 至 5:30pm 每隔 30分一班	7.50	11.00
	大澳 Tai O		上午5:15am	下午10:15pm	由 9:30am 至 5:30pm 每隔 30分一班		
2	梅窩 Mui Wo	↕	上午8:20am	下午6:35pm	由 9:35am 起 每小時一班	9.50	14.50
	昂坪 Ngong Ping		上午7:00am	下午7:30pm	由 8:30am 起 每小時一班		
3	梅窩 Mui Wo	↕	上午6:15am	下午7:35pm	由 9:35am 起 每小時一班	6.60	—
	東涌 Tung Chung		上午6:00am	下午8:15pm	由 10:30am至5:30pm 每小時一班		
4	梅窩 Mui Wo	↕	上午6:00am	下午10:15pm	由 9:30am 至 8:30pm 每小時一班	3.60	5.30
	塘福 Tong Fuk		上午5:30am	下午7:00pm	由 10:00am 起每小時一班		
5	梅窩 Mui Wo	↕	上午8:15am	下午9:30pm	由 9:30am 至 7:30pm 每小時一班	5.30	7.70
	石壁 Shek Pik		#上午5:30am 上午6:15am	下午8:15pm	班期不規則		
7	梅窩 Mui Wo	↕	上午8:15am	下午5:30pm *下午9:30pm	由 9:30am 起每小時一班	2.30	3.10
	貝澳 Pui O		上午6:40am	下午5:00pm	由 10:00am 起每小時一班		
21	昂坪 Ngong Ping	↕	上午7:30am	下午5:00pm	由 10:15am 至 3:15pm 每小時一班	4.00	5.80
	大澳 Tai O		上午7:45am	下午3:00pm	由 10:00am 起每小時一班		
31	東涌 Tung Chung	↕	上午8:10am	—	祇開一班	7.50	—
	大澳 Tai O		上午7:10am				

星期日及公眾假期 — Sundays & Public Holidays

號數 No.	路線 Route		頭班 First Bus	尾班 Last Bus	班次 Frequency	普通車費 Ordinary Fare	冷氣車費 Air-Con. Bus
1	梅窩 Mui Wo	↕	上午6:00am	凌晨1:30am	由 9:00am 至 6:30pm 每隔 30分一班	12.00	17.50
	大澳 Tai O		上午5:15am	下午10:15pm	相隔 15-30分鐘不等		
2	梅窩 Mui Wo	↕	上午8:20am	下午6:30pm	由 9:30am 至 5:30pm 每隔 30分一班	16.00	23.00
	昂坪 Ngong Ping		上午7:00am	下午7:30pm	由 9:30am 至 6:30pm 每隔 30分一班		
3	梅窩 Mui Wo	↕	上午6:40am	下午7:35pm	由 9:35am 起 每小時一班 @	10.50	—
	東涌 Tung Chung		上午6:00am	下午8:15pm	由 10:30am至5:30pm 每小時一班 @		
4	梅窩 Mui Wo	↕	上午7:30am	下午10:00pm	由 9:00am 起至6:30pm 每30分一班	7.00	10.50
	塘福 Tong Fuk		#上午6:25am	下午9:00pm	由 9:30am 至 7:00pm 每30分一班		
5	梅窩 Mui Wo	↕	上午8:15am	下午7:30pm	由 9:00am 至 6:30pm 每30分一班 @	8.80	13.00
	石壁 Shek Pik		#上午5:30am 上午6:15am	下午8:15pm	由 9:40am 至 5:40pm 每30分一班 @		
7	梅窩 Mui Wo	↕	上午8:15am	下午7:30pm	由 9:00am 起每30分一班	3.90	4.80
	貝澳 Pui O		上午8:30am	下午6:00pm	由 9:15am 起每30分一班		
21	昂坪 Ngong Ping	↕	上午7:30am	下午5:00pm	由 10:15am 至4:15pm 每小時一班	8.30	12.00
	大澳 Tai O		上午7:45am	下午3:00pm	由 10:00am 起每小時一班		
23	東涌 Tung Chung	↕	上午10:15am	下午2:15pm	由 10:15am 起每小時一班	16.00	—
	昂坪 Ngong Ping		上午11:20am	下午3:20pm	由 11:20am 起每小時一班		

* 星期六加班 On Saturdays Only　# 由水口開出 From Shui Hau　@ 正午停開一至二班 No Bus Service at noon

九廣鐵路普通等單程車費表
KCR SINGLE JOURNEY FARE CHART

乘客諮詢服務：26027799
All enquiries: 23564488

(1/5/96起)

	使用九廣鐵路車票 For KCR Ticket Users						賽馬日往沙田馬場來回票 Racing Day Return Fare						
九龍 Kowloon		3.5	3.5	5.5	5.5	6.5	30.0	6.5	7.5	7.5	8.5	8.5	31.0
3.2	旺角 Mong Kok		3.5	5.5	5.5	5.5	30.0	6.5	6.5	7.5	8.5	8.5	31.0
3.2	3.2	九龍塘 Kowloon Tong		5.5	5.5	5.5	30.0	6.5	6.5	7.5	8.5	8.5	31.0
5.4	5.1	5.1	大圍 Tai Wai		3.5	3.5	15.0	4.0	5.0	5.0	6.0	6.0	24.0
5.4	5.1	5.1	3.2	沙田 Sha Tin		3.5	15.0	4.0	5.0	5.0	6.0	6.0	24.0
6.1	5.4	5.4	3.2	3.2	火炭 Fo Tan		15.0	3.5	5.0	5.0	6.0	6.0	22.0
14.5	13.9	13.9	7.3	7.3	7.3	馬場 Racecourse		15.0	16.0	16.0	23.0	23.0	50.0
6.1	6.1	6.1	3.6	3.6	3.2	7.3	大學 University		4.0	4.0	4.0	4.0	21.5
7.2	7.2	7.2	4.9	4.9	4.9	15.0	3.6	大埔墟 Tai Po Market		3.6	4.0	4.0	20.5
7.2	7.2	7.2	4.9	4.9	4.9	15.0	3.6	3.6	太和 Tai Wo		4.0	4.0	20.5
8.4	8.4	8.4	5.8	5.8	5.8	11.4	4.9	3.6	3.6	粉嶺 Fanling		3.5	18.5
8.4	8.4	8.4	5.8	5.8	5.8	11.4	4.9	3.6	3.6	3.2	上水 Sheung Shui		18.5
31.0	31.0	31.0	24.0	24.0	22.0	25.0	21.5	20.5	20.5	18.5	18.5	羅湖 Lo Wu	

使用儲值車票 For Stored Value Ticket Users

Note: 1. First class fares are double ordinary class;　　2. Passengers aged 3-12, and 65 and above to Lo Wu, half fare;
3. Passengers aged 3-12 to all stations, from $2.5 to $4.0 respectively.

註：1. 頭等票價為普通票價的兩倍；
　　2. 3至12歲及65歲或以上乘客來往羅湖與各站，半價優待；
　　3. 3至12歲乘客來往各站票價由2元半至4元不等；
　　4. 3至12歲及65歲以上儲值票價大約是普通值票價之一半；
　　5. "清晨惠"大約是各儲值票價的八成。

九廣鐵路接駁巴士
KCR Feeder Bus

票價 Fare

No.	路線 / Route	
K16	九龍車站－尖沙咀中間道 Kowloon Station-Middle Rd.,Tsim Sha Tsui	免費 Free
K15	旺角車站－中港城 Mongkok Station-China Hong Kong City	免費 Free
K11	樂信徑（經火炭車站）－沙田第一城 Lok Shun Path (via Fo Tan Station)-City One Shatin	免費 Free
K12	大埔墟車站－八號花園 Tai Po Market Station-Eightland Gardens	免費 Free
K14	大埔中心－大埔墟車站（單程） Tai Po Centre-Tai Po Market Station	免費 Free
K17	大埔墟車站－富善邨 Tai Po Market Station-Fu Shin	免費 Free
K18	大埔墟車站－廣福邨 Tai Po Market Station-Kwong Fuk	免費 Free
50R	大埔墟車站-大埔滘九廣鐵路職員宿舍 Tai Po Market Station-Tai Po Kau KCR Staff Quarters	$2.70
95R	上水車站－朗屏邨 Sheung Shui Station-Long Ping Estate	$6.80
916R	上水車站－新元朗中心 Sheung Shui Station -Sun Yuen Long Plaza	$7.00

全港專線小巴路線表

* 表示循環線　　# 表示經城門隧道
@ 只開星期日／假期　　─ 逢星期日／假日開辦
★ 特別班次　　▲ 通宵班次
＿ 底線表示過海

港島區

1 中環（添馬艦）-山頂（纜車總站）
1A* 中環（天星碼頭）-麥當奴道
2*- 中環（添馬艦）-舊山頂道
3 中環（添馬艦）-寶珊道
3A- 中環（添馬艦）-干德道
4A▲ 香港仔（石排灣）-銅鑼灣（駱克道）
4B* 香港仔（石排灣）-灣仔
4C▲ 香港仔（石排灣）-銅鑼灣（駱克道）
5 香港仔（南寧街）-銅鑼灣（登龍街）
6- 中區（天星碼頭）-海洋公園／壽臣山
7- 中區（天星碼頭）-聶高信山峽
8 中區（天星碼頭）-碧瑤灣（上）
9* 中區（天星碼頭）-寶雲道
10 銅鑼灣（謝斐道）-美景臺／沙灣
10A 中環（威靈頓街）-美景臺／沙灣
11 銅鑼灣（謝斐道）-田灣（嘉禾街）

12* 觀龍樓-西營盤
13* 加惠民道-西營盤
14M* 銅鑼灣（白沙道）-睦誠道
15 赤柱-赤柱砲台
16A* 赤柱村-馬坑邨
16M 柴灣地鐵站-赤柱／春坎角（馬坑）
18M 柴灣地鐵站-歌連臣角（懲教署）
20 柴灣碼頭-西灣河碼頭
20M 柴灣碼頭-興民邨
21A* 銅鑼灣（蘭芳道）-大坑徑
21M* 銅鑼灣（蘭芳道）-勵德邨
22 薄扶林花園-中區（天星碼頭）
23* 堅尼地城（厚和街）-薄扶林
24A* 金鐘地鐵站-肇輝台（繁忙時間行走7-10,4-7）
24M 畢拿山-金鐘地鐵站
25 上跑馬地-金鐘地鐵站
25A 璇峰閣-金鐘地鐵站
25M* 上跑馬地-鰂魚涌地鐵站
27 鰂魚涌碼頭-銅鑼灣（西安街）
28 碧瑤灣（上）-銅鑼灣（恩平道）
29 鴨脷洲邨-黃竹坑（香葉道）
29A 銅鑼灣（利園山道）-跑馬地（冬青道）
30 銅鑼灣（利園山道）-和福道

31 田灣（嘉禾街）-銅鑼灣（謝斐道）
32 康怡花園-筲箕灣地鐵站
32A* 康景花園-太古城中心
33 康怡花園-北角（馬寶道）
33M* 康怡花園-太古城地鐵站
35M 香港仔（南寧街）-灣仔（聯發街）
36 鴨脷洲（平瀾街）-灣仔（史釗域道）
36A▲ 鴨脷洲（平瀾街）-灣仔（史釗域道）
37* 鴨脷洲（平瀾街）-利東邨／鴨脷洲邨
38* 利東邨-香港仔（西安街）
39M 漁安苑-天后地鐵站
40 赤柱-銅鑼灣
43M* 峰華邨-柴灣地鐵站
44M 小西灣邨-柴灣地鐵站
45* 中環（天星碼頭）-西營盤
45A 半山（列堤頓道）-西區（正街）
47M* 小西灣邨-柴灣地鐵站
48M* 柴灣地鐵站-尤德夫人醫院
49M* 天后地鐵站-寶馬山
50* 耀東邨-西灣河
51* 華貴-田灣
52 石排灣-春坎角（馬坑）
53 華貴-中環（恒生銀行）
54* 舊薄扶林道-中環地鐵站（經摩星嶺道）

55* 瑪麗醫院-中環地鐵站
56 北角(馬寶道)-半山(羅便臣道)
57M* 筲箕灣地鐵站(寶文街)-亞公岩
58 西環(山市街)-香港仔中心
59 大口環(沙洲里)-香港仔中心
61M▲ 小西灣-旺角(火車站)
62M 小西灣(富怡花園)-杏花邨

九龍區

1 尖沙咀碼頭-尖沙咀東部加速高連老虎岩
2 紅磡(黃埔花園)-達之路(城市大學)
3 尖沙咀(亞士厘道)-大同新村
5M* 窩打老道山(學院里)-旺角地鐵站
6 黃埔花園-尖沙咀(漢口道)
7 九龍城(偉恒昌)-尖沙咀東部
8 尖沙咀(中間道)-何文田邨
9M* 白田上邨-石硤尾地鐵站
10M* 南昌邨-石硤尾地鐵站
11M* 長沙灣地鐵站-蘇屋
12 旺田-大同新邨
13 九龍塘(廣播道)-紅磡碼頭
13A 九龍塘(廣播道)-樂富中心
15* 機場客運站-九龍塘地鐵站
15A 九龍城碼頭-航空貨運大廈
16* 扎山道(彩雲邨)-坪石邨
17M* 九龍醫院-太子地鐵站
18 黃大仙(北)-慈雲山(北)
19 新蒲崗(彜愉街)-慈雲山(沙田坳邨)
20 新蒲崗(康強街)-慈雲山(慈愛邨)
20M 新蒲崗(康強街)-黃大仙地鐵站
21K* 旺角火車站-大角咀大全街
22M* 樂華邨-觀塘地鐵站
23 觀塘(雲漢街)-茶果嶺道
23B 觀塘-茶果嶺
23M 觀塘(仁愛圍)-匯景花園
24* 觀塘(南)-三家村碼頭
24M 藍田地鐵站-三家村碼頭(輔助線)
25M 九龍城(沙田道)-九龍城地鐵站
26 土瓜灣(崇安街)-佐敦道(偉晴街)
27M 樂民新邨(河背同邨)-旺角地鐵站
28M 九龍城(偉恒昌)-旺角地鐵站
29 廣播道-筆架山
30A 澤安邨-紅磡碼頭
30M 祟德傑邨-旺角地鐵站
32M* 龍坪道臨屋區-石硤尾地鐵站
33 富山-九龍城碼頭
33M* 富山-黃大仙地鐵站
34M* 下秀茂坪邨-裕民坊
35* 彩雲邨-康和苑(經牛頭角海濱道)
36 樂富山-康和苑-觀塘碼頭
36A* 樂富山-康和苑-裕民坊
37M 慈雲山-大角咀碼頭
38M 竹園北邨-黃大仙地鐵站(沙田坳邨)
39M* 樂富-東頭邨
40M* 磡石山地鐵站-鳳德邨
41M* 又一村-石硤尾地鐵站
42* 長沙灣(大南西街)-澤安邨
43A 油麻地(文成街)-油麻地貨物裝卸區
44M* 昂船洲-荔枝角(長順街)
47 順利-觀塘地鐵站
48* 順利-九龍灣
49* 九龍灣地鐵站-順利
51M* 麗晶花園-九龍灣地鐵站
52* 竹園邨-新蒲崗
53M* 順天-樂富地鐵站
54 順天-樂富地鐵站
56 佐敦地鐵站-觀塘(崇仁街)
57M 佐敦地鐵站-伊利沙伯醫院
59* 翠屏邨(翠柏樓)-觀塘(協和街)
60* 藍田邨-裕民坊
62S▲ 藍田(廣田邨)-尖沙咀(海防道)(行機場隧道)
63 藍田(廣田邨)-觀塘(裕民坊)
65* 慈雲山-竹園邨
66S▲ 竹園邨-旺角道
67 斧山(平定道)-竹園邨
68 彩雲-九龍灣

新界區

1 西貢-九龍灣(德福花園)
★ 西貢-彩虹總站(短途)
2 西貢-蠔涌
3 西貢-菠蘿輋
3A 西貢萬年街-西貢南山新村
4 西貢-對面海
4A 西貢市鎮-對面海
7 北潭涌-海下
9 麥理浩夫人渡假村-西貢
10M 慧安園-觀塘(仁愛圍)
11* 坑口-坪石
12 西貢-寶琳
12A* 西貢-香港科技大學
14 康盛花園-觀塘(仁愛圍)
15 坑口-康盛花園
16 寶琳-清水灣(布袋澳)
17 翠林-藍田地鐵站(經將軍澳隧道)
18 坑口(富寧花園)-北角(百福道)
19S★ 鑽石嶺(開平道)-坑口(北)
20K 大埔墟車站-三門仔
★ 大埔墟-三門仔
★ 大埔火車站-洞梓
★ 大埔火車站-松捷村
21K 大埔火車站-圍頭
★ 大埔火車站-大埔頭
22K 大埔火車站-錦山
23K 大埔火車站-新屋下
25K 大埔墟-梧桐寨
31* 元朗-唐人新村
32 元朗-丹桂村
33 元朗(泰豐街)-下白泥
34 元朗(泰豐街)-流浮山
35 元朗(泰豐街)-沙橋(尖鼻咀)
36 元朗(康樂路)-大生圍鄉公所
37 元朗(福康街)-攸潭美村
38 元朗(福康街)-下竹園
39 元朗(鳳翔街)-公菴
41 屯門碼頭-黃金沙灘
42* 屯門市中心-青山醫院
43 屯門中心(河傍街)-掃管笏
43A 新墟街市-青榕涌
43B* 新墟街市-大欖涌
43C 新墟街市-兆麟苑
46M* 華景山莊-荔景地鐵站
47M* 華景山莊-荔景地鐵站
47S* 屯門碼頭-旺角(午夜至晨早五時行走)
48S▲ 良景邨-旺角地鐵站
50K 上水火車站-坑頭
51K 上水火車站-河上鄉
52A 粉嶺火車站-榮福中心(54A,56A相同)
52K 粉嶺火車站-坪輋
53K* 粉嶺(綠約嶺火車站)-聯和墟
54K* 粉嶺火車站-龍躍頭
55K 上水火車站-沙頭角(隆隆角)
56K 粉嶺火車站-蕉徑
57K 上水火車站-唐公嶺
58K 上水火車站-丙崗
58S▲ 上水火車站-青衣地鐵站(通宵)
59K 上水火車站-蓮麻坑
60K 沙田火車站-火炭村
61M 世界花園-九龍塘地鐵站
62K 沙田火車站-沙田山莊
63A* 白田(美松苑)-大圍火車站
63K* 白田(梅里屋屋區)-大圍火車站
64K 富山-大圍火車站
65K 九肚-沙田火車站
66K 亞公角-沙田火車站
67K 沙田火車站(排頭街)-瑞峰花園
69K 沙田火車站(排頭街)-沙田渣甸山

71 元朗(泰衡街)-石湖塘(河背)
72 元朗(泰衡街)-雷公田
73 元朗(福康街)-崇山新村
74 元朗(福康街)-盛屋村
75 元朗(福康街)-下灣村
76 元朗(福康街)-小欖村
80 荃灣(川龍街)-兆和街-川龍
81 荃灣(兆和街)-老圍
81M 荃灣(兆和街)-石圍角邨
82 荃灣(兆和街)-城門水塘
82M 荃灣(兆和街)-象山邨
83 荃灣(兆和街)-石籬
83A 荃灣(川龍街)-安蔭邨(安捷)
85 荃灣(兆和街)-芙蓉山(竹林禪院)
86A* 荃灣(川龍街)-石籬(梨貝邨)
86M 荃灣(川龍街)-石籬(梨貝邨)
87A 荃灣(咸田街)-葵盛(盛芳街)
87M* 荃灣(咸田街)-貨櫃碼頭南
88 青衣邨-葵芳地鐵站
88A* 担杆山路(船塢)-美景花園
88B 葵芳地鐵站-翠怡花園
88C 葵芳地鐵站-美景花園
88D 葵芳地鐵站-宏福花園
88M 葵芳地鐵站-青衣路(聯合船塢)
88S▲ 葵芳地鐵站-長康邨(凌晨二時至五時)
89 荃灣(河背街)-葵盛(北)
89M 葵盛(北)-葵芳地鐵站
90M* 荔景山村-美孚地鐵站
90P* 荔景山村-瑪嘉烈醫院
91 荔景山村(咸田街)-沙田道
92M* 華員邨-美孚地鐵站
93 石圍角-葵盛
94 石圍角-葵盛
94A 梨木樹邨-葵盛圍
94S 葵盛地鐵站-城門水塘(只走假日)
95 荃灣中心-荃灣碼頭
95A* 荃德花園-荃灣碼頭
95M 荃灣地鐵站-荃灣中心
96 荃灣碼頭-青龍頭
96M 荃灣地鐵站-青龍頭
97 華員邨-荃灣碼頭
97A 華景山莊-長沙灣(興華街)
98 荃灣碼頭-葵盛北(葵孝街)
99 荃灣碼頭-海濱花園
101 將軍澳(厚德邨)-西貢
102 將軍澳(厚德邨)-新蒲崗(康強街)
301* 祈德尊新邨-荃灣地鐵站
301M 興建臨屋區-荃灣地鐵站
302* 青衣邨-葵芳地鐵站
401 青衣碼頭-石蔭
402S▲ 長亨-荃灣(眾安街)(通宵)
403* 石蔭(梨貝邨)-沙田大會堂
403A 石蔭(安蔭邨)-沙田大會堂
404M 葵芳地鐵站-醉酒灣
405* 長亨-荔景(南)
481* 火炭(山尾點)-荃灣市中心
482* 沙田市中心(C)-荃灣市中心
501S▲ 上水火車站-藍田地鐵站
601 元朗(鳳翔街)-北圃村
602 元朗(鳳翔街)-大江埔
603 元朗(鳳翔街)-逢吉鄉
604 元朗(鳳翔街)-山下村
605 麒麟村-上水(火車站)
606S▲ 元朗(鳳翔街)-火炭(通宵)
607M 元朗東-天水圍(天瑞)
610S▲ 天瑞-尖沙咀(通宵)
801* 耀安-火炭
803 顯徑-利安
804 顯源-顯徑
805S▲ 顯英邨-旺角(弼街)(經大老山隧道)
806M 黃大仙地鐵站-火炭(經大老山隧道)
807K 大學火車站-泥涌

九龍巴士車費表

查詢電話 2745 4466

根據九巴資料截至96年11月修訂, 如有出入, 以該公司公佈為準.

^ 星期日及公眾假期停開
* 表示循環線
M 表示接駁地下鐵路
K 表示接駁火車
X 表示快車
R 表示只走非工作日(或有季節性)
S 表示特別班車
表示只走繁忙時間

九龍市區路線

路線		普通	冷氣
1	尖沙咀碼頭-竹園邨	3.30	4.40
	樂富(鳳舞街)往竹園邨	2.80	
1A	尖沙咀碼頭-秀茂坪(中)	3.90	4.40
	觀塘裕民坊往秀茂坪(中)	2.80	
	旺角碼頭往秀茂坪(中)		5.20
	觀塘往尖沙咀碼頭		5.20
	太子道東往尖沙咀碼頭		4.40
	彌敦道往尖沙咀碼頭	3.30	3.90
2	尖沙咀碼頭-蘇屋	2.80	4.30
	彌敦道/荔枝角道往蘇屋		3.90
	彌敦道/弼街往尖沙咀		3.90
2A	蘇屋-樂華	3.30	4.40
	牛頭角道往樂華	2.80	3.90
2B	竹園j-長沙灣	2.80	
2C*	又一村-尖沙咀碼頭	2.80	
2D	東頭j-深水埗	2.80	
2E	九龍城碼頭-白田	2.80	
2F	長沙灣-慈雲山(南)	3.30	
	黃大仙地鐵站往慈雲山	2.80	
3B	紅磡碼頭-慈雲山(北)	3.00	4.30
	明富街往紅磡碼頭	2.80	4.10
3C	中港碼頭-慈雲山(北)	3.30	4.40
	黃大仙地鐵站往慈雲山	2.80	
3D	觀塘月華街-慈雲山(北)	2.80	
3M	慈雲山(南)-彩雲	2.50	
	清水灣道往彩雲	2.20	
5	尖沙咀碼頭-彩虹	2.80	
5A#	尖沙咀碼頭-九龍城盛德街	2.50	
5C	尖沙咀碼頭-慈雲山(南)	3.30	
	彩虹道往慈雲山	2.80	
5D*	紅磡碼頭-德福花園	2.80	
6	尖沙咀碼頭-美孚	2.80	4.30
6A	尖沙咀碼頭-荔枝角(荔園)	2.80	4.40
6C	牛頭角-美孚	3.30	4.40
6D	牛頭角-長沙灣	2.80	
6F	九龍城碼頭-麗閣	2.80	
7	樂富-尖沙咀碼頭	2.80	4.00
7B	紅磡碼頭-樂富	2.80	
	明安街往紅磡碼頭	2.80	
7M*	樂富-竹園邨	2.20	
8	佐敦道碼頭-尖沙咀碼頭	3.00	
8A*	黃埔花園-尖沙咀		3.30
9	尖沙咀碼頭-坪石	3.30	4.40
	觀塘裕民坊往坪石	2.80	
	彌敦道/佐敦道往坪石	2.80	
10*	大角咀-彩雲	2.80	
11	佐敦道碼頭-黃大仙	2.80	4.00
11B	九龍城碼頭(翠屏道)	2.80	4.00
11C	竹園邨-秀茂坪(上)	3.30	
	觀塘裕民坊往秀茂坪	2.80	
11D	觀塘碼頭-樂富	2.80	
11K	九龍車站-竹園邨	2.80	
12	中港碼頭-荔枝角(荔園)	2.80	
12A	中港碼頭-荔枝角花園	2.80	
13D	大角咀-秀茂坪(中)	3.90	5.10
	物華街往秀茂坪	2.80	3.50
13E	啟業-秀茂坪(上)	2.80	
13K	秀茂坪(上)-九龍車站	3.70	
13M*	觀塘地鐵站至秀茂坪(中)	2.80	
13X^#	秀茂坪(中)-尖沙咀	4.40	
	振華道往秀茂坪(中)	2.80	
14	中港碼頭-油塘(高超道)	3.90	5.10
	彌敦道往油塘	2.80	
14B	牛頭角-藍田(康華苑)	2.80	
	物華街往廣田邨	2.50	
14C	觀塘(裕民坊)-鯉魚門三家村	2.50	
14X#^	油塘(高超道)-佐敦道碼頭	4.40	
15	紅磡碼頭-藍田(北)	3.90	5.10
	觀塘裕民坊往藍田	2.80	
	明安街往紅磡碼頭	2.80	4.10
15A	慈雲山(北)-藍田(北)	3.30	
	彩虹(龍翔道)往慈雲山	2.80	
	觀塘碼頭往藍田	2.80	
16	大角咀-藍田(康)-藍田	3.90	5.10
	觀塘道裕民坊往藍田	2.80	
16M*	觀塘(月華街)-藍田(康華苑)	2.50	
17	愛民-觀塘(月華街)	3.30	
18*	深水埗碼頭-愛民	2.80	
21	彩雲-九龍車站	2.80	
23*	觀塘碼頭-順利	2.80	
23M*	樂華-順利	2.80	
24K*	啟業-旺角火車站	2.80	
26	順天-尖沙咀(東)	3.90	5.10
	坪石(安老院)往順天	2.80	
26M*	啟業-尖沙咀(東)-彩虹地鐵站	2.80	4.30
27K*	順天-旺角火車站	2.80	
28	樂華-尖沙咀(漢口道)	3.30	4.40
	牛頭角道往樂華	2.80	
28A	樂華-觀塘碼頭	2.20	
29M*	順利-新蒲崗	2.80	

市區來往新界路線

路線		普通	冷氣
30	荃灣花園-長沙灣	3.70	
	荃灣沙咀道往長沙灣	3.10	
	麗瑤往荃灣花園	2.80	
30X	荃威花園-黃埔花園	4.90	7.00
	美孚往黃埔花園	3.30	4.90
	彌敦道往黃埔花園		3.90
	美孚往荃威花園		4.90
31*	荃灣碼頭-石蔭	2.50	
31B	石蔭-深水埗碼頭	2.80	
31M	石蔭(梨貝邨)-芙蓉地鐵站	2.80	
32	石圍角-大角咀	3.90	
	美孚往石圍角	3.30	
32B*	象山-大角咀	2.80	
32M*	象山-芙蓉地鐵站	2.50	
33A	荃灣碼頭-大角咀	3.30	
	欽州街往荃灣碼頭	2.80	
34*	葵盛(東)-灣景花園	2.80	
34M*	灣景花園-荃灣地鐵站	2.50	
35A	安蔭-尖沙咀	4.40	6.00
36	梨木樹-深水埗碼頭	2.80	
36A	梨木樹-佐敦道碼頭	3.90	
	美孚往梨木樹	3.30	
36M	梨木樹-芙蓉地鐵站	2.50	
37	葵盛(中)-大角咀	3.30	
	美孚往葵盛(中)	2.50	
37M*	葵興地鐵站-葵盛(中)	2.20	
38	葵盛(東)-藍田地鐵站	4.90	
	畢架山花園往藍田地鐵站	3.90	
	蝴蝶谷交匯處往葵盛(東)	3.30	
	葵芳(興芳路)往葵盛(東)	2.50	
38A	海濱花園-美孚	3.90	
	關門口街往海濱花園	2.80	
38P#^	海濱花園-旺角(西洋菜街)	3.90	
39A*	荃灣碼頭-荃威花園	2.50	
39M	荃灣碼頭-麗港城	2.20	
40	荃灣碼頭-麗港城	4.90	6.80
	美孚往麗港城	3.90	5.40
	美孚往荃灣碼頭	3.30	4.30
40X	安定-葵興地鐵站	5.60	
40X	過城隧後往葵興地鐵站	3.30	
	過城隧後往利安	3.30	
	城隧轉車站往利安	0.70	
41	青衣-九龍城碼頭	4.90	
	美孚往九龍城碼頭	3.30	
41A	安泰-尖沙咀(東)	4.40	6.10
	利安道往尖沙咀(東)	3.90	
	彌敦道/亞皆老街往安泰	3.90	4.90
	美孚往安泰	3.30	4.30
41M	青衣邨-荃灣地鐵站	2.80	3.90
42	青衣-順利	4.60	6.20
	美孚往順利	3.30	
	美孚往青衣	3.30	4.30
42A	安泰-佐敦道碼頭	3.90	5.20
	美孚往安泰	3.30	4.30
42C	長亭-藍田地鐵站	5.60	7.50
	荃灣往藍田地鐵站	4.90	6.70
	畢架山花園往藍田地鐵站	3.90	4.90
	蝴蝶谷交匯處往長亭	3.90	4.90
42M*	青欣-荃灣碼頭	2.80	3.90
43	長康-荃灣碼頭	2.80	
43A*	青衣-石籬	2.80	3.80
43B	長青-荃灣碼頭	2.80	
43C	長康-大角咀	3.90	
	美孚往長康	3.30	
43M*	荃灣地鐵站-長青	2.50	3.30
43X	耀安-荃灣碼頭	5.60	
	過城隧後往美孚	4.90	
	過城隧後往顯徑	3.30	
	富安花園往耀安	3.30	
	城隧轉車站往耀安	0.70	
44	青衣邨-旺角火車站	3.90	
	美孚往青衣邨	3.30	
	安定-葵興地鐵站	2.80	3.80
45	麗瑤-九龍城碼頭	4.00	
	美孚往麗瑤	3.30	
46	麗瑤-佐敦道碼頭	3.90	
46X	顯徑-美孚	4.90	
	過城隧後往美孚	3.30	
	過城隧後往顯徑	3.30	
47X	秦石-葵盛(東)	4.90	
	過城隧後往葵盛(東)	3.30	
	葵芳(興芳路)往葵盛(東)	2.50	
	過城隧後往秦石	3.30	
48X	禾輋-灣景花園	4.90	
	過城隧後往禾輋	3.30	

交通 Transport

139

路線			
	過城隧後往灣景花園	3.30	
49X	廣源-青衣碼頭	5.60	
	過城隧後往青衣碼頭	3.30	
	楊屋道往廣源	4.90	
	過城隧後往廣源	3.30	
51	錦田-荃灣碼頭	4.90	7.10
	川龍往荃灣碼頭	2.80	4.10
	石崗往錦田	2.80	4.10
52M	井財街-葵芳地鐵站	5.60	7.60
	荃灣往葵芳地鐵站	3.30	
	荃灣眾安街往井財街	4.90	
	大欖往井財街	3.30	
	三聖往井財街	2.80	
52X	屯門市中心-深水埗(欽州街)	6.80	
	青龍頭往深水埗(欽州街)	6.20	
	美孚往深水埗(欽州街)	2.90	
	深井往屯門市中心	4.40	
	青龍頭往屯門市中心	3.90	
	大欖往屯門市中心	3.30	
	三聖往屯門市中心	2.80	
53	元朗(東)-荃灣碼頭	6.20	
	元朗(東)往青龍頭	4.90	
	三聖往元朗(東)	4.00	
	虎地往元朗(東)	3.00	
	青龍頭往荃灣碼頭	3.90	
	虎地往青龍頭	4.90	
	三聖往青龍頭	2.80	
57M	山景邨-荔景(北)	5.60	7.50
	荃灣往荔景(北)	3.30	4.90
	荃灣眾安街往山景邨	4.90	
	屯門工業學院往山景邨	2.80	3.30
58M	良景邨-葵芳地鐵站	5.60	7.50
	荃灣往葵芳地鐵站	3.30	4.90
	荃灣眾安街往良景邨	4.90	
	荃灣往良景邨	2.80	3.30
58X	良景j-旺角火車站	7.60	11.00
	美孚往旺角火車站	3.30	4.90
	屯門市中心往良景邨	2.80	3.30
59A	屯門碼頭-深水埗(欽州街)	6.80	
	豐景園往深水埗(欽州街)	6.20	
	荃灣往深水埗(欽州街)	3.30	
	長沙灣往屯門碼頭	3.90	
	荃灣眾安街往屯門碼頭	4.90	
	散石灣/安定邨往屯門	2.80	
59M	屯門碼頭-荃灣地鐵站	4.90	7.00
	荃灣往屯門碼頭	2.80	3.10
	散石灣往屯門碼頭	2.80	3.30
59X	屯門碼頭-旺角火車站	7.60	11.00
	美孚往旺角火車站	3.30	4.90
	散石灣往屯門碼頭	2.80	3.30
60#^	友愛(南)-長沙灣	6.20	
	荃灣往長沙灣	3.30	
	荃灣眾安街往友愛(南)	4.90	
	安定往友愛(南)	2.80	
60M	屯門市中心-荃灣地鐵站	4.90	7.00
	荃灣往屯門市中心	2.80	3.10
	豐景園往屯門市中心	2.80	3.90
60X	屯門市中心-佐敦道碼頭	7.60	11.00
	美孚往佐敦道碼頭	3.30	4.90
	豐景園往佐敦道碼頭	3.90	
61X	屯門市中心-九龍城碼頭	8.40	12.00
	畢架山花園往九龍城碼頭	3.90	4.90
62X#	屯門市中心-油塘(高超道)	9.40	13.50
	畢架山花園往油塘	3.90	4.90
	觀塘裕民坊往油麻	2.80	4.40
	豐景園往屯門市中心	2.80	3.30
64M#	天耀邨-荃灣碼頭	6.20	8.10
	虎地往荃灣碼頭	4.90	7.00
	荃灣德福花園往荃灣碼頭	2.80	3.10
	屯門市中心往天耀邨	4.00	4.70
	虎地往天耀邨	3.00	3.90
66	大興-大角咀	6.80	
	荃灣往大興	3.90	
	長沙灣(大南西街)往大興	6.20	
	荃灣(眾安街)往大興	4.90	
	屯門鎮公園往大興	2.80	
66M	大興-荃灣地鐵站	4.90	7.00
	荃灣花園往荃灣地鐵站	2.80	3.10
	新貴徑往大興	2.80	3.30
66X	大興-大角咀	7.60	11.00
	美孚往大角咀	3.30	
	屯門工業學院往大興	3.90	
67M	兆康苑-葵芳地鐵站	5.60	7.90
	荃灣(眾安街)往兆康苑	4.90	
	荃灣往兆康苑	2.80	3.30
67X	兆康苑-旺角火車站	7.60	11.00
	美孚往旺角火車站	3.30	4.90
	屯門路往兆康苑	2.80	3.30
68	元朗(東)-深水埗(欽州街)	7.60	
	虎地往深水埗(欽州街)	6.80	
	荃灣荃德花園往深水埗	3.30	
	荃灣眾安街往元朗(東)	6.20	
	屯門市中心往元朗(東)	4.00	
	虎地往元朗(東)	3.00	
68A	朗屏邨-深水埗(欽州街)	7.60	
	虎地往深水埗(欽州街)	6.80	
	荃灣荃德花園往深水埗	3.30	
	荃灣眾安街往朗屏邨	6.20	
	虎地往朗屏邨	4.00	
	虎地往朗屏邨	3.00	
68M	元朗(西)-荃灣地鐵站	6.20	8.10
	虎地往荃灣地鐵站	4.90	7.00
	屯門市中心往元朗(西)	4.00	4.70
	虎地往元朗(西)	3.90	
68X	元朗(東)-佐敦道碼頭	9.40	13.50
	虎地往佐敦道碼頭	7.60	11.00
	美孚往佐敦道碼頭	3.30	4.90
	屯門市中心往元朗(東)	4.00	4.70
	虎地往元朗(東)	3.00	3.90
69M	天瑞邨-葵芳地鐵站	6.80	9.50
	虎地往葵芳地鐵站	5.60	7.60
	荃灣眾安街往天瑞邨	6.20	8.10
	屯門市中心往天瑞邨	4.00	4.70
	虎地往天瑞邨	3.00	3.90
69X	天瑞邨-九龍車站	9.70	14.00
	虎地往九龍車站	8.40	12.00
	美孚往九龍車站	3.30	4.90
	屯門路往九龍車站	4.00	4.70
	虎地往天瑞邨	3.90	3.90
70	上水-佐敦道碼頭	7.60	
	大埔道/林錦路往佐敦道碼頭	6.20	
	樟樹灘往佐敦道碼頭	3.90	
	過獅隧後往佐敦道碼頭	3.90	
	樟樹灘往上水	3.60	
70X	上水-觀塘(翠屏道)	9.40	13.50
	過獅隧後往觀塘	3.90	4.90
	和興村往上水	2.90	3.90
72	太和-大角咀	5.60	
	大埔道(北九龍裁判署)往大角咀	3.90	
	樟樹道往太和	3.30	
72A	大埔工業邨-樟樹灘	3.30	
	大圍-樟樹灘	3.30	
	樟樹道往工業邨	2.90	
72X	大埔中心-大角咀	6.20	8.50
	過獅隧後往大角咀	3.90	4.90
	廣福道往大埔中心	2.90	3.90
73A	大埔滘-大埔中心	4.90	
	大埔道/林錦路往圓洲角	4.40	
	樟樹道往彩園	3.60	
	和興村往彩園	2.90	
73X	富善-荃灣碼頭	6.20	
	過獅隧後往荃灣碼頭	4.90	
	廣福道往富善	2.90	
	城隧轉車站往富善	1.30	
74A	太和-觀塘碼頭	6.20	
	富豪花園往觀塘碼頭	3.90	
	大埔滘往太和	3.30	
74X	大埔中心-觀塘碼頭		7.80
	過老山隧道後往觀塘碼頭		4.90
	廣福道往大埔中心		3.90
75X	富善-九龍城碼頭		7.80
	過老山隧道後往九龍城碼頭		4.90
	廣福往富善		3.90
80	美林-觀塘碼頭	4.20	
	過獅隧後往觀塘碼頭	3.90	
	過獅隧後往美林	2.80	
80K	新翠-圓洲角	2.80	
80M	穗禾苑-九龍塘地鐵站	3.30	4.90
80X	秦石-觀塘碼頭	4.40	
	過大老山隧道後往觀塘碼頭	3.90	
	過獅隧後往秦石	2.80	
81	禾輋-佐敦道碼頭	3.90	5.10
	大埔道/逕口路往禾輋	3.30	4.40
81C	耀安-九龍車站	4.90	7.00
	濱景花園往九龍車站	4.60	6.10
	過獅子山隧道後往九龍車站	3.90	4.90
	過獅隧後往耀安	3.90	4.90
81K	新田圍-穗禾苑	2.80	
81M	新田圍-九龍塘地鐵站	2.80	
82K	美林-火炭火車站	3.90	5.10
82M	圓洲角往九龍塘地鐵站	3.30	4.40
82X*	濱景花園-黃大仙	3.50	4.90
83X*	黃泥頭-沙田市中心	2.80	
83P#^	廣源-九龍城碼頭	4.40	
	圓洲角往九龍城碼頭	3.90	
83X#	過大老山隧道後往觀塘碼頭	3.90	
84M	富安花園-樂富	4.00	5.70
	濱景花園往樂富	3.40	4.40
	火炭(山尾街)往九龍城碼頭	3.90	5.10
	過獅子山隧道後往火炭	3.30	4.40
85A	圓洲-九龍城碼頭		
	圓洲角往九龍塘地鐵站往圓洲角	3.30	
85B	秦石-九龍城碼頭		
	過獅子山隧道後往秦石	3.30	
85C	馬鞍山市中心-觀塘碼頭	5.40	7.50
	濱景花園往紅磡車站	4.40	6.10
	過大老山隧道往紅磡車站	3.90	4.90

	過大老山隧道後往馬鞍山	3.90	4.90	
	德民街往紅磡碼頭	2.80	4.10	
85K	恆安-沙田火車站	2.80		
85M*	錦英苑-黃大仙	4.90	7.00	
	過大老山隧道後往錦英苑	4.90	4.90	
86	黃泥頭-美孚	4.90	7.00	
	小瀝源往美孚	4.40	6.10	
	禾輋往美孚	3.90	4.90	
86A	沙田圍-沙灣(甘泉街)	3.90		
	過獅子山隧道後往沙田圍	3.30		
86B	顯徑-美孚	3.90		
	大埔道/徑口路往顯徑	3.30		
86C	利安-長沙灣	4.90	7.00	
	濱景花園往長沙灣	4.40	6.10	
	過獅子山隧道後往長沙灣	3.90	4.90	
	過獅子山隧道後往利安	3.90	4.90	
86K	錦英苑-沙田火車站	3.30		
87	瀝源-大角咀	3.90		
	過獅子山隧道後往瀝源	3.30		
87A	博康-大角咀	3.90	5.10	
	過獅子山隧道後往博康	3.90	4.40	
87B	新田圍-大角咀	3.90		
	過獅子山隧道後往新田圍	3.30		
87D	錦英苑-九龍車站	5.60	7.50	
	濱景花園往九龍車站	4.40	6.10	
	過獅隧後往九龍車站	3.90	4.90	
	過獅隧後往錦英苑	3.90	4.90	
87K*	大學火車站-錦英苑	2.80		
88K	顯徑-何東樓	2.80	3.90	
88M	顯徑-九龍塘地鐵站	3.30		
89	瀝源-觀塘(月華街)	3.90	5.10	
	過大老山隧道後往瀝源	3.30	4.40	
89B	沙田圍-觀塘(雅麗道)	3.90		
	過獅子山隧道後往沙田圍	3.30	4.40	
89C	恆安-觀塘(翠屏道)	5.40		
	濱景花園往觀塘	4.40		
	過大老山隧道後往觀塘	3.90		
	富安花園過後往恆安	2.80		
89D	利安-藍田地鐵站	5.60	7.50	
	過大老山隧道後往			
	藍田地鐵站或利安	3.90	4.90	
	廣源邨往藍田地鐵站	3.90		
89X	沙田火車站-觀塘(月華街)	4.70	7.00	
	過大老山隧道後往			
	沙田火車站	3.90		
	過大老山隧道後往觀塘	3.90	4.90	
91	彩虹-清水灣	4.40	6.10	
	井欄樹往清水灣	3.90	5.50	
	井欄樹往彩虹	3.90		
91M	坑口(安寧花園)-彩虹地鐵站	3.30	4.60	
92	彩虹-西貢	3.90	5.50	
93A	彩虹-觀塘碼頭	2.80		
93K	寶林-旺角火車站	4.90	7.00	
	秀茂坪曉光街往			
	旺角火車站	3.90	5.50	
	觀塘(站口)往寶琳	3.30	4.60	
	寶琳道往寶琳	2.80	3.90	
93M*	寶琳-藍田地鐵站	2.80		
95	翠林-佐敦道碼頭			
	秀茂坪道往佐敦道碼頭	3.90		
	龍翔道(彩虹j)往佐敦道	2.80		
	坪石往翠林	3.30		
	寶琳道往翠林	2.80		
95M	觀塘(雅麗道)-翠林	2.80		

	觀塘(裕民坊)-坑口(北)	3.30	4.60	
	坑口(北)-美孚	6.20	8.40	
	寶林道往坑口(北)	3.30	4.60	
	坑口(北)-尖沙咀	5.60	7.60	
	過機場隧道後往尖沙咀			
	過將軍澳隧道後往坑口(北)	3.30	4.60	

新界郊區路線

54	元朗(西)-上村(石崗)	3.30		
64K	元朗(西)-大埔火車站	4.90	7.00	
	元朗(西)-上村甫	3.40	4.40	
	上村甫-大埔火車站	4.40		
65K#^	上村-大埔火車站	3.40		
	大埔公路/林錦公路往			
	大埔火車站	2.90		
70K*	華明-上水	2.90		
71A	富亨-大埔火車站	2.30		
71B*	大埔中心-富亨	1.10		
71K*	太和-大埔墟	3.40		
71S	富善-廣福	2.50		
	彩鍋-大埔工業邨	4.70		
	聯和墟往大埔工業邨	3.40		
	大埔墟/林錦路往工業邨	3.60		
	大埔墟(寶鄉街)往工業邨	3.40		
	大埔墟(寶鄉街)往彩園	3.40		
73K	上水-文錦渡(新屋嶺)	2.50		
74K#	三門仔-大埔火車站	2.90		
75K	大尾篤-大埔火車站			
	大埔工業邨往大埔火車站	2.90		
76K	華明-元朗(西)	4.90		
77K	上水火車站-元朗(西)	4.40		
	上水甫-米埔	3.30		
	元朗(西)-米埔	3.10		
	祥華-元朗(西)	4.90		
	上水-元朗（西)	4.40		
	祥華-米埔	3.90		
	祥華-上水	3.40		
	上水-橫台山	3.40		
	橫台山往上水	3.40		
78K	上水-沙頭角			
	聯和墟往沙頭角	3.40		
	孔嶺往沙頭角	2.50		
79K	上水-打鼓嶺	3.40		
94	西貢-黃石碼頭	3.90	5.50	
	大網仔往黃石碼頭	3.40	4.90	
	黃石碼頭-西貢	2.50	3.30	
99	西貢-泥涌	2.90		
	大環往泥涌			
	大環往西貢	2.30		

海底隧道路線

100*	尖沙咀-銅鑼灣		6.00	
101	觀塘(裕民坊)-堅尼地城	6.80	8.40	
	過海底隧道後		3.40	
102	美孚-筲箕灣	6.80	8.40	
	過海底隧道後		3.40	
103	竹園i-蒲飛路		8.80	
	過海底隧道後		5.00	
104	白田-堅尼地城	6.80	8.40	
	過海底隧道後			
105	荔枝角(蓋園)-西環	6.80	8.40	
	過海底隧道後		3.40	
106	黃大仙-小西灣邨	6.80	8.80	
	過海底隧道後		3.40	5.00

107	九龍灣-香港仔			9.90
	過海底隧道後往香港仔			5.50
	過香港仔隧道後往香港仔			4.40
	過香港仔隧道後往九龍灣			8.30
	過海底隧道後往九龍灣			5.00
108	九龍城(盛德街)-寶馬山			8.30
	過海底隧道後			5.00
109^	何文田-中環(港澳碼頭)	6.80		8.30
	過海底隧道後	3.40		
110	佐敦道碼頭-西環河碼頭	6.80		8.30
	過海底隧道後	3.40		
111	坪石-中環(港澳碼頭)	6.80		8.30
	過海底隧道後	3.40		
112	蘇屋-北角	6.80		8.30
	過海底隧道後	3.40		
113	彩虹-西環	6.80		8.30
	過海底隧道後	3.40		
114	深水m碼頭-中環港澳碼頭	6.80		8.30
	過海底隧道後	3.40		5.00
115^	九龍城碼頭-中環港澳碼頭			8.30
116	慈雲山-鯉魚門			8.30
	北角健威花園往慈雲山			8.30
	馬遊塘木廠街往鯉魚門			
	過海底隧道後	3.40		5.00
117^	深水埗(欽州街)-跑馬地			8.30
	過海底隧道後			5.00
118	深水埗(欽州街)-小西灣邨			8.80
	過海底隧道後			5.00
N121	牛頭角-中環(港澳碼頭)			12.00
	(通宵服務)			
	過海底隧道後			6.50
N122	美孚-北角(通宵服務)			12.00
	過海底隧道後			6.50
N170	沙田火車站-華富(中)			21.50
170	沙田火車站-華富(中)			14.30
	過獅子山隧道後往華富			13.20
	過香港仔隧道後往華富			7.70
	過海底隧道後往沙田			8.80
	九龍塘(沙福道)往沙田			5.50
171	海怡半島-長沙灣			9.90
182	沙田第一城-中環港澳碼頭			14.30
	過獅子山隧道後往中環			8.80
	海底隧道繳費處往中環			8.30
	過海底隧道後往中環			5.00
	過海底隧道後往第一城			5.00
	沙田站(沙福道)往第一城			5.50
300^	太子地鐵站-上環			8.30
	過海底隧道後			5.00
301#^	紅磡(隧道繳費處)-上環			7.60
	過海底隧道後			5.00
302#^	慈雲山(北)-上環			9.40
	過東隧後往上環			5.00
303#^	耀安-上環			17.00
	過東隧後往上環			5.00
305#^	美林-上環			14.30
	過海隧後往上環			5.00
307#^	大埔中心-上環			19.00
	過海隧道往上環			5.00
334#^	灣景花園-上環			14.30
	過海隧後往上環			5.00
336#^	梨木樹-上環			14.30
	過海隧後往上環			5.00
337#^	葵盛(東)-上環			14.30
	過海隧後往上環			5.00
348#^	長安-上環			14.30

路線		
過海隧道後往上環		5.00
368#^ 元朗(西)-上環		20.00
過海隧道往上環		5.00
369#^ 天瑞-上環		20.00
373#^ 上茶-上環		20.00
601 秀茂坪(中)-金鐘地鐵站東	6.80	8.80
603#^ 藍田(北)-中環		9.40
606 彩雲-小西灣邨	6.80	8.80
619^ 順利-中環(港澳碼頭)	3.40	5.80
軒尼詩道往順利	6.80	8.30
641#^ 啟業-中環(港澳碼頭)	7.70	9.40
過東區海底隧道後	3.40	5.00
680 利安-中環(港澳碼頭)	12.20	17.00
過東區海底隧道後	3.40	5.00
681 馬鞍山市中心-中環		17.00
過海隧道後往中環		5.00
690 康盛花園-中環(港澳碼頭)	9.90	14.30
過將軍澳隧道後往中環	6.80	10.50
過東區海底隧道		5.00
691#^ 坑口(北)-中環(港澳碼頭)		14.30

冷氣豪華巴士路線

路線		
A1* 機場-尖沙咀		12.30
A2 機場-中環(港澳碼頭)		19.00
離開機場後往中環		14.00
過海底隧道後往中環		7.00
過海底隧道後往機場		13.00
A3* 機場-銅鑼灣		19.00
離開機場後往銅鑼灣		14.00
銅鑼灣往機場		19.00
過海底隧道後往機場		13.00
A5* 機場-太古城		19.00
離開機場往太古城		14.00
過海底隧道往機場		13.00
A7* 機場-九龍塘地鐵站		6.70
B1* 太子地鐵站-尖沙咀碼頭		3.50
203 又一村-尖沙咀(東)		7.00
彌敦道/太子道西往尖東		3.90
彌敦道/加士居道往又一村		3.50
203E 佐敦道碼頭-富山(瓊華街)		4.40
亞皆老街往富山(瓊華街)		4.10
彩虹道往佐敦道碼頭		3.90
208 廣播道-尖沙咀		7.00
窩打老道/彩虹道往尖東		5.60
211* 翠竹花園-黃大仙地鐵站		2.90
竹園道往翠竹花園		1.80
212 黃埔花園-深水埗碼頭		4.30
彌敦道往黃埔花園		3.90
215X 藍田(廣田邨)-佐敦道(廣東道)		5.80
偉業街往藍田(廣田邨)		4.40
藍田地鐵站往藍田(廣田邨)		2.60
216M* 藍田(廣田邨)-藍田地鐵站		2.60
N216 藍田(廣田邨)-九龍車站(通宵)		11.20
219X* 麗港城-尖沙咀		5.80
224M* 德福花園-九龍灣		2.50
224X* 德福花園-尖沙咀		5.80
230X#^ 荃灣花園-黃埔花園		7.50
234A 浪翠園-荃灣碼頭		4.60
234B 浪翠園-荃灣碼頭		3.90
234P#^ 深井-荃灣碼頭		4.60
234X 灣景花園-尖沙咀(漢口道)		7.50

路線		
美孚往尖沙咀/灣景花園		4.90
彌敦道往尖沙咀		3.90
235* 安蔭-荃灣		3.30
235M*安蔭-葵芳地鐵站		3.00
238M 深田碼頭-荃灣地鐵站		2.80
238X 海濱花園-尖沙咀		7.00
美孚中洽碼頭/海濱花園		4.90
彌敦道往中港碼頭		3.90
N241 長亨-九龍車站(通宵服務)		14.50
美孚-九龍車站		9.90
美孚-長亨		6.70
242X#^ 美景-尖沙咀碼頭		7.00
243M 美景-荃灣地鐵站		3.90
252B#^ 恒信園-尖沙咀碼頭		11.50
257B#^ 山景-尖沙咀碼頭		12.00
258B#^ 良景-尖沙咀碼頭		12.00
258C#^ 建生-尖沙咀碼頭		12.00
258D#^ 良景-藍田地鐵站		13.50
259B#^ 屯門碼頭-尖沙咀碼頭		12.00
259C#^ 新屯門中心-尖沙咀碼頭		12.00
259D#^ 屯門碼頭-藍田地鐵站		13.50
260B#^ 屯門市中心-尖沙咀碼頭		12.00
260C#^ 友愛-葵芳地鐵站		7.50
261B#^ 三聖-尖沙咀碼頭		12.00
261M#^ 三聖-荃灣地鐵站		7.00
262P#^ 三聖-荃灣地鐵站		12.00
267S#^ 兆康苑-尖沙咀碼頭		12.00
268B#^ 山景(東)-尖沙咀碼頭		14.00
269C#^ 天瑞-藍田地鐵站		15.50
270 天平-深圳灣		2.80
271 富亨-尖沙咀		8.50
過獅子山隧道後往尖沙咀		4.90
N271 富亨-九龍車站(通宵)		15.20
272P#^ 富亨-長沙灣		8.50
273* 華明-欣翠花園		2.80
273P#^ 天祐-荃灣碼頭		7.80
276 天水圍市中心-上水		10.20
青山公路(鳳翔路)往天水圍		3.30
278P#^ 上水-荃灣碼頭		10.20
280P#^穗禾苑-尖沙咀碼頭		7.00
281P#^廣源-九龍車站		6.10
沙田第一城往九龍車站		6.10
N281 錦英苑-九龍車站(通宵服務)		13.30
過獅子山隧道後往錦英苑		6.50
282* 沙田市中心-新田圍		2.90
284 濱景花園-沙田市中心		2.90
287#^ 圓洲角-尖沙咀碼頭		7.00
292P#^ 和宜合-尖沙咀		6.50
293P#^ 寶琳-九龍城(太子道東)		5.60
N293#^ 坑口(北)-旺角(通宵)		13.30
297P#^ 坑口(北)-紅磡碼頭		7.20
298 藍田地鐵站-科技大學		7.60
寶琳路往科技大學		4.50
寶琳路往藍田地鐵站		4.50
299 沙田市中心-西貢		9.00
濱景花園往西貢		7.10
雅典居往西貢		6.10
泥涌巴士總站往西貢		7.10
企嶺下老圍往沙田市中心		4.70
烏溪沙往沙田市中心		6.10
濱景花園往沙田		2.90

馬場路線

101R 跑馬地-觀塘(裕民坊)	11.00
102R 跑馬地-美孚	11.00
802 沙田馬場-筲箕灣	32.00
807 沙田馬場-華富(中)	32.00
811 沙田馬場-中環(港澳碼頭)	32.00
848 沙田馬場-葵芳地鐵站	23.60
城門隧道轉車站往尖沙咀	16.20
868 沙田馬場-屯門市中心	31.50
屯門公路往沙田馬場	21.20
城門隧道轉車站往沙田馬場	16.20
872 沙田馬場-大埔白	14.60
885 沙田馬場-利安	14.60
886 沙田馬場-美孚	23.60
887 沙田馬場-大角咀	14.60
888 沙田馬場-沙田火車站	9.00
889 沙田馬場-觀塘碼頭	23.60
891 沙田馬場-九龍城碼頭	14.60

特別路線

路線		
3S* 鑽石山地鐵站-鑽石山墳場		3.80
6S 尖沙咀碼頭-美孚		4.50
14R* 油塘(高超道)-將軍澳		
華人永遠墳場		3.90
38S* 葵涌道-荃灣華人墳場		3.70
43S 荃灣地鐵站-美景花園		6.00
44S 長青-旺角火車站		7.30
59S 屯門碼頭-旺角		11.20
60S 荃灣地鐵站往屯門市中心	9.60	13.40
68S 佐敦道碼頭-元朗(東)	12.30	19.00
70S 粉嶺火車站-和合石		4.20
70S 和合石-佐敦道碼頭		10.70
74R 藍田地鐵站-和合石		11.20
80S 禾輋苑-九龍塘地鐵站		7.30
82S 富亨-九龍塘地鐵站		7.30
85S 沙田火車站-錦英苑		6.00
96R 彩虹-黃石碼頭	11.20	15.90
西貢往黃石碼頭	7.90	11.30
大網仔往黃石碼頭	5.70	8.20
北潭涌往黃石碼頭	3.90	5.50
北潭涌往彩虹	10.20	14.30
大網仔往彩虹	9.00	12.80
西貢往彩虹	6.80	9.20
111S 彩虹-銅鑼灣(維園花市)		11.00
112S 太子地鐵站-銅鑼灣(花市)		11.00
263R 屯門市中心-沙田市中心		16.80
荃灣往沙田市中心		11.00
城隧轉車站往沙田市中心		2.80
城隧轉車站往屯門市中心		13.20
過海隧道後往屯門市中心		11.00
289R 沙田市中心-北潭涌		11.30
291R 大澳門-大坑墩		3.20

中華巴士路線表

查詢電話 2565 8556

中巴及城巴資料由1996年4月起生效
* 表示循環線
- 逢星期日及公眾假期停開
@只開星期日及公眾假期

No.	中巴路線	普通	空調
A20	中環(交易廣場)-啟德機場		19.00
2	筲箕灣-中環(港澳碼頭)	2.60	3.40
2A	耀東-灣仔碼頭	2.50	3.40
2M*	耀東-筲箕灣	2.50	
3	中環(林士街)-蒲飛路	3.80	
-3A	中環(渡輪碼頭)-摩星嶺	3.80	
4	華富(南)-中環(渡輪碼頭)	3.80	
	瑪麗醫院至中環或華富	3.50	
	德輔道西至中環	2.60	
8	小西灣-灣仔碼頭	3.00	3.80
	愛秩序街至灣仔碼頭	2.50	3.40
	書局街至小西灣	2.50	3.40
	柴灣道至小西灣		2.90
9	筲箕灣-石澳	3.80	5.80
	石澳道/大潭道至石澳	3.30	5.30
	大浪灣-石澳	2.30	2.90
10	北角碼頭-堅尼地城	2.60	3.40
-10A	城市花園至中環(干諾道中)	3.30	
	怡東酒店至中環	2.80	
	中環(干諾道中)至北角碼頭	3.30	
	永興街至北角碼頭	2.60	
11A	灣仔碼頭-勵德邨	2.50	
13	天星碼頭-旭和道	3.10	
	柏架山至旭和道	2.50	
14	西灣河西端-赤柱砲台	5.50	
	西灣河(大潭-龜背灣)	3.80	
	大潭/龜背灣-赤柱砲台	3.80	
	赤柱村-赤柱砲台	2.30	
	大潭道/柴灣道至西灣河碼頭	2.60	
15	中環(交易廣場)-山頂	6.10	8.20
	灣仔峽-山頂或中環	4.50	6.00
	司徒拔道(旋旋處)至中環	3.80	4.50
	皇后大道東至中環	2.60	2.90
15B@	天后地鐵站-山頂	7.20	
	灣仔峽至山頂	4.50	
	司徒拔道(旋旋處)至天后	3.60	
-18	北角(健康中街)-西環(荷蘭街)	3.80	
	怡東酒店至西環	3.40	
	德輔道中至西環	2.60	
	永興街至北角	2.60	
19	北角碼頭-大坑道	3.80	
20	筲箕灣-中環(永和街)	3.80	
	琴行街至中環	3.30	
	永興街至筲箕灣	2.60	
	怡東酒店至中環	2.80	
21*	中環(交易廣場)-太古城	3.80	
	琴行街至中環	3.30	
	永興街至太古城	2.80	
-22	耀東-中環(林士街)	3.80	
	琴行街至中環	3.30	
	永興街至耀東	2.60	
	怡東酒店至中環	2.80	
23	北角碼頭-蒲飛路	4.30	5.80
23A*	勵德邨-摩理臣山道	3.10	
23B*	勵德邨-柏道	4.30	
25*	中環(渡輪碼頭)-寶馬山	3.80	5.80
	史釗域道至雲景道	2.60	3.60
	天后廟道至中環	3.80	5.80
	銅鑼灣道至中環	2.60	3.60

No.	中巴路線	普通	空調
-25M*	天后地鐵站-寶馬山	2.50	
26*	勵德j-荷李活道	3.10	
	摩頓台至荷李活道	2.60	
	皇后街至勵德邨	3.10	
	史釗域道至勵德邨	2.60	
27*	北角碼頭-寶馬山	3.10	
38	置富花園-北角碼頭	4.80	5.80
	過香港仔隧道後至		
	置富花園或北角碼頭	2.60	3.40
38A	置富花園-天后地鐵站	4.80	
	香港仔至天后	3.70	
	高士威道至置富花園	3.70	
	過香港仔隧道後至置富花園或天后	2.60	
41	北角碼頭-華富(中)	5.80	
	司徒拔道/大坑道至華富	2.60	
	香港仔運動場至華富	2.60	
	司徒拔道/大坑道至北角碼頭	3.10	
	勵德邨至北角碼頭	3.10	
42	華富(南)-北角碼頭	4.80	5.80
43	華貴-金鐘(西)	3.80	
43X	華貴(交易廣場)	4.80	5.80
	香港仔至中環	3.70	4.80
	金鐘至中環	3.40	3.40
-45*	華富(北)-金鐘(西)	3.80	
47	鋼線灣至金鐘或華富	3.50	
	城多利道/摩星嶺道至金鐘	2.60	
-63	淺水灣至赤柱監獄	5.50	
	淺水灣至赤柱監獄	3.50	
	赤柱村至赤柱監獄	2.30	
	淺水灣至北角碼頭	4.60	
	司徒拔道/大坑道至北角碼頭	3.80	
	邊寧頓街至北角碼頭	2.60	
64@	中環(交易廣場)-馬坑	5.50	7.50
	淺水灣至馬坑	3.50	
	淺水灣至中環	3.80	
	黃泥涌道至中環	2.60	
65@	北角碼頭-赤柱村	5.50	
	淺水灣至赤柱村	3.50	
	黃泥涌道至北角碼頭	2.60	
-66	中環(交易廣場)-馬坑	5.50	
	淺水灣至馬坑	3.50	
	淺水灣至中環	3.80	
	皇后大道東至中環	2.60	
78	華貴-黃竹坑	2.20	
79*	香港仔-華貴	2.20	2.70
80	小西灣-中環(永和街)	4.10	5.50
	愛秩序街至中環	3.80	5.00
	琴行街至中環	3.30	4.20
	書局街至小西灣	3.00	3.80
	怡東酒店至中環	2.80	3.40
81	興華邨-勵德邨	3.00	
-81A	書局街至勵德邨	3.00	
82	柴灣(常安街)-北角碼頭	2.50	
83* @	小西灣-太古城	2.50	
84*	杏花邨-耀東	2.50	
84M*	小西灣-柴灣地鐵站	2.50	2.90
	空調巴士服務		2.90
88	興華邨-中環(交易廣場)	4.10	
	愛秩序街至中環	3.80	
	琴行街至中環	3.30	
	永興街至興華邨	3.00	
	書局街至中環	3.00	
	怡東酒店至中環	2.80	
91	鴨脷洲新-中環(渡輪碼頭)	3.80	5.80
	瑪麗醫院至中環或鴨脷洲新邨	3.50	
	田灣至鴨脷洲新邨	2.20	3.40

No.	中巴路線	普通	空調
	德輔道西至中環	2.60	3.40
91A@	鴨脷洲新邨-華富(南)	2.20	
-93*	鴨脷洲新邨-羅便臣道	3.80	5.80
-93A	利東至羅便臣道	3.80	5.80
-94	利東(渡輪碼頭)	3.80	
94A*	華富(中)-利東	2.20	
94X*	利東-信德中心	3.80	5.80
95*	鴨脷洲新邨-石排灣	2.20	
-95A	鴨脷洲(利南道)-香港仔	2.20	
-95B*	海怡半島-黃竹坑	2.20	2.70
-262	中環(交易廣場)-馬坑	10.00	
338*@	置富花園-香港仔		2.80

空調巴士路線

No.	中巴路線	空調
N8	小西灣-灣仔碼頭	5.50
-504	華富(南)-灣仔碼頭	5.80
	瑪麗醫院至灣仔碼頭	5.00
	信德中心至灣仔碼頭	3.40
	瑪麗醫院至金鐘	4.00
	置富花園至華富	3.40
-537	置富花園-金鐘(西)	5.80
	瑪麗醫院至金鐘	5.00
	信德中心至金鐘	3.40
	瑪麗醫院至置富花園	3.40
590	海怡半島-中環(交易廣場)	5.80
	過香港仔隧道後至中環或海怡半島	3.40
595*	海怡半島-香港仔	2.70

東區走廊路線

No.	中巴路線	普通	空調
-720	筲箕灣-中環(機利文街)	4.10	
	告士打道至中環	2.80	
	遠東區走廊後東行	2.50	
-721	太古城-中環(交易廣場)	4.10	
	告士打道至中環	2.80	
-722	耀東-中環(林士街)	4.10	
	渣華道至耀東	2.60	
	怡東酒店至中環	2.80	
780	小西灣-中環(永和街)	4.90	5.80
	怡東酒店至中環	2.80	3.40
	過東區走廊後東行	2.50	2.90
-781	興華邨-中環(永和街)	4.90	
	怡東酒店至中環	2.80	
	過東區走廊後東行	2.50	
-788	小西灣-中環(永和街)	4.90	5.80
	告士打道至中環	2.80	3.40
	永泰道至小西灣	2.50	2.90

註:過海隧道及馬場巴士同九巴,
　　其他特別路線請詢中巴公司.

城巴路線表

查詢電話 2873 0818

No. 專利巴士路線	普通	冷氣
1 中環(林士街)-跑馬地(上)		4.80
安景里往跑馬地		3.20
跑馬地(景光街)往中環		3.20
1M 金鐘道往中環(馬場)、跑馬地(馬場)		
-5 威菲路道-西營盤	2.60	3.20
-5A 跑馬地(下)-堅尼地城	2.60	3.20
5B* 摩星嶺/堅尼地城-銅鑼灣	2.60	3.20
-5M 堅尼地城-金鐘地鐵站(東)	2.60	3.20
6 中環(交易廣場)-赤柱監獄		7.50
中環(交易廣場)-淺水灣		5.00
中環(交易廣場)-司徒拔道迴旋處		4.40
淺水灣-赤柱監獄		4.40
赤柱村往赤柱監獄		2.60
皇后大道東往中環		3.20
6A 中環(交易廣場)-赤柱炮台		8.00
中環(交易廣場)-淺水灣		5.00
淺水灣-赤柱炮台		4.40
赤柱村-赤柱炮台		2.60
深水灣往中環		4.40
皇后大道往中環		3.20
6X@ 中環(交易廣場)-赤柱監獄		8.00
中環(交易廣場)-淺水灣		5.00
淺水灣-赤柱監獄		4.40
赤柱村往赤柱監獄		2.60
深水灣-中環		4.40
皇后大道往中環		3.20
7 石排灣-中環碼頭		5.00
瑪麗醫院往中環碼頭		4.00
德輔道西往中環碼頭		3.20
瑪麗醫院往石排灣		4.00
田灣往石排灣		2.60
8X 小西灣-金鐘地鐵站(東)		5.50
-10X 堅尼地城-金鐘地鐵站(漆咸街)		4.20
11* 中環碼頭-渣甸山		5.80
史釗域道往大坑道(花園大廈)		5.80
大坑道(花園大廈)往中環碼頭		5.80
摩頓台往中環碼頭		3.60
12* 中環碼頭-羅便臣道		4.10
12A* 金鐘地鐵站(漆馬街)-麥當奴道		4.10
12M* 金鐘地鐵站(漆馬街)-柏道		4.10
-37 置業花園-中環碼頭	3.70	
瑪麗醫院往中環碼頭	3.40	
德輔道西往中環碼頭	2.60	
-37M 置業花園-金鐘地鐵站(樂禮街)		5.00
香港仔巴士總站往金鐘地鐵站		4.50
過香港仔隧道後往置業花園	3.20	
過香港仔隧道後往置業花園	2.90	98
40 華富(北)-灣仔碼頭		5.00
瑪麗醫院往灣仔碼頭		4.50
金鐘道往中環碼頭		3.20
瑪麗醫院往華富		3.90
40M 華富(北)-灣仔碼頭		5.00
瑪麗醫院往灣仔碼頭		4.50
皇后大道往中環灣仔碼頭		3.20
瑪麗醫院往華富		3.90
48 華富(北)-黃竹坑(海洋公園)	2.60	2.80
61 中環(交易廣場)-淺水灣		5.00
中環(交易廣場)-馬坑		7.50
中環(交易廣場)-司徒拔道迴旋處		4.40
淺水灣(南灣道)往淺水灣		
皇后大道東往中環		3.20
61M 中環(交易廣場)-淺水灣		6.10

No.	普通	冷氣
70 香港仔-中環(交易廣場)		4.50
過香港仔隧道後往香港仔		2.90
-70M 香港仔-金鐘地鐵站(東)	3.80	4.50
過香港仔隧道後往香港仔	2.60	3.20
71 黃竹坑-中環碼頭	3.70	5.00
瑪麗醫院往中環碼頭	3.40	4.00
德輔道西往中環碼頭	3.40	
瑪麗醫院往黃竹坑	3.40	4.00
田灣往黃竹坑	2.60	3.20
72 華貴-銅鑼灣(摩頓台)		4.50
過香港仔隧道後往銅鑼灣		3.20
72A 黃竹坑-銅鑼灣(摩頓台)	3.60	4.30
過香港仔隧道後往銅鑼灣	2.60	3.20
過香港仔隧道後往黃竹坑	2.20	2.90
73 華富(北)-赤柱監獄/赤柱村		5.10
華富(北)-淺水灣酒店		3.70
赤柱監獄-壽山村道		3.70
壽山村道-淺水灣酒店		2.40
黃竹坑往華富		2.60
75 黃竹坑-中環(交易廣場)		4.50
過香港仔隧道後往黃竹坑		3.20
過香港仔隧道後往黃竹坑		2.90
76 石排灣-銅鑼灣(摩頓台)		4.70
司徒拔道迴旋處往銅鑼灣		3.10
摩理臣山道往銅鑼灣		3.10
過南風道往石排灣		2.60
85 小西灣-北角碼頭	2.50	3.50
90 鴨脷洲邨-中環(交易廣場)		4.60
過香港仔隧道後往中環		3.20
過香港仔隧道後往鴨脷洲邨		2.90
-90A 鴨脷洲邨-金鐘地鐵站(東)		4.50
90B 海怡半島-金鐘地鐵站(東)		4.50
瑪麗醫院往金鐘地鐵站		4.50
干諾道中往金鐘地鐵站		3.20
瑪麗醫院往海怡半島		4.10
石排灣往海怡半島		2.90
92 鴨脷洲邨-銅鑼灣(摩頓台)	3.60	4.30
過香港仔隧道後往銅鑼灣	2.60	3.20
過香港仔隧道後往鴨脷洲邨	2.20	2.90
96 利東邨-銅鑼灣(摩頓台)	3.80	4.50
過香港仔隧道後往銅鑼灣	3.20	3.20
過香港仔隧道後往利東邨	2.20	2.90
97 利東邨-中環(交易廣場)		4.50
過香港仔隧道後往中環	3.20	3.20
過香港仔隧道後往利東邨	2.90	2.90
-97A 利東邨-黃竹坑/黃竹坑新邨	2.20	2.40
利東邨-香港仔(中心)	2.20	2.40
99 海怡半島-西灣河碼頭		6.60
過香港仔隧道後往西灣河碼頭		3.80
清風街及橋橋底往海怡半島		5.00
過香港仔隧道後往海怡半島		2.90
103 蒲飛路-竹園		8.80
軒尼詩道往竹園		8.30
過海底隧道往竹園		5.00
窩打老道近聖約翰里往蒲飛路		8.30
過海底隧道往蒲飛路		5.00
107 香港仔-九龍灣		9.90
過香港仔隧道後往九龍灣		8.30
過海底隧道後往香港仔		5.50
過香港仔隧道後往香港仔		4.40
-117 跑馬地(下)-深水埗(西九龍中心)		8.30
過海底隧道後往深水埗		5.00

No.	普通	冷氣
過海底隧道後往跑馬地		5.00
118 小西灣-深水埗(西九龍中心)		8.80
過海底隧道後往深水埗		5.00
太子道近城巴站往小西灣		8.30
過海底隧道後往小西灣		5.00
170 華富(中)-沙田火車站		14.30
過香港仔隧道後往沙田火車站		13.20
過香港仔隧道後往沙田火車站		13.20
過九龍塘沙福道後往沙田火車站		5.50
過獅子山隧道後往華富		13.20
過香港仔隧道後往華富		7.70
171 海怡半島-長沙灣		9.90
過香港仔隧道後往長沙灣		8.30
過海底隧道往長沙灣		5.00
過香港仔隧道後往海怡半島		4.40
182 中環(港澳碼頭)-沙田第一城		14.30
過海底隧道後往沙田第一城		5.00
過九龍塘沙福道後往沙田第一城		5.50
過獅子山隧道後往中環		8.80
海底隧道收費廣場往中環		8.30
過海底隧道後往中環		5.00
260 中環(交易廣場)-赤柱監獄		10.00
淺水灣往赤柱監獄		10.00
淺水灣往告士打道		6.20
淺水灣-中環(交易廣場)		6.20
告士打道往中環		3.20
-511* 中環碼頭-渣甸山		5.80
史釗域道往大坑徑		3.60
大坑徑往中環碼頭		5.80
592 海怡半島-銅鑼灣(摩頓台)		4.50
過香港仔隧道後往銅鑼灣		3.20
過香港仔隧道後往海怡半島		2.90
629 海洋公園-金鐘地鐵站(天星碼頭)		11.50
681 馬鞍山市中心-中環		17.00
大老山隧道收費廣場往中環		14.30
東區海底隧道收費廣場往中環		8.80
過東區海底隧道後往馬鞍山市中心		5.00
過東區海底隧道後往馬鞍山市中心		8.80
807 沙田馬場-華富(中)		32.00
N8X 小西灣-中環(港澳碼頭) (通宵行走)		8.90
N72 華貴-銅鑼灣(摩頓台)		6.70
N90 海怡半島-中環(畢打街) (通宵行走)		6.70
N170 華富(中)-沙田火車站		21.50

屋邨路線

No.		冷氣
60R 沙田第一城-大窩口地鐵站		8.50
61R 沙田第一城-藍田地鐵站		7.80
62R 沙田第一城-九龍塘地鐵站		6.50
73R 置樂花園-荃灣地鐵站		8.50
88R 沙田第一城-九龍市中心		13.80
88R 沙田第一城-中環		19.00
89R 沙田第一城-金鐘(金鐘政府合署外)		19.00
N89R 沙田第一城-中環(舊港澳碼頭)		28.00
90R 鴨脷洲邨-金鐘地鐵站		6.80
97R 利東邨-金鐘地鐵站		6.80
901R 嘉湖山莊-荃灣地鐵站		10.50
902R 嘉湖山莊(樂湖居)-上水火車站		9.30
903R 嘉湖山莊(樂湖居·樂湖)-中環(香港德輔道)		24.90
904R 嘉湖山莊(美湖居)-尖沙咀(中港城)		18.60
905R 嘉湖山莊-荃灣地鐵站		10.50
906R 嘉湖山莊(美湖居)-鑽石山地鐵站		18.60
907R 嘉湖山莊-上水火車站		9.30
911R 元朗(鳳翔路·東堤街)-中環(林士街)		27.20
921R 嘉湖山莊(美湖居)-荃灣地鐵站		10.50
925R 嘉湖山莊(美湖居)-上環(海旁警署)		27.40

中環-長洲,中環-梅窩,中環-坪洲小輪航線時間表(普通船)

Timetable For Central-Cheung Chau, Central-Silvermine Bay,Central-Peng Chau Ferry Services (Ordinary Class)

星期一 至 星期六(公眾假期除外)　　Mondays to Saturdays Only (Except Public Holidays)

長洲線 Cheung Chau Ferry Service		梅窩線(迴航) Silvermine Bay Ferry (Indirect Sailing)		坪洲線 Cheung Chau Ferry Service	
中環開 From Central	長洲開 From Cheung Chau	中環開 From Central	梅窩開 From Mui Wo	中環開 From Central	坪洲開 From Peng Chau
6.25am	#5.35am	*7.00am	*6.10am	7.00am	6.30am
7.30	6.00	8.30	7.00	8.15	7.15
8.00	6.40	9.30	*7.15	9.15	7.40
9.00	7.25	10.30	7.50	10.15	8.15
10.00	7.45	11.30	8.30	11.15	9.15
11.00	8.00	12.30pm	9.30	12.15pm	10.15
12.00	8.40	1.30	10.30	1.15	11.15
1.00pm	9.15	+2.00	11.30	2.15	12.15pm
2.00	10.15	2.30	12.30pm	3.15	1.15
3.00	11.15	+3.00	1.30	4.15	2.15
4.15	12.15pm	3.30	2.30	5.15	3.15
5.15	1.15	4.30	3.30	6.15	4.15
5.45	2.15	5.30	4.30	7.15	5.15
6.20	3.15	6.30	5.30	8.15	6.15
6.45	4.15	7.30	6.30	9.15	7.15
7.30	5.20	8.30	7.30	10.00	8.15
8.15	6.20	9.15	*9.00	10.45	9.20
9.00	7.00	*10.00	*10.00	11.15	10.20
9.45	7.45	10.45	*11.10	12.20am	11.30
10.30	8.30	*11.15			
11.30	9.30	*12.20am			
12.30	10.30				
	11.30				

星期日及公眾假期　　Sundays & Public Holidays

中環開 From Central	長洲開 From Cheung Chau	中環開 From Central	梅窩開 From Mui Wo	中環開 From Central	坪洲開 From Peng Chau
6.25am	#5.35am	*7.00am	*6.10am	7.00am	6.30am
7.30	6.00	+8.00	*7.00	8.15	7.20
8.40	6.40	8.30	*8.15	9.15	8.35
+9.15	7.30	+9.00	9.30	10.15	9.15
10.00	8.45	9.30	10.30	11.15	10.15
+10.45	10.00	+10.00	11.30	12.15pm	11.15
11.15	11.15	10.30	12.30pm	1.15	12.15pm
+12.00	+12.10pm	+11.00	1.30	2.15	1.15
12.30pm	12.30	11.30	2.30	3.15	2.15
+1.20	+1.20	12.30	+3.00	4.15	3.15
2.00	1.45	1.30	3.30	5.15	4.15
3.00	+2.45	2.30	+4.00	6.15	5.15
4.30	3.15	3.30	4.30	7.15	6.15
5.45	+4.00	4.30	+5.00	7.45	7.15
6.25	4.30	5.30	5.30	8.50	8.15
7.05	+5.15	6.30	+6.00	10.00	9.20
8.20	5.40	*7.45	6.30	11.15	10.20
9.30	6.50	*8.50	7.30	12.20am	11.30
10.30	+8.00	*10.00	*9.00		
11.30	8.20	*11.15	*10.00		
12.30am	9.30	*12.20am	*11.10		
	10.30				
	11.30				

飛翔船(只在星期一至五行走)　　Hoverferry Service (Monday to Friday Only)

長洲開 From Cheung Chau		梅窩開 From Mui Wo		坪洲開 From Peng Chau	
8.50am	9.40am	9.40am	10.20am	9.40am	10.30am
10.15	10.50	11.20	12.10pm	11.20	12.20pm
12.15pm	12.50pm	2.25pm	3.10	2.25pm	3.20
2.15	2.50	4.25	5.10	4.25	5.20
4.05	4.50				

\# 經坪洲及梅窩　Via Peng Chau & Silvermine Bay　　* 經坪洲　Via Peng Chau
+ 必要時加班 Optional sailing only available on Sat.,Sun., & Holidays

香港-南丫島小輪航線時間表　　Hong Kong-Lamma Island Ferry Service

中環-索罟灣　Central - Sok Kwu Wan ｜ 中環-榕樹灣　Central - Yung Shue Wan

星期一至星期六(公眾假期除外)　Mondays to Saturdays (Except Public Holidays)

中環開 From Central	索罟灣開 From Sok Kwu Wan	中環開 From Central	榕樹灣開 From Yung Shue Wan
8.00am	6.50am	6.45am	6.20am
10.00	9.00	8.30	7.20
2.30pm	11.00	10.30	8.00
4.15	3.30pm	12.00	9.30
7.10	5.20	12.50pm	11.30
9.00	8.05	2.00	12.50pm
11.00	10.00	3.50	1.40
		+4.35	3.00
		5.30	+5.20
		6.40	6.20
		7.40	7.30
		8.30	8.30
		9.30	9.30
		10:30	10.35
+星期一至五加班 Optional sailings from Mondays to Fridays		11.30	
		12.30am	

星期日及公眾假期　Sundays & Public Holidays

中環開 From Central	索罟灣開 From Sok Kwu Wan	中環開 From Central		榕樹灣開 From Yung Shue Wan	
7.30am	8.20am	8.15am	6.45pm	6.50am	6.15pm
9.15	10.05	8.45	7.30	7.50	7.45
11.00	12.00	9.45	9.30	9.00	8.30
1.00pm	2.00pm	10.45	11.20	10.30	9.30
3.00	4.00	11.15	12.30am	12.00	10.35
4.50	5.45	12.45pm		1.30pm	
6.35	7.30	2.15		3.00	
9.00	10.00	3.45		4.30	
11.00		5.15		5.55	

中環 及 荃灣 -大澳　　Central & Tsuen Wan - Tai O

星期六(公眾假期除外)　Saturdays Only (Except Public Holidays)

中環開 From Central	屯門開 From Tuen Mun	沙螺灣開 Sha Lo Wan	大澳開 From Tai O
9.15am------------------->10.40am-------------------->11.20am------------------------->11.50am*
1.00pm*<--------------------12.20pm<-------------------11.50am
2.15pm------------------->3.40pm-------------------->4.20pm------------------------->4.50pm*
* 大約抵達時間 Arrival Time　6.10pm*<--------------------5.30pm<-------------------5.00pm

星期日及公眾假期　Sundays & Public Holidays

中環開 From Central	屯門開 From Tuen Mun	沙螺灣開 Sha Lo Wan	大澳開 From Tai O
8.15am------------------->9.40am-------------------->10.20am------------------------->10.50am*
4.10pm*<--------------------3.30pm<-------------------3.00pm
4.15pm------------------->4.55pm-------------------->5.25pm*
8.20pm*<--------------------6.00pm<-------------------5.30pm

荃灣開 From Tsuen Wan	屯門開 From Tuen Mun	沙螺灣開 Sha Lo Wan	大澳開 From Tai O
8.00------------------------>8.45am------------------------>9.15am-------------------->9.45am*
6.30pm*<--------------------5.45pm<-------------------5.15pm<-------------------4.45pm

尖沙咀-梅窩, 尖沙咀-長洲　Tsim Sha Tsui - Mui Wo,Tsim Sha Tsui - Cheung Chau

	星期六(公眾假期除外)　Saturdays	星期日及公眾假期　Sundays & Public Holidays
尖沙咀開 From TST	1.00pm 2.00 3.00 5.00 7.00	9.00am 11.00 1.00pm 2.00 3.00 4.00 5.00 6.00
梅窩開 From MW	2.00pm 3.00 4.00 6.00	10.00am 12.00 2.00pm 3.00 4.00 5.00 6.00 7.00
尖沙咀開 From TST	4.00 pm	8.00am 10.00am
長洲開 From CC	---	12.45pm

馬料水- 塔門小輪時間表　　Ma Liu Shui - Tolo Harbour

馬料水	深涌	荔枝莊	塔門	較流灣	赤徑	黃石碼頭	塔門
8.30am------>9.00---------->9.15--------->9.45------------>9.50---------->10.05-------->10.20--------->10.40
12.05am <----11.25 <------11.10 <--10.40am

坪洲 -梅窩 -芝麻灣 -長洲之間小輪航線時間表
Cheung Chau - Chi Ma Wan - Silvermine Bay - Peng Chau

星期一至星期六(公眾假期除外) Mondays to Saturdays Only (Expect Public Holidays)

坪洲開 From Peng Chau	梅窩開 From Silvermine Bay	芝麻灣開 From Chi Ma Wan	長洲開 From Cheung Chau
	#6.30am<-------------------6.10am<--------------------		----------5.35am
5.40am<--------------------	------>6.05am--------------------	---->6.25am--------------------	>
<--------------------	------7.55am<--------------------	------7.30am<--------------------	------7.00am
8.20am<--------------------	------8.40am<--------------------	------9.00am<--------------------	
<--------------------	------10.20am<--------------------	------10.00am<--------------------	------9.30am
10.45am<--------------------	------11.10am<--------------------	------11.30am<--------------------	
<--------------------	------12.50pm<--------------------	------12.30pm<--------------------	------12.00nn
1.20pm<--------------------	------>1.40pm--------------------	---->2.00pm--------------------	>
<--------------------	------3.05pm<--------------------		------2.30pm
3.25pm<--------------------	------3.45pm<--------------------	------4.05pm<--------------------	
<--------------------	------5.20pm<--------------------	------5.00pm<--------------------	------4.30pm
5.45pm<--------------------	------6.05pm<--------------------		
<--------------------	------7.25pm<--------------------	------7.05pm<--------------------	------6.40pm
7.50pm<--------------------	------8.10pm<--------------------	------>8.30pm--------------------	
			----------9.00pm
	9.35pm<--------------------		>
*11.10pm<--------------------	------10.50pm<--------------------	------10.35pm<--------------------	----------10.10pm
12.00mn------------------->			# 往中環 To Central

星期日及公眾假期 Sundays and Public Holidays

坪洲開	梅窩開	芝麻灣開	長洲開
	#6.30am<-------------------6.10am<--------------------		----------5.35am
6.00am<--------------------	------>6.25am--------------------	---->6.45am--------------------	>
<--------------------	------7.55am<--------------------	------7.35am<--------------------	------7.10am
8.20am<--------------------	------8.45am<--------------------	------9.05am<--------------------	
<--------------------	------10.10am<--------------------	------9.55am<--------------------	------9.30am
10.45am<--------------------	------11.10am<--------------------	------11.30am<--------------------	
<--------------------	------12.50pm<--------------------	------12.30pm<--------------------	------12.00nn
1.20pm<--------------------	------>1.40pm--------------------	---->2.00pm--------------------	>
<--------------------	------3.10pm<--------------------	------2.50pm<--------------------	------2.30pm
3.40pm<--------------------	------4.10pm<--------------------	------4.30pm<--------------------	
<--------------------	------5.50pm<--------------------	------5.30pm<--------------------	------5.00pm
6.20pm<--------------------	------6.40pm<--------------------	------>7.00pm--------------------	
		------>7.45pm--------------------	------7.25pm
	8.10pm<--------------------	------8.30pm<--------------------	
		------>9.20pm--------------------	------9.00pm
	9.40pm<--------------------		
*11.15pm<--------------------	------10.55pm<--------------------	------10.35pm<--------------------	----------10.15pm
12.00mn------------------->			* 大約抵達時間 Arrival Time

飛翔船渡輪航線 Hover Ferry Service

航線 (Route)	服務時間 (Service Hour)	航線 (Route)	服務時間 (Service Hour)
中環(愛丁堡廣場) Central (Edinburgh Place) 尖東 TST East	Mon-Sun 8:00-20:00	屯門 Tuen Mun 灣仔 Wanchai	Mon-Sat 屯門開 7:50,8:10,9:30,10:00 Mon-Fri 屯門開 18:10,18:30 灣仔開 17:20,17:40, 19:05,19:20
中環 Central 荃灣 Tsuen Wan	Mon-Sat 7:00-18:30 Sun & Holiday 7:30-18:30	梅窩 Mui Wo 愉景灣 Discovery Bay * 只星期六（非假日）Sat only (Holidays ex.) +只星期日及假日 Sun & Holidays	**梅窩開 / 愉景灣開** 星期一至五 Mon-Fri 7:45,11:20,15:20 / 7:25,11:00,15:00 16:30,18:30 / 16:10,18:10 星期六、日及假日 Sat, Sun & Holidays 7:45*,9:00+,10:55 / 7:25*,8:40+,10:35 13:30,16:30,18:30, / 13:10,16:10,18:10, 20:10 / 19:50
中環(愛丁堡廣場) Central (Edinburgh Place) 愉景灣 Discovery Bay	24小時服務，由早上6:20起每隔約20（繁忙時約10）分鐘對開，午夜後約30-90分鐘一班。 24-hour service. From 6:20 am, every 20 (10 for rush hours) mins. for both ends. 30-90 mins. after midnight.		
中環 Central 長洲 Cheung Chau	**中環開 / 長洲開** 8:50 10:15 / 9:40 10:50 12:15 14:15 / 12:50 14:50 16:05 / 16:50	屯門黃金海岸 中環(愛丁堡廣場) Tuen Mun Gold Coast Central (Edinburgh Place)	**屯門黃金海岸開 / 中環開** 星期一至六 Mon-Sat 7:20,7:40,8:00,8:50, / 8:05,8:45,9:35, 9:30,10:30 13:30, / 12:30,13:30,14:30, 14:30,15:30,17:30, / 16:30,17:30,18:55, 18:10,19:45,21:15 / 20:30,22:00 星期日、假日 Sun & Holidays 9:30,10:30,12:30, / 9:30,10:30,12:30, 13:20,14:20,15:20, / 13:30,14:30,15:30, 16:20,17:20,18:20, / 16:30,17:35,19:00, 19:45,21:15 / 20:30,22:00
中環 Central 屯門 Tuen Mun	**中環開 / 屯門開** 星期一至六 Mon-Sat 6:45-20:30 / 6:30-19:40 星期日、假日 Sun & Holidays 7:00-20:30 / 6:55-19:40		

147

港內線渡輪（普通船） Ferry within the Harbour (Ordinary Ferry)

航線 (Route)		服務時間 (Service Hour)	航線 (Route)	服務時間 (Service Hour)
中環 佐敦	Central Jordan	Mon-Sat　6:10-0:00 Sun & Holidays　6:10-11:50	荃灣／青衣 中環／灣仔 Tsuen Wan/Tsing Yi Central/Wanchai	Mon-Sat 荃灣／青衣開 7:40 Mon-Fri 中環開　　17:35-19:00 荃灣開　　18:20 一班
灣仔 紅磡	Wanchai Hung Hum	Mon-Fri　7:00-20:00 Sat　　　7:10-20:00		
北角 觀塘	North Point Kwun Tong	Mon-Sun　7:00-20:00	屯門 中環／灣仔 Tuen Mun Central/Wanchai	Mon-Sat 屯門開 7:30 Mon-Fri 灣仔開　17:50, 18:10 中環開　18:05,18:30,20:45
北角 紅磡	North Point Hung Hum	Mon-Sun　7:00-20:45		
北角 九龍城	North Point Kln City	Mon-Sun　6:50-20:35 *Mon-Sat　7:00-19:40		
尖沙咀 中環	TST Central	Mon-Sun　6:30-23:30	屯門 中環（雙體船） Tuen Mun Central(Catamaran)	Mon-Sat　7:20,7:40 8:00,8:35
中環 紅磡	Central Hung Hum	Mon-Sun　7:00-19:20		
灣仔 尖沙咀	Wanchai TST	Mon-Sun　7:30-22:50		

＊ 載車服務 For Vehicles

其他小輪及街渡服務

中環天星-愉景灣
每日6:50-0:30及凌晨1:00-6:30

梅窩-愉景灣
星期一至六7:45-19:25，星期日假期
9:00-20:20各開5班

澄碧邨-天星碼頭，澄碧邨-長洲

香港仔-蒲台島(經赤柱)
星期2.4.6.香港仔開9:00am
蒲苔島開10:30am
星期日及假日香港仔開8:00,
赤柱開10:00am及11:30am,
蒲台島開3:00pm,4:30pm及6:00pm,
查詢:25544059

香港仔-(南丫島)模達
星期日假日由8:45至下午7時許對開8
班，星期一至六視需求而定

西灣河-大廟(經東龍洲)
星期六，日及假日開8:30及15:30,
查詢:25609929

西灣河-三家村
每日由6:15至23:45每隔24-30分開

堅彌地城-榕樹灣
(1)平日11:25,16:35,星期假日10:25
(2)週一至六

南丫島模達-索罟灣
星期日及假日由早至晚對開8班

坪洲-喜靈洲
星期一至六由6:20至午夜對開18班，
星期日由7:50至午夜對開14班

坪洲-神樂院-稔樹灣
平日有7班，星期日及假日有6班，
雙程均早開5時許至下午4時許

長洲-西灣(張保仔洞)
每日7:00-20:30，約17-20分一班

長洲-大浪(芝麻灣)每日7:30及10:30
回程每日8:00及11:00

青龍頭-鹿頸灣(大嶼山) (經大青洲)
每日由8:00至17:30對開7班,
查詢:29877411

深井-馬灣
每日十多班由6:15-23:00

青山灣-東涌
每日開10:30，14:30，17:45，
回程8:00，13:00，16:00,
查詢:29881471

青山灣-⿰氵⿱石海灣/沙螺灣
不定期，每程大約需時75-90分鐘

大澳-屯門(經沙螺灣)
大澳約開7:00，屯門約開15:30

西貢-滘西洲賽馬會高爾夫球場
每日上午8時至下午7時每隔20分對
開一班，下午7時後每隔30分一班
查詢:27913388

**西貢-橋咀/廈門灣/鹽田仔/黃魚洲/糧
船灣/滘西/白蠟/南風灣/大蛇灣北灣/**

西灣/大浪/大樹灣
每日7:00-20:00不定期
查詢:27922166

**白沙灣-橋咀/廈門灣/三星灣/滘西/
麻南笏/糧船灣/南風灣/鹽田仔**
每日7:00-19:00不定期
查詢:27190966

黃石-塔門(經高流灣)
平日有8班,黃石開8:00-18:00
塔門開8:30-18:30;星期日及假日有10
班
黃石開8:30-17:30
塔門開8:00-17:00
查詢電話2771 1630

馬料水-東平洲
星期六開9:00及15:00,
星期日只開9:00一班，
回航均開17:30
查詢:保利小輪26035519

沙頭角-荔枝窩/西流灣/三椏村/吉澳
星期一至五開8:30及13:30，
回航開6:30及14:00

沙頭角-谷埔
每日由6:45至約17:30,每隔30-60分對開

沙頭角-吉澳
每日由8:30至約17:00對開4班

沙頭角-鳳坑，鴨洲
不定期

Other Visas 其他國家簽証 Global Union Express (2868 3231)
及人民入境事務處海外簽証組 (Immigration Dept. 2829 3333)

				Tel No.	
Argentina	阿根廷	2510 Jardine House,1 Connaught Place,Central	干諾道中1號,怡和大樓2510室	25233208	62F3
Australia	澳洲	23-24/F.,Harbour Centre, 25 Harbour Rd.	港灣道25號,海港中心23-24樓	25854173	64A3
Austria	奧地利	2201 Emperor Hse., 34-37 Connaught Rd.,C.	干諾道中34-37號,英皇商業大廈2201室	25228086	62G3
Bangladesh	孟加拉	3870 China Resources Bldg., 26 Harbour Rd.	港灣道26號,華潤大廈3870室	28274278	64A3
Belgium	比利時	9/F., St.John's Bldg., 33 Garden Rd., Central,HK.	花園道33號,聖約翰大廈9樓	25243115	63F7
Belize	百利茲	14/F, 173 Gloucester Road, H.K.	告士打道173處,天廈商業大廈14樓	28382331	66G4
Brazil	巴西	201 Dina House, 11 Dudell St.	都爹利街11號,帝納大廈201室	25257002	63G5
Canada	加拿大	12/F., Tower 1, Exchange Square, H.K.	中環交易廣場1期12樓	28104321	62G3
Alberta	亞伯達省	1002 Admiralty Centre, Tower 2, 18 Harcourt Rd.	夏慤道18號,海富中心2期1003室	25284729	63B6
BC	卑斯省	901 Hutchison Hse., 10 Harcourt Rd., Central	夏慤道10號,和記大廈901室	28451155	63C5
Manitoba	明尼托巴省	902A China Bldg, 29 Queen's Rd. Central	皇后大道中29號,華人行902A室	25233375	62G4
Quebec	魁北克省	19/F.,East Lippo Tower ,Lippo Ctr., Queensway	金鐘力寶大廈19樓	28109332	63B6
Saskatchewan	沙家溫省	19/F., Tower 2, Exchange Square	中環交易廣場1期19樓	28100277	62G3
Chile	智利	1408 Great Eagle Ctr.,23 Harbour Rd.	港灣道23號,鷹君中心1408室	28271826	64B3
China (Visa)	中國(簽証)	5/F., China Resources Bldg., 26 Harbour Rd., H.K.	港灣道26號,華潤大廈5樓	28271881	64A3
Colombia	哥倫比亞	6A, CMA Bldg., 64-66 Connaught Rd., Central	干諾道中64-66號,中華廠商會大廈6A室	25458547	60A3
Costa Rica	哥斯達黎加	C10 Hung On Bldg., 3 Tin Hau Temple Road	天后廟道3號,鴻安大廈C10室	25665181	68C2
Cyprus (Visa)	塞蒲魯斯(代酬)	402, 7-9 Austin Ave	柯士甸路7-9號402室	27396261	63A7
Denmark	丹麥	2402B Great Eagle Centre, 23 Harbour Rd.,W.C.	港灣道23號,鷹君中心2402B室	28278101	31B5
Dominican Rep.	多明尼加	706,Asia Standard Tower,59-62 Queen's Rd.	皇后大道中59-62號,泛洋大廈706室	25212801	61A5
Egypt	埃及	1309, 13/F., Great Eagle Ctr., 23 Harbour Rd.	港灣道23號,鷹君中心1309室	28270668	64B3
Finland	芬蘭	1818 Hutchison House, 10 Harcourt Road	夏慤道10號,和記大廈1818室	25255385	63C5
France	法國	26/F., Tower 2,Admiralty Centre	金鐘富通中心2期26樓	25294351	63B6
Germany	德國	21/F., United Centre,95 Queensway, H.K.	金鐘統一中心21樓	25271334	63A6
Great Britain	英國商務專員	1 Supreme Court Road, Admiralty, Hong Kong	金鐘法院道1號	29013000	63B8
Greece	希臘	913 Block B,Hung Hom Comm.Centre, Kowloon	紅磡商業中心B座913室	27741682	40C4
Iceland	冰島	48/F Hopewell Centre, 183 Queen's Rd., E., H.K.	皇后大道東183號,合和中心48樓	28768888	65D7
India	印度	504 Admiralty Centre, Tower 1, H.K.	金鐘富通中心1期504座	25275821	63B6
Indonesia	印尼	127 Leighton Road,H.K.	灣仔禮頓道127號	28904421	67A5
Israel	以色列	701, Tower 2,Admiralty Centre, H.K.	金鐘富通中心2期701室	25296091	63A6
Italy	意大利	805 Hutchison House, 10 Harcourt Rd.	夏慤道10號和記大廈805室	25220033	63C5
Japan	日本	46/F., Tower 1 , Exchange Square H.K.	中環交易廣場第一座46樓	25221184	62G3
Jordan	約旦	939 New World Office Bldg, East Wing, 1 Salibury Rd, Kln	梳士巴利道1號,新世界中心東翼939室	23119 03	39G5
Korea	韓國	5/F., Far East Finance Centre, 16 Harcourt Rd.	夏慤道16號,遠東金融中心5樓	25294141	63B5
Malaysia	馬來西亞	24/F., Malaysian Bldg., 50 Gloucester Rd., H.K.	告士打道50號馬來西亞大廈24樓	25270921	64D4
Maldives	馬爾代夫	201-205, 29-39 Ashley Rd, Kowloon Centre, Kln	尖沙咀亞士厘道29-39號九龍中心201-5室	23762114	38D3
Mexico	墨西哥	1304, Great Eagle Ctr,23 Harbour Rd, H.K.	灣仔港灣道23號,鷹君中心1304室	25113318	64B3
Mongol	蒙古	4 Somerset Rd, Kowloon Tong	九龍塘森麻實道4號	23389033	33C8
Morocco	摩洛哥	Marine Deck, W1 Ocean Terminal,Tsim Sha Tsui	尖沙咀海運碼頭	27367286	38F1
Myanmar	緬甸	2421 Sun Hung Kai Ctr., 30 Harbour Rd.	港灣道30號,新鴻基中心2421室	28277929	66G4
Netherlands	荷蘭	301 China Building, 29 Queen's Rd., Central	皇后大道中29號,華人行301室	25225127	62G4
New Zealand	新西蘭	2705 Jardine House, Central	中環怡和大廈2705室	28774488	62F3
Nigeria	尼日利亞	3309 China Resources Bldg., 26 Harbour Rd.	港灣道26號,華潤大廈3309室	28278813	64A3
Norway	挪威	1502 Great Eagle Ctr, 23 Harbour Rd, Wanchai	港灣道23號,鷹君中心1502室	25879953	64B3
Pakistan	巴基斯坦	3806., China Resources Bldg., 26 Harcourt Rd.	港灣道26號,華潤大廈3806室	28271966	64A3
Panama	巴拿馬	1008 Wing On Centre, 111 Connaught Rd.Central	干諾道中111號,永安中心1008室	25452166	60C3
Paraguay	巴拉圭	9/F Harbour Centre, Harbour Road	灣仔港灣道25號海港中心9樓	25916880	64A3
Peru	秘魯	10/F.,Wong Chung Ming C.Hse., 16 Wyndham St.	雲咸街16號,王仲銘商業大廈10樓	28682622	61A6
Philippines	菲律賓	6/F., United Centre, 95 Queensway, Admiralty	金鐘統一中心6樓	28238500	61B5
Poland	波蘭	1006, Tower 1, Pacific Place, H.K.	金鐘太古廣場第一期1006室	28400779	63A7
Portugal	葡萄牙	905 Harbour Ctr, 25 Harbour Rd, Wanchai	灣仔港灣道25號海港中心905室	28022587	64A3
Russia	俄羅斯	2932 Sun Hung Kai Ctr.,29/F.,30 Harbour Rd,Wanchai	灣仔港灣道30號新鴻基中心2932樓	28777188	44A2
Seychelles	塞舌爾	2813 HK Plaza, 186 Connaught Rd.W. H.K.	干諾道西186號香港商業中心2813室	25495337	57B8
Singapore	新加坡	901-2,9/F Admiralty Centre, Tower 1	金鐘海富中心第一座901-2室	25272212	63A6
South Africa	南非	27/F., Sunning Plaza, 10 Hysan Avenue	希慎道10號,新寧大廈27樓	25773279	67B5
Spain	西班牙	8/F., Printing House, 18 Ice House St., Central	雪廠街18號,印刷行8樓	25253041	63G5
Sri Lanka	斯里蘭卡	22/F., Dominion Ctr. 43 Queen's Rd, E., H.K.	灣仔大道東43號東美中心22樓	28662321	65F4
Sweden	瑞典	8/F., The HK Club Bldg.,Connaught Rd., Central	中環香港會所大廈8樓	25211212	62D4
Switzerland	瑞士	3703, Gloucester Tower, 11 Pedder St	畢打街11號,告羅士打大廈3703室	25227147	62G4
Thailand	泰國	8/F., Fairmont House, 8 Cotton Tree Drive, Central	紅棉道8號,東昌大廈8樓	25216481	63C5
Taiwan (Agent)	台灣(代辦)	21/F,21-23 Des Voeux Rd C	德輔道中21-23歐陸中心21字樓華僑旅社	25248075	63B6
Tonga	東加	8/F., New Henry House, 10 Ice House Street	雪廠街10號,新顯利大廈8樓	25221321	63G5
Turkey	土耳其	301, Sino Plaza, 255 Gloucester Rd, H.K.	銅鑼灣告士打道255號信和廣場301室	25721331	66C3
U.S.A.	美國	26 Garden Road, H.K.	中環花園道26號	25239011	63F7
Uruguay	烏拉圭	1701, Dina House, 11 Duddell St, H.K.	雪廠街11號帝納大廈1701室	28680330	63G5
Venezuela	委內瑞拉	3902 Central Plaza, Gloucester Rd,H.K.	告士打道中環廣場3902室	27308099	38G2
Vietnam(Visa)	越南	15/F Great Smart Tower, 230 Wanchai Rd, HK	灣仔道230號佳誠大廈15樓	25914517	67F5

旅遊地點簡介
正剛旅行隊總領導陳溢晃先生修訂

港島區

大會堂 於1962年啟用，是香港首間以文化藝術展覽為主的活動中心。大會堂分高、低二座，低座有展覽館、音樂廳和酒樓，高座則有圖書館和演奏廳。大會堂外有一紀念花園，是悼念二次大戰期間殉難的衛港烈士。在大會堂附近，尚有以噴泉水池為主的皇后像廣場和休憩園林的遮打花園。而大會堂對開的皇后碼頭和愛丁堡廣場，一向都是官方舉行重要儀式的地方。[62D4]

聖約翰大教堂 俗稱大教堂，於1847年奠基，1849年建成，是香港最早建立的基督教教堂。百多年來，雖經過不斷的修建，教堂外貌仍保存昔日的莊嚴肅穆，現仍是聖公會港澳教區的主堂。在中環地鐵站可沿花園道前往。[63F6]

動植物公園 建於督憲府對面，俗稱兵頭花園，是香港規模最大的動植物公園。始建於1861年，經過百多年來的經營和擴建，公園內既有珍貴罕見的飛禽走獸，亦有品種奇特的時花異木，鳥語花香，令人留連忘返。可由中區花園道（美國領事館後）[61A8] 進入。

茶具博物館 原是域多利兵房三軍司令官邸，俗稱旗桿屋。1981年，在市政局發展下，成為專門收藏及展覽各款茶具的文物館。館內設九個展覽室，分別陳設明、清及民初時期製造的江蘇宜興茶具珍品及介紹茶具生產過程。中國茶具古董亦在這裡展覽。由金鐘地鐵站可經太古廣場的電動樓梯前往。[63C6]

太平山 俗稱扯旗山，是香港最著名的遊覽勝地之一。從中區花園道 [63F7] 可乘山頂纜車（中環天星碼頭有免費接駁巴士來往）登上此海拔380公尺的高山。這裡設有很多專為遊客觀景的設備，從山上俯瞰維多利亞海港及九龍半島，一覽無遺。香港的夜景世界著名。最佳觀賞位置為纖車總站附近古式古香的獅子亭（俗稱老襯亭）和空曠怡人的山頂公園等。山頂廣場眺望日落景色最為理想。適合郊遊遠足的港島徑亦從這裡啟程。[81C6]

海洋公園 是世界最大海洋公園之一，佔地170英畝。公園建築分佈於南朗山上及黃竹坑谷地。山上以海洋館、海洋劇場、海濤館、機動遊戲為主。山下則有水上樂園、花園劇場、金魚館及仿照歷代文物所建的集古村，使中國古代街景重現，並有民間藝術表演。兩地往來，可乘架空吊車或世界最長的電動梯級。金鐘地鐵站有專線巴士直達。另在假日，隧巴107、170及城巴48、72A及90號均經絕大門。[89B8]

虎豹別墅 俗稱萬金油花園（在新加坡亦有同樣的花園），是已故胡文虎、文豹兄弟的別墅，現在仍是私人物業，但歡迎遊客參觀。它的建築富東方色彩，令人耳目一新的是園內滿佈造型精美的彩塑，有蟠龍飛鷹、斑虎野牛，亦有充滿佛教色彩及勸世說理的壁畫群。莊嚴富麗的七級寶塔，高一百四十五呎，是香港僅有的白塔，為中外遊客必到之地。灣仔碼頭11A 巴士可達。[69B7]

維多利亞公園 是香港最大的公園，建於一九五五年，以體育運動場地為主。公園入口豎立'維多利亞女皇銅像，故名。每逢週日正午，公園內舉行頗為特色的時事辯論會 - 城市論壇。此集會仿自英國倫敦海德公園，市民可和講者（通常都是知名人士）辯論，其過程還在電台向直接轉播。[68F2]

寶雲道姻緣石 港島之寶雲道俗稱姻緣道，東起司徒拔道藍塘道口，西止花園道，連跨跑馬地、灣仔及中環三區，漫步全程可達兩小時。途中設寶雲亭（今改作「灣坊亭」）、公園及著名姻緣石公園。姻緣石近灣仔（肇輝臺之上）寶雲道路段，其石形似「一指禪」，高數丈，直指天際，故成為求子、求偶之物形崇拜。近人又於下設四面佛及神邊哥，香火之盛，蔚為奇觀。寶雲道是晨運、緩步跑者的樂園，途中多個路口可通往灣仔、大佛口、中環及香港公園等。[83B7]

筲箕灣亞公岩 港島東部筲箕灣曾是著名漁村，東鄰亞公岩鯉魚門，出海即為漁場作業之地，因此筲箕灣自然成為避風塘。水上人聚居及務農者眾，文風久遠，廟宇林立，計由東大街口（102巴士總站）城隍廟起，沿街東入即有天后古廟、譚公聖廟、玉皇廟等。上述古廟中碑刻均是研究早期香港之重要史料。今筲箕灣隨社會繁榮發展，地鐵伸延，人口激增，漫步其地，古今勝景齊覽。[74A1]

大坑蓮花宮 港島大坑區域除「虎豹別墅」為著名遊覽點外，尚有蓮花宮。主奉觀音大士的蓮花宮，創建於公元一八六四年前，最近於一九八六年重修，其歷史雖非遠久，但其廟宇建築頗具特色，且靈事長傳，香火鼎盛。每年農曆八月十四、十五及十六三個晚上，由大坑坊眾所舉辦的「大坑火龍舞」，吸引成千上萬坊眾，成每年一度盛典。蓮花宮位處銅鑼灣道蓮花街（維多利亞公園對面），天后地鐵站出閘，過高士威道沿銅鑼灣道直入步行十數分鐘即到。[68C4]

香港仔 港島最早發展的地方，百多年前此是漁民灣泊和居停的小村落。漁港色彩濃厚，在海灣內浮泊有各色各樣的捕魚船隻和供應飲食的海鮮舫，古舊的中國式帆船間中亦有出現，區內主要名勝有天后廟、香港仔中心及香

港仔水塘。遊客通常來此品嘗活生的海鮮。70號巴士直達[86]。

文武廟 位於荷里活道，創建的歷史可追溯至香港開埠初期。廟內奉祀文昌帝及關帝，是香港最著名的廟宇之一。據說在清朝期間，在這裡進行的斬雞頭和燒黃紙式誓願，還是香港政府所承認的。此廟雖經多次修建，仍保持舊貌，香火鼎盛。[60F4]

銅鑼灣天后廟 是香港著名的廟宇，始建於清朝乾隆年間。據說當年在廟址曾發現一銅製紅香爐因而立廟，而港島古名紅香爐亦因此而得來。廟雖歷經修建，古貌依然，其中以在屋脊上之人物陶塑造型生動逼真和牆頭的壁畫精緻細膩最為吸引。該廟建於天后廟道口，在天后地鐵站出閘，跨過電車路即見。[68C2]

香港仔郊野公園 位於港島南區，被譽為城市發展地帶的後花園。公園以香港仔上、下水塘為中心，佔地410公頃。設備有介紹公園內自然生態及動物標本的遊客諮詢中心、健身徑、燒烤場地、野餐場地、自然教育徑及遠足徑等。從香港仔天后廟側沿香港仔水塘道上行十五分鐘可到。[86B3]

大潭郊野公園 位於港島東半部，以水塘棋佈、群山環抱、草木青馳名。公園佔地1315公頃，佔港島面積五分之一。公園名勝以大戰時英日激戰遺跡著名，現時仍留有不少戰爭工事，如碉堡及戰壕等。公園內設有不少康樂設施，如燒烤場地及休憩野餐場所。從港島中環可乘往淺水灣巴士，在黃坭涌峽道下車前往。[23D5]

港島方面有救生員當值的泳灘： 大浪灣、春坎角灣、深水灣、夏萍灣、中灣、淺水灣、石澳後灣、石澳灣、南灣、聖士提反灣、赤柱正灘和龜背灣 (參看圖3"香港全境地圖")。

淺水灣 是香港最高尚住宅區之一，同時亦是香港最具代表性的沙灘，海灘綿長，灘床寬闊，且水清沙幼，波平浪靜，是遊人必到的著名風景區。沙灘上建有中國古典色彩的鎮海樓公園，內塑有十多米高的天后娘娘及大慈大悲觀音神像，旁邊還有長壽橋等勝景。附近並有深水灣、中灣和南灣，都是海浴勝地。在中區有6,6A,66,260及262巴士直抵灣旁。[91G6]

跑馬地賽馬場 俗稱快活谷，自1846年以來，賽事不斷。在日治期間及將來的香港特別行政區，賽馬活動亦依然舉行。馬匹投注，已成香港部份人仕的主要娛樂活動。每逢賽馬日，這裡人山人海，人生百態表現無遺。在公眾看台的二樓，新建了一間賽馬博物館，除展出有關香港和世界各地賽馬的事蹟、珍品和用具之外，還攝製了一套15分鐘的影片，以娛觀

眾。開放時間：星期二至六，上午11時至下午7時；星期日及假期，下午1至5時；星期一及賽事前一小時休息。1,5,5A及19號巴士直達。[67F8]

中山史蹟徑 為紀念一代偉人孫中山先生，有關當局近在中上環把以前他活動過的地方串連起來成立此徑。主要地方集中在必列啫士街、荷李活道、歌賦街、威靈頓街、士丹利街及士丹頓街，即本書60與61頁中間附近，但多只是一個故址，其中以興中會故址較可觀。[61C6]

警隊博物館 此館前身為建於十九世紀的灣仔峽警署，位於山頂甘道。展品包括具歷史價值的警隊裝備、文獻及罪案資料等。中環有15號巴士途經，在灣仔峽站下車。[82C4]

摩羅街 是香港古董文物售賣集中地。在其附近的樂古道、大道中和荷里活道一帶，分佈很多古玩店，吸引不少愛好古玩人士。由上環地鐵站出急庇利街上行可至。[60F4]

羅屋民俗館 一座具二百多年歷史的客家村屋，作為柴灣、甚至香港發展的見証，助你了解先民的生活模式。它是香港博物館分館。星期一休息。因近柴灣地鐵站，前往極為方便。[76D2]

港島徑 是一條全長50公里，分開8段，橫跨香港島五個郊野公園的遠足步行徑。每段皆就附近的風景特點而分別，沿途可盡賞港島的怡人景色。步行徑內亦設有不少康樂設施及導遊指南，供人使用。

(行走困難程度：* 普通 **難行 ***很難行)

1.山頂段：由太平山頂至薄扶林水塘道，全程7公里，可鳥瞰維多利亞港景色。步程二小時**

2.薄扶林段：薄扶林水塘至貝璐道，全程4.5公里，步程一小時半**。(以上兩段都是下坡路)

3.香港仔段：貝璐道至灣仔峽，全程6.5公里。此段路程雖較長，但頗易行。步程二小時**

4.黃竹坑段：灣仔峽至黃泥涌峽，全程7.5公里，沿途平坦易行。步程二小時*

5.渣甸山段：黃泥涌峽至柏架山道，全程4公里。此段路程雖短，但多是爛山路，較其它各段難走些。步程1 小時半***

6.大潭段：柏架山道至大潭道，全程4.5公里。都是下坡路，最易行走。步程1 小時半*

7.大潭灣段：大潭道至土地灣，全程7.5公里，容易行走。步程2 小時半*

151

8.大浪灣段：土地灣至大浪灣，全程8.5公里，是本徑最長的一段。步程3小時***

香港公園　原為兵房舊址，鄰近纜車站及金鐘地鐵站，此園最大特色是除了有全東南亞最大、具備雙氣候控制溫的溫室，展出2000多種罕見植物外，還有模擬熱帶雨林環境的觀鳥園，可供百多種包括瀕臨絕種的雀鳥自由飛翔。園內設有兩百米長木橋，高及樹冠，蜿蜒全園，遊人可漫步欣賞。而臨水景特色的梯級花園、供即興表演的花園廣場及一個雕塑、陶瓷和板畫中心都給遊人耳目一新的感覺。入口有五個：主入口則在金鐘道政府大樓後門對面（可在金鐘站步行人天橋入太古廣場第二座，經其內之電動梯級上）。12A巴士亦途經。[63D7]

黃泥涌水塘划艇公園　位於港島黃泥涌峽，佔地1.8公頃。此園山林環抱、景色優美、設計新穎。園內除有划艇及水上單車租用外，更有小食亭、觀景台、兒童遊樂設備及健身徑等。此外還有可供60輛汽車及6輛巴士停泊的停車場。遊覽可乘6,41,61,63,66及76號巴士在黃泥涌峽道近蜆殼油站處下車，沿斜路向上步行數分鐘可達。著名的高尚屋[陽明山莊在其鄰近。又黃泥涌峽曾是抗日戰事要地。[91A6]

九龍區

九龍公園　原是英軍營房，但早在鴉片戰爭期間，曾經是林則徐督促建造之九龍官涌砲台所在地。市政局闢作公園後，成為九龍半島市肺。公園內植以奇花異卉，並畜有珍禽異鳥，其亭臺樓榭式的中國古典園林設計，頗得遊人稱賞。在公園臨馬路一邊，建有簇新大商店一列，稱為"柏麗購物大道"，仿自美國。屋頂闢作花園，與公園連成一體，頗具特色。尖沙咀地鐵站設於公園入口之旁。[38C3]

太空館　是世界上設備最先進的太空科學館之一。由展覽廳、太陽廳、天象廳三個場館所組成。各場館都有展出一些與太空科學有關的展品，天象館更定時更換播映各類的天象電影。投放影像的星像投影機，在亞洲還是首部最先進的機器，其所產生的影像，令人深感宇宙之奧秘。開放時間：下午一時至九時；週六及日上午十時至下午九時，逢週二休息。[38G3]

香港科學館　1992年開幕，位於尖沙咀東部。館內有取材自世界各地及本地創作的展品約500多件，分佈在五個主要展覽廳，即展館簡介、科學、生命科學、科技及為三至七歲兒童設計的兒童天地。他們有百分之六十的展品可讓觀眾親手觸摸及操作，因此，參觀者可一家大小，親身體驗科技對社會所產生的作用。開放時間：週六、日上午10時至下午9時，週一休息，其餘開下午一時至九時。[39B6]

香港歷史博物館　位於九龍公園內，是臨時性質的博物館。館內定時舉辦文化活動和展出一些有關香港歷史或各國珍貴的歷史文物。逢星期五休息。開放時間由上午十時至下午六時，假日下午一時至六時。[38C2]

香港藝術館新館　位於尖沙咀海旁，鄰近太空館，樓高五層，比舊館面積約大十倍，設備先進完善。館內共設有六個展覽廳、演講廳、戶外雕塑院、藝術館之友會及藝術品展銷服務。由於館內珍藏品頗多，職員需挑選百多件精品在各展覽廳作定期展覽。市民可欣賞到多樣化的本地及海外名家藝術作品。開放時間上午10時至下午6時，星期日及公眾假期由下午1時至6時，星期4休息。[38G3]

尖東海濱公園　是觀賞維多利亞港及港島最佳地方之一。公園傍海築欄而成，行人道寬闊整潔。富特式的路燈，當為愛好攝影人士喜愛。在明輝中心旁，有由舊中央郵局拆下的五條石柱移建該處，仿似希臘的古蹟。柱前並有香港唯一的噴水時鐘。在南洋中心旁之廣場則有巨大噴水池，為全港之冠。尖沙咀碼頭有小巴直達。[39D7]

香港體育館　是香港最大的室內運動場，在亞洲亦屬首屈一指。館的外形像倒置金字塔，全部空氣調節，可容觀眾一萬二千五百人。場館中央高懸巨大銀幕，可即時播放館內進行的活動。這裡經常舉辦各種國際性的體育項目及大型表演和展覽等。香港歌星亦常在這裡開演唱會。在紅磡火車站或乘過海隧道巴士，於九龍理工大學旁，可沿路標指示前往。[39B8]

九龍清真寺　建於九龍公園一角，尖沙咀地鐵站旁。此寺是香港規模最宏大的伊斯蘭教清真寺和中心，佔地一千五百平方米。全寺用素白色的大理石建成，極富伊斯蘭教色彩。在華人社會中的香港，無異是獨樹一幟。只限星期四上午11時至下午6時及星期六下午3時至6時對外開放。[38D3]

宋皇台公園　是香港歷史最長的公園之一。在南宋末年(1278年)，南宋皇朝已被北下元軍所滅，宋室兩位小皇帝，在陸秀夫等殘餘兵將護送下，由福州輾轉來到香港官富，在這裡建立行宮。不久後，元軍趕至，宋少帝又要繼續逃亡。他們在官富留下的遺蹟，被後人建為公園。在清朝嘉慶年間，曾予重修，並重勒宋王臺摩崖以作紀念。日治期間，因需石塊擴建機場，宋王臺原址竟被夷為平地。後來一直到六十年代初期，香港政府才將原有刻石修整，移放今址，建為宋王臺公園，並鐫文詳說根由，供大家參觀憑弔。[43B6]

黃大仙祠　原名嗇色園，是香火最盛的廟宇之一，供奉的黃大仙，據說有求必應。祠始建

旅遊簡介

於1921年，經過數十年的悉心經營，現呈金璧輝煌，建築雄偉，富宮殿式色彩。求籤者多在殿前膜拜。附近有解籤服務。祠旁設有小公園，設計得宜，精巧玲瓏，頗具園林景色。旁側的九龍壁，是仿北京故宮而製。在黃大仙他鐵站有路牌指引前往。[44A3]

九龍寨城公園　佔地31,000平方米，此園原為清朝九龍寨城所在。因為於1898年租借九龍以北領土時，訂明該城寨並不包括在內，因此在此後的近佰年中，曾因該地的管治問題，發生過多起的衝突。又因為該地環境特殊，以致很久以來都良莠混雜，成為城市中的一個毒瘤。於1987年中英政府達成協議，將該處改為公園。但於隨後執行遷拆時，也曾經歷很大的波折。最後卒於1994年春開始動工，化六仟多萬元，經多名專家精心設計，並加聘國內技工，並運來特別材料，仿照明末清初的江南園林建造。為保留該地的歷史精神，原有的衙門、城牆、古井和圍牆都會一一重現，務把歷史融合於園林之中。可乘多線九龍東行巴士，在機場站下車，沿沙埔道北行少許即到。[45B7]

李鄭屋古墓　此漢朝古墓，在1955年因建屋邨而發現，經過發掘整理，現為香港博物館李鄭屋分館。館內陳列古墓出土文物及展示墓室規模形制。每逢星期四休息。在長沙灣地鐵站東京街出口北行數分鐘可達。[32C1]

鯉魚門　是香港食品品嘗海鮮美味的集中地，那裡的海鮮飯店搜購生猛的海產，為食客弄出美味的菜式。在小街盡頭處，建有一個燈塔，為香港八景之一的〝鯉魚夜火〞所在。燈塔前的天后廟，相傳為海盜鄭連昌所建，用以窺探經過海道之船舶。廟旁尚有古蹟二尊及不少摩崖石刻。在觀塘地鐵站旁可乘巴士或在筲箕灣乘往三家村小輪，抵岸後轉乘駁艇可至。[55G6]

石硤尾瀑布公園　是九龍最具特色的公園，以瀑布水池為中心。瀑布分上、下兩層，高達三米，氣勢磅礡，十分壯觀。此園除瀑布之外，尚有一般公園的設備如球場、休憩處及兒童遊樂場等。在石硤尾白田邨都可步行前往。[33C6]

飛鵝山下百花林　九龍飛鵝山為九龍群山之首，高602公尺，矗立清水灣道旁。於飛鵝山東面山坡，飛鵝山道中段有地稱百花林，是風水佳地，故名穴遍坡，著名者有孫中山先生母親墓地。偉人慈親歸福地，萬千人時往憑祭。其地南望西貢海，風景優美，飛鵝山路亦為晨運熱門地點，上通沙田坳道獅子亭，駕私家車者亦可直達。[15G8]

黃埔花園及和黃公園　紅磡黃埔花園昔日為

黃埔船塢舊址，其後於七十年代末期發展成為住宅區，商場新型，環境清幽，靜中帶旺，為理想居所。屋邨中置有巨型船狀建築物及大戰巨砲，以配合其昔日歷史。八十年代末期又以廣闊地段闢建「和黃公園」，其間曲水潺潺、新亭古貌、流潺淙淙、奇花異草，誠為市民眾，最佳消閒去處。[41B5, 41B6]

侯王廟　相傳是祀奉宋末皇舅楊亮節，因他當年勤護宋少帝有功，死後被當地人士安葬奉祀。廟內有不少古匾石碑，著名的六尺高一筆「鶴」字石立於廟後，成為研究香港歷史珍貴文獻。[45C7]

九龍仔公園　是九龍區最大的公園，設有各式運動場地和標準泳池多個，此外還有溜冰場、乒乓球枱等。在喇沙利道及延文禮士道均有入口。10號及7B巴士途經。[45F7]

龍翔道瞭望處　是九龍方面俯瞰九龍半島及維多利亞港的最佳地點，尤以盡覽香港國際機場最為精采。瞭望處設有特色的涼亭及休憩長椅，為中外遊客遊覽必到之處。此處有38, 87等巴士途經，但以乘坐的士或私家車前往較為適宜。[33A6]

廟街及榕樹頭　是九龍區的平民夜總會，每當華燈初上之後，小販在此擺賣，吃的用的，包羅萬有。在天后廟前的榕樹頭，則為占卦相命及江湖賣藝者的集中地。附近還有玉器市場，集中在廟前的汽車天橋之下，於日間營業。從油麻地或佐敦地鐵站前往均宜。[36D4]

沙田區

萬佛寺　以供奉一萬三千多尊大小佛像名馳海外。寺內尚有玉皇殿、準提殿、彌陀殿、萬佛寶塔及十八羅漢塑像等。此寺供奉的月溪法師肉身金像，是香港僅有的一座。在沙田火車站可沿山邊路標指示登四佰多級前往。[102D1]

道風山　是一座以中國佛殿形式建築的基督教堂。堂內佈置和擺設，都盡量採用中國的傳統形式，例如聖堂位自天壇，彩瓷畫中基督及門徒穿著中國古服等。此山環境清幽，景緻迷人，是攝影的好去處。在沙田火車站旁銅鑼村沿公路望山上行前往。[15D6]

車公廟　此廟供奉的車大元帥，據說是古代一位解救沙田疫症的大將軍。廟內有一銅風車，相傳膜拜車公後，一轉風車葉，便可轉運。每年農曆年初三神誕，遊人如鯽，人山人海。附近還有一間古岩淨苑，供奉一座泰國四面佛，從大圍火車站東行約十分鐘可到。[105B5]

曾大屋　是香港最具代表性的客家傳統式圍

村建築，建於1848年。它以屋連屋，圍成長方形的村寨。大屋的四角，都建有茶褐耳型碉堡。屋內尚有屋主曾日留下的清代壽屏和牌匾等，歷史價值十分珍貴，鄰近沙田乙明邨。[105B6]

望夫石　是沙田區的標誌。相傳古時有一婦人，揹子在山上遠望出洋的夫婿，日久成為化石。此動人故事在三百多年前的古籍上也有記載。從獅子山隧道公路田心段，可沿路標前往。在山上可俯瞰沙田滄海桑田之變化。[104G3]

彭福公園　位於沙田馬場內，在非賽馬日開放給市民遊覽。園內有三個人工小湖，以噴泉、垂柳、天鵝和賞魚見稱。尚有小動物園及曲折迷離的森林迷宮等。在沙田火車站可乘專線小巴前往。[103A6]

香港中文大學　是香港最高學府之一，校園雅潔，建築構圖獨特，是拍友常到之處。校園內有飲食供應。在大學火車站下車可至。[100C3]

沙田大會堂　是區內設備最完善的會堂，由兩座建築物組成：一為四層高的演奏廳大樓，內除演奏廳外還有文娛廳、展覽廳、舞蹈室及會議廳，另一座則是酒樓及婚姻註冊處，在沙田火車站可沿路標前往。[102G2]

沙田市鎮公園　此園揉合中西文化共冶一爐而設計，佔地8.5公頃，內有仿蘇州園林而設的花園、兩座堡壘、一段萬里長城、一艘中國式的漁船及兒童遊戲區等。離沙田火車站不遠，交通最便。[102G2]

獅子山郊野公園　範圍跨越九龍及新界，著名的名勝有紅梅谷燒烤樂園、望夫石風景區、獅子山、煙燉山、步行徑和九龍山健身徑等。因與市區接近，成為晨運人士的樂園。[15F6]

金山郊野公園　位於石梨貝水塘的集水區內，佔地三百四十公頃。公園以康樂設備和湖光山色見稱，尤以馬騮山、晨運者自己設立的傻人樂園，香港馬奇諾防線遺跡及家樂徑等最為獨特。[15F5]

大埔,粉嶺區

鐵路博物館　是香港唯一以火車為展覽的博物館。設於1913年築成的大埔墟舊火車站內，展出有關香港鐵路的歷史、舊柴油火車頭及車廂和現代化的電氣火車等。在大埔火車站有大埔墟專線小巴行走。每日上午九時至下午四時開放，逢星期二、聖誕節及春節假期休息。[98D3]

嘉道理農場　是香港最大的實驗農場，屬半

開放性質。場內廣植果木，奇花異卉，勝景有四柱擎天、西區遠眺、彩虹亭、熱氣洞等。需預早申請，始能參觀。64K巴士可達。[14A3]

林村天后廟　以拜大樹著名，每逢農曆年初一，善信到廟旁的大樹膜拜，並將許願神符拋在樹上，祈求福蔭。從大埔火車站可乘往元朗64K巴士或小巴，在林村下車可到。(8 G2放馬莆)

半春園　設於大埔錦山，是香海蓮社的靜修叢林。園址頗大，其內遍植花木，並有蓮池。雄偉的建築尚有金壁輝煌的大雄寶殿、觀音殿及地藏殿等。如經預約，可供應齋菜。由大埔火車站乘往錦山小巴可至。[98F1]

蓬瀛僊館　是香港著名的道觀，以園林佈局取勝。供奉呂祖先師的三清大殿，金壁輝煌，大有宮殿氣勢。亭臺樓閣傍山而築，景物構築匠心獨運。觀內有精美齋菜供應。館址在粉嶺火車站西鄰。[97F7]

五圍六村　位於龍躍頭村內，圍村以建築古樓，造型嚴謹見稱。主要古建築有：崇謙堂教堂、麻笏圍鐵門、天后古廟、松嶺鄧公祠等。從粉嶺聯和墟軒轅祠祠側步行可到。或粉嶺火車站乘專線小巴直達。[8C2]

新娘潭　是香港著名瀑布之一。瀑從山上奔流而下，水花散濺有如新娘披紗而得名。附近還有照鏡潭瀑布。這裡一帶是燒烤遊玩的好去處，大埔火車站乘75K巴士到大尾篤巴士站轉的士前往。[9C7]

船灣淡水湖　是香港最大的水庫。水庫是在船灣內海築堤後，抽乾海水轉儲淡水而成，是亞洲著名工程之一。在最近二公里的堤壩上，假日是單車樂園。附近亦有燒烤及划艇康樂設備。從大埔火車站可乘往大尾篤75K巴士，到總站下車後望海前行十分鐘可到。[9F7]

八仙嶺郊野公園　是大埔區內自然景色最宜人的地方，它以山水秀麗樹木茂密見稱。這裡有充滿神話傳說的八仙嶺、山青水秀的鶴藪水塘區和全港最長的八仙嶺自然教育徑等。在公園的各入口附近，設有適合野餐、燒烤使用的爐具和枱椅等設備。八仙嶺下的牛坳郊野公園遊客諮詢中心，內有類似自然博物館的展覽陳列。公園內各主要遊覽及登山小徑已修葺完善，並配有詳細的路標及導遊地圖，供遊者參考。[9F7]

林村飛瀑　是香港最長的瀑布，瀑布分三個，每個皆獨特奇觀：最底的為下瀑，中為中瀑、頂為長瀑，長達二十公尺。沿途有郊野公園管理局開闢的小徑，全走及回程，約需四小時。從大埔火車站乘往元朗巴士，在梧桐寨

村下車後，沿萬德路前行入山。[14A4]

雲泉僊館　位處粉嶺坪輋路的道教勝地雲泉僊館，創辦於1944年，續接南海西樵山祖館道脈，崇奉呂純陽仙師。現址在1975年購入，經多年銳意經營，目前除擁有「純陽殿」外，另有荷花池、圖書館、湖心亭、孔子聖像、呂祖字碑及道德經臺等。其間小徑通幽，奇花異木、亭臺樓榭，確是郊遊者的好去處。觀中還供應齋菜，頗受社團歡迎。粉嶺火車站有專線小巴途經該館。每年秋天更舉辦由中山小欖運來之菊花展覽，免費招待遊人。[8 B3]

太和市文武廟　太和市位原於今大埔墟林村河畔。該墟市創立於1882年。92年8月初大埔紳商為太和市創墟一百周年而舉行大巡遊，轟動一時。墟中富善街即為當時創墟之處，街中文武廟即為當年行政中心，今該廟已被政府古物古蹟諮詢會列為古蹟，受古蹟條例保護。廟中新舊碑記均為研究大埔早期歷史文獻。墟中另有「井神」及附近之「火車博物館」，均可使人留連欣賞。[98D3]

碗窰樊仙宮　大埔墟西南面，火車鐵路之後有泮涌村，稍進即為新達廣場、半山洲及碗窰村。碗窰村中有樊仙宮，興建於1709年，歷朝均有重修。廟中所供奉之樊仙為香港境內罕見。查樊仙原為三兄弟，曾與魯班鬥藝，以坭瓷燒成碗而同贏魯班。碗窰村昔日正是製碗之地，今廟後林中仍有古碗窰遺址，且列為古蹟。大埔火車站及鄉事會路青年中心側有專線小巴往新屋下直達碗窰村。[15 A5]

荃灣區

圓玄學院　是荃灣區最具代表性的名勝之一，是供奉佛、道、儒三教的一個總壇。院內佈置，集三教之長，精緻高雅，尤以仿自天壇的三教大殿及高矗入雲的牌坊見著。院內每天11時至6時都有精美齋菜供應。在荃灣兆和街可乘老圍專線小巴直達。[14D3]

東普陀　是區內最早建立的佛寺，已有五十多年歷史。因與浙江之普陀寺佈局相似，故取名東普陀。寺以佛大、鼎大、鑊大著名。已故創建人茂峰法師紀念堂陳列有鎮寺之寶。在兆和街可乘老圍專線小巴途經。[123A5]

芙蓉山　是荃灣的一座佛教大叢林，山上以竹林禪院大佛寺、南天竺、觀音岩、菩提園等靜室為主。名勝有四面佛、竹林寶殿、白衣觀音像等。各處多有素菜供應。在兆和街可乘小巴直達。[122A3]

三棟屋　此客家園林原建於1786年，經改作民俗博物館後，展出荃灣歷史及早期鄉民生活，並按農家四季不同的生活來佈置，它真實地反影出中國南方的舊農村生活。館址在荃灣地鐵站旁。上午九至下午四時開放，逢週二休息。[122C3]

荃灣天后廟　亦稱廟崗天后廟。原址在興建荃灣地鐵站時曾予拆毀，現在綠楊新邨附近重建。重建後仍保存昔日古樸形貌。廟前精美的門樓為香港古廟宇所罕見。在荃灣地鐵站前行可至，交通最便，值得與三棟屋同遊。[122C3]

中葵涌公園　設於葵芳邨對面，青山公路山坡上的中葵涌公園，林木蓊蔥，清幽可愛。由於此園林木都是由來已久的，因此富有大自然的味道。更因它的前身是個農場，目前仍植有不少果樹，其中的椰子樹，高聳入雲，常有椰子下墜，較為特色。此外，此園還有不少現代設施，如球場，溜冰場和新型兒童遊樂場等。在它的一個近麗瑤邨附近的門口，且有一個燒烤場地。此園邊對的東南方海邊，正是全球著名的葵涌貨櫃碼頭。公園的清幽恬靜和碼頭的煩囂忙碌，成一強烈對比，身處此園，都會感受得到。公園正門在大連排道，兩個後門則在青山公路，因此交通頗為方便，無論乘地鐵或多條線路巴士，均可到達。[125A6]

荃灣區泳灘　分佈在青山公路一帶海邊，交通十分方便。由區城市政局管理，有救生員當值的海灘有近水灣、汀九灣、海美灣、雙仙灣、釣魚灣、青龍灣、麗都灣及更生灣等。[14F1]

城門郊野公園　是香港首批設立的郊野公園，以城門水塘為中心，佔地一千四百公頃，以風景優美，康樂設備新穎完善及交通便利而著名。[14C4]

城門水塘　是香港各郊野公園中，康樂設施最完善的遊覽勝地。環繞城門水塘一週的小徑旁邊，分別設有燒烤場地、野餐地點、瞭望風景處、三色郊野步行徑、緩跑徑、自然教育徑及適合老幼的家樂徑等。水塘四週群山環抱，林木青翠，極富湖光山色之美。可從此接上麥理浩徑東登針山或西攀大帽山等。荃灣兆和街有專線小巴直達。[14D4]

大帽山郊野公園　位於全港極峰的大帽山（958公尺）高地區，佔地一千四百多公頃，向來都是愛好登山遠足人士的樂園。山頂在嚴寒下會有結霜現象。在大帽山公路起點，建有扶輪高山公園。在園內兩座古色古香的涼亭四週，有頗大的燒烤場地，可供千多人野餐。由荃灣碼頭可乘往錦田51號巴士，在大帽山路前下車前往。[14B4]

城門遊客中心　荃灣城門水塘風景怡人，早為市民郊遊好去處。1987年7月在城門水塘副壩

(菠蘿壩)側新落成一座別緻建築物，即城門遊客中心。中心內陳設城門水塘附近地貌、植物、礦產、鄉村歷史、郊野設施及抗日「醉酒灣防線」模型讓遊客免費欣賞，寓娛樂於教育，使青少年及愛好大自然者獲益良多。荃灣兆和街有專線小巴直達遊客中心門口。[14 D4]

大帽山遊客中心　大帽山為香港第一高山，山體廣闊，高近一千公尺，因此山川文物異常豐富。一般遊人雖未必有能力走遍全山，但欲了解大帽山的一切，可借助於1992年1月落成的「大帽山遊客中心」。該中心以最新影音顯示多條鄉村歷史，大量動、植物標本使遊人眼界大開。由荃灣碼頭(或荃灣地鐵總站天橋頂分站)乘51號巴士，於荃錦公路坳頂下車，退行沿大帽山道上行十五分鐘即到。[14 C2]

屯門區

青松觀　是香港著名道觀，園林景色頗為優美。觀內建築仿照中國道教名山大殿而成，其中以壺天勝境牌坊、三清大殿、九龍壁和九曲蓮池最為著名。觀內擺設不少遠年盆栽，形態美妙。這裡供應的上素亦十分有名。屯門輕鐵青松站對面，正是該觀的後門。[116C4]

紅樓　曾是孫中山先生策動推翻滿清的行營，今建為中山公園。園內有孫中山先生塑像及革命紀念碑。當年革命黨人黃興所植的三棵棕櫚樹仍屹立於園前，象徵他們手創的三民主義同與日月爭輝。園在輕鐵蝴蝶站旁。[118D1]

屯門市鎮公園　位於市中心。公園為人工堆積小山，園內除一般遊樂設備外，尚有水上單車等新設備。由屯門市中心巴士總站，可沿天橋步行前往。[116G4]

蝴蝶灣海濱公園　是屯門區景色最怡人的休憩場所。從屯門新碼頭以西，伸展一直至美樂花園的一帶海邊，是觀賞落日晚霞及海景的理想地方。蝴蝶灣畔尚有政府設立的燒烤場地及單車公園。邨旁的公園，且有佈局精巧及設備新穎的遊樂設備。[118F1]

屯門徑　是環繞屯門新市鎮的一條郊野遠足步行徑。現已啟用的有兩段，都是由市中心何福堂中學啟步，分別經屯門坳、虎地及至景峰花園結束。兩段小徑中皆有適當的旅遊設備，可居高臨下俯瞰新市鎮景貌。[117G5]

杯渡山　正名青山，高589公尺，是南粵名山之一。從山頂，可環觀香港、深圳及伶仃洋一帶。山頂發射塔旁有傳為韓愈所刻的高山第一摩崖石刻。山肩有紀念前港督金文泰在1928年登山覽勝後所建的韓陵片石亭。從青山寺旁可沿孝思徑接上古道上登，需時約四十五分鐘。[12C3]

青山寺　是香港三大古寺之首。昔日，杯渡仙蹤曾名列新安八景之內。寺初建於晉代，歷代皆有修建，現遺留下來的有前港督金文泰建的大牌坊，青雲觀、杯渡庵、杯渡禪師像、魚骨化石及近人曹受培摹刻，「高山第一」石刻等。從屯門市中心，可乘屯門碼頭輕鐵在青山村站下車登山或乘的士直達寺前。[118A1]

妙法寺　以建築奇特見稱。它以地制宜，捨棄一般佛寺的進第結構，改在三層高的大殿上分立天王殿、大雄寶殿及藏經閣。寺外石柱飾有巨龍兩條，分立正門兩旁，金色閃耀最為矚目。從九龍乘往元朗車輛，或在屯門乘往元朗輕鐵，在藍地下車即見。[12A4]

宋帝岩　在龍鼓灘村山腰，相傳宋末二帝曾避居於此。岩為石洞，十分寬闊，洞口書有宋皇洞。在蝴蝶邨可乘的士或巴士前往。龍鼓灘亦為區內人仕常往游泳垂釣之處，但由於沒有救生設備，往泳者須注意安全。[12B1]

屯門善慶古洞　屯門發展一日千里，昔日海灣今已被填平，高樓大廈矗天而立。昔日清幽之地已難尋找，但道教勝地善慶古洞卻像沙漠綠舟，使人們可在繁華鬧市中，尋得一個歇息禮道的好地方。古洞中人崇尚儒釋道三教，主奉玉皇大帝，為香港道德會之屯門分會。園林勝景中還立有孔子聖像，且有齋菜供應，方便善信。古洞位處屯門中心八佰伴百貨公司鄰近之青山公路旁。(117 G5)

元朗，錦田區

吉慶圍　位於錦田，是一座中外著名的古老城堡。圍以青磚砌成，四周有碉堡，其旁並有護城河。1899年，英軍接管借租新界土地時，曾在此與村民發生血戰，最後圍內鐵門被英軍攻破，並作戰利品運往英國。1924年經鄉彥耆老要求後才得以運返。這裡現是外國遊客常到之處，村前有穿上鄉村服飾的老人供人拍照。從元朗可乘經錦田巴士前往。[7G6]

水頭村古蹟　是錦田區內最具代表性的古村落，村內著名的古蹟有：建於清初，以揚孝為主的便母橋、紀念清初復界恩人的周王二公書院、清樂鄧公祠、鎮鋭鋗祖祠、泝流園和二帝書院等。榕樹怪屋亦為村內名勝。從錦田大馬路伯裘學校側沿路直入即到。[7G6]

屏山文物徑　屏山曾經是香港最發達的地區之一，早在十二世紀，新界五大氏族之一的鄧族，其中一支已定居該處，因此留下豐富古績文物，可供後人了解新界社會過去數佰年的變遷。文物徑於近年才由馬會及有關機構組成，全長約一公里，以坑尾村的洪聖宮為起點，串

聯魁庭書室（當時專為村中子弟準備科舉考試而設立）、兩座大宗祠（其一為香港最大的鄧氏宗祠）、楊候古廟和香港唯一的古塔一聚星樓等所構成。塔高三層，頂層供奉魁星。交通可乘往天水圍方向的巴士或輕鐵（610, 612, 614, 615, 721），在屏山站或坑尾村站下車，沿指示牌步行數分鐘即到。[114C4]

廈村鄧氏宗祠 是香港境內最具代表性的古老大宗祠。建築型式古樸，其內遍懸古雅的門聯、牌匾及名人墨寶等。其中的乾隆古碑更為新界社會發展史的珍貴紀錄。門前的古炮，傳為四百年前古物。從元朗乘往流浮山方向可車輛可經祠前。[114G4]

靈渡寺 相傳建於唐代，是香港三大古寺之一。寺院深藏於靈渡山下，環境幽雅，茂竹蒼松，溪流迴繞，為佛家靜地。在廈村鄧氏宗祠旁可沿澗旁小徑步行約20分鐘抵達。[6G2]

流浮山 是品嘗鮮蠔和海產的集中地。村旁海灘蠔田遍佈，水退時可見播排奇景。對岸為深圳蛇口。流浮山南部的白坭海灘，是觀賞夕陽晚景的理想地方。元朗有小巴直通。[6D3]

雲浮仙觀 在深灣路，是一所新建的道觀，其高峻的門樓及九龍壁珠壁畫頗為壯觀。元朗泰豐街乘往沙橋小巴途經。[6D3]

米埔野生動物保護區 是香港最重要的自然保護區，未經許可，禁止進入。在此保護區內，飛禽走獸自由活動，其大部份都是較罕見的。這裡設有瞭望臺。前往可向世界自然（香港）基金會申請。（電話2526 4473）[7C5]

落馬洲 曾經是外國遊客到港必遊之處。在這裡有一公園，設有涼亭及瞭望台，可隔深圳河眺望對岸的深圳市。從上水火車站乘專線小巴直達。[7B7]

大樹下天后廟 在數百年前，廟前河道是可通往寶安縣城的，所以商賈漁民在此立廟。但因滄海桑田，現址已變為內陸。廟內留有不少有關元朗發展的歷史文物。每年天后誕，元朗十八鄉都舉行會景巡遊，祈神作福，便是在這裡舉行的。廟內有齋菜供應。元朗墟入大棠路經大旗嶺步行廿分鐘即到。[13A7]

新田大夫第 新界西北區新田鄉為文族聚居之地，建村己達數百年，祖籍四川，南宋時移徙至江西，其後南下廣東定居於新田。新田鄉中古建築物特多，祠堂中之麟峰文公祠及大夫第被當局列為古蹟，重修後讓市民自由參觀。富家大宅及古老宗祠，正好為尋根考據者提供實物佐証。來往元朗及上水之大巴76K路經新田鄉。[7C7]

佛堂門天后廟 俗稱大廟，始建於南宋。廟後尚有一勒於1274年的摩崖石刻，詳述建廟由來。每年的農曆三月廿三日天后誕，各方善信如潮湧至膜拜，廟前海面，進香船舶雲集，蔚為奇觀。其內有一巨石稱為龍床，有人相信一摸能生貴子。在彩虹邨乘往清水灣巴士，沿鄉村俱樂部公路南行約半小時可達。亦可由寶林邨乘16號往布袋澳小巴前往。[24D1]

蠔涌車公廟 此廟歷史據說較沙田車公廟還早，但由於交通不便，到遊的人不多。迷信的人相信，若遇上倒霉事情，到此一轉風車，便可解困。從彩虹邨乘往西貢巴士，在蠔涌下車向左行片刻可至。[16F1]

上窰民俗文物館 是香港最早設立的民俗館，館內展出客家人士日常生活情況，農村家居佈置和農耕用具等。館旁且有兩個舊灰窰，都有百多年歷史。每逢假日，彩虹邨有往黃石碼頭的96R巴士，在北潭涌附近下車後過復興橋前行半小時便至。上午九時至四時開放，週二休息。[17C5]

西貢半島海灘 此區海灘最多而且最美。著名的有白腊灣、浪茄灣、大浪西灣、大灣、咸田灣、大浪東灣、大小清水灣和白沙灣等，都因交通較為不便，遊人較少因而清潔寧靜，但此區多數海灘都沒有救生設施，游泳亟須注意安全。[17]

西貢度假村 大多設於近水之處，環境各具特色，主要的有北潭涌保良局度假營、麥理浩夫人度假村、西貢戶外康樂中心、大網仔戶外訓練營、白沙澳青年旅舍和赤徑青年旅舍等。此外，區內的遊覽區，亦有村屋出租，政府亦在區內設有不少露營地點，供旅遊者野火紮營。[17C5]

北潭涌遊客中心 西貢半島向為愛好郊遊者之好去處，自建成萬宜水庫後，交通來往更見方便。逢假日自九龍彩虹邨巴士總站有96R巴士直入該區。位處北潭涌停車場巴士分站側之金字頂新屋，即為北潭涌遊客中心，其間展出大量有關西貢半島郊野設施及鄉村、水陸動植物資料。為了解西貢區域必到之處。私家車可直駛其他。[17C5]

大環頭 是區內的高山公園，園內遍設燒烤爐及康樂設備。這裡亦是放風箏者的競技場所。園內有一涼亭，稱東海望台，是觀賞西貢海景色最佳之處。從彩虹邨乘往清水灣巴士，在大坳門下車前往，假日則可乘專線巴士直達。[24C2]

157

大嶼山

昂坪寶蓮寺

有南天佛國之稱，為香港四大禪林之首。寶蓮寺始建於1924年，數十年來，刻意經營，使今天寺宇建築雄偉壯觀，有宮殿式的大雄寶殿和莊嚴威武的天王大殿等。此齋菜久負盛名，同時亦提供留宿，以便遊人赴鳳凰山觀看日出或作短暫清修。禪寺牌坊正對的木魚山頂，新建一座世界最大的銅佛像，稱為天壇大佛。該像由中國航空航天部設計和製作，總高度近34米，為一結合宗教藝術和尖端科技的結晶品。大佛底座三層，設有展覽廳等，內有一口大鐘，上雕佛像和經文等。該鐘將由電腦控制，每隔七分鐘敲打一次，共108次，以供人"解除108種煩惱"。梅窩碼頭有巴士直達。[18D4]

大澳

此小漁港有香港威尼斯之稱。由於該處被三涌分為兩地，往日有賴橫水渡聯繫，而居民亦以小艇，穿梭來往，故有此景。大澳內廟宇林立，計有關帝、楊侯、洪聖、天后等古廟。楊候廟對面的象山則有立於1902年的租借新界時勘界所勒的界碑。大澳所產的鹹魚和蝦膏頗為馳名。週末及假日在中區及荃灣有小輪前往。平日梅窩碼頭巴士直達。[18D2,130]

東涌

是大嶼山最富庶的谷地，昔日盛產稻米。在東涌碼頭旁有一小炮台，是清朝時代所立。馬灣涌畔的侯王廟前，曾是清兵練武場地。廟內的1777年所立石碑，是研究清代社會經濟重要文物。嶺皮村的東涌寨城，建於1832年，曾是清朝水師基地。寨城結構完整，古堡六尊俯瞰海灣，是考古及遊覽勝地。寨城後方石門甲村的羅漢寺，有齋菜供應。往東涌可在梅窩乘巴士或在屯門嘉道理灣碼頭乘街渡前往。由於附近興建機場，純樸面貌正日益改變。[19B5]

梅窩

是大嶼山的水陸交通要樞，同時亦以銀礦灣海灘、銀礦洞及銀礦瀑布為著名。在梅窩碼頭外設有郊野公園管理局的詢問處，為遊人提供旅遊資料。這裡亦是鳳凰徑的起、終點，登山遠足者可由此起步。港島中區港外線碼頭，每日由早上七時至晚上十一時，每小時皆有小輪前往。[19C8]

龍仔悟園

為上海紡織商人吳氏，於六十年代初期所購建，以九曲橋、蓮池、涼亭和山石取勝。池內蓄有大量金鯉，頗有"花進觀魚"之情調。從梅窩乘往大澳巴士，在龍仔下車沿引水道步行約三十分鐘可至。[18F2]

慈興寺、萬丈布

是大嶼山有名的名勝。萬丈布本名水潺潺，因該溪澗潭瀑相連，氣勢如虹，遂覆有如銀布萬丈。此瀑源頭建有慈興寺，以彩壁飛龍及外籍和尚駐錫馳名。在悟園沿路標上行二十分鐘可抵。[18F2]

分流古堡

亦稱石筍炮台，建於清初，已有三百多年歷史。據說此堡為荷蘭人所建，海盜張保仔曾予佔據，在鴉片戰爭期間亦曾參與抗英戰鬥。現經政府修葺整理後，開放給公眾參觀。前往需由石壁巴士站沿鳳凰徑前行。步程約三小時。[18G1]

貝澳營地及燒烤場

大嶼山為香港境內第一大島，自然資源十分豐富。著名之昂坪大佛、鳳凰觀日、水鄉大澳及東涌古堡均為郊遊及研究香港地方史實所必遊之地。而嶼南貝澳灣畔，市政局將海灘沙堤重整維修，使其成為可供野外露營及燒烤的綜合休憩場地。此處海灘既長且關、設施齊備、交通方便，村內且有度假屋出租，使到貝澳灣成為喜愛戶外活動人士的最佳樂園。[19D7]

著名泳灘

銀礦灣、長沙及貝澳均水清沙幼，而且都有救生員當值。

鳳凰徑

為一條長70公里，環繞大嶼山全島南邊的遠足路線。全徑分12段，經過南山植林區、鳳凰山觀日區、昂平禪林區、石壁水塘及集水區、香港梅西分流觀潮及古蹟區、嶼南海灘和大澳漁港。每地皆各具特色，風光秀麗，景色怡人。各段分述如次：

(行走困難程度：* 普通 ** 難走 *** 艱辛)

1.梅窩--南山* 全程2.5公里，步程45分鐘。是往南山公園的接駁路線，終點有燒烤及兒童遊戲場地。

2.南山--伯公坳*** 全程6.5公里，平速三小時。且須攀上869公尺高的大東山。沿途為石磴道，山上有外籍人仕所建的爛頭營。

3.伯公坳--昂平 *** 全程4公里，需三小時。可攀至大嶼山全島最高峰的鳳凰山山嶺(934公尺) 其上有觀日方位臺。

4.昂平--深屈口道 ** 全程4公里，需一小時三十分鐘，是繞過昂平禪林區的小徑。

5.深屈道口--萬丈布 ** 全程7.5公里，需三小時，攀越山和靈會山，途經慈興寺及悟園。

6.萬丈布--南涌 ** 全程2.5公里，需一小時，在觀音田下走全港坡度最斜的古道。

7.南涌--狗嶺涌 *** 全程10.5公里，行三小時，繞大澳分流半島，路徑平緩，沿途有分流堡及狗嶺涌營地。

8.狗嶺涌--石壁 ** 全程5.5公里，行一小時三十分鐘，沿引水道而行。

9.石壁--水口 * 全程6.5公里，行二小時，途經籮箕灣營地。

10.水口--東涌道 *全程6.5 公里，行二小時，沿途為引水道。

11.東涌道--貝澳 *全程4.5 公里，行一小時三十分鐘，主要是引水道。

12.貝澳--梅窩 ** 全程9 公里，步程三小時，途經貝澳海灘及白富田營地回梅窩碼頭。

離島

長洲　是一著名漁港，也是香港各離島中，居民最多的一個，達四萬多人。島上可遊覽的地方有海盜張保仔藏寶洞和柱楣精雕細琢的北帝廟。此廟藏有古劍一柄。每年一度的太平清醮會景巡遊，飄色和飽山盛會亦在這裡舉行。島上風光如畫，東灣水清沙幼，為一海浴勝地。度假屋遍佈每一角落，海鮮食肆林立。這裡沒有汽車行駛，故沿明朗小徑漫步，十分寫意怡情。中區港外線碼頭從早上六時多至晚上十一時三十分，每小時都有船隻來往。[128. 129]

坪洲　是香港往梅窩之間的中途島，居民僅數千人。島上的天后廟及廟旁的碑刻是十分珍貴的歷史文物。水淺波平，可供划艇。從坪洲碼頭尚可乘坐街渡，前往位於對岸的愉景灣、稔樹灣或大水坑神樂院；該院修士從前生產的鮮牛奶十分著名。港島中區港外線碼頭每天都有頻密班次小輪來往。[130]

南丫島　是離島區第二大島，古名舶寮洲。早在數千年前已有人在此島活動，該島南部深灣發掘出的史前文物，在考古學上佔一重要地位。島上多山地，海岸線曲折，適宜垂釣。居民主要集中在北部的榕樹灣及東部的索罟灣，海鮮養殖是該島的主要生產。泳灘有榕樹灣、洪聖爺灣、蘆荻灣、茅達灣及深灣等。中區碼頭每天都有定時小輪來往，索罟灣更有街渡來往香港仔。[25]

蒲台島　是香港最南的島嶼，有以酷肖田螺而名的響螺石，有石有洞可穿，響螺石側屹立天后古廟。南刼的摩崖鬼字、佛手岩、烏龜上灘石、僧人石等都是島上著名的遊覽點。島的東南面南角咀是香港的極南。山上的巫氏廢宅(俗稱鬼屋)及棺材石是探險者必遊之處。碼頭附近的食店以生滾魚粥著名。在假日，從赤柱聖士提反灣有街渡前往。　查詢電話：2554 4059。[21F6]

東龍洲　又名南堂島。島上有一建於三百年前的佛堂門炮台，最近闢建為古蹟遊覽點。著名的石壁畫龍石摩崖，便在島北岸邊。在此島觀海賞浪及攀崖登山，都是特佳的活動。筲箕灣舊碼頭，假期有街渡來往。[24F1]
查詢電話：2560 9929

東平洲　位於大鵬灣畔，貼近大鵬半島，島上以千層石構成，形態奇特。著名遊覽點有更樓石、難過水、龍落水、斬頸洲等。島上有村屋可供住宿，亦可代辦膳食。在大學火車站有定時渡輪來往(查詢電話：2771 1630, 2603 5519)。食宿聯絡電話：2656 0065 [11A8]

塔門　此島向以鮮鮑魚及帶子等海產馳名。遊覽點有天后廟、呂字疊石、塔門洞、龍頸筋等。前往可在西貢乘車至黃石碼頭再轉街渡，亦可在大學火車站乘吐露港迴航小輪(查詢電話：2771 1630)前往。逢假日彩虹邨96R巴士直達黃石碼頭。[11F5]

橋咀　以海浴勝地著名，島南的廈門灣，水清沙幼，灣後可露營燒烤。西貢碼頭有專船穿棱來往。[16F3]

馬灣　亦稱急水門島，現屬荃灣區。島上勝景有以流急浪湍聞名的急水門、酷肖麒麟的麒麟石、九龍海關遺跡和張保仔建立的天后古廟等。島東的東灣，是海浴及滑浪風帆和獨木舟運動中心。深井碼頭有頻密的街渡來往。[13F8]

吉澳漁島　位處東北海域大鵬灣畔的吉澳島，是漁民聚居之地。雖地處僻陬，然島上村落分佈頗廣，古屋古廟，奇運異洞最為旅行者所欣賞。天然風景地оке貝塘、東灣泳場、飛鼠岩洞、姻緣樹及天后古廟等均為遊人樂到之處。沙頭角有街渡前往，但要領禁區紙。每逢假日有旅行團由馬料水專船前往。島上有食肆供應海鮮餐。可電 26799475接洽。[10A2]

鴨洲群島　鴨洲群島位處新界東北沙頭角海與大鵬灣吉澳海之間，以大鴨洲、鴨洲仔及鴨蛋組成，各島唯大鴨洲有居民。島上並有教堂及小學，居民以漁民為主，然人口日漸外流。大鴨洲有碼頭可泊遊艇。該洲以島形似鴨取勝，有鴨頭、鴨咀、鴨眼、鴨頸、鴨背、鴨尾、鴨洞等自然奇景。登陸小鴨洲及鴨蛋必需用駁艇。對外交通與吉澳同，宜自租船或隨團往遊。島上並無食店。[9 A8]

果洲群島奇崖奇洞　以東果洲、南果洲及北果洲所構成的果洲群島位處香港東部海域，佛堂門外，是潛水及釣魚人士的樂園。自中環開出東航或兩小時可到。南果洲上有小型天后廟及天然奇崖奇洞，可探遊天翁洞、三叉洞和石拱門；北果洲則有大炮石、月球崖、地獄岩和燈塔等勝景。各島全為荒島，登陸必需帶備駁艇和自備糧水，如遇東風浪急，不宜強登。假日有團前往。[25 D5]

郊野公園

鑒於本港人口眾多，遊樂場所不足，當局乃於

1977年撥出巨款及在港島、新界、大嶼山及離島多處適合地方劃定點推行"郊野公園"建設計劃。各郊野公園內普遍都設有不少適合青少年使用的康樂設備，如兒童樂園、觀景台、野餐枱椅、燒烤爐灶、避雨亭和有路標的步行小徑等。有些還有自然教育徑和露營場地。而管理中心又經常派出人員巡邏，必要時可協助急救、搜索及救援工作。

香港的郊野公園，大致分為四類，即除了上述的屬於康樂性質的之外，還有：原野地區，供作漫步旅行、攀山遠足之用；保留地區，保護區內有研究價值的動植物，以供自然科學方面用途；和特別地區，區內的草木鳥獸，都受到特別保護，因此進入人士會受到限制。

直到1987年初為止，劃定的郊野公園已有21個和兩個特別區，全部加起來總面積達到41296公頃，約佔全香港總面積四成之多。全部名稱(地點)如下：(名稱前數字表示其編號，括號內數字表示其位置在本圖冊中的頁數)

港島：4.香港仔 [22]；5.大潭 [23]；19. 石澳 [23]；20.大潭（鯉魚涌）[23];21. 薄扶林 [22]。

新界：1.城門 [14]；2.金山 [14]；3.獅子山 [15]；6.西貢東 [17]；7.西貢西 [16]；8.船灣 [9]；9.八仙嶺 [9]；12. 大欖 [13]；13. 大帽山 [14]；14. 林村 [8]；15. 馬鞍山 [16]；16. 清水灣 [24]

離島：17. 橋咀 [16]；18. 船灣（延展部份）[10] 大嶼山：10. 南大嶼 [18]；11. 北大嶼 [18] 於郊野公園內，設有四條遠足步徑，分述如下；

麥理浩徑 全長100 公里 (62.5哩)，起自西貢北潭涌，繞過萬宜水庫，經浪茄、大浪西灣、赤徑、北潭凹、嶂上、企嶺下、馬鞍山、沙田坳、獅子山、筆架山、孖指徑、城門水塘、鉛礦凹、大帽山、大欖涌水塘，而至終點屯門，共分十段．各分段起點多與公共交通線連接，頗為方便．各段概況如下：

1.北潭涌至浪茄。全長10.6公里，步程約3小時。沿萬宜水庫南行景色怡人，過東壩，穿浪茄廢村，有美麗沙灘及營地。2.浪茄至北潭凹。全長13.5公里，約走 5小時。攀登至山脊頂，沿西貢半島東面沙灘，走入內陸，過大浪村至赤徑後，再作另一攀登，才達北潭大路營地。3.北潭凹至企嶺下。全長10.2公里，約走5小時。攀至嶂上之幽美營地後，再向西南走過崎嶇的山脊，最後下山至企嶺下營地，即由十四鄉通往西貢之大路上。4.企嶺下至大老山。全長12.7公里，步程約5 小時。西攀爬至山脊頂，過黃竹洋後向北再攀上一列陡峭而難行的山脊，抵馬鞍山脈，走到另一邊，向西南依循

水渠抵昂平營地，由該處向西續走至飛鵝山道。(3和 4最難走) . 5.大老山 (基維爾營) 至大埔滘。全長10.6公里，約走4 小時。大部都在山脊行走。由營地繞至吊草岩，過沙田坳，然後沿山徑到獅子山北坡，續走山脊經畢架山至大埔道。此段山脊景色甚為美麗。惜路口多，須留意治安情況，必要時，可使用附近裝設的"緊急求助熱線"。(其他僻靜地方亦有，詳細地點請看地圖)6.大埔道至城門水塘。僅長4.6 公里，2 小時內可走完。穿過九龍水塘，當快將到石屎路尾時，通過孖指徑直抵城門水塘。此段全線中交通最方便，設備最佳和遊人最多的一段。但仍須留意治安。7.城門水塘至鉛礦凹。全長6.2 公里，步程約二小時半。由水塘主壩登針山、北走草山，再向下往鉛礦凹。全段頗費氣力。8.鉛礦凹至荃錦公路。全長9.7 公里，約走4 小時。沿途主山脊甚為險峻，向西伸展直至大帽山。此處海拔較高，遇有雲霧時，難辨方向。沿大帽山頂石屎路而下，即達荃錦公路。9.荃錦公路至田夫仔。全長 6.3公里，走約二小時半。全程沿山脊石屎路而下，即抵林地通至田夫仔，極易走。10. 田夫仔至屯門。長 15.6 公里，約走4 小時，沿大欖涌水塘北岸，走至西岸的引水道，可達掃管笏屯門。(參看圖 13-17上之紅色虛線，數字表示段數)

衛奕信徑 此徑於1992年7月2日由前港督衛奕信爵士正式命名。全長78公里，分為十段。南起港島赤柱峽道 (92D3) ，北至沙頭角南涌 (9C6) 。第一，二段縱越港島中部山區，可欣賞大潭郊野公園自然景色；第三段由九龍盆田開始，可盡眺香港東面水道；四、五、六段連走九龍北部山脈；第七段經城門水塘東昇，湖光山色，兼且路徑平坦，最宜一家老少；八、九段走上高落低，必須經得起考驗；第十段則為平緩古石道，可輕鬆細覽港境東北及深圳梧桐山風光。

港島徑 (參看" 港島區" 末段)
鳳凰徑 (參看" 大嶼山" 末段)

人民入境事務處	Immigration Dept.Gen. Off	64C4
東九龍辦事處	Kowloon East Office	54A4[17]
西九龍辦事處	West Kowloon Office	36D4 ㊟
大埔分處	Tai Po Office	98C3 ㊟
沙門辦事處	Shatin Office	102F1 ㊟
屯門辦事處	Tuen Mun Office	119A5 ㊟
元朗分處	Yuen Long Office	113C6 ㊟
荃灣辦事處	Tsuen Wan Office	122D1 ㊟
粉嶺辦事處	Fanling Office	97D6 ㊟
土木工程署	Civil Engineering Dept.	37A8
土地註冊處	Land Registry, The	63B7 ㊟
工業署	Industry Dept.	38F2[22]
中華電力公司	China Light & Power Co.	35D8
天文台	Royal Observatory	38B4
水務署香港	Water Authority, HK	64C4 [3]
九龍	Kowloon	35F6
公司註冊處	Company Registry	63B7 ㊟
司法部	Judiciary	
地方法院	District Court of HK	64C3 ㊟
最高法院	Supreme Court	63C6
裁判法院	Magistracy	
粉嶺	Fanling	97D6
屯門	Tuen Mun	118A4
北九龍	North Kln	32D3
西區	Western	58D3
沙田	Sha Tin	105A6
南九龍	South Kln	37D5
荃灣	Tsuen Wan	122C1 ㊟
新蒲崗	San Po Kong	47G8
港島	Hong Kong Island	73F8
觀塘	Kwun Tong	53F5
土地審裁處	Lands Tribunal	64C3 ㊟
小額錢債審裁處香港	Small Claims Tribunal HK	64C3 ㊟
勞資審裁處,沙田	Labour Tribunal	35D1 [1]
市政局	Urban Council	62C4
市政總署	Urban Services Dept.	63B7 ㊟
民眾安全服務處	Civil Aid Services	67A6
行立法兩局議員辦事處	OMELLO	63D5
亞洲電視台	Asia TV	44F3
房屋署	Housing Dept.	40G1
拓展署	Territory Development Dept	67C6[26]
明愛服務中心	Caritas Centre	61B8
法律援助處	Legal Aid Dept. H.Q.	63B7 ㊟
九龍分處	Kln. Branch Office	35D6 ㊟
知識產權署	Intellectual Property Dept.	65C7[11]
社會福利署	Social Welfare Dept.	65C7[11]
長沙灣屠房	Cheung Sha Wan Abattoir	31G8
屋宇署	Buildings Dept.	35D5 [1]
地政總署	Lands Dept.	63D7 [4]
建築署	Architectural Services	63B7 ㊟
律政署	Legal Dept.	63B7 ㊟
政府化驗所	Govt. Laboratory	40G1 ㊟
政府印務局	Printing Dept.	72D3
政府合署中區	Govt. Offices Central	63F6
海港	Harbour	60B3
灣仔	Wan Chai	64C3
金鐘道	Queensway	63B7
九龍	Kowloon	37D5
廣東道	Canton Rd	38A1
新蒲崗	San Po Kong	47G7
馬頭圍	Ma Tau Wai	43G5
旺角	Mong Kok	35D6
何文田	Ho Man Tin	40G1
觀塘	Kwun Tong	53F5
東九龍	Kowloon East	53F5
荃灣	Tsuen Wan	122B2
元朗	Yuen Long	113D6
屯門	Tuen Mun	119A5
粉嶺	Fanling	97D6
大埔	Tai Po	98C3
沙田	Shatin	105A6
西貢	Sai Kung	110D3
政府物料供應處	Govt. Supplies Dept.	70C2
政府統計處	Census & Statistics	64C3 ㊟
政府新聞處	Information Services Dept.	63F6
政務總署 (諮詢服務)	City &N.T. Admin. Dist. Off.	65C5[12]
中西區	Central & Western	60B3
南區	Southern	86B3
灣仔	Wan Chai	65C5
觀塘	Kwun Tong	52D3
黃大仙	Wong Tai Sin	47G7
旺角	Mong Kok	35D6
沙田	Sha Tin	102F1
荃灣	Tsuen Wan	122C3
香港愛護動物協會	RSPCA	66F3
香港生產力促進局	HK Productivity Council	33D7
香港考試局	HK Exam. Authority	47G6
香港紅十字會	HK Red Cross Society	63A5
香港旅遊協會	HK Tourist Association	70F1 [2]
香港海關	Customs & Excise Dept.	60C2
香港商業電台	HK Comm. Radio	44G4
香港貿易發展局	HK Trade Develop. Council	64C3[16]
香港電台	Radio Television HK	44F3
香港電燈公司	HK Electric Co.	82A3
香港警務處	HK Police Force	64G4
香港輔助警察總部	HK Auxiliary Police H.Q.	37G8
差餉物業估價處	Rating & Valuation Dept.	66B4[25]
庫務署	Treasury Dept.	64C4 [3]
九龍,油麻地	Kowloon,Yau Ma Tei	37D5 ㊟
消防事務處	Fire Services Dept.	39C7
消費者委員會	Consumer Council	65F5
區域市政局及總署	Regional Council and Dept.	102F1
教育署	Education Dept.	65C7[11]
勞工處	Labour Dept.	60B3 ㊟
無線電視台	HK TVB	115A5
稅務局	Inland Revenue Dept.	64C4
九龍	Kowloon	35D6 ㊟
貿易署	Trade Dept.	35F5
郵政署 (總局)	Post Office (G.P.O.)	62F3
九龍中央局	Kln. Central Post Office	37D5
沙田中央郵局	Sha Tin Central	102F1
屯門中央郵局	Tuen Mun Central	119A5
廉政專員公署	I.C.A.C.	63C5[20]
新華通訊社	Xinhua News Agency	67F8
督憲府	Government House	63G6
資訊科技署	Info Tech Service Department	64C3 ㊟
懲教署	Correctional Services Dept.	64C3 ㊟
路政署	Highways Dept.	39D7 [6]
運輸署總部	Transport Dept. H.Q.	64C4 [3]
港島牌照組	H.K. Licensing Office	63A6
九龍牌照組	Kln. Licensing Office	37A5
觀塘牌照組	Kwun Tong Licensing Off.	53F5 ㊟
沙田牌照組	Sha Tin Licensing Office	102F1[32]
機電工程署	Elect & Mechan Ser. Dept.	67A6
環境保護署	Environ. Protection Dept.	65C5[12]
職業訓練局	Vocational Train. Council	67G6
醫院事務署	Hospital Services Dept.	67B6[10]
醫療輔助隊	Auxiliary Medical Services	42G1

政府部門 Government Dept.

161

醫院及診所
Hospitals & Clinics

九龍康復中心	Kowloon Rehabilitation Centre	42C2
九龍醫院	Kowloon Hospital	42C2
大埔王少清診所	Tai Po Wong Siu Ching Clinic	98D4
大埔賽馬會診療所	Tai Po Jockey Club Clinic	98C3
大澳醫局	Tai O Jockey Club Clinic	130F2
大嶼山醫院	South Lantau Hospital	19F6
小欖醫院	Siu Lam Clinic	120B3
中區健康院	Central District Health Ctr	60C4
仁愛分科醫療所	Yan Oi Polyclinic	119A5
仁濟醫院	Yan Chai Hospital	122C3
元朗賽馬會健康院	Y.L. Jockey Club Health Centre	113D6
尤德夫人分科醫院	Pamela Youde Polyclinic	52G4
屯門湖康診所	Tuen Mun Wu Hong Clinic	118D2
屯門診療所	Tuen Mun Clinic	117F5
屯門醫院	Tuen Mun Hospital	117C5
方逸華診所	Mona Fong Clinic	110D3
牛頭角賽馬會診療所	Ngau Tau Kok Jockey Club Clinic	51A6
天水圍健康中心	Tin Shui Wai Health Ctr	114F2
北區醫院	North District Hospital	96F3
北南丫診療所	North Lamma Clinic	25B6
北葵涌診療所	North Kwai Chung Clinic	123C8
白普理寧養中心	Bradbury Hospice	103B8
石湖墟賽馬會診療所	Shek Wu Hui Jockey Club Clinic	96B3
石硤尾健康院	Shek Kip Mei Centre	32G4
石澳健康院	Shek O Health Centre	95G8
伊利沙伯醫院	Queen Elizabeth Hospital	37D7
伍圣瑜夫人診所	Mrs Wu York Yu Health Centre	123B7
伍圣瑜健康中心	Wu York Yu Health Centre	46F2
西營盤賽馬會分科	Sai Ying Pun Jockey Club Polyclinic	58A3
李基紀念醫局	Li Kee Memorial Dispensary	45C8
李寶椿健康院	Li Po Chun Centre	34C3
沙田白普理寧養中心沙田	Sha Tin Brabury Hospice	103A8
沙田國際醫醫中心仁安醫院	SIMC Union Hospital	104G3
沙田診療所	Sha Tin Clinic	105A5
沙田慈氏安養院	Cheshire Home,Shatin	103A8
沙田醫院	Sha Tin Hospital	103A7
沙頭角診療所	Sha Tau Kok Clinic	9A6
貝夫人健康院	Violet Peel Health Ctr	65C5
赤柱公立醫局	Stanley Public Dispensary	93D8
油麻地賽馬會分科診療所	Yau Ma Tei Jockey Club Polyclinic	36D4
坪洲診所	Peng Chau Clinic	130C2
明愛醫院	Caritas Hospital	31B7
明德醫院	Maltida Hospital	81G5
東九龍分科診療所	East Kowloon Polyclinic	47B5
東區尤德夫人那打素醫院	Pamela Youde Nethersole Eastern Hospital	76B3
東華三院	Tung Wah Group of Hospitals, Fung	
馮堯敬療養院	Yiu Kng Convalescent Hospital	78C4
東華東院	Tung Wah Eastern Hospital	69D7
東華醫院	Tung Wah Hospital	58A4
長洲賽馬會診療所	Cheung Sha Wan Jockey Club Clinic	32B1
長洲醫院	Saint John Hospital (Cheung Chau)	129F7
青山醫院	Castle Peak Hospital	116B4
青衣市區診療所	Tsing Yi Town Clinic	126C3
青衣長康診所	Tsing Yi Cheung Hong Clinic	126D3
南山健康院	Nam Shan Health Centre	33F6
南朗醫院	Nam Long Hospital	88D4
南葵涌賽馬會分科	South Kwai Chung Jockey Club Polyclinic	122G4
威爾斯親王醫院	Prince of Wales Hospital	103G5
律敦治醫院	Ruttonjee Hospital	65B7
柏立基夫人健康院	Anne Black Health Ctr	71B8
柏立基健康中心	Robert Blcak Health Centre	47G8
紅十字會	British Red Cross Society	64G4
紅磡診療所	Hung Hom Clinic	40D4
香港仔賽馬會診療所	Aberdeen Jockey Club Clinic	86A3
香港佛教醫院	Buddhist Hospital , HK	45C6
香港眼科醫院	Hong Kong Eye Hospital	42B4
容鳳書紀念中心	Yung Fung Shee Memorial Centre	52G4
容鳳書健康中心	Madam Yung Fung Shee Health Ctr	113C7
根德公爵夫人		
兒童醫院	Duchess of Kent Children Hospital	78C3
柴灣健康中心	Chai Wan Health Centre	76D2
浸信會醫院	Baptist Hospital	44G4
浸信會醫院	Baptist Hospital	
區樹洪健康中心	Au Shue Hung Health Centre	44G4
粉嶺醫院	Fanling Hospital	97C5
索罟灣診所	Sok Kwu Wan Clinic	25F7
荔枝角醫院	Lai Chi Kok Hospital	30C3
荃灣港安醫院	Tsuen Wan Adventist	121B8
荃灣戴麟趾夫人	Lady Trench Polyclinic	
分科診療所	Tsuen Wan	122C2
堅尼地城賽馬會診療所	Kennedy Town Jockey Club Clinic	56D3
基督教聯合醫院	United Christian Hospital	49G6
將軍澳賽馬會診療所	Tseung Kwan O Jockey Club Clinic	108B4
梅窩診療所	Mui Wo Clinic	127F7
深水埗公立醫局	Sham Shui Po Public Dispensary	34B1
春磡角慈氏安養院	Cheshire Home,Chung Hom Kok	93G6
麥理浩牙科中心	Maclehose Dental Centre	67G7
麥理浩復康院	Maclehose Medical Rehabilitation C.	78C3
傅麗儀醫院	Freni Convalescent Hospital	83A7
博愛醫院	Pok Oi Hospital	7G5
港中醫院	HK Central Hospital	61A7
港安醫院	HK Adventist Hospital	84F2
菲臘牙科醫院	Prince Philip Dental Hospital	58B3
順利政府診療所	Shun Lee Govt Clinic	49C6
順德聯誼會	Shun Tak Fraternal Assn	
梁銶琚診所	Leung Kau Kui Clinic	43G5
黃大仙護養院	Wong Tai Sin Infirmary	46G2
黃竹坑醫院	Wong Chuk Hang Hospital	90C1
聖母醫院	Our Lady of Maryknoll Hospital	46G3
聖保祿醫院	St. Paul's Hospital	69G5
聖德肋撒醫院	St.Teresa's Hospital	42B4
葵涌醫院	Kwai Chung Hospital	125D6
圓洲角診所	Yuen Chau Kok Clinic	103F5
葛量洪醫院	Grantham Hospital	88A1
筲箕灣賽馬會診療所	Shaukeiwan Jockey Club Clinic	74B3
嘉諾撒醫院	Canossa Hospital	61B8
瑪嘉烈醫院	Margaret Hospital	125F6
瑪麗醫院	Queen Mary Hospital	79C6
廣東道政府門診部	Canton Rd Govt Medical Clinic	38B2
廣華醫院	Kwong Wah Hospital	37A5
播道醫院	Evangel Hospital	43B5
樂道健康院	Lok Tao Health Centre	42G1
鄧志昂專科診療所	Tang Chi Ngong Specialist Clinic	67G7
鄧肇堅醫院	Tang Shiu Kin Hospital	67G7
養和醫院	Hong Kong Sanatorium	84B2
橫瀾賽馬會診療所	Jockey Club Clinic	44D4
錦田診療所	Kam Tin Clinic	7G7
鴨脷洲診所	Ap Lei Chau Clinic	87B6
環翠政府診所	Wan Tsui Govt Clinic	76D4
戴麟趾夫人康復院	Margaret Trench Medical Rehab. C.	58D4
戴麟趾復中心	David Trench Rehabilitation Centre	58B4
藍田分科診所	Lam Tin Polyclinic	53F6
瀝源健康院	Lek Yuen Health Centre	102F2
贊育醫院	Tsan Yuk Hosptial	58B3
寶血醫院	Precious Blood Hospital	32F2
靈實醫院	Haven of Hope Hospital	108D3
灣仔分科診所	Wan Chai Polyclinic	65B8
觀塘賽馬會診療所	Kowloon Tong Jockey Club Clinic	52D3

公園,博物館及主要遊點
Parks, Museums & Scenic Spots

Art Gallery CHUK	香港中文大學文物館	100B4
Arts Centre ,HK	香港藝術中心	64D3
Carpenter Rd Park	賈炳達道公園	45B7
Centenial	市政局百週年公園	39C6
Central Kwai Chung Park	中葵涌公園	125A6
Chai Wan Park	柴灣公園	76C3
Chater Garden	遮打花園	63D5
Choi Sai Woo Park	賽西湖公園	71D6
Clock Tower	尖沙咀鐘樓	38G2
Fung Ping Shan Museum	馮平山博物館	59F5
H.K. Space Museum	香港太空館	38G3
H.K.Zoolog. & Botan. Gardens	香港動植物公園	61A8
HK Cultural Centre	香港文化中心	38G3
HK Science Museum	香港科學館	39B6
Happy Dragon Recreation P	歡樂城	104B4
Hoi Sam Park	海心公園	40A1
Hong Kong City Hall	香港大會堂	62D4
Hong Kong Park	香港公園	63D7
Hutchison Park	和黃公園	41A5
Junction Rd Park	聯合道公園	45D5
Kadoorie Experimental Farm	嘉道理農場	14A3
King George Mem Park	佐治五世紀念公園	58B3
King's Park	京士柏公園	37C6
Ko Shan Theatre & Park	高山公園劇場	40D2
Kowloon Park	九龍公園	38C3
Kowloon Tsai Park	九龍仔公園	45F7
Kowloon Walled City Park	九龍寨城公園	45C7
Laichikok Amu. Park	荔園遊樂場	30B1
Lam Tin Park	藍田公園	53F8
Largest Buddhas on Lantau	天壇大佛	18D4
Law Uk Folk Museum	羅屋民俗館	76D2
Li Cheng Uk Tomb of Han Dyn	李鄭屋漢代古墓	32C2
Lok Fu Park	樂富公園	45D6
Lookout on Kowloon Sloop	九龍瞭望處	33A6
Lung Cheung Road Park	龍翔道公園	44G3
Man Mo Temple	文武廟	60D4
Medical Museum, HK	醫學博物館	61F5
Morse Park	摩士公園	45B5
Museum of Art ,HK	香港藝術館	38G3
Museum of History ,HK	香港博物館	38C2
Museum of RHK Police	警隊博物館	82D4
Museum of Tea Ware	茶具文物館	63C6
North District Central Park	北區中央公園	97C5
Ocean Park	海洋公園	88A3
Olympic Garden	世運公園	43A6
Open Night Bazaar (Temple St)	廟街夜市	36C4
Penfold Park	彭福公園	103A5
Racing Museum	賽馬博物館	67F8
Railway Museum	鐵路博物館	98D3
Sam Tung UK Museum	荃灣三棟屋博物館	122C3
Sha Tin Central Park	沙田中央公園	102G2
Shatin Walled House	曾大屋	105B6
Shek Kip Mei Park	石硤尾公園	33C5
Shum Shui Po Park	深水埗公園	29A7
Signal Hill Garden	訊號山公園	39F5
Statue Square	皇后像廣場	62F4
Sung Wong Toi Park	宋皇台公園	43B6
Tai Wan Shan Park	大環山公園	41A5
The Cenotaph	和平紀念碑	62D4
Tiger Balm Garden	虎豹別墅	69B7
Tin Shui Wai Park	天水圍公園	114G2
Tsim Sha Tsui East Promenade	尖沙咀東海濱公園	39D7
Tsing Chung Koon Temple	青松仙觀	116C4
Tuen Mun Town Park	屯門市鎮公園	116G4
Tung Chau St Park	通州街公園	34B1
Victoria Park	維多利亞公園	68F2
Victoria Peak Garden	山頂公園	80B3
Village of Sung Dynasty	宋城	30B2
Walled Village. Kam Tin	錦田吉慶圍	7G6
Western Market (North Block)	西港城	60D2
Yuen Long Town Park	元朗市鎮公園	113G7
Yuen Po St Bird Park	園圃街雀鳥公園	35B7

體育活動場地
Sports Grounds & Facilities

Aberdeen Boat Club	香港仔深灣遊艇會	88F4
Aberdeen Market Complex	香港仔街市大廈室內運動場	86B3
Aberdeen Sports Ground	香港仔運動場	88B2
Boundary St Indoor GH	界限街室內運動場	35B5
Boundary St Sports Ground	界限街運動場	35B5
Bowen Rd Tennis Courts	寶雲道網球場	82A4
Bowling Green Club,Kowloon	九龍草地滾球會	37G6
Caritas Centre	明愛中心	61B8
Causeway Bay Sports Ground	銅鑼灣運動場	68F3
Chai Wan Indoor Games Hall	柴灣室內運動場	76D4
Cheung Fat Indoor Recreation	長發體育館	126A3
Cheung Sha Wan Indoor GH	長沙灣室內運動場	31C7
Chinese Recreation Club	中華游樂會	68D4
Choi Hung Rd Indoor GH	彩虹道室內運動場	47F6
Chuk Yuen Indoor Games Hall	竹園室內運動場	44A2
Chun Wah Rd Indoor GH	振華道室內運動場	48G4
Craigengower Cricket	木球會	67D6
Deep Water Bay Golf Course	深水灣高爾夫球場	90C4
Fa Hui Playground	花墟球場	35A7
Fa Yuen St Indoor Games Hall	花園街室內運動場	35F5
Fanling Golf Course	粉嶺高爾夫球場	96F1
Fanling Swimming Pool	粉嶺游泳池	97D6
Fat Kwong St Indoor	佛光街室內運動場	40G1
Fu Shin Indoor Recreation Ctr	富善體育館	99C5
Fung Kam St Indoor GH	鳳琴街運動場	113A7
Fung Shu Wo Indoor GH	楓樹窩體育館	126C2
Girl Guides New Sandilands Train Ctr	女童軍新德倫訓練中心	91A5
Hammer Hill Rd Sports Ground	斧山道運動場	47B6
Happy Valley Sports Ground	跑馬地運動場	84A2
Harbour Rd Indoor Games Hall	港灣道室內運動場	64A2
Heng On Indoor Recreation C	恒安體育館	106F1
Hilltop Country Club	顯達鄉村俱樂部	123A5
Hin Keng Indoor Recreation Ctr	顯徑體育館	104F2
Hin Tin Public Swimming Pool	顯田公眾泳池	104D2
Hiu Kwong St Indoor GH	曉光街室內運動場	52A4
Hong Kong Coliseum	香港體育館	39B8
Hong Kong Football Club	香港足球會	67D7
Hong Kong Park Indoor GH	香港公園室內運動場	63F7
Hong Kong Stadium	政府大球場	84A4
Java Rd Indoor Games Hall	渣華道室內運動場	71B5
Junction Rd Park Tennis Court	聯合道公園網球場	45D5
Kai Tak East Indoor GH	東啟德室內運動場	47D6
Kennedy Town Swimming Pool	堅尼地城游泳池	57F5
Kowloon Bay Indoor GH	九龍灣室內運動場	50C2
Kowloon City Indoor GH	九龍城室內運動場	45C8
Kowloon Cricket Club	九龍木球會	37G6
Kln Park Games Hall & Swim Pool	九龍公園室內運動場及泳池	38B2
Kowloon Tsai Park Sports	九龍仔公園運動場	45D7

Kowloon Tsai Swimming Pool	九龍仔游泳池	45D7
Kwai Chung Sports Ground	葵涌運動場	122G4
Kwai Shing Swimming Pool	葵盛游泳池	122G4
Kwun Chung Indoor GH	官涌室內運動場	36G3
Kwun Tong Public Swim. Pool	觀塘游泳池	53F5
Ladies' Recreation Club	婦女遊樂會	81A6
Lai Chi Kok Swimming Pool	荔枝角泳池	30B1
Lei Cheng Uk Swimming Pool	李鄭屋游泳池	32C2
Lei Yue Mun Holiday Village	鯉魚門度假村	23C6
Leung Tin Indoor Recreation Ctr	良田體育館	116C2
Lockhart Rd Indoor Games Hall	駱克道室內運動場	65A5
Long Ping Indoor Recreation Ctr	朗屏體育館	112D4
Lung Sum Avenue Indoor	龍琛路體育館	98B3
Ma Tau Wai Reservoir Tennis	馬頭圍配水庫網球場	42G3
Mei Lam Indoor Recreation Ctr	美林體育館	104A3
Mong Kok Stadium	旺角大球場	35B6
Morrison Hill Swimming Pool	摩利臣山游泳池	67F6
Morse Park Indoor Games Hall	摩士公園室內運動場	45B5
Ngau Chi Wan Indoor GH	牛池灣室內運動場	47A7
Ngau Tau Kok Indoor GH	牛頭角道室內運動場	51A5
North District Sports Ground	北區運動場	96B3
N. Kwai Chung Tang S.K.Indoor	北葵涌鄧肇堅體育館	123B7
OR Sadick Memorial GH	林士德室內運動場	123G5
Pao Yue Kong Swimming Pool	包玉剛游泳池	88D3
Perth St Sports Ground	巴富街運動場	42D2
Po Lam Indoor Recreation Ctr	寶林體育館	108B3
Po Leung Kuk Holiday Camp	保良局度假營	17C5
Po On Rd Indoor Games Hall	保安道室內運動場	31C1
Pokfulam Public Riding School	薄扶林騎術學校	75A7
Police Sports Assn & Football	警察體育會及球場	35A5
Quarry Bay Indoor Games Hall	鰂魚涌室內運動場	72F3
Queen Elizabeth Stadium	伊利沙伯體育館	67F7
Queen Elizabeth II Youth Ctr	伊利沙伯青年館	35F6
Riding School	騎術學校	104C2
Royal HK Golf Club	皇家香港高爾夫球會	96F2
Royal H.K. Jockey Club	香港賽馬會	67F8
Royal HK Yacht Club	皇家香港遊艇會	66C1
Sai Kung Outdoor Recreation	西貢戶外康樂中心	110G2
Sai Kung Tang SKSports	西貢鄧肇堅運動場	110C4
Sai Wan Ho Indoor Games Hall	西灣河室內運動場	73G7
Sha Tin Jockey Club Swim.Pool	沙田賽馬會游泳池	102F3
Sha Tin Sports Ground	沙田運動場	102D3
Sham Shui Po Park Swim.Pool	深水埗公園游泳池	29A7
Sham Shui Po Sports Ground	深水埗運動場	31D7
Shek O Country Club	石澳鄉村俱樂部	95D7
Shek O Golf Course	石澳高爾夫球場	95D7
Shek Tong Tsui Indoor GH	石塘咀室內運動場	57B8
Sheung Wan Indoor GH	上環室內運動場	60F3
Shui Wo St Indoor Games Hall	瑞和街室內運動場	52C3
Silvermine Bay Outdoor Recreation C	銀鑛灣戶外康樂營	127C8
Silvermine Bay Sea Activities	銀鑛灣水上活動中心	127F7
South China Athletic Assn.	南華大球場	69G7
Southorn Stadium	修頓體育館	65A5
Stanley Ho Sports Centre	何鴻燊體育中心	78F4
Tai Hing Indoor Recreation Ctr	大興體育館	116D4
Tai Mei Tuk Water Sports Ctr	大尾督水上活動中心	9F7
Tai Po Indoor Recreation Ctr	大埔體育館	98C3
Tai Po Li Fook Lam Indoor	大埔李福林體育館	98B3
Tai Po Public Swimming Pool	大埔游泳池	98B3
Tai Po Sports Ground	大埔運動場	98B2
Tai Tam Scout Sea Activities C	大潭童軍海上活動中心	23F6
Tai Wan Shan Swimming Pool	大環山游泳池	41A6
Tai Wo Indoor Recreation Ctr	太和體育館	98C2
The Lady Maclehose PHAB Ctr	麥理浩夫人傷健中心	79G8
To Kwa Wan Indoor GH	土瓜灣室內運動場	43F6
To kwa Wan Sports Centre	土瓜灣體育中心	43G5
Tso Kung Tam Outdoor	曹公潭戶外康樂中心	14D3
Tsuen King Circuit C Wu Pub.Swim.P	荃景圍胡忠公眾泳池	121A8
Tsuen Wan Sports Ground	荃灣運動場	122D2
Tuen Mun Public Swim. Pool	屯門公眾游泳池	118C3
Tuen Mun Tang S.K. Sports	屯門鄧肇堅運動場	116C4
Victoria Park Swimming Pool	維多利亞公園游泳池	68D1
Wan Chai Sports Ground	灣仔運動場	66G3
Wan Chai Training Pool	灣仔訓練泳池	64A3
Wo Yi Hop Rd Sports Ground	和宜合道運動場	123B7
Wong Chuk Hang Indoor	黃竹坑室內運動場	88A2
Wong Nai Chung Rd Indoor	黃泥涌道室內運動場	84A1
Wu Kai Sha Youth Village	烏溪沙青年營	106B3
Yan Oi Tong Indoor Sports Ctr	仁愛堂室內體育中心	117F5
Yan Oi Tong Swimming Pool	仁愛堂泳池	116D4
Yan Oi Tong Tai Hing Sports	仁愛堂大興體育館	116D3
Yan Oi Indoor Recreation Ctr	友愛體育館	118C4
Yeung Uk Rd Indoor Recreation	楊屋道體育館	122D2
Yue Kwong Rd Indoor GH	漁光道室內運動場	86A3
Yuen Long Public Swim. Pool	元朗公眾游泳池	113F7
Yuen Long Stadium	元朗運動場	113F7

主要圖書館
Major Libraries

Aberdeen Public Library	香港仔圖書館	86B3
Art Library	藝術圖書館	38G3
Buddhist Library of China	中華佛教圖書館	42B1
Chai Wan Public Library	柴灣圖書館	76D4
City Hall Public Library	大會堂圖書館	62D4
Fa Yuen St Public Lirary	花園街圖書館	35D5
Fanling Public Library	粉嶺圖書館	97D7
Kowloon Central Library	九龍中央圖書館	35G8
Kowloon City Public Library	九龍城圖書館	45C8
Kwang Hwa Info. & Culture Ctr	光華新聞文化中心	63A7
Lai Chi Kok Public Library	荔枝角圖書館	125F7
Lam Tin Public Library	藍田圖書館	53F8
Lockhart Rd Public Library	駱克道圖書館	65A5
Lok Fu Public Library	樂富圖書館	45C5
Lung Hing Public Library	龍興圖書館	44A4
Ngau Chi Wan Public Library	牛池灣圖書館	47A7
Ngau Tau Kok Public Library	牛頭角圖書館	50A4
North Kwai Chung Pub. Library	北葵涌圖書館	123C7
North Point Public Library	北角圖書館	71B8
Pak Tin Public Library	白田圖書館	32D4
Po On Rd Public Library	保安道圖書館	32C1
Pok Fu Lam Public Library	薄扶林圖書館	75F7
Quarry Bay Public Library	鰂魚涌圖書館	72F3
Sau Mau Ping Public Library	秀茂坪圖書館	53C6
Sha Tin Central Library	沙田中央圖書館	105A6
Sha Tin Public Library	沙田圖書館	102F2
Sheung Shui Public Library	上水圖書館	96C3
Shui Wo St Public Library	瑞和街圖書館	52C3
Shun Lee Est Public Library	順利邨圖書館	49C6
South Kwai Chung Pub. Library	南葵涌圖書館	123F6
Sun Yat-sen Library	中山圖書館	42A3
Tai Hing Public Library	大興圖書館	116D3
Tai Kok Tsui Public Library	大角咀圖書館	34F2
Tai Po Public Library	大埔圖書館	98D4
To Kwa Wan Public Library	土瓜灣圖書館	43G5
Tsim Sha Tsui Public Library	尖沙咀圖書館	39B6
Tsing Yi Public Library	青衣圖書館	126D2
Tsuen Wan Public Library	荃灣圖書館	122B1
Tuen Mun Central Library	屯門中央圖書館	119A5
Yau Ma Tei Public Library	油麻地圖書館	36D4
Yuen Long Public Library	元朗圖書館	113C6

體育場地・圖書館

Sports Grounds & Libraries

教堂及廟宇
Churches & Temples

Aberdeen Baptist Church	香港仔浸信會	86D3
Academic Community Church	基督教大專禮拜堂	44G4
Catholic Church	天主堂	95G8
Chai Wan Baptist Church	柴灣浸信會	76F2
Che Kung Temple	車公廟	105B5
China Holiness Church	中華聖潔會	32C2
Chinese Christian Church	中國基督徒會	42F2
Chinese Church of Christ,HK	香港華人基督會	42F3
Chinese Full Gospel Church	中華完備救恩會	
Sai Kung Mission	西貢堂	110F3
Chinese Rhenish Church	中華基督教禮賢會	
Hong Kong	香港堂	59D5
Kowloon	九龍堂	33G7
Tai Po	大埔堂	98C3
Wan Chai	灣仔堂	68C3
Church Assembly Hall	教會聚會所	39B5
Church of Christ in China	中華基督教會	
Cheung Lo Church	長老堂	35C6
China Congregational Church	公理堂	61F5
Kei Wan Church	基灣堂	74F2
Man Lam Christian Church	閩南堂	84C2
Mong Kok Church	望覺堂	35D5
Shum Oi Church	深愛堂	32F4
Church of Jesus Christ of	耶穌基督末世聖	
Latter Day Saint,The	徒教會	98F4
Faith Lutheran Church	信義會深信堂	32D3
Hindu Temple	印度廟	84B2
Holy Carpenter Church	聖匠堂	41C5
Holy Cross Church	聖十字架堂	73G7
Hong Kong Baptist Church	香港浸信會	61C6
Hung Shing Temple	洪聖廟	34D2
Immaculate Heart of Mary	聖母無玷之心堂	98F4
Islamic Union	香港伊斯蘭聯會	67F6
Kau Yan Church	救恩堂	58D4
Kln Tong Church of Chinese	九龍塘基督教中華	
Christian & Missionary	宣道會	45G8
Kowloon City Baptist Church	九龍城浸信會	42C4
Kowloon Ling Liang Church	九龍靈糧堂	42A4
Kowloon Mosque	回教禮拜堂	38C3
Kowloon Pentecostal Church	九龍五旬節堂	42D2
Lin Fa Kung Temple	蓮花宮	68C4
Living Spirit Lutheran Church	信義會活靈堂	104A4
Lutheran Church Missouri	福音道路德會	
Synod Concordia Chapel	協同堂	33G6

Man Mo Temple	文武廟	60D4
Methodist	循道衛理聯合教會	
Chinese Church,HK	香港堂	65F5
Chinese Church,North Point	北角堂	71B8
North Point Church	北角衛理堂	70C4
Ward Mem Church	安素堂	37B5
Miu Fat Buddhist Monastery	妙法寺	12A4
Mohammedan Mosque	回教禮拜堂	61C7
Mother of Good Counsel Parish	善導之母天主堂	47G8
Nam Tin Chuk	南天竺	122A3
Ohel Leah Synagogue	猶太教堂	61F6
Our Lady of Fatima Church	長洲花地瑪聖母堂	129C7
Pak Tai Temple	北帝廟	129B6
Pentecostal Church	五旬節堂	35F7
Po Lin Monastery	寶蓮寺	18D4
Po Tai Yuen	菩提園	122A3
Redemption Lutheran Church	路德會救恩堂	47G5
Rosary Church	玫瑰堂	39B5
Sheng Kung Hui	聖公會	
Kei Oi Church	基愛堂	32B2
Saint Stephen's Church	聖士提反堂	58F4
St.Anne's Cath. Church	聖亞納天主堂	93D8
Saint Francis of Assisi's Church	聖五傷方濟各天主堂	32G4
Saint John's Cathedral	聖約翰座堂	63F6
Saint Joseph's Church	聖約瑟聖堂	63G7
Saint Jude's Church	聖猶達聖堂	70C4
Saint Mark's Church	聖馬可堂	42F2
Saints Peter & Paul's Church	聖伯多祿聖保祿堂	113F6
Salvation Army	救世軍	37C5
Sam Shing Temple	三聖廟	119C5
Shau Kei Wan Tsung Tsin C.	筲箕灣崇真堂	74A1
Sik Sik Yuen (Wong Tai Sin T.)	嗇色園 (黃大仙廟)	44A3
Sikh Temple	錫克教廟	67G7
Tai Po Baptist Church	大埔浸信會	98D3
Tam Kung Temple	譚公廟	74A1
Ten Thousand Buddhas	萬佛寺	102D1
Tin Hau Temple	天后廟	
Kowloon	九龍	34B1
Tai Miu	大廟	24D1
Tsuen Wan	荃灣	122C3
To Fung Shan Christian Centre	道風山基督教叢林	15D6
Tsing Shan Monastery	青山寺	118A1
Tsu Hsing Monastery	慈興寺	18F2
Tung Po To	東普陀	123A5
Union Church	佑寧堂	63G8
Union Church,Kowloon	九龍佑寧堂	37G5
Yuen Yuen Institute	圓玄學院	14D3

殯儀館, 火葬場及墳場
Funeral Parlours, Crematoria

Aberdeen Chinese Permanent	香港仔華人永遠墳場	86C3
Cape Collinson Catholic C.	歌連臣角天主教墳場	76G3
Cape Collinson Chinese C.	歌連臣角華人永遠墳場	76G4
Castle Peak Christian Cemetery	青山基督教墳場	117F6
Chinese Christian Cemetery	華人基督教墳場	45C6
Chiu Yuen Cemetery	昭遠墳場	79A5
Diamond Hill Crematorium	鑽石山火葬場	46B3
Diamond Hill Funeral Parlour	鑽石山殯儀館	46B3
Diamond Hill Urn Cemetery	鑽石山金塔墳場	46B2
Fu Shan Crematorium	富山火葬場	104B1
Fu Shan Public Mortuary	富山公眾殮房	104C1
HK Cemetery	香港墳場	83B8
HK Funeral Home	香港殯儀館	72A1
Hung Hom Funeral Parlour	市立紅磡殯儀館	41F5

International Funeral Parlour	萬國殯儀館	41F5
Kowloon Funeral Parlour	九龍殯儀館	34C2
Kowloon Public Mortuary	九龍公眾殮房	41F5
Kwai Chung Crematorium	葵涌火葬場	124A2
Oil Street Funeral Depot	油街殯儀廳	70C2
Roman Catholic Cemetery	天主教墳場	
Cheung Sha Wan	長沙灣	31B5
Hong Kong	香港	83A8
Sai Kung	西貢	110C2
Sai Wan War Cemetery	西灣國殤紀念墳場	76G2
Sandy Ridge Cemetery	沙嶺墳場	8B1
Stanley Military Cemetery	赤柱軍人墳場	93B6
Tseung Kwan O Chinese Permanent C.	將軍澳華人永遠墳場	23C7
Tsuen Wan Chinese Cemetery	荃灣華人永遠墳場	122G2
Univesal Funeral Parlour	世界殯儀館	41F6
Victoria Public Mortuary	維多利亞公眾殮房	56D2
Wo Hop Shek Cemetery	和合石墳場	8F2

宗教・殯儀館等 Religious & Funeral Parlours,etc.

165

電影院及表演場地
Cinemas & Performing Places

Hong Kong 港島區

		Tel No.
Cathay	國泰	28335677	65A6
Cine-Art House	影藝	28274820	66G4
Columbia Classics	新華	28278291	64B3
Fortuna	華富閣	28750729	75D7
Golden Lee	嘉禾利舞台	28818994	67C5
Golden Palace	金陵	28582087	58G3
imperial	京都	25737374	65A6
Isis	新都	25773496	68F4
Jade	翡翠	28952683	66A4
Kornhill Broadway	康怡百老匯	28854589	73D5

New Imperial	新京都	28939612	67G5
New York	紐約	28387380	66D4
Park	百樂	25704646	68D2
Pearl	明珠	28821805	66A4
President	總統	28331937	66C3
Queen's	皇后	25227036	62G4
South Pacific	南洋	25757363	67F6
State	皇都	25706241	70C3
Sun Kam Ming	新金明	25130337	74F1
Sunbeam	新光	25632959	71B5
Tokyo	東京	28901279	68G4
UA Times Square	UA時代廣場(購票通熱線)	23176666	67D5
UA Queensway	UA 金鐘	28690322	63A7
Windor	皇室	28822621	66A4

Kowloon 九龍區

Astor Classics	普慶	27811833	37D5
Brightly Star	星輝（青山道）	27420030	31C7
Broadway, Mongkok	旺角百老匯	23325731	35G5
Broadway Centre	百老匯電影中心	23325731	36C4
Broadway, Kln Bay	九龍灣百老匯	27999828	48G2
Capital	京華	23872153	32D1
Century	影都	27426111	30D3
Chinachem Golden	華懋廣場	23113000	39C7
Dynasty	豪華	23990363	34F3
Empire	金聲	23322789	35G6
Empress	凱聲	26251938	35C5
Fairview	樂富	23391311	45C5
Full Moon	明月	27124784	43F5
Global & Cosmo	環球,宇宙	27570510	50C4
Golden Gate	金門	23653111	40C2
Golden Gateway	嘉禾港威	29563428	38C2
Kwun chung	官涌	23751793	38A2
Lai Sun	麗新	27857763	31C7
Life	富都	23429997	52C2
Liberty	快樂	27306148	36G4
London Classics	倫敦	27368282	38A3
Lux	寶石	23657116	41D5

Majestic	大華	27820272	37F5
Mandarin	國華	23629880	40C3
Miramar	美麗華	27360108	38B4
Nam Chong	南昌	27774837	32D4
New Port	新寶	23857151	37G5
Ocean	海運	23772100	38F2
Oscar	東方奧斯卡	27966700	50B2
Prince	華聲	23617169	32D2
Princess	樂聲	23617109	32D2
Rainbow	彩鳳	27993093	50B2
Rex	文華	23963110	35F5
Ritz	麗斯	23214342	45A5
Royal	太子	27797668	34A4
Royal	麗聲	26251938	35C5
Shanghai	上海	23772112	38A2
Silver	銀都	23891187	52D3
Silvercord	新港	23171083	38D2
South China	南華	23881755	35G5
Yaumati	油麻地	23849612	36B4
UA Bonds	UA 寶聲	23044565	52D3
UA Kowloon City Plaza	UA 九龍城	23820281	45C8
UA Whampoa	UA 黃埔	23031040	41B6

New Territories 新界區

Acme	雅都	26976808	102F2
Brightly Star,Tai Po	星輝（大埔）	26607153	98C3
Broadway, YL Ctr	元朗百老匯	24433168	113A6
Broadway, Kwai Fong	葵芳百老匯	24234377	125A5
Broadway, Tsuen Wan	荃灣百老匯	24158511	122C1
Chicago	芝加哥	24736266	113B6
Fanling	粉嶺	26756065	97C7
Fan Ling Town Ctr	粉嶺名都	26775475	97D6
Golden Flower	金花	24246801	123D7
Golden Dragon	金龍	24784037	113B6
Grand	大光明	24998438	122C2
Green View	龍都	24332362	126A2
Hang Lok	行樂	26700367	96B3
Hilton	希爾頓	26070366	105A5
Hollywood	荷李活	24756644	113A7
Hyland	凱都	24594857	116F4

Loong Wah	龍華	24922545	122D2
Ma On Shan	沙田馬鞍山	26333202	106C2
Merryland	美都	24788911	113A7
New Town	新城	24512394	119A5
Odeon	新藝	26373771	103D5
Opal	翠鳳	26495929	102G3
Palace	樂宮	24759660	113C6
Paris, N.Y.,London	巴黎,紐約,倫敦	24522123	116F4
Po Wah	寶華	26578186	98D3
Silver Star 1,2	銀星 1,2	26656491	98C4
Sheung Shui Town Ctr	上水名都	26685163	96C4
Sun Sing	新聲	26976808	102F2
Wah To, Wah Wai	華都,華威	24931684	122D4
Yuen Long	元朗	24762432	113C6
UA Sha Tin	UA 6 沙田	26980228	102G1
Tuen Mun	屯門	24591170	117G5

Performing Places 表演場地

The HK Academy for Performing Arts	香港演藝學院	25848500	64F3
HK Arts Centre	藝術中心	25820200	64D3
HK City Hall	香港大會堂	29212840	62D4
HK Coliseum	香港體育館	23557234	39B8
Ko Shan Theatre	高山劇場	27409212	40D2
Lut Sau Hall	聿修堂	24731393	113F7
Ngau Chi Wan Civic Ctr	牛池灣文娛中心	23251970	47A7
Shatin Town Hall	沙田大會堂	26942536	102G2
Sheung Wan Civic Centre	上環文娛中心	28532678	60F3

HK Space Museum	太空館	27342722	38G3
Tsuen Wan Town Hall	荃灣大會堂	24140144	122C1
Tuen Mun Town Hall	屯門大會堂	24527328	119A5
HK Cultural Centre	香港文化中心	27342009	38G3
Queen Elizabeth Stadium	伊利沙伯體育館	25911346	67F7
University Commu. Hall	大學會堂	23395182	44G4
Sai Wan Ho Civic Ctr	西灣河文娛中心	25683721	74D1
Tai Po Civic Ctr	大埔文娛中心	26654477	98C3
North District Town Hall	北區大會堂	26714400	96C3

酒店及賓館
Hotels and Hostels

Hong Kong Island　港島區

		Tel No.	
Bishop Lei Int Hse	宏基國際賓館	28680828	61B8
Century Hong Kong	世紀香港	25988888	64A4
Charterhouse,the	利嘉	28335566	67F6
City Garden	城市花園	28064090	70C3
Conrad	港麗	25213838	63A7
Excelsior	怡東	28376840	66B3
Empire	皇悅	28669111	65F5
Furama Kempinski	富麗華	25255111	63C5
Garden View int'l House	花園國際賓館(YWCA)	28773737	81A7
Grand Hyatt	君悅	25881234	64C3
Grand Plaza	康蘭	28860011	72F4
Harbour View Int'l House	灣景國際賓館	28021111	64D3
Irving Court	伊榮閣	28906011	67A5
Island Shangri-La	港島香格里拉	28208332	63B7
J.W.Marriot,Hong Kong	萬豪	28108366	63A7
Park Lane	柏寧	28903355	66A3
Luk Kwok	六國	28662166	64C4
Mandarin Oriental	文華東方	25220111	62F4
New Cathay	新國泰	25778211	68G4
New Harbour	星港	28611166	65D5
New World Har. View	新世界海景	28028888	64B3
Newton Hong Kong	香港麗東	28072333	70C2
Po To	寶島	25412576	60D3
Regal HK	香港富豪	28906633	67A5
Ritz Charlton	麗嘉	28776666	63D5
Savoy	夏蕙	28339138	66D4
South China	粵華	25031168	71B5
South Pacific	南洋	25722111	67D6
Wharney	華美	28611000	65D5
Wesley,The	衛蘭軒	28666688	65F5

Kowloon & N.T.　九龍區及新界區

Anne Black Guest Hse(YWCA)	栢頤露斯賓館	27139211	35F8
Bangkok Royal	曼谷貴賓	27359181	38A3
Beach Resort	海灣(西貢)	27911068	110A4
Booth Lodge	卜維廉	27719266	37C5
BP Int'l House	龍堡國際賓館	23761111	38A2
Caritas Bianchi Lodge	明愛白英奇	23881111	37C5
Caritas Lodge	明愛賓館	23393777	42B1
Chung Hing	中興	27808222	37F5
Concourse	京港	23976683	34C4
Eaton	逸東	27821818	37D5
Evergreen	萬年青	27804222	37F5
Grand Tower	雅蘭	27890011	35G5
Grand Stanford Harbour View	海景嘉福	27215161	39C7
Guangdong	粵海	27393311	39C5
HK Gold Coastal	香港黃金海岸	24528888	119G8
Harbour Plaza	海逸	26213188	41B7
Holiday Inn Golden Mile	金域假日	23693111	38D4
Holy Carpenter Church Hostel	聖匠	23620301	41C5
Hong Kong Hotel	香港酒店	21130088	38F1
Hong Kong Renaissance	華美達麗新	23751133	38F2
Hyatt Regency	凱悅	23111234	38D3
Imperial	帝國	23662201	38F4
International	國際	23663381	39C5
Jordan	佐敦	23322581	36G4
Kimberley	君怡	27233888	38C4
King's	高雅	27801281	36C4
Kowloon	九龍	23698698	38F3
Kowloon Panda Hotel	九龍悅來	24091111	122D3
Majestic Hotel	大華	27811333	37F5
Marco Polo	馬哥孛羅	21130888	38D2
Metropole	京華國際	27611711	35F8
Miramar	美麗華	23681111	38C4
Nathan	彌敦	27809798	37F5
Newton, Kowloon	九龍麗東	27872338	35B5
New Astor	新雅圖	23667261	38D4
New San Diego	新聖地牙哥	27104888	37F5
New World	新世界	23694111	39G5
Nikko	日航	27391111	39C7
Park	百樂	23661371	39C5
Pearl Seaview	明珠海景	27820882	36C4
Peninsula	半島	23666251	38F3
Prince Hong Kong	香港太子	21131888	38C2
Prudential	恆豐	23118222	37G5
Ramada, Kowloon	九龍華美達	23111100	39C5
Regent	麗晶	27211211	38G4
Regal Airport	富豪機場	27180333	45A8
Regal Kln.	富豪九龍	27221818	39C6
Royal Garden	帝苑	27215215	39D6
Royal Pacific	皇家太平洋	27361188	38C1
Royal Park	帝都	26012111	105A6
STB Hostel	學聯旅舍	27109199	36A3
San Diego	聖地牙哥	27353855	38A2
Shangri-La	香格里拉	27212111	39D6
Shamrock	新樂	27352271	37G5
Sheraton	喜來登	23691111	38F4
Stanford	仕德福	27810933	35G6
Stanford Hillview	仕德福山景	27227822	39B5
Tai Tung	大東	23828666	43A5
Y.M.C.A. International House	香港中華基督教青年會國際賓館	23692211	38F3
YMCA Int'l House	青年會國際賓館	27719111	37B5
Warwick	華威長洲	29810081	129D8
Regal Riverside (Shatin)	麗豪 (沙田)	26497878	102F3
Silvermine Beach	銀鑛灣	29848295	127F7
Windsor	溫莎	27395665	38B4

中學及大專學院
Secondary Schools & Colleges

A-B

Aberdeen Baptist Lui Ming Choi Coll	香港仔浸信會呂明才書院	87B6
Aberdeen Tech Sch	香港仔工業學校	88G2
All Saints' Middle Sch	諸聖中學	35G6
Amoy college, The	廈光書院	42D4
Assembly of God Hebron Sec Sch	神召會康樂中學	98D1
Baptist Lui Ming Choi Sec Sch	浸信會呂明才中學	102F3
(Aberdeen)	(香港仔)	86A3
Belilios Public Sch	庇理羅士女子中學	70F2
Bethel High Sch	伯特利中學	111F6
Bishop Hall Jubilee Sch	何明華會督銀禧中學	45F8
Bishop Hall Mem Prevo Sch	職業訓練紀念中學	53D6
Budd Chi Hong Chi Lam Mem Coll	佛教慈航智林紀念中學	98C2
Buddhist Coll,HK	香港能仁書院	34A1
(Tsuen Wan)	(荃灣)	121B7
Buddhist Fat Ho Mem College	佛教筏可紀念中學	130G4
Buddhist Ho Nam Kam Prevo Sch	佛教何南金職業先修	55C6
Buddhist Hui Yuan Coll	佛教慧遠中學	98G3
Buddhist Hung Sean Chau Mem Coll	佛教孔仙洲紀念中學	47B5
Buddhist Kok Kwong Sec Sch	佛教覺光法師中學	102G3
Buddhist Leung Chik Wai Coll	佛教梁植偉中學	118D2
Buddhist Ma Kam Chan Mem Eng Sec Sch	佛教馬錦燦紀念英中學	97C6
Buddhist Sec Sch, HK	香港佛教英文中學	29B8
Buddhist Sin Tak Coll	佛教善德英文中學	123F5
Buddhist Sum Heung Lam Mem Coll	佛教沈香林紀念中學	116D3
Buddhist Tai Hung Coll	佛教大雄中學	32B1
Buddhist Tai Kwong Mid Sch	佛教大光中學	98D1
Buddhist Wai Yan Mem Coll	慧恩法師紀念中學	129F5
Buddhist Wong Fung Ling Coll	佛教黃鳳翎中學	69F6
Buddhist Wong Wan Tin Coll	佛教黃允畋中學	104A3
Buddhist Yip Kei Nam Mem Coll	佛教葉紀南紀念中學	126D4

C

Church of Christ in China	中華基督教會	
Chuen Yuen Coll	全完英文中學	123D5
Kwei Wah Shan Coll	桂華山中學	71D5
Madam Fung L.K. Mem Prevo	馮梁結職業先修	99D5
Mong Man Wai Coll	蒙民偉書院	53C5
Nim Tsi Sch	念慈中學	40D1
Rotary Prevo Sch	扶輪職業先修	44C3
Tam Lee Lai Fun Mem Prevo	譚李麗芬紀念職業先修	117D5
Heep Woh Coll	協和書院	46C2
Hoh Fuk Tong Coll	何福堂書院	117F5
Kei Chi Sec Sch	基智中學	52C3
Kei Heep Sec Tech Sch	基協工業中學	44A4
Kei San Sec Tech Sch	基新工業中學	97F6
Ming Yin Coll	銘賢書院	33F5
CNEC Christian Coll	中華傳道會安柱中學	123F8
CNEC Lee I Yao Mem Sec	李賢堯紀念中學	122G3
CUHKKSAA Thomas Cheung Sec Sch	香港中大校友會張煊昌中學	114F2
California Int'l (USA) Sch	美國加州國際學校	45G7
Canadian Int'l Sch	加拿大國際學校	69F5
(Bowen Rd)	(寶雲道)	82A2
Canossa Sch For the Deaf	嘉諾撒達言學校	65F7
Canossa Coll	嘉諾撒書院	72B2
Caritas Adult Edu Centre	明愛成人教育中心	53A5
(Tsuen Wan)	(荃灣)	122C3
Caritas Bianchi Coll of Careers	明愛白英奇專業學校	37C5
Caritas Chan C.H. Prevo Sch (Y.L.)	明愛元朗陳震夏先修	113C7
Caritas Chan C.H. Prevo Sch(Fanling)	明愛粉嶺陳震夏先修	97D7
Caritas Francis Hsu Prevo Sch	明愛徐誠斌書院	61B7
Caritas Lok Kan Sch	明愛樂群學校	65F6
Caritas St. Francis Prevo Sch	明愛聖方濟各先修	61B8
Caritas St.Godfrey Prevo Sch	明愛聖高彼烈先修	86D3
Caritas St.Joseph Prevo Sch	明愛聖若瑟職業先修	126B3
Caritas St. Paul Prevo Sch	明愛聖保祿職業先修	129F8
Carmel Alison Lam Foundation Sec	迦密愛禮信中學	125B6

Carmel Bunnan Tong Mem Sec Sch	迦密唐賓南紀念中學	118F2
Carmel Divine Grace Foundation Sec	迦密主恩中學	108B3
Carmel Sec Sch	迦密中學	37D8
Carmel Pak U Sec Sch	迦密柏雨中學	98B4
Catholic Ming Yuen Middle Sch	天主教鳴遠中學	109D5
Chan Lui C.T. Mui Fat Budd.	妙法寺陳呂重德中學	114F2
Chan Shu Kui Mem Sch	陳樹渠紀念中學	33G7
Chan Sui Ki (La Salle) Coll	陳瑞祺（喇沙）書院	42F3
Cheng C.C. Sec Sch of	新界西區坑口區	
Sai Kung & Hang Hau	鄭植之中學	16G2
Cheung Chau Govt Sec Sch	長洲官立中學	129D7
Cheung Chuk Shan Coll	張祝珊英文中學	70D4
Cheung Sha Wan Catholic Sec Sch	長沙灣天主教中學	31C7
Cheung Sha Wan Govt Sec Sch	長沙灣官立中學	31F8
China Holiness Coll	中聖書院	32C2
Chinese International Sch	漢基國際學校	70G4
Chinese Manufactruer's Assn	中華廠商聯合會	
Prevo Sch	職業先修學校	33C5
Choi Cheung Kok Prevo Sch	蔡章閣職業先修	119A5
Chinese University of HK	香港中文大學	100B4
Chinese YMCA Coll	青年會書院	106F1
Chinese YMCA Sec Sch	中華基督教青年會中學	60F4
Chiu Chow Assn Sec Sch	潮州會館中學	106F2
Chiu Lut Sau Mem Sec Sch	趙聿修紀念中學	113D7
Choi Hung Est Catholic Sec Sch	彩虹邨天主教英文中學	47B7
Chong Gene Hang Coll	張振興伉儷書院	76C3
Christ Coll	基督書院	105B7
Christian Alliance Cheng W.G. Coll	宣道會鄭榮之中學	104C3
Christian Alliance Coll,The	宣道中學	116C3
Christian Alliance S.C. Chan Mem. Coll	宣道會陳瑞芝紀念中學	118B4
Christian Alliance P C Lau Mem Int'l Coll	宣道會劉平齊國際中學	43C5
Chu Hai Coll	珠海書院	122G2
Chung Sing Benevolent Society Sch	鐘聲慈善社學校	56D2
Mrs Aw Boon Haw Sec Sch	胡陬金枝中學	119C5
City University of HK	香港城市大學	33D6
Clementi Sec Sch	金文泰中學	70D3
Clothing Industry Training Ctr	製衣業訓練中心	125C5
Cognitio Coll (Chai Wan)	香港文理書院 (柴灣)	76F2
Cognitio Coll (Kln)	九龍文理英文書院	47F7
Concordia International Sch	協同國際學校	33G6
Concordia Lutheran Sch,Kln	路德會九龍協同中學	33G6
Concordia Lutheran Sch North Point	路德會北角協同中學	70F3
Confucius Hall Middle Sch	孔聖堂中學	69G7
Confucian Ho Kwok Pui Chun Coll	孔教何郭佩珍中學	99B5
Construction Ind.Training Ctr	建造業訓練局	
Aberdeen Centre	香港仔訓練中心	86A3
Kowloon Bay Centre	九龍灣訓練中心	51B5
Kwai Chung Centre	葵涌訓練中心	123F5
Cotton Spinners Assn Prevo Sch	棉紡公會職業先修	123F5

D

Daughters of Mary Help of Christians	天主教母佑會	
Siu Ming Catholic Sch	蕭明中學	123D5
Delia Memorial Sch	地利亞修女紀念學校	
Broadway	百老匯街	30D3
Glee Path	吉利徑	30D2
Hip Wo St	協和街	52B4
Tai Koo Shing	太古城	73D6
Yuet Wah St	月華街	52D4
De La Salle Sec Sch	新界喇沙中學	8D1
Dharmasthiti Buddhist Inst	法住文化學院	35F8
Diocesan Boys' Sch	拔萃男書院	35C7
Diocesan Girls' Sch	拔萃女書院	37F5

E-G

Ebenezer Sch for the Blind	心光盲人學校	79F6
Evangel Theological Coll	播道神學院	33F8
Fanling Government Sec Sch	粉嶺官立中學	97F8
FDBWA Szeto Ho Sec Sch	五邑司徒浩中學	55A5
First Inst.of Arts of Design	大一設計學院	68C4
Fish Marketing Organization	魚類統營處	
Aberdeen Sec Tech Sch	香港仔工業中學	86D3

Fukien Middle School	福建中學	70B3
Fung Kai Liu Man Shek Tong Sec Sch	鳳溪廖만石堂中學	96B2
Fung Kai Public School	鳳溪公學	96A2
French International Sch	法國國際學校	85F6
GCC & ITKD Lau Pak Lok Sec Sch	東莞工商總會劉百樂中學	104C3
German Swiss International Sch	德瑞國際學校	82D2
Gertrude Simon Lutheran Coll	路德會西門英才中學	32D1
(Yuen Long)	(元朗)	113F8
Good Hope Sch	德望學校	48B3

H

HK Adventist Coll	三育書院	24B1
HK & Kln Chiu Chow Sch	港九潮州公學	35D6
HK & Kln Chiu Chow Pub Ass	港九潮州公會	
Ma C.S. Sec Sch	馬松森中學	105B7
HK Academy for Performing Art	香港演藝學院	64F3
HK Baptist-Convention Sec Sch	香港浸信會聯會中學	116F3
HK Baptist University	香港浸會大學	44G4
HK Chinese Women's Club Coll	香港中國婦女會中學	73F6
Fung Yiu King M. Sec Sch	馮堯敬紀念中學	106D2
HK Institution of Education	香港教育學院	
Black Campus I	柏立基第一分校	31A5
Black Campus II	柏立基第二分校	102G4
Northcole Campus I	羅富國第一分校	79D5
Northcole Campus II	羅富國第二分校	58B4
Bonham Campus I	般含分校	58B4
Grantham Campus I	葛量洪第一分校	37D5
Grantham Campus II	葛量洪第二分校	31D5
Morrison Campus I	摩利臣分校	67G7
HK Management Assn KC Lo Coll	香港管理專業協會羅桂祥	114D2
HK Polytechnic University	香港理工大學	39A7
HK Red Swastika Tai Po Sec Sch	大埔卍慈中學	98A4
HK Sam Yuk Sec Sch	香港三育中學	24B1
HK Sea Sch	香港航海學校	93B5
HK Sze Yap Comm & Ind Ass	香港四邑商工總會	
Chan Nam Chong Mem Coll	陳南昌紀念中學	125D5
Wong Tai Shan Mem Coll	黃棣珊紀念中學	33D5
HK Tang Kung Po Coll	香港鄧鏡波書院	65D7
HK Taoist Assn	香港道教聯合會	
Ching Chung Sec Sch	青松中學	53D6
Tang Hin Mem Sec Sch	鄧顯紀念中學	96D4
The Yuen Yuen Inst.#1 Sch	圓玄學院第一中學	123D7
The Yuen Yuen Inst.#2 Sch	圓玄學院第二中學	99C6
HK Teacher's Assn Lee H.K. Sec Sch	香港教育協會李興貴中學	98G4
HK Teacher's Assn Sec Sch	香港教師聯會中學	106C3
HK Technical College (Chai Wan)	香港科技學院 (柴灣)	76A4
HK Technical College (Tsing Yi)	香港科技學院 (青衣)	126G3
HK True Light Coll	香港真光英文中學	87A6
HK Sch for the Deaf	真鐸啟暗學校	47B5
HK Sports Institute	香港體育學院	103B5
HKU of Science & Technology	香港科技大學	110A1
HK Weaving Mills Assn	香港布廠商會	
Chu S.L. Prevo Sch	朱石麟職業先修	50C2
Ha Kwai Chung Govt Tech Sch	下葵涌官立工業中學	123G5
Haking Wong Tech Institute	黃克競工業學院	31D7
Hang Seng Sch of Commerce	恒生商學書院	103G7
Heep Yunn Sch	協恩中學	42D4
Helen Liang Mem Sch Shatin	沙田梁文燕紀念中學	104G2
Henrietta School	顯理中學	70B3
Heung To Middle Sch	香島中學	33D7
Playing Field Rd	運動場道	35B5
Tai Po	大埔	98F4
Ho Koon Nature Education Cum	可觀自然教育中心	
Astronomical Centre	暨天文館	14D2
Ho Tung Tech Sch for Girls	何東官立工業女中學	69F5
Hoi Ping Chamber of Commerce Sec	旅港開平商會中學	42F2
Holm Glad Coll	堅樂中學	53D5
Holy Carpenter Prevo Sch	聖匠職業訓練學校	41C5
Holy Family Canossian Coll	嘉諾撒聖家書院	45D6
Holy Trinity Coll	寶血會上智英文女書院	33F5
Homantin Govt Sec School	何文田官立中學	42D2
Hon Wah Middle Sch	漢華中學	57D6

I

Hsin Ch'eng Middle Sch	心誠中學	97C5
Immaculate Heart of Mary Coll	聖母無玷聖心書院	105B7
Immanuel Lutheran Coll	沐恩中學	98B3
International Sch HK	香港國際學校	91G7
International Sch HK (Tai Tam)	香港國際學校 (大潭)	94D1
Islamic Coll	伊斯蘭英文中學	70G3
Island Sch	港島學校	82A2

J

Japanese Sch,HK	香港日本人學校	70F4
(Branch)	(分校)	85G5
Jockey Club Govt Sec Tech Sch	賽馬會官立工業中學	45F8
Jockey Club Ti-I Coll	賽馬會體藝中學	102C4
Ju Ching Chu Sec Sch (T.M.)	裘錦秋中學 (屯門)	118A2
Ju Ching Chu Sec Sch (Y. L.)	裘錦秋中學 (元朗)	114D3
Ju Ching Chu Sec Sch (K.C.)	裘錦秋中學 (葵涌)	123C8

K

Ka Chi Sec Sch	嘉智中學	32F4
Kau Yan Coll	救恩書院	99B6
Kei Long Coll	基朗中學	113A7
Kei Yuen College	基元中學	113A7
Kiangsu-Chekiang Coll	蘇浙公學	71D6
Kiangsu-Chekiang Coll Kwai Chung	葵涌蘇浙公學	123G5
Kiangsu-Chekiang Coll Shatin	沙田蘇浙公學	102D3
King George V Sch	英皇佐治五世學校	42D3
King Ling College	景嶺書院	108D3
King's Coll	英皇書院	58D4
Kit Sam Middle Sch	潔心女子林炳炎中學	44D4
Ko Lui Middle Sch	高雷中學	52A3
Kowloon Sam Yuk Middle Sch	九龍三育中學	33B5
Kowloon Tech Sch	九龍工業學校	32F1
Kowloon Tong Sch	九龍塘學校	35A8
Kowloon True Light Mid.Sch	九龍真光中學	33C7
Kung Lee Coll	公理書院	69C7
Kung Yik She Sec Sch	十八鄉鄉事委員會公益社中學	114D1
Kwai Chung Methodist Coll	葵涌循道中學	125B5
Kwai Chung Tech Institute	葵涌工業學院	123F5
Kwok Tak seng Catholic Sec Sch	天主教郭得勝中學	105B5
Kwun Tong Govt Sec Sch	觀塘官立中學	49C6
Kwun Tong Govt Sec Tech Sch	觀塘官立工業中學	52B2
Kwun Tong Maryknoll Coll	觀塘瑪利諾書院	52B4
Kwun Tong Technical Institute	觀塘工業學院	53D5
Kwun Tong Vocational Training Ctr	觀塘職業訓練中心	52D4

L

La Salle Coll	喇沙書院	45F8
Lai Chack Middle Sch	麗澤中學	38B2
Lai King Catholic Sec Sch	荔景天主教中學	125B5
Law Ting Pong Sec Sch	羅定邦中學	98B1
Lee Kau Yan Mem Sch	李求恩紀念中學	45A7
Lee Wai Lee Technical Inst	李惠利工業學院	45F6
Leung Shek Chee Coll	梁式芝書院	53C6
Leung Sing Tak Coll	梁省德中學	122B4
Li Po Chun United World Coll	李寶椿聯合世界書院	107B6
Lingnan Coll	嶺南學院	53C6
Lingnan Dr. Chung W.K. Mem Mid. Sch	嶺南鍾榮光博士紀念中學	125B5
Lingnan Heng Fa Chuen Sec Sch	嶺南杏花邨中學	77D8
Lingnan Sec Sch	嶺南中學	83C8
Lions Prevocational Sch	獅子會職業先修學校	122G4
Liu Po Shan Mem Sch	廖寶珊紀念書院	122B3
Lock Tao Sec Sch	樂道英文中學	104A3
Lok Sin Tong	樂善堂	
Ku Chiu Man Sec	顧超文中學	122G4
Leung Chik Wai Mem Sch	梁植偉紀念中學	126D1
Yu Kan Hing Sch	余近卿中學	44D3
Wong Chung Ming Sec	王仲銘中學	45A6
Young Ko Hsiao Lin Sec	楊葛小琳中學	104D3
Leung Kau Kui Coll	梁球琚中學	58A3
Lui Cheung Kwong Lutheran	路德會呂祥光中學	119A5

Lui Ming Choi Lutheran Coll	路德會呂明才中學	123A5
Lung Cheung Govt Sec Tech Sch	龍翔官立工業中學	44B3
Lung Kong World Federation Sch Ltd.	世界龍岡學校	
Lau Wong Fat Sec	劉皇發中學	34B2
Lutheran Middle Sch	信義中學	37B5

M

Ma On Shan St.Joseph's Sec Sch	馬鞍山聖若瑟中學	106D2
Ma On Shan Tsung Tsin Sec Sch	馬鞍山崇真中學	101F8
Madam Lau K.L. Sec of Miu Fat Budd.	妙法寺劉金龍中學	12A4
Man Kiu College	閩僑中學	71D5
Marden Foundation	馬登基金	
Caritas Prevo Sch, Shatin	沙田明愛職業先修	105B5
Caritas Prevo Sch,Tuen Mun	屯門明愛職業先修	116D2
Caritas Prevo Sch,Chai Wan	柴灣明愛職業先修	77D5
Maryknoll Convent Sch	瑪利諾修院學校	42A1
Maryknoll Fathers' Sch	瑪利諾神父學校	33F6
Maryknoll Tech Sec Sch	瑪利諾工業中學	48G2
Marymount Sec Sch	瑪利曼中學	85F5
Mary Rose Sch	天保民學校	45F6
Matteo Ricci Coll	利瑪竇書院	52B4
Methodist Coll	循道中學	37D5
Methodist Lee Wai Lee Coll,The	李惠利中學	123F5
Ming Kei Coll	銘基書院	34F3
Mong Kok Workers' Children Sch	旺角勞工子弟學校	42F1
Morrison Hill Tech Institute	摩理臣山工業學院	67G6
Mu Kuang English Sch	慕光英文書院	52B1
Munsang College	民生書院	45D7

N

NT Heung Yee Kuk	新界鄉議局	
Southern District Sec Sch	南區中學	127G8
Tai Po District Sec Sch	大埔區中學	98B3
Yuen Long District Sec Sch	元朗區中學	113D7
Nam Wah Middle Sch	南華中學	31B6
New Asia Middle Sch	新亞中學	42D4
New Asia Arts & Business College	新亞文商書院	42F4
New Life Sch Inc	新生命教育協會	
Lui Kwok Pat Fung Coll	呂郭碧鳳中學	52B4
New Method Coll	新法書院	
Man Fuk Rd	文福道	42F1
Prince Edward Rd	太子道	35B8
Tai Hang Rd	大坑道	47C3
Newman Coll	新民書院	37C5
Ng Wah Coll	伍華書院	47G8
Ng Yuk Sec Sch	五育中學	104C4
Ning Po Coll	寧波公學	52C2
Ning Po No.2 Sch	寧波第二中學	49G7
Notre Dame Coll	聖母院書院	43C5
Norwegian Sch (Sec Section)	挪威學校	98D4

O

Open Learning Institute of HK	香港公開進修學院	42G2
Our Lady of the Rosary Coll	聖母玫瑰書院	33F6
Our Lady's Coll	聖母書院	46G3

P

Pak Kau College,HK (Mei Foo Sun Chuen)	伯裘書院(美孚)	30D2
Pentecostal Holiness Wing Kwong Coll	五旬節聖潔會永光書院	44C3
Pentecostal Lam Hon Kwong	五旬節林漢光中學	103F5
Pentecostal School	五旬節小學	42D2
Po Chiu Coll	普照書院	55D6
Po Kok Girls' Middle Sch	寶覺女子中學	84C3
Po Leung Kuk	保良局	
C.W. Chu Prevo Sch	朱敬文職業先修	104D3
Centenary Coll	百週年中學	116D3
No.1 W H Cheung Coll	第一張永慶中學	46B2
1984 The Board of Directors Prevo S.	甲子年職業先修	109C6
Lee Shing Pik Coll	李城璧中學	121A8
Ma Kam Ming Coll	馬錦明中學	97G7
Yu Lee Mo Fan Mem. Sch	余李慕芬特殊	70B3
Tang Yuk Tien Coll	董玉娣中學	118D2

Wu Chung Coll	胡忠中學	106F1
Yao Ling Sun Coll	姚連生中學	122B4
1983 Board of Directors' Coll	八三年總理中學	126D3
Vicwood K.T. Chong F.6 Coll	莊啟程預科書院	34C2
Po On Comm Assn	寶安商會	
Wong Siu Ching Sec Sch	王少清中學	122C1
Pok Oi Hospial	博愛醫院	
Tang Pui King Mem Coll	鄧佩瓊紀念中學	113F5
Chan Kai Mem Coll	陳楷紀念中學	104D3
Pooi To Middle Sch	培道中學	45D8
Pooi Tun Sec Sch	培敦中學	47B5
Pope Paul VI Coll	保祿六世書院	123F7
Precious Blood Girls' Mid Sch	寶血女子中學	77D6
Pui Ching Middle Sch	培正中學	35G8
Pui Shing Cath Sec Sch	天主教培聖中學	114F3
Pui Kiu Middle Sch	培僑中學	71D7
Pui Shing Middle Sch	培聖中學	42A2
Pui Tak Canossian Coll	嘉諾撒培德書院	86B3
Pui Ying Coll (Sha Tin)	沙田培英中學	102D3
Pui Ying Sec Sch,HK	香港培英中學	75D6

Q

Queen Elizabeth Sch	伊利沙伯中學	35C6
Queen Elizabeth Sch Old Student's Sec Sch	伊利沙伯舊生會中學	114D1
Queen Maud Sec Sch	慕德中學	109D6
Queen's Coll	皇仁書院	68D3
Queen's Coll Boys' Assn Sec Sch	皇仁舊生會中學	126A2

R

RTC Alumni Assn Sec Sch	鄉師同學會學校	117F5
Raimondi Coll	高主教書院	61B8
Rhenish Church Pang Hok Ko Mem Coll	禮賢會彭學高紀念中學	45F6
Rosaryhill Sch	玫瑰崗學校	84F2

S

S.E.A. Canadian Overseas Sec Sch	加拿大海外中學	35B4
Sacred Heart Canossian Coll	嘉諾撒聖心書院	75B7
Sacred Heart Can. Convent Comm. Sch	嘉諾撒聖心修院商科	61C7
Salesian English Sch	慈幼英文中學	74B4
Salesians of Don Bosco	天主教慈幼會	
Ng S.M. Tech Sch	伍少梅工業學校	123D5
San Wui Comm Soc Sec Sch	新會商會中學	116B1
Chan Pak Sha Sch	陳白沙紀念中學	88D3
School of Prof.& Continuing	香港大學專業進修學院	
Edu.Town Ctr Off., HKU	市區中心(信德中心)	60D2
Sear Rogers International Sch	弘爵國際學校	61D5
Semple Memorial Sec Sch	深培英文中學	119B5
Sha Tin Coll	沙田英童中學	102C1
Sha Tin Govt Sec Sch	沙田官立中學	105B5
Sha Tin Methodist Coll	沙田循道衞理中學	105C5
Sha Tin Technical Inst	沙田工業學院	102C4
Sha Tin Tsung Tsin Sec Sch	沙田崇真中學	104C4
Shau Kei Wan Govt Sec Sch	筲箕灣官立中學	76A1
Shau Kei Wan Govt Sec Tech Sch	筲箕灣官立工業中學	76A1
Shek Lei Catholic Sec Sch	石籬天主教中學	123C8
Sheng Kung Hui	聖公會	
Bishop Baker Sec Sch	白約翰督中學	113A7
Bishop Mok Sau Tseng Sec Sch	莫壽增督中學	98F4
Chan Young Sec Sch	陳融中學	96C4
Holy Trinity Church Sec Sch	聖三一堂中學	40G3
Kei Hau Sec Sch	基孝中學	55A5
Lam Kau Mow Sec Sch	林裘謀中學	103F5
Lam Woo Memorial Sec Sch	林護紀念中學	123F5
Leung Kwai Yee Sec Sch	梁季彝中學	53D5
Li Fook Hing Sec Sch	李福慶中學	76C4
Li Ping Sec Sch	李炳中學	123A6
Lui Ming Choi Sec Sch	呂明才中學	51D5
St. Simon's Lui M. C. Sec Tech Sch	聖西門呂明才工業	116F4
Tang Shiu Kin Sec Sch	鄧肇堅中學	67F7
Tsang Shiu Tim Sec Sch	曾肇添中學	102D3
Tsoi Kung Po Sec Sch	蔡功譜中學	40G1
Sheung Kwai Chung Govt Sec Sch Tech Sch	上葵涌官立工業中學	123D8

School	Chinese	Ref
Sheung Shui Gov't Sec Sch	上水官立中學	96D4
Shi Hui Wen Sec Sch	釋慧文中學	116C3
Shue Yan Coll, HK	樹仁學院	70F4
Shue Yan Sec Sch	樹仁中學	88C3
Shun Lee Catholic Sec Sch	順利天主教中學	49C6
Shun Tak Fraternal Assn	順德聯誼總會	
Lee Shau Kee Coll	李兆基中學	122G4
Leung Kau Kui Coll	梁銶琚中學	119B5
Seaward Woo Coll	胡兆熾中學	42D3
Tam Pak Yu Coll	譚伯羽中學	118B4
Shung Tak Cath Eng Coll	天主教崇德英文書院	115F7
Sik Sik Yuen	嗇色園	
Ho Ngai Prevo Sch	可藝職業先修學校	118A4
Ho Fung Coll	可風中學	123A7
Ho Lap Coll	可立中學	47G6
Ho Dao coll	可道中學	115F7
Sing Yin Sec Sch	聖言中學	53F8
Singapore International Sch	新加坡國際學校	56F2
Sir Ellis Kadoorie Sec Sch (So Kon Po)	官立嘉道理爵士學校(掃桿埔)	69F6
Sir Ellis Kadoorie Sec Sch (Shatin)	育才中學(沙田)	106F2
South Island Sch	南島學校	90B3
South Tuen Mun Govt Sec Sch	南屯門官立中學	118F3
St.Antonius Girls' Coll	聖安吉女書院	55C6
St. Basil's Sec Tech Sch	聖巴西流工業中學	74A4
St. Benedict's Sec Tech Sch	聖本德工業中學	47B7
St. Bonaventure Coll & High Sch	聖文德書院	46G3
St. Catharine's Sch for Girls	聖潔靈女子中學	52B1
St. Clare's Girls' Sch	聖嘉勒女校	78B3
St. Francis of Assisi's Coll	聖方濟各書院	97F7
St. Francis Xavier's Coll	聖方濟書院	34B2
St. Francis Xavier's Sch (TW)	荃灣聖方濟中學	122D2
St. Francis Canossian Coll	嘉諾撒聖方濟各書院	65F7
St. Gloria Coll	聖迦利亞書院	65C7
St. Joan of Arc Sch	聖貞德中學	71G5
St. John's Coll	聖約翰學院	57F6
St. Joseph's Anglo-Chin Sch	聖若瑟英文學校	50C1
St. Joseph's Coll	聖若瑟書院	81A8
St. Louis Sch	聖類斯中學	58G3
St. Margaret's Coll	聖馬加利書院	65A8
St. Margaret's Girls' Coll	聖瑪加利女書院	34C3
(Caine Rd)	(堅道)	61D5
(Kwai Fong)	(葵芳)	123G5
St. Mark's Sch	聖馬可中學	74A4
St. Mary's Canossian Coll	嘉諾撒聖瑪利亞書院	39A5
St. Mary's Church Coll	聖馬利亞堂中學	69F5
St. Paul's Co-ed Coll	聖保羅男女中學	81A8
St. Paul's Coll	聖保羅書院	58F4
St. Paul's Convent Sch	聖保祿書院	69G5
St. Paul's Sch (Lam Tin)	藍田聖保祿女子中學	53G7
St. Paul's Sec Sch	聖保祿中學	67B8
St. Peter's Sec Sch	聖伯多祿中學	86B3
St. Rose of Lima's Sch	聖羅撒學校	35B7
St. Stephen's Church College	聖士提反堂中學	58G4
St. Stephen's College	聖士提反書院	93B5
St. Stephen's Girl's Coll	聖士提反女子中學	59B5
St. Teresa Sec Sch	德蘭中學	42F2
St.Too Girls Coll	聖道女子英文中學	
Sung Lan Middle Sch	崇蘭中學	104A3
Sung Tsun Middle Sch (S.K.)	西貢崇真中學	110C2
T		
TWGHs	東華三院	
Canadian Eng Lan Coll	加拿大英語學校	37B7
Chang Ming Thien Coll	張明添中學	33C5
Chen Zao Men Coll	陳兆民中學	123F5
Kap Yan Director's Coll	甲寅年總理中學	96C4
Kwok Yat Wai Prevocational	郭一葦職業先修	114D4
Lee Ching Dea Mem Coll	李潤田紀念中學	70F3
Li Ka Shing Coll	李嘉誠中學	97D7
Lo Kon Ting Mem Coll	盧幹庭紀念中學	113F5
Lui Yun Choy Mem Coll	呂潤財紀念中學	108B3
Mrs Fung Wong Fung Ting Coll	馮黃鳳亭女士中學	102F2
Mrs. Wu York Yu Mem Coll	伍若瑜夫人中學	123C8
S.C. Gaw Mem Coll	吳祥川紀念中學	126C2
Sun Hoi Directors' Coll	辛亥年總理中學	118F2
Wong Fung Ling Coll	黃鳳翎中學	106C3
Wong Fut Nam Coll	黃笏南中學	45G8
Yau Tze Tin Mem Coll	邱子田紀念中學	117A5
Yow Kam Yuen Prevo Sch	邱金元職業先修	103F5
Tack Ching Girls' Middle Sch	德貞女子中學	32F2
Tai Po Govt Sec Sch	大埔官立中學	98C4
Tai Po Sam Yuk Sec Sch	大埔三育中英文中學	98C1
Tak Nga Sec Sch	德雅學校	33G7
Tak Oi Sec Sch	德愛中學	46C2
Tak Yan Sch	德仁書院	30D3
Tang Kng Po Sch	鄧鏡波書院	42F4
Tang Shiu Kin Victoria Tech Sch	鄧肇堅維多利亞官立工業學校	67F6
Textile Inst. American Chamber of Comm Woo Hon Fai Prevo Sch	紡織學會美國商會胡漢輝職業先修	121B8
Tin Ka Ping Sec Sch	田家炳中學	96F4
Tin Kwong Rd Govt Sec Sch	天光道官立中學	42F4
Tin Shui Wai Govt Sec Sch	天水圍官立中學	114D3
Toi Shan Assn Coll	台山商會中學	102G4
True Light Girls' Coll	真光女書院	37B5
True Light Middle Sch of HK	香港真光中學	69B6
Tsang Pik Shan Sec Sch	曾璧山中學	106D1
Tseung Kwan O Govt Sec Sch	將軍澳官立中學	108B4
Tsuen Wan Govt Sec Sch	荃灣官立中學	122C1
Tsuen Wan Public Ho C. Y. Mem. Coll	荃灣公立何傳耀紀念中學	122B4
Tsung Tsin Coll	崇真書院	
Sham Shui Po	深水埗	32G4
Shau Kei Wan	筲箕灣	74A1
Tuen Mun	屯門	116C3
Tsung Tsin Middle Sch	崇正中學	32B2
Tuen Mun Catholic Sec Sch	屯門天主教中學	116C3
Tuen Mun Govt Sec Sch	屯門官立中學	119A5
Tuen Mun Tech Institue	屯門工業學院	116G2
U-W		
United Christian Coll	匯基書院	33G5
University of Hong Kong	香港大學	59G5
Valtorta Coll	恩主教書院	98F4
Wa Ying Coll	華英中學	42F3
Wah Yan College	華仁書院	
(Kowloon)	(九龍)	37A6
(Hong Kong)	(香港)	65A7
Wai Kiu Coll	惠僑英文中學	32F4
Wellington Coll	威靈頓英文中學	50C4
Wesley Coll, Methodist Church. Hk	衛理中學	77D8
William Booth Sec School	卜維廉中學	46C2
Wong Shiu Chi Middle Sch	王肇枝中學	98F4
Y		
Yan Chai Hospital	仁濟醫院	
Lan Chi Pat Mem Sec Sch	靚次伯紀念中學	108B3
Lim Por Yen Sec Sch	林百欣中學	121A8
No.2 Sec Sch	第二中學	118A2
Yan Oi Tong	仁愛堂	
Chan Wong Suk Fong Mem Sch	陳黃淑芳紀念	116D2
Tin Ka Ping Sec Sch	田家炳紀念中學	116F2
Yenching College	燕京書院	31B8
Ying Wa Coll	英華書院	45G8
Ying Wa Girl's Sch	英華女校	61G5
YMCA College of Careers	青年會專業書院	37B5
YPICA Lee Lim Ming Coll	恩平工商會李林明中學	116F2
Yu Chun Keung Mem Coll	余振強紀念中學	42G1
Yu Chun Keung Mem Coll No.2	余振強紀念第二中學	75C7
Yuen Long Lutheran Mid Sch	元朗信義中學	114D3
Yuen Long Merchants Assn Sec Sch	元朗商會中學	113D7
Yuen Long Pak Kau Eng Coll	元朗伯裘英文中學	114C4
Yuen Long Public Sch	元朗公立中學	113G8
Young Women's Christian Assn.	基督教女青年會	
Hioe T.Y. Coll	丘佘榮中學	42F3

中學及書院 — Secondary Schools & Colleges

公共屋邨
Housing Estates

公共屋邨,居屋,私人參與興建居屋及臨屋區

一至三畫

乙明邨	Jat Min Chuen	105B
三聖邨	Sam Shing Estate	119C5
上水臨屋區	Sheung Shui THA	96C1
大元邨	Tai Yuen Estate	98B4
大坑東邨	Tai Hang Tung Estate	33F6
大坑西邨	Tai Hang Sai Estate	33F5
大埔廣場	Tai Po Plaza	98C4
大埔頭臨屋區	Tai Po Tau THA	98C2
大窩口邨	Tai Wo Hau Estate	122D4
大興邨	Tai Hing Estate	116C3
小西灣邨	Siu Sai Wan Estate	77F7
山谷道邨	Valley Road Estate	40F3
山景邨	Shan King Estate	116F2
山翠苑	Shan Tsui Court	76B1

四畫

元洲街邨	UN Chau Estate	31D8
元朗邨	Yuen Long Estate	113C6
友愛邨	Yau Oi Estate	118B4
天平邨	Tin Ping Estate	96B4
天宏苑	Tin Wang Court	44C2
天祐苑	Tin Yau Court	114D3
天馬苑	Tin Ma Court	44C3
天愛苑	Tin Oi Court	114F2
天瑞邨	Tin Shui Estate	114F2
天慈邨	Tin Tsz Est	114C3
天麗苑	Tin Lai Court	114C3
天耀邨	Tin Yiu Estate	114D3
太平邨	Tai Ping Estate	96D3
太和邨	Tai Wo Estate	98C2
水邊圍邨	Shui Pin Wai Estate	113F6
牛頭角下邨	Ngau Tau Kok Lower I,II	48G2
牛頭角上邨	Ngau Tau Kok Upper	51A5
丹拿山邨	Tanner Hill Est	71C6

五畫

北角邨	North Point Estate	71A5
汀雅苑	Ting Nga Court	98B3
田心臨屋區	Tin Sum THA	97F8
田景邨	Tin King Estate	116C2
白田邨	Pak Tin Estate	33C5
石排灣邨	Shek Pai Wan Estate	86A3
石籬邨	Shek Wai Kok Estate	122B4
石硤尾邨	Shek Kip Mei Estate	32F3
石蔭邨	Shek Yam Estate	123C7
石蔭東邨	Shek Yam E Estate	123C8
石籬邨	Shek Lei Estate	123F8
禾輋邨	Wo Che Estate	102D3

六畫

兆山苑	Siu Shan Court	118D1
兆安苑	Siu On Court	119A5
兆邦苑	Siu Pong Court	116C2
兆軒苑	Siu Hin Court	116C3
兆康苑	Siu Hong Court	117A5
兆隆苑	Siu Lung Court	116C3
兆禧苑	Siu Hei Court	118F2
兆麟苑	Siu Lun Court	119C5

安定邨	On Ting Est	119B5
安基苑	On Kay Court	50A4
安盛苑	On Shing Court	96B4
安業臨屋區	On Yip THA	77C6
安寧花園	On Ning Garden	109D5
安蔭邨	On Yam Estate	123C8
旭埔苑	Yuk Po Court	96C3
竹園南,北邨	Chuk Yuen S. N. Est.	44A2
西貢對面海邨	Sai Kung Tui Min Hoi	110G2
西環邨	Sai Wan Estate	56F3

七畫

杏翠苑	Hang Tsui Court	76C4
何文田邨	Ho Man Tin Estate	42G2
佐敦谷邨	Jordan Valley Estate	48G3
利東邨	Lei Tung Estate	87B6
利安邨	Lee On Estate	106C4
宏福苑	Wang Fuk Court	99D5
宏德居	Walton Estate	76D4
李鄭屋邨	Lei Cheng Uk Estate	32C2
沙田坳邨	Shatin Pass Estate	46G1
沙田頭臨屋區	Sha Tin Tau THA	105B5
沙角邨	Sha Kok Estate	105A7
沙角尾臨屋區	Sha Kok Mei THA	110C3
秀茂坪一至四邨	Sau Mau Ping I-IV Est	53A5
良景邨	Leung King Estate	116C1

八畫

佳翠苑	Kai Tsui Court	77F8
和樂邨	Wo Lok Estate	52C4
坪石邨	Ping Shek Estate	47A8
坪石臨屋區	Ping Shek THA	48C1
坪麗苑	Peng Lai Court	130B2
怡雅苑	Yee Nga Court	99B5
怡靖苑	Yee Ching Court	32F1
怡翠苑	Yee Tsui Court	76D3
怡閣苑	Yee Kok Court	32F1
明華大廈	Ming Wah Dai Ha	74A3
明雅苑	Ming Nga Court	109D6
明德邨	Ming Tak Estate	99C5
東頭邨	Tung Tau Estate	45B6
東頭平房區 (徙民村)	Tung Tau Cottage Area	45B6
東發邨	Tung Chun Court	74F3
東熹苑	Tung Hei Court	74G2
東霖苑	Tung Lam Court	74G2
欣明苑	Yan Ming Court	108B4
欣盛苑	Yan Shing Court	97F7
油塘邨	Yau Tong Estate	55D6
油塘中心	Yau Tong Centre	55F6
花園大廈	Garden Estate	52C1
長安邨	Cheung On Estate	126A2
長亨邨	Cheung Hang Estate	126B1
長沙灣邨	Cheung Sha Wan Est	31F8
長青邨	Cheung Ching Estate	126D4
長康邨	Cheung Hong Estate	126D3
長發邨	Cheung Fat Estate	126D4
長貴邨	Cheung Kwai Estate	128B5
青安臨屋區	Tsing On THA	126A3
青衣邨	Tsing Yi Estate	126C2
青欣臨屋區	Tsing Yan THA	126B1
青泰臨屋區	Ching Tai Court	126A2
青健臨屋區	Tsing Kin THA	126C3
青盛苑	Ching Shing Court	126C3
青發臨屋區	Tsing Fat THA	126A3
青華苑	Ching Wah Court	126D2
青雅苑	Ching Nga Court	126A3

九畫

建生邨	Kin Sang Estate	116C3
俊民苑	Chun Man Court	37A8
南山邨	Nam Shan Estate	33D6
南昌邨	Nam Cheong Estate	29C7
厚德邨	Hau Tak Estate	109D5
恆安邨	Heng On Estate	106F1
祈德尊新邨	Clague Garden Est	122C1
紅磡邨	Hung Hom Estate	41B5
美ţ邨	Mei Tung Estate	45B7
美林邨	Mei Lam Estate	104A3
美松苑	Mei Chung Court	104A2
美城苑	May Shing Court	104A3
美樂花園	Melody Gardens	118F1
英明苑	Ying Ming Court	108B3

十畫

家維邨	Ka Wai Chuen	40D4
峰華邨	Fung Wah Estate	76F1
悅湖山莊	Yuet Wu Villa	118F3
悅麗苑	Yuet Lai Court	125C5
振華苑	Chun Wah Court	50A4
朗屏邨	Long Ping Estate	113D5
朗邊臨屋區	Long Bin THA	115B5
柴灣邨	Chai Wan Estate	77D5
海怡花園	Serene Garden	126C4
海福花園	Holford Gardens	104B3
海濱臨屋區	Hoi Bun THA	51B6
浩明苑	Ho Ming Court	108C4
真善美邨	Chuen Seen Mei Chuen	43B5
祖堯邨	Cho Yiu Chuen	125D5
秦石邨	Chun Shek Estate	105C5
荔景邨	Lai King Estate	125B5
茵翠苑	Yan Tsui Court	76F3
馬鞍山邨	Ma Hang Estate	92D4
馬頭圍邨	Ma Tau Wai Estate	42D4
高怡邨	Ko Yee Estate	55D7
高俊苑	Ko Chun Court	55C7
高超道邨	Ko Chiu Road Estate	55D7
城安臨屋區	Shing On THA	106G1

十一畫

偉景花園	Broadview Garden	126B3
健康邨	Healthy Village	71B8
將軍澳臨屋區	Tseung Kwan O THA	108A2
常安臨屋區	Sheung On THA	77A5
常泰臨屋區	Sheung Tai THA	77A5
常盛街臨屋區	Sheung Shing St THA	42F2
康田苑	Hong Tin Court	53G6
康林苑	Hong Lam Court	103G8
康柏苑	Hong Pak Court	55B6
康盛花園	Hong Sing Garden	108C3
康盈苑	Hong Ying Court	53G8
康華苑	Hong Wah Court	53D8
康雅苑	Hong Nga Court	55A6
康翠臺	Greenwood Terrace	76C2
彩竹臨屋區	Choi Chuk THA	44C2
彩虹邨	Choi Hung Estate	47B7
彩雲邨	Choi Wan Estate	48B2
彩園邨	Choi Yuen Estate	96C3
彩輝邨	Choi Fai Estate	48B3
彩峰苑	Choi Fung Court	48B1
彩蒲苑	Choi Po Court	96C2
彩霞邨	Choi Ha Estate	48F3
掃桿埔平房區	So Kon Po Cottage Area	85A5
啟宏臨屋區	Kai Wang THA	51C3

公
共
屋
邨

啟和臨屋區	Kai Wo THA	50C2
啟泰苑	Kai Tai Court	50C1
啟祥臨屋區	Kai Cheung THA	50D2
啟業邨	Kai Yip Estate	50C1
啟照臨屋區	Kai Chiu THA	50C4
啟樂臨屋區	Kai Lok THA	50D2
啟耀臨屋區	Kai Yiu THA	50D1
梅里臨屋區	Mui Lee THA	104B2
梨木樹邨	Lei Muk Shue Estate	123A7
祥和苑	Cheung Wo Court	52B3
祥華邨	Cheung Wah Estate	97D7
清麗苑	Ching Lai Court	125F6

十二畫

博康邨	Pok Hong Estate	105B7
富山邨	Fu Shan Estate	46A4
富安花園	Chevalier Garden	101G8
富亨邨	Fu Hang Estate	98A4
富東邨	Fu Tung Estate	19B6
富怡花園	Cheerful Garden	77D8
富強苑	Fu Keung Court	44D4
富善邨	Fu Shin Estate	99C5
富欣花園	Harmony Garden	77D7
富雅花園	Elegance Garden	98F3
富盛花園	Full Wealth Garden	71B7
富景花園	Fullview Garden	77F8
富嘉花園	Grandway Garden	104B3
富寧花園	Fu Ning Garden	109C6
富輝花園	Fu Fai Garden	106C2
富寶花園	Saddle Ridge Garden	106C4
富麗花園	Finery Garden	108B3
愉田苑	Yue Tin Court	103F5
愉城苑	Yue Shing Court	105A7
景田苑	King Tin Court	104D4
景明苑	King Ming Court	108B2
景林邨	King Lam Estate	108C4
景峰花園	Prime View Garden	117D6
景雅苑	King Nga Court	98G3
景翠苑	King Tsui Court	76G1
景盛苑	King Shing Court	97F7
湖景邨	Wu King Estate	118F2
發祥街臨屋區	Fat Tseung St THA	29A5
華明邨	Wah Ming Estate	97G8
華富邨	Wah Fu Estate	75D6
華貴邨	Wah Kwai Estate	75F7
象山邨	Cheung Shan Estate	123A5
逸雅苑	Yat Nga Court	98F3
隆亨邨	Lung Hang Estate	104D3
雲疊花園	Carado Garden	104D3
順天邨	Shun Tin Estate	49F6
順安邨	Shun On Estate	49D6
順利邨	Shun Lee Estate	49C5
順欣花園	Sunningdale Garden	96C4
順緻苑	Shun Chi Court	49C6
黃大仙下邨	Wong Tai Sin (Lower)	44A4
黃大仙上邨	Wong Tai Sin (Upper)	44A3
黃竹坑邨	Wong Chuk Hang Est	88C3
園東臨屋區	Yuen Tung THA	46G3

十三畫

煜明苑	Yuk Ming Court	109F6
愛民邨	Oi Man Estate	37B8
新田圍邨	Sun Tin Wai Estate	105C5
新圍苑	San Wai Court	116C1
新發邨	San Fat Estate	116G4
新翠邨	Sun Chui Estate	104C4
新興花園	Sun Hing Garden	99C5

新麗花園	Sun Lai Garden	47A5
置樂花園	Chi Lok Fa Yuen	119B6
葵芳邨	Kwai Fong Estate	123G5
葵俊苑	Kwai Chun Court	123F6
葵順臨屋區	Kwai Shun THA	122F4
葵泰臨屋區	Kwai Tai THA	122G4
葵涌邨	Kwai Chung Estate	123D5
葵康苑	Kwai Hong Court	123F6
葵盛東,西邨	Kwai Shing E.W Est	122F4
葵樂臨屋區	Kwai Lok THA	124F4
葵賢苑	Kwai Yin Court	122C4
葵興邨	Kwai Hing Estate	123D6
裕明苑	Yu Ming Court	109D6
裕東苑	Yu Tung Court	19B6
運頭塘邨	Wan Tau Tong Estate	98G3
頌安邨	Chung On Estate	106D1
頌明苑	Chung Ming Court	109D5
頌雅苑	Chung Nga Court	98A4
慈正邨	Tsz Ching Estate	46C1
慈民邨	Tsz Man Estate	46C2
慈安苑	Tsz On Court	46D2
慈愛苑	Tsz Oi Estate	46D1
慈安邨	Tsz Oi Court	46D2
慈樂邨	Tsz Lok Estate	46F1

十四畫

嘉強苑	Ka Keung Court	44D4
嘉福邨	Ka Fuk Est	97D5
嘉田苑	Ka Tin Court	104G2
嘉盛苑	Ka Shing Court	97D5
嘉隆苑	Ka Lung Court	75F7
滿樂大廈	Moon Lok Dai Ha	122C1
漁民新邨	Fisherman Housing Est	110G3
漁光邨	Yue Kwong Chuen	86A2
漁安苑	Yue On Court	87A6
漁暉苑	Yue Fai Court	86A3
漁灣邨	Yue Wan Estate	77C5
福佐花園	Fok On Garden	106C1
福來邨	Fuk Loi Estate	122B1
翠竹花園	Tsui Chuk Garden	44C2
翠林邨	Tsui Lam Estate	108C2
翠屏北邨	Tsui Ping N Estate	53C5
翠屏南邨	Tsui Ping S Estate	53D5
翠寧花園	Tsui Ning Garden	118B4
翠瑤苑	Tsui Yiu Court	125B6
翠麗花園	Tsui Lai Garden	96A3
翠灣邨	Tsui Wan Estate	76C4
銀灣邨	Ngan Wan Estate	127G6
鳳德邨	Fung Tak Estate	46D3
鳳禮苑	Fung Lai Court	46D3
鳳鑽苑	Fung Chuen Court	46F3
榮福中心	Wing Fok Centre	97B6

十五畫

廣明苑	Kwong Ming Court	109F5
廣田邨	Kwong Tin Estate	55A6
廣林苑	Kwong Lam Court	103G8
廣源邨	Kwong Yuen Estate	103G8
廣福邨	Kwong Fuk Estate	99D5
德田邨	Tak Tin Estate	53G8
德雅苑	Tak Nga Court	98G3
模範邨	Model Housing Estate	72B1
樂年花園	Cronin Garden	32D2
樂民新邨	Lok Man Sun Chuen	40D1
樂軒台	Lok Hin Terrace	76D4
樂富邨	Lok Fu Estate	45C5
樂華南,北邨	Lok Wah S.N. Estate	52A1

樂雅苑	Lok Nga Court	48G4
樂翠臺	Neptune Terrace	76B2
蝴蝶邨	Butterfly Estate	118F1
賢麗苑	Yin Lai Court	124C4
慧安園	Well On Garden	108B3

十六畫

曉翠苑	Hiu Tsui Court	77F7
曉麗苑	Hiu Lai Court	52A4
橫頭磡邨	Wang Tau Hom Estate	44C4
澤安邨	Chak On Estate	32B3
澤豐花園	Affluence Garden	116D4
興民邨	Hing Man Estate	76C1
興田邨	Hing Tin Estate	53D7
興田臨屋區	Hing Tin THA	116B2
興安臨屋區	Hing On THA	106D1
興東邨	Hing Tung Estate	74G2
興盛臨屋區	Hing Shing THA	121C8
興華一,二邨	Hing Wah I,II Estate	76B2
錦英苑	Kam Ying Court	106D3
錦鞍苑	Kam On Court	106F1
錦龍苑	Kam Lung Court	106C4
錦禧苑	Kam Hay Court	106D2
錦豐苑	Kam Fung Court	106D1
鴨脷洲邨	Ap Lei Chau Estate	87D5
龍田邨	Lung Tin Estate	130G3
龍坪道臨屋區	Lung Ping Rd THA	33A5
龍欣苑	Lung Yan Court	92D4
龍蟠苑	Lung Poon Court	46D4

十七畫及以上

鴻福苑	Hung Fuk Court	86C2
勵德邨	Lai Tak Tsuen Estate	69B5
環翠邨	Wan Tsui Estate	76F3
穗禾苑	Sui Wo Court	102C2
藍田一,二,三	Lam Tin I,II,III	53F7
豐盛苑	Fung Shing Court	105C6
瀝源邨	Lek Yuen Estate	102F2
瓊山苑	King Shan Court	46A4
瓊麗苑	King Lai Court	46A4
鵬程苑	Pang Ching Court	44B2
麗安邨	Lai On Estate	29A8
麗晶花園	Richland Gardens	50F1
麗瑤邨	Lai Yiu Estate	125A5
麗閣邨	Lai Kok Estate	31F8
寶石大廈	Bo Shek Mansion	122D3
寶林邨	Po Lam Estate	108B3
寶雅苑	Po Nga Court	98C1
寶熙苑	Po Hei Court	32C1
寶珮苑	Po Lai Court	32C1
耀安邨	Yiu On Court	106D2
耀東邨	Yiu Tung Estate	74F3
蘇屋邨	So Uk Estate	31B8
顯明苑	Hin Ming Court	109D6
顯徑邨	Hin Keng Estate	104F2
觀塘(鯉魚門道邨)	Kwun Tong	53G6
	(Lei Yue Mun Rd Est）	

公共屋邨

173

公共屋邨
Housing Estates

Include HK Housing Authority, HK Housing Society & HK Settlers Housing Corp. as well as buildings of the Home Ownership Scheme.

A

Affluence Garden	澤安花園	116D4
Ap Lei Chau Est	鴨脷洲邨	87D5

B

Bo Shek Mansion	寶石大廈	122D3
Broadview Garden	偉景花園	126B3
Butterfly Estate	蝴蝶邨	118F1

C

Carado Garden	雲疊花園	104D3
Chai Wan Estate	柴灣邨	77D5
Chak On Estate	澤安邨	32B3
Cheerful Garden	富怡花園	77D8
Cheung Ching Est	長青邨	126D4
Cheung Fat Estate	長發邨	126A3
Cheung Hang Estate	長亨邨	126B1
Cheung Hong Est	長康邨	126D3
Cheung Kwai Est	長貴邨	128B5
Cheung On Estate	長安邨	126A2
Cheung Sha Wan Est	長沙灣邨	31F8
Cheung Shan Est	象山邨	123A5
Cheung Wah Est	祥華邨	97D7
Cheung Wo Court	祥和苑	52B3
Chevalier Court	富安苑	101G8
Chi Lok Fa Yuen	置樂花園	119B6
Ching Lai Court	清麗苑	125F6
Ching Nga Court	青雅苑	126A3
Ching Shing Court	青盛苑	126D2
Ching Tai Court	青泰苑	126A2
Ching Wah Court	青華苑	126D2
Cho Yiu Chuen	祖堯邨	125D5
Choi Chuk THA	彩竹臨屋區	44C2
Choi Fai Estate	彩輝邨	48B3
Choi Fung Court	彩豐苑	48B1
Choi Ha Estate	彩霞邨	48F3
Choi Hung Estate	彩虹邨	47B7
Choi Po Court	彩蒲苑	96C2
Choi Wan Estate	彩雲邨	48B2
Choi Yuen Estate	彩園邨	96C3
Chuen Seen Mei	真善美邨	43B5
Chuk Yuen S. N.	竹園南,北邨	44A2
Chun Man Court	俊民苑	37A8
Chun Shek Estate	秦石邨	105C5
Chun Wah Court	振華苑	50A4
Chung Ming Court	頌明苑	109D5
Chung Nga Court	頌雅苑	98B4
Chung On Est	頌安邨	106D1
Clague Garden Est	祈德尊新邨	122C1
Cronin Garden	樂年花園	32D2

E

Elegance Garden	富雅花園	98F3

F

Fat Tseung St THA	發祥街臨屋區	29A5
Finery Park	富麗花園	108B4
Fisherman Housing	漁民新邨	110G3
Fok On Garden	福安花園	106C1
Fortune St THA	幸福街臨屋區	31D7

Fu Fai Garden	富輝花園	106C2
Fu Hang Estate	富亨邨	98A4
Fu Keung Court	富強苑	44D4
Fu Ning Garden	富寧花園	109C6
Fu Shan Estate	富山邨	46A4
Fu Shin Estate	富善邨	99C5
Fuk Loi Estate	福來邨	122B1
Full Wealth Garden	富雅花園	71B7
Fullview Garden	富景花園	77F8
Fung Chuen Court	鳳鑽苑	46F3
Fung Lai Court	鳳禮苑	48D3
Fung Shing Court	豐盛苑	105C6
Fung Tak Estate	鳳德邨	46D3
Fu Tung Estate	富東邨	19B6
Fung Wah Estate	峰華邨	76F1

G

Garden Estate	花園大廈	52C1
Grandway Garden	富嘉花園	104B3
Greenwood Terrace	康盈臺	76C2

H

Hang Tsui Court	杏翠苑	76C4
Harmony Garden	富欣花園	77D7
Hau Tak Estate	厚德邨	109D5
Healthy Village Est	健康邨	71B8
Heng On Estate	恆安邨	106F1
Hin Keng Estate	顯徑邨	104F2
Hin Ming Court	顯明苑	109D6
Hing An Estate	興民邨	76C1
Hing On THA	興安臨屋區	106D1
Hing Shing THA	興盛臨屋區	121C8
Hing Tin Estate	興田邨	53D7
Hing Tin THA	興田臨屋區	116B2
Hing Tung Estate	興東邨	74G2
Hing Wah I,II Est	興華邨一,二	76D2
Hiu Lai Court	曉麗苑	52A4
Hiu Tsui Court	曉翠苑	77F7
Ho Man Tin Estate	何文田邨	42G2
Ho Ming Court	浩明苑	108C4
Hoi Bun THA	海濱臨屋區	51B6
Holford Gardens	海福花園	104B3
Hong Lam Court	康林苑	103G8
Hong Nga Court	康雅苑	55A6
Hong Pak Court	康柏苑	55B6
Hong Ying Court	康盈苑	53G8
Hong Sing Garden	康盛花園	108C3
Hong Tin Court	康田苑	53G6
Hong Wah Court	康華苑	53D8
Hung Fuk Court	鴻福苑	86C2
Hung Hom Estate	紅磡邨	41B5

J

Jat Min Chuen	乙明邨	105B7
Jordan Valley Est	佐敦谷邨	48G3

K

Ka Fuk Estate	嘉福邨	97D5
Ka Keung Court	嘉強苑	44D4
Ka Lung Court	嘉隆苑	75F7
Ka Shing Court	嘉盛苑	97D5
Ka Tin Court	嘉田苑	104G2
Ka Wai Chuen	嘉偉邨	40D4
Kai Cheung THA	啟祥臨屋區	50D2
Kai Chiu THA	啟照臨屋區	50C4
Kai Lok THA	啟樂臨屋區	50D2
Kai Tai Court	啟泰苑	50C1
Kai Tsui Court	佳翠苑	77F8

Kai Wang THA	啟宏臨屋區	51C3
Kai Wo THA	啟和臨屋區	50C2
Kai Yip Estate	啟業邨	50C1
Kai Yiu THA	啟耀臨屋區	50D1
Kam Fung Court	錦豐苑	106D1
Kam Hay Court	錦禧苑	106D2
Kam Lung Court	錦龍苑	106C4
Kam On Court	錦鞍苑	106F1
Kam Ying Court	錦英苑	106D3
Kin Sang Est	建生邨	116C3
King Lai Court	瓊麗苑	46A4
King Lam Estate	景林邨	108C4
King Ming Court	景明苑	108B2
King Nga Court	景雅苑	98G3
King Shan Court	瓊山苑	46A4
King Shing Court	景盛苑	97F7
King Tin Court	景田苑	104D4
King Tsui Court	景翠苑	76G1
Ko Chiu Road Est	高超道邨	55D7
Ko Chun Court	高俊苑	55C7
Ko Yee Estate	高怡邨	55D7
Kwai Chun Court	葵俊苑	123F6
Kwai Chung Est	葵涌邨	123D5
Kwai Fong Estate	葵芳邨	123G5
Kwai Hing Estate	葵興邨	123D6
Kwai Hong Court	葵康苑	123F6
Kwai Hong THA	葵康臨屋區	122C4
Kwai Lok THA	葵樂臨屋區	122F4
Kwai Shing E.W Est	葵盛東,西邨	122F4
Kwai Shun THA	葵順臨屋區	122F4
Kwai Yin Court	葵賢苑	122C4
Kwong Fuk Estate	廣福邨	99D5
Kwong Lam Court	廣林苑	103G8
Kwong Ming Court	廣明苑	109F5
Kwong Tin Estate	廣田邨	55A6
Kwong Yuen Est	廣源邨	103G8
Kwun Tong: Lei Yue Mun Rd Estate	觀塘 (鯉魚門道邨)	53G6

L

Lai King Estate	荔景邨	125B5
Lai Kok Estate	麗閣邨	31F4
Lai On Estate	麗安邨	29A8
Lai Tak Tsuen	勵德邨	69B5
Lai Yiu Estate	麗瑤邨	125A5
Lam Tin I,II,III Est	藍田一,二,三邨	53F7
Lee On Estate	利安邨	106C4
Lei Cheng Uk Est	李鄭屋邨	32C2
Lei Muk Shue Est	梨木樹邨	123A7
Lei Tung Estate	利東邨	87B6
Lek Yuen Estate	瀝源邨	102F2
Leung King Estate	良景邨	116C1
Lok Fu Estate	樂富邨	45C5
Lok Hin Terrace	樂軒台	76D4
Lok Man Sun Chuen	樂民新邨	40D1
Lok Nga Court	樂雅苑	48G4
Lok Wah S.N. Est	樂華南,北邨	52A1
Long Bin THA	朗邊臨屋區	115B5
Long Ping Estate	朗屏邨	113D5
Lung Hang Estate	隆亨邨	104D3
Lung Ping Rd THA	龍坪道臨屋區	33A5
Lung Poon Court	龍蟠苑	46D4
Lung Tin Estate	龍田邨	130G3
Lung Yan Court	龍欣苑	92D4

M

Ma Hang Estate	馬坑邨	92D4
Ma Tau Wai Est	馬頭圍邨	42D4

May Shing Court	美城苑	104A3	Sheung Shing St THA	常盛街臨屋區	42F2	Tsz Man Estate	慈民邨	46C2
Mei Chung Court	美松苑	104A2	Sheung Shui THA	上水臨屋區	96C1	Tsz Oi Estate	慈愛邨	46D1
Mei Lam Estate	美林邨	104A3	Sheung Tai THA	常泰臨屋區	77A5	Tsz On Court	慈安苑	46D2
Mei Tung Estate	美東邨	45B7	Shui Pin Wai Est	水邊圍邨	113F6	Tung Chun Court	東駿苑	74F3
Melody Gardens	美樂花園	118F1	Shun Chi Court	順緻苑	49C6	Tung Hei Court	東喜苑	74G2
Ming Nga Court	明雅苑	99C5	Shun Lee Estate	順利邨	49C5	Tung Lam Court	東霖苑	74G2
Ming Tak Estate	明德邨	109D6	Shun On Estate	順安邨	49D6	Tung Tau Estate	東頭邨	45B6
Ming Wah Dai Ha	明華大廈	74A3	Shun Tin Estate	順天邨	49F6	Tung Tau	東頭平房區	
Model Housing Est	模範邨	72B1	Siu Hei Court	兆禧苑	118F2	Cottage Area	(培民村)	45B6
Moon Lok Dai Ha	滿樂大廈	122C1	Siu Hin Court	兆軒苑	116C3			
Mui Lee THA	梅里臨屋區	104B2	Siu Hong Court	兆康苑	117A5	**U-W**		
			Siu Lun Court	兆麟苑	119C5	UN Chau St Estate	元洲邨	31D8
N			Siu Lung Court	兆隆苑	116C2	Valley Road Estate	山谷道邨	40F3
Nam Cheong Est	南昌邨	29C7	Siu On Court	兆安苑	119A5	Wah Fu Estate	華富邨	75D6
Nam Shan Estate	南山邨	33D6	Siu Pong Court	兆邦苑	116C2	Wah Kwai Estate	華貴邨	75D7
Neptune Terrace	樂翠臺	76B2	Siu Sai Wan Est	小西灣邨	77F7	Wah Ming Estate	華明邨	97G8
Ngan Wan Estate	銀灣邨	127G6	Siu Shan Court	兆山苑	118D1	Walton Estate	宏德居	76D4
Ngau Tau Kok			So Kon Po			Wan Tau Tong Est	運頭塘邨	98G3
(Lower Estate)	牛頭角下邨	48G2	Cottage Area	掃捍埔平房區	85A5	Wan Tsui Estate	環翠邨	76F3
Ngau Tau Kok			So Uk Estate	蘇屋邨	31B8	Wang Fuk Court	宏福苑	99D5
(Upper Estate)	牛頭角上邨	51A5	Sui Wo Court	穗禾苑	102C2	Wang Tau Hom Est	橫頭磡邨	44C4
North Point Estate	北角邨	71A5	Sun Chui Estate	新翠邨	104C4	Well On Garden	慧安園	108B3
			Sun Hing Garden	新興花園	99C5	Wing Fok Centre	榮福中心	97B6
O			Sun Lai Garden	新麗花園	47A5	Wo Che Estate	禾輋邨	102D3
Oi Man Estate	愛民邨	37B8	Sun Tin Wai Est	新田圍邨	105C5	Wo Lok Estate	和樂邨	52C4
On Kay Court	安基苑	50A4	Sunningdale Garden	順欣花園	96C4	Wong Chuk Hang Est	黃竹坑邨	88C3
On Ning Garden	安寧花園	109D5				Wong Tai Sin (Lower)	黃大仙下邨	44A4
On Shing Court	安盛苑	96B4	**T**			Wong Tai Sin (Upper)	黃大仙上邨	44A3
On Ting Estate	安定邨	119B5	Tai Hang Sai Est	大坑西邨	33F5	Wu King Estate	湖景邨	118F2
On Yam Estate	安蔭邨	123C8	Tai Hang Tung Est	大坑東邨	33F6			
On Yip THA	安業臨屋區	77C6	Tai Hing Estate	大興邨	116C3	**Y**		
			Tai Ping Estate	太平邨	96D3	Yan Ming Court	欣明苑	108B4
P-R			Tai Po Plaza	大埔廣場	98C4	Yan Shing Court	欣盛苑	97F7
Pak Tin Estate	白田邨	33C6	Tai Po Tau THA	大埔頭臨屋區	98C2	Yan Tsui Court	茵翠苑	76F3
Pang Ching Court	鵬程苑	44B2	Tai Wo Estate	太和邨	98D2	Yat Nga Court	逸雅苑	98F3
Peng Lai Court	坪麗苑	130B2	Tai Wo Hau Estate	大窩口邨	122D4	Yau Oi Estate	友愛邨	118B4
Ping Shek Estate	坪石邨	47A8	Tai Yuen Estate	大元邨	98B4	Yau Tong Estate	油塘邨	55D6
Ping Shek THA	坪石臨屋區	48C1	Tak Nga Court	德雅苑	98G3	Yau Tong Centre	油塘中心	55F6
Po Hei Court	寶熙苑	32C1	Tak Tin Estate	德田邨	53G8	Yee Ching Court	怡靖苑	32F1
Po Lai Court	寶麗苑	32C1	Tanner Hill Estate	丹拿山邨	71C6	Yee Kok Court	怡閣苑	32F1
Po Lam Estate	寶林邨	108B3	Tin King Estate	田景邨	116C2	Yee Nga Court	怡雅苑	99B5
Po Nga Court	寶雅苑	98C1	Tin Lai Court	天麗苑	114C3	Yee Tsui Court	怡翠苑	76D3
Pok Hong Estate	博康邨	105B7	Tin Ma Court	天馬苑	44C3	Yin Lai Court	賢麗苑	124C4
Prime View Garden	景峰花園	117D6	Tin Oi Court	天愛苑	114C2	Ying Ming Court	英明苑	108B3
Richland Gardens	麗晶花園	50F1	Tin Ping Estate	天平邨	96B4	Yiu On Estate	耀安邨	106D2
			Tin Sum THA	田心臨屋區	97F8	Yiu Tung Estate	耀東邨	74F3
S			Tin Tsz Est	天慈邨	114C3	Yu Ming Court	裕明苑	109D6
Saddle Ridge Garden	富寶花園	106C4	Tin Wang Court	天宏苑	44C2	Yu Tung Court	裕東苑	19B6
Sai Kung Tui Min Hoi	西貢對面海邨	110G2	Tin Yau Court	天祐苑	114D3	Yue Fai Court	漁暉苑	86A3
Sai Wan Estate	西環邨	56F3	Tin Yiu Estate	天耀邨	114D3	Yue Kwong Chuen	漁光邨	86A2
Sam Shing Estate	三聖邨	119C5	Ting Nga Court	汀雅苑	98B3	Yue On Court	漁安苑	87A6
San Fat Estate	新發邨	116B4	Tseung Kwan O THA	將軍澳臨屋區	108A2	Yue Shing Court	愉成苑	105A7
San Wai Court	新圍苑	116C1	Tsing Kin THA	青健臨屋區	126C3	Yue Tin Court	愉田苑	103F5
Sau Mau Ping I- IV	秀茂坪一至四	53A5	Tsing On THA	青安臨屋區	126A3	Yue Wan Estate	漁灣邨	77C5
Serene Garden	海悅花園	126C4	Tsing Yan THA	青欣臨屋區	126B1	Yuen Long Estate	元朗邨	113C6
Sha Kok Estate	沙角邨	105A7	Tsing Yi Estate	青衣邨	126C2	Yuen Tung THA	園東臨屋區	46G3
Sha Kok Mei THA	沙角尾臨屋區	110C3	Tsui Chuk Garden	翠竹花園	44C2	Yuet Lai Court	悅麗苑	125C5
Sha Tin Tau THA	沙田頭臨屋區	105B5	Tsui Lai Garden	翠麗花園	96A3	Yuet Wu Villa	悅湖山莊	118F2
Shan King Estate	山景邨	116F2	Tsui Lam Estate	翠林邨	108C2	Yuk Ming Court	煜明苑	109F6
Shan Tsui Court	山翠苑	76B1	Tsui Ning Garden	翠寧花園	118B4	Yuk Po Court	旭埔苑	96C3
Shatin Pass Estate	沙田坳邨	46G1	Tsui Ping N Estate	翠屏北邨	53C5			
Shek Kip Mei Est	石硤尾邨	32F3	Tsui Ping S Estate	翠屏南邨	53D5			
Shek Lei Estate	石籬邨	123F8	Tsui Wan Estate	翠灣邨	76C4			
Shek Pai Wan Est	石排灣邨	86A3	Tsui Yiu Court	翠瑤苑	125B6			
Shek Wai Kok Est	石圍角邨	122B4	Tsz Ching Estate	慈正邨	46C1			
Shek Yam Estate	石蔭邨	123C7	Tsz Lok Estate	慈樂邨	46F1			
Shek Yam E Est	石蔭東邨	123C8						
Sheung On THA	常安臨屋區	77A5						

全港主要大廈及私人屋邨

280號砵蘭街商業大廈	280 Portland Street Comm Bldg	34F4
88 廣場	88 Square	98D3

一至三畫

一洲大廈	Yat Chau Building	60C3
一洲國際廣場	Yat Chau International Plaza	58B2
九廣鐵路大樓	KCRC House	102B4
九龍中心大廈	Kowloon Centre	38D3
九龍行	Kowloon Building	36B4
九龍城廣場	Kowloon City Plaza	45C8
九龍廣場	Kowloon Plaza	31C6
人人商業大廈	Man Man Building	66B4
人民入境事務大樓	Immigration Tower	64C4
八號花園	Eightland Gardens	98C3
力生廣場	Lik Sang Plaza	122B2
力蓄多元化工業城	Alexan Plaza	116G3
力寶太陽廣場	Lippo Sun Plaza	38D2
又一村花園	Village Gardens	33F7
又一居	Parc Oasis	33D7
三台大廈	San Toi Building	60C2
三昌大廈	Sam Cheong Building	60C3
三洲大廈	Sunshine Building	66F4
三聯大廈	Trinity House	67G6
上水中心	Sheung Shui Centre	96C4
上水貿易廣場	Sheung Shui Plaza	96B1
上水廣場	Landmark North	96C3
上海商業銀行大廈	Shanghai Commercial Bank Bldg	63G5
上海實業大廈	Shanghai Ind Investment Building	65D5
土木工程署大樓	Civil Engineering Bldg	37A7
大生工業大樓	Great Sun Industrial Building	122F3
大生商業大廈	Tai Sang Commercial Building	65F5
大生銀行大廈	Tai Sang Bank Building	60B4
大有大廈	Tai Yau Building	65B5
大成大廈	Excelsior Building	122C1
大昌大廈	Grand Building	62G4
大昌行元朗汽車服務中心	Dah Chong Hong Y.L.Ser.Ctr	113B5
大昌行鴨脷洲汽車服務中心	DCH (Ap Lei Chau) Motor Service Ctr	87C8
大埔工業邨	Tai Po Ind Est	99C7
大埔中心	Tai Po Centre	98C4
大埔花園	Tai Po Garden	98C1
大華中心	Majestic Centre	37F5
大華商業大廈	Monarch House 2	66C4
大華銀行大廈	United Overseas Bank Building	61A5
大新人壽大廈	Dah Sing Life Building	60A4
大新金融中心	Dah Sing Financial Ctr	64B4
大德工業大廈	Tai Tak Industrial Building	123F6
大興花園	Tai Hing Garden	116D4
山德士中心	Sandoz Centre	122F3
山齡工業中心	Shan Ling Industrial Building	116G3

四畫

中大印刷集團大廈	Chung Tai Printing Group	97C7
中央工業大廈	China Pacific Industrial Building	30D4
中央廣場	Town Place	64F4
中邦商業大廈	Chung Pont Commercial Building	67G5
中亞洲大廈	AIE Building	62G3
中怡商業大廈	Centre Point	66F4
中信大廈	Citic Tower	63A5
中信國際中心	Chinabest International Centre	123G6
中保集團大廈	China Insurance Group Building	60A3
中南大廈	Chung Nam Building	64F4
中南行	Chung Nam House	62G3
中南銀行大廈	China & South Sea Bank Bldg, The	60C3

中威商業大廈	Chung Wai Comm Bldg	66D4
中建大廈	Central Building	63G5
中旅大廈	China Travel Building	61A5
中旅集團大廈	C.T.S. House	60B3
中航大廈	CNAC Building	63G5
中國人壽大廈	CLI Building	67G5
中國海外大廈	China Overseas Building	65C5
中國銀行大廈	Bank of China Building	63D5
中國聯合銀行大廈	United Chinese Bank Building	62G3
中望商業大廈	Chinaweal Centre	66D4
中晶商業大廈	Oriental Crystal Commerical Bldg	61B5
中港大廈	China Hong Kong Tower	65G5
中港中心	China Hong Kong Centre	38C2
中港城	China Hong Kong City	38B1
中華商業中心	Jonsim Place	65C7
中華總商會大廈	Chinese Gen Chamber of Comm Bldg,The	62G3
中匯大樓	Chung Wui Mansion	65A6
中滙中心	Midland Centre	60F4
中僑商業大廈	Chung Kiu Commercial Building	35G5
中福商業大廈	CF Commercial Tower	38D4
中銀大廈	Bank of China Tower	63D6
中銀信用卡中心	BOC Credit Card Centre	60G2
中興商業大廈	Chung Hing Commercial Building	60A3
中環大廈	Lyndhurst Building	61B5
中環廣場	Central Plaza	64B4
中滙中心	Central Tower	63G5
丹拿花園	Tanner Garden	71C6
互信大廈	Trust Tower	65D6
仁孚工業大廈	Zung Fu Industrial Building	72D4
仁孚香港仔車廠	Zung Fu Aberdeen Garage	88D2
元朗工業邨	Yuen Long Ind. Estate	112D2
元朗英皇金融大廈	Emperor Comm Bldg (Yuen Long)	113B6
元朗商業中心	Yuen Long Commercial Centre	113C7
六合商業大廈	Concord Commercial Building	70D2
六國中心	Luk Kwok Centre	64C4
公爵大廈	Edinburgh Tower	63G5
友光大廈	Yau Kwong Building	67D5
友邦大廈	AIA Building	67G8
友邦中心	AIA Plaza	67A5
友誠商業中心	Yau Shing Commerical Centre	35G5
友德工業大廈	Yau Tak Industrial Building	118A3
壬子商業大廈	Yam Tze Commercial Building	65D5
天安商業大廈	Tin On Sing Commercial Building	61C5
天星大廈	Astoria Building	38D3
天匯工業大廈	Tin Wui Industrial Building	116G3
天廚中心	Tien Chu Centre	43C6
天廚商業大廈	Tien Chu Commercial Building	66G4
天寶大廈	Tempo Court	71C6
太子大廈	Prince's Building	63F5
太子中心	Prince Centre	34A4
太子商業大廈	Prince Commercial Builidng	35C5
太子閣	Prince's Heights	42B1
太古大廈	Swire House	62F4
太古坊	Taikoo Place	72C3
太古城	Taikoo Shing	72C4
太古城中心	Cityplaza	73D5
太古貿易大廈	Swire & Maclaine House	39A5
太平工業中心	Tai Ping Industrial Centre	98B3
太平工業園	Tai Ping Industrial Park	98B3
太平行	Pacific House	63G5
太平洋貿易中心	Pacific Trade Centre	51B6
太平洋廣場	Pacific Plaza	57B8
太和中心	Tai Wo Centre	98C3
太富商業大廈	Thyrse House	61A5
太湖花園	Serenity Park	98C2
太興中心	Tern Centre	60D4

太興商業大廈	Tern Commercial Building	39C5
屯門市廣場	Tuen Mun Town Plaza	117G5
巴富花園	Perth Garden	42D1
文化傳信中心	Culturecom Centre	52F2
文化傳信印刷大廈	Culturecom Printing House	99A8
文咸中心	Bonham Centre	60D3
文苑	Man Yuen Garden	65G7
文迪工業大廈	Mantex Industrial Building	121B8
文華大廈	Mandarin Building	60C3
文雅閣	Manor Court	84C2
文熙大廈	Man Hee Mansion	65F5
文遜大廈	Manson House	38D4
文德苑	Manor Place	43A5
文樂商業大廈	Man Lok Building	60D3
文興大廈	Man Hing Mansion	67G6
文禮苑	Manderly Garden	90C3
文禮閣	Manlai Court	104B4
文寶大廈	Man Po Building	65B5
日本信用大廈	J C G Building	35D5
日利閣	Sunpeace Court	42B1
日發大廈	Yat Fat Building	61A5
木蘭苑	Merlin Garden	70D2
比華利山	Beverly Hill	67A8
牛津工業大廈	Oxford Industrial Building	122F2
王子工業大廈	Wong's Factory Building	122D3
王仲銘商業大廈	Wong Chung Ming Comm House	61A6
五畫		
世界花園	World-Wide Gardens	104F4
世界金融中心	World Finance Centre	38D2
世界商業大廈	World-wide Commercial Building	61A7
世界商業中心	World Commerce Centre	38D2
世界貿易中心	World Trade Centre	66B3
世紀工商中心	Century Centre	52F2
世紀城市工業大廈	Century Industrial Building	116D3
世紀廣場	Century Square	61A6
世華商業大廈	Knapwood Commercial Building	36G4
世達中心	World Tech Ctr	52D2
加州花園	Palm Springs	111C7
加拿芬廣場	Carnarvon Plaza	38C4
北方商業大廈	SEC Commercial Building	64B4
北角中心大廈	North Point Centre	70C3
北角台	North Point Terrace	70C4
北角城中心	Fortress Tower	70C3
北海商業大廈	CNT Commercial Building	60D4
北港商業大廈	North Cape Commercial Building	71B5
半島大廈	Peninsula Apartments	38D4
半島工業大廈	Peninsula Factory Building	122D2
半島中心	Peninsula Centre	39C6
半島廣場	Peninsula Square	40B3
台山中心	Toi Shan Centre	65C6
四方大廈	Foursquare Mansion	34A4
四海大廈	Four Sea Mansion	65A5
四海玉器中心	Four Seas Jade Centre	36F3
四海通銀行大廈	Four Seas Communications Bank Bldg	60F2
四賓大廈	Sea Bird House	61A7
尼斯花園	Nice Garden	57B7
平安大廈	Alhambra Building	37D5
平霖商業大廈	Ping Lam Commercial Building	67G5
必發台	Bedford Tower	34C2
必發商業大廈	Perfect Commercial Building	67D6
正好工業大廈	Jing Ho Industrial Building	122F3
民生商業大廈	Man Sang Commercial Building	43A5
民安保險大廈	Ming An Insurance Building	67A6
永光中心	Circle Tower	67C5
永光閣	Circle Court	70B4
永如工業大廈	Wing Yu Factory Building	122D3
永安人壽大廈	Wing On Life Building	62G4
永安中心	Wing On Centre	60C3
永安中區大廈	Wing On Central Building	62G4
永安商業大廈	Wing On Comm Bldg	113B6
永安集團大廈	Wing On House	60A4
永安廣場	Wing On Plaza	39D5
永亨保險大廈	Wing Hang Insurance Building	60B4
永亨銀行大廈	Wing Hang Bank Building	60B4
永利大廈	Wing Lee Building	38B4
永佳工業大廈	Wing Kwai Factory Building	122D3
永昌商業大廈	Wing Cheong Commercial Building	60C4
永明工業大廈	Wing Ming Industrial Building	122D3
永昇工業大廈	Wing Shing Industrial Building	122G3
永恆商業大廈	Wings Building	61B5
永健工業大廈	Wing Kin Industrial Building	122G3
永基商業大廈	Wing Kee Commercial Building	32D1
永康工業大廈	Wing Hong Factory Building	124A4
永康中心	Wing Hong Centre	31C5
永得利大廈	Ever Gain Building	103G6
永連勝中心	Carry Win Centre	61A7
永傑中心	Centre Mark, The	60D4
永富商業大廈	Winfull Commercial Building	60F2
永發工業大廈	Winfield Industrial Building	116F3
永善工業大廈	Win Sun Manufacturing Building	116G4
永華大廈	Winfair Mansion	34B3
永華工業大廈	Wing Wah Industrial Building	122D3
永隆銀行大廈	Wing Lung Bank Building	62G3
永業中心	Centre Mark II	60D3
永達商業大廈	Wing Tat Commercial Building	60D3
永豪閣	Regal Court	65G6
永樂大廈	Wing Lok Mansion	60F2
永豐閣	Wing Fung Court	65G6
永寶大廈	Wing Po Mansion	70C4
玉郎中心	Jademan Centre	71B8
玉暉商業大廈	Gem Fair Commercial Building	36F3
甘苑	Kenville Building	63F8
生力軒	Silverwood	67A7
生和大廈	Sang Woo Building	66F4
生產力大樓	HKPC Building	33D7
白蘭仙大廈	Pinocine Building	61A5
立本大廈	Lap Poon Building	58B2
立信大廈	National Court	37G5
立信工業大廈	Lap Shun Industrial Building	123C5
立泰工業大廈	Leader Industrial Centre Phase	122F2
立健商業大廈	Vogue Building	61B6
立德工業大廈	Lap Tak Industrial Building	122D2
六畫		
交易廣場	Exchange Square	62G3
交通銀行大廈	Bank of Communications Building	67F5
交通銀行大廈	Bank of Communications Building	36A4
交通廣場	Transport Plaza	113B6
伊利莎伯大廈	Elizabeth House	66D4
任合興工業大廈	Yam Hop Hing Industrial Building	123D6
企業廣場	Enterprise Square	50D4
光明臺	Illumination Terrace	69C5
兆威工業中心	Siu Wai Industrial Centre	31C5
兆群大廈	Siu Kwan Mansion	86A3
兆豐商業大廈	Shiu Fung Building	65D6
兆豐閣	Siu Fung Court	43C5
先施大廈	Sincere House	35F5
先施保險大廈	Sincere Insurance Building	65G5
全發商業大廈	Fortune Comm Bldg	122D3
匡湖居	Marina Cove	16F2
印尼中心	Indonesia Centre	67A5

大廈及私人屋邨

印刷行	Printing House	63G5
吉田工業大廈	Y.K.K. Industrial Building	116G3
吉祥大廈	Kut Cheong Mansion	72A1
同珍工業大廈	Tung Chun Industrial Building	123C7
同珍商業中心	Tung Chun Commercial Centre	36A4
同順興商業中心	Tung Shun Hing Commercial Ctr	38C4
同德工業大廈	Co-Tack Industrial Building	116D3
同興花園	Harmony Garden	43F6
名成商業中心	Max Commercial Centre	36A4
合力中心	Hopelead Centre	121B8
合和中心	Hopewell Centre	65D7
合俊花園	Hollywood Garden	60G3
合盈商業中心	Hop Ying Commercial Centre	34C4
合誠汽車大廈	Honest Motors Building	67D6
合興大廈	Hop Hing Bldg	115C6
多寧大廈	Dawning House	60D2
好兆年行	Austin Tower	39A5
好收成工業大廈	Good Harvest Industrial Building	116D4
好收成商業大廈	Good Harvest Commercial Building	36B4
好利商業大廈	Ho Lee Commercial Building	61A6
好時中心	Houston Centre	39D6
好時年商業大廈	Hoseinee House	61B6
好望角大廈	Good Hope Building	35G5
好景工業大廈	Ho King Industrial Building	116F3
好景商業中心	Ho King Commercial Centre	37A5
好運商業大廈	Goodfit Commercial Building	65B5
好運中心	Lucky Plaza	102F2
好達大廈	Hentiff Bldg	35C6
宇宙商業大廈	Universal House	66F4
守時商業大廈	Success Commercial Building	65A5
安力工業中心	Honour Industrial Centre	77C6
安年大廈	Oriental Centre	39C5
安利商業大廈	On Lee Commercial Building	39C5
安邦商業大廈	Aubin House	66G4
安定大廈	Anton Building	65F5
安皇商業大廈	Emperorland Commercial Building	63G5
安利大廈	Amtel Building	60B3
安泰國際中心	EW International Tower	122F3
安康商業大廈	On Hong Commercial Building	65C5
安富閣	On Fu Mansion	104B3
安發大廈	On Fat Building	56D4
安發大廈	On Fat Building	31C8
安隆商業大廈	On Loong Commercial Building	67G5
安順大廈	Anson House	38D3
安匯中心	On Wui Centre	97C8
安廈	On House	61A7
安達中心	Andes Plaza	58C3
安達中心	Auto Plaza	39D6
安達商業中心	Anther Commercial Centre	36A4
安慶樓	On Hing Building	58F3
安樂園大廈	On Lok Yuen Building	62G4
安興大廈	On Hing Mansion	65D6
尖沙咀中心	Tsim Sha Tsui Centre	39D6
年利商業大廈	Nin Lee Commercial Building	61B5
成安工業大廈	Shing On Industrial Building	116G3
成基商業中心	Singga Commercial Centre	58C2
成報大廈	Sing Pao Building	70D2
成報中心	Sing Pao Centre	63G5
收成樓	Good Results Building	38B3
有成大廈	Yau Sing Building	60F2
有成工業大廈	Yeu Shing Industrial Building	116G4
有利大樓	Mercantile House	38A3
有利工業貨倉大廈	Mercantile Ind & Warehouse Bldg	123D7
有餘貿易中心	Unicorn Trade Centre	60A4
江南工業大廈	Kong Nam Industrial Building	121B8
汛和大廈	Uptown, The	61C6
百合苑	All Fit Garden	59A5
百利大廈	Pak Lee Mansion	68C2
百利保廣場	Paliburg Plaza	67A5
百利商業中心	Beverley Commercial Centre	39B5
百佳大廈	Parker House	61A5
百威商業大廈	Parkview Commercial Building	68G4
百家利中心	AT Tower	70D2
百勝工業大廈	Paksang Industrial Building	118A3
百昌行	Park Tsuen Commercial Building	122C2
百福花園	Bedford Garden	71C8
百德大廈	Paterson Building	66B3
百德中心	Portland House	35G5
百德苑	Pak Tak Yuen	102A3
百樂中心	Bartlock Centre	67D6
百資商業大廈	Bel Trade Commercial Court	65A5
百寶利商業中心	Pakpolee Commercial Centre	36A4
竹林苑	Bamboo Grove	65C8
至秀商業大廈	Ultragrace Commercial Building	37G5
至德大廈	Gee Tuck Building	60C3
西九龍中心	Dragon Centre	29A8
西伯利亞皮草大廈	Siberian Fur Store Building	62G4
西岸國際大廈	West Coast International Building	32D1
西洋會所大廈	Club Lusitano Building	63G5
西貢花園	Sai Kung Garden	110D3
西貢苑	Sai Kung Town Villa	110D3
西區中心大廈	Western Centre	60G2
西區商業大廈	Western Commercial Building	60G2
西園	Western Garden	58C3
西灣河中心	Sai Wan Ho Plaza	73F7

七畫

亨寧大廈	Hennessy Plaza	65B5
伯爵園	Earl Gardens	42B2
余仁生中心	Eu Yan Sang Tower	39D5
余氏大廈	Yue's House	60D3
余悅禮行	Yu Yuet Lai Building	61B6
余崇本行	Yu Sung Boon Building	60A4
利文商業大廈	Lee Man Commercial Building	60D3
利亨中心	Lincoln Centre	97D8
利來中心	Raleigh Centre	97C7
利昌大廈	Lee Cheong Building	67G5
利威商業大廈	Lee West Commercial Building	67F5
利美中心	Remex Centre	88D2
利時工業大廈	Leitz Industrial Building	122F2
利堅大廈	Le Caine Mansion	61B7
利基商業大廈	Lee Kee Commercial Building	60C4
利基閣	Topworth Court	58B3
利達工業大廈	Raton Industrial Building	116F3
利雅商業大廈	Leader Commercial Building	39A5
利園	Lee Gardens, The	67B5
利達工業中心	Leader Industrial Centre	102A2
利維大廈	Liven House	52G3
利舞台廣場	Lee Theatre Plaza	67C5
利順商業大廈	Real Sight Commercial Building	36G4
利興中心	Leahander Centre	122D3
利豐大廈	Lee Fung Building	60D3
利豐中心	Lifung Centre	31D5
告士打大廈	Gloucester Tower	62G4
均峰商業大廈	Vulcan House	67D6
均輝大廈	Hecny Tower	39D5
宏立閣	West Grand Court	58F3
宏利保險中心	Manulife Tower	70D2
宏昌工業大廈	Wang Cheung Industry Bldg	116D3
宏威中心	Grand Right Centre	38C4
宏基大廈	Wang Gee Mansion	65A5
宏基中心	Winning Centre	47F6

宏賢中心	Global Trade Ctr	122G3
宏業工貿中心	Wang Yip Centre	113C5
宏輝商業大廈	Grandview Commercial Centre	60G2
岑氏商業大廈	Shum Tower	60D3
岑慎道一號	One Hysan Avenue	67B5
希爾頓大廈	Hilton Towers	39C6
志聯中心	Ray Centre	52G3
李節花園	Li Chit Garden	65F5
杏花邨	Heng Fa Chuen	78F2
杜智臺	Tonnochy Towers	67G5
沙田中心	Sha Tin Centre	102F2
沙田花園	Sha Tin Heights	104D2
沙田商業中心	Shatin Comm Centre	102B3
沙田第一城	City One, Shatin	103D5
沙田渣甸山花園	Ville De Jardin	102C1
沙田廣場	Sha Tin Plaza	102F2
秀平商業大廈	Xiu Ping Commercial Building	60D4
秀明中心	Seabright Plaza	70D2
良士大廈	Alpha House	38F3
辰達集團大廈	Ananda Tower	60A4
八畫		
亞太中心	Hong Kong Pacific Centre	38D3
京士頓大廈	Kingston Building	66A3
京光商業中心	King Kong Commercial Center	60G2
京城大廈	Capital Building	65B5
京都大廈	King's Lodge	70C2
京都廣場	Kyoto Plaza	66C4
京華中心	Capitol Centre	66B4
京賢中心	Capital Trade Centre	52F2
依時商業大廈	Easey Commercial Building	65A5
佳貿中心	Free Trade Centre	52F2
佳誠大廈	Great Smart Tower	67F5
佳德商業大廈	Kai Tak Commercial Building	61B5
來得利工業大廈	Roytery Industry Building	116F3
其士大廈	Chevalier House	39C5
其士商業中心	Chevalier Commercial Centre	50C4
其利中心	Prosperous Centre	38B4
其昌中心	China Underwriters Centre	64C4
其康大廈	Dennies House	64C4
協生大廈	Hip Sang Building	65C5
協基商業大廈	Heep Kee Commercial Building	60F2
協群商業大廈	Hip Kwan Commercial Building	36B4
協榮商業大廈	Kyoei Commercial Building	38A4
卓能中心	Cheuk Nang Centre	38A4
和益中心	Wardley Centre	39D5
和記大廈	Hutchison House	63C5
和記行大廈	Wo Kee Hong Building	123C6
和富中心	Provident Centre	70A4
和興商業大廈	Wo Hing Commercial Building	60B4
和豐工業中心	Well Fung Industrial Centre	123D7
周氏商業中心	Chau's Commercial Centre	122C2
奇盛商業大廈	Kee Shing Commercial Building	39B5
始創中心	Pioneer Centre	35D5
定豐中心	Sterling Centre	31D6
官塘工業中心	Kwun Tong Industrial Centre	52F4
宜興大廈	CNT House	65C6
幸運閣	Lucky Court	42B1
幸福中心	Energy Plaza	39C6
忠信工商大廈	Chung Shun C & I Building	70F1
怡山商業大廈	Yee San Commercial Building	38C4
怡成工業大廈	Success Industrial Building	116F3
怡和大廈	Jardine House	62F3
怡高工業中心	Yee Kuk Industrial Centre	31F7
怡華工業大廈	Yee Wah Industrial Building	118A3
怡樂花園	Elegance Gardens	117C6
怡豐花園	Yee Fung Garden	113D7
承業大廈	Shing Yip Building	65D5
承德山莊	Scenecliff	61F7
招商局	China Merchants Building	60D2
拔萃商業大廈	Excellente Commercial House	66D4
旺角中心	Argyle Centre	35F5
旺角城大廈	Mong Kok City Building	35C5
旺角廣場	Mong Kok Plaza	35G5
易通商業大廈	Eton Building	60D3
昌明洋樓	King's Towers	71B6
昌泰工業大廈	Cheong Tai Industrial Building	122F3
昌華商業大廈	Cheong Wah Commercial Building	36A3
昌隆大廈	Cheong Loong Building	60F2
昌隆商業大廈	Cosmos Building	61A7
昌運中心	Fortune Plaza	98C4
昌興大廈	Cheong Hing Building	38D4
明月大廈	Ming Yuet Building	70B4
明苑中心	Ming Yuen Centre	71B5
明珠廣場	Pearl Oriental Tower	37G5
明珠興業中心	Pearl Oriental Centre	66F4
明報工業中心	Ming Pao Industrial Centre	77B6
明琴大廈	Ming Kam Building	65B8
明發大廈	Ming Fat Building	61B5
明華工業大廈	Ming Wah Industrial Building	122D2
明園花園	Ming Mansions	71C5
明園閣	Ming Court	71C5
明德大廈	Ming Tak Building	65A6
明輝中心	Inter-Continental Plaza	39C6
明豐大廈	Ming Fung Building	65A5
東方工業大廈	Eastern Factory Building	123G6
東方有色中心	ONFEM Centre	60A3
東方花園	Oriental Gardens	35B8
東北商業大廈	North East Commercial Building	60D3
東平大廈	Tung Ping Building	34C4
東安大廈	Tung On Building	35C5
東成商業大廈	88 Commercial Building	60C3
東利商業大廈	Tung Lee Commercial Building	60D3
東角中心	East Point Centre	66B4
東亞大廈	East Asia Mansion	65F5
東亞安泰中心	East Asia Aetna Tower	60D3
東亞花園	East Asia Garden	122D3
東亞銀行大廈	Bank of East Asia Building, The	63G5
東亞銀行旺角大廈	Bank of East Asia Mong Kok Bldg	35G5
東亞銀行灣仔大廈	Bank of East Asia Wanchai Bldg	67G5
東協商業大廈	Tung Hip Commercial Building	60C3
東昌大廈	Fairmont House	63C5
東昌工業大廈	Tung Cheong Factory Building	122D3
東城大廈	East Town Building	65D5
東美中心	Dominion Centre	65F6
東英大廈	Tung Ying Building	38C4
東海大廈	Cosmopolitan Centre	34C4
東海中心	East Ocean Centre	39C6
東區商業中心	Eastern Commercial Centre	66D4
東區機樓大廈	East Exchange Tower	67C6
東洋工廠大廈	Tung Chong Factory Building	72A1
東惠商業大廈	Tung Wai Commercial Building	64B4
東港中心	Eastern Harbour Ctr	72A2
東港商業大廈	Knutsford Commercial Building	38B4
東華大廈	Tung Wah Mansion	65B5
東賢商業大廈	Chatham Comm Building	40D3
東園	East Garden	84C1
東新商業中心	Tung Sun Commercial Centre	65B5
東達中心	Eastern Centre	72D4
東寧大廈	Tung Ning Building	60C2
東榮閣	Rockwin Court	84C2
東蔚苑	Tung Wai Garden	58G3

大廈及私人屋邨

179

東興大樓	Tung Hing Building	40B1
東麗中心	Eastern Flower Centre	38C4
東滙商業大廈	Tung Wui Commercial Building	39D5
松昌工業大廈	Song Ling Industrial Building	123D7
松亭閣	Pine Mansion	35G7
松柏花園	Evergreen Gardens	90C2
松栢商業大廈	Chung Pak Commercial Building	55F5
松苑	Tolo Ridge	99G7
松濤閣	Redland Garden	99G7
欣景花園	Felicity Garden	73G7
欣榮商業大廈	Progress Commercial Building	67A5
欣翠花園	Cheerful Park	96D4
河畔花園	Garden Rivera	102G3
泛海大廈	Asia Standard Tower	61A5
玫瑰花園	Rosedale	69C6
玫瑰新邨	Villa Monte Rosa	84D2
花都廣場	Flora Plaza	97G7
花園城	Shatinpark	102G3
芬記工業大廈	Fun Kee Industrial Building	122D3
金山商業大廈	Golden Hill Commercial Building	34F4
金巴利大廈	Kimberley Mansion	39B5
金日集團中心	Golden Sun Centre	60G2
金佑商業大廈	Gold Union Commercial Building	60G2
金利商業大廈	Kimley Commercial Building	60B4
金門商業大廈	Golden Gate Commercial Building	38A4
金冠商業大廈	Golden Crown Building	60G2
金城工業大廈	Kam Shing Industrial Building	123D6
金城銀行大廈	Kincheng Bank Building	62G3
金威工業大廈	Kingsway Industrial Building	123C7
金帝行	Kundamal House	38D4
金星大廈	Golden Star Building	65F5
金星工業大廈	Venus Industrial Building	123F6
金峰大廈	Everest Building	37G5
金庭居	Golden Pavilion	61C6
金時商業大廈	King's Commercial Building	39B5
金時閣	Goldtone Court	43F5
金軒商業大廈	Golden Hill Mansion	65B5
金馬商業大廈	Cammer Commercial Building	39C5
金都中心	Golden Plaza	34C4
金堡大廈	Golden Castle Mansion	70C3
金堡工業大廈	Golden Castle Ind. Bldg	116F3
金堡中心	Island Centre	66B4
金發工業大廈	Kingsford Industrial Building	122G3
金煌行	Gold Shine Tower	60F3
金獅花園	Golden Lion Garden	105C5
金運工業大廈	Kingswin Industrial Building	123D7
金達閣	Golden Court	41D5
金漢大廈	Buckingham Building	37F5
金熊工業中心	Golden Bear Industrial Centre	121C8
金碧閣	Eldorado, The	115B7
金銀商業大廈	Gold & Silver Commercial Building	60C3
金銘樓	Kamming House	61A5
金閣大廈	Kamcourt Building	60D3
金慧閣	Goldview Court	45B8
金勳大廈	Honour House	37D5
金融商業大廈	Finance Building	60C3
金龍工業中心	Golden Dragon Industrial Centre	123G6
金龍中心	Golden Tower	60B3
金龍商業大廈	Golden Dragon Commercial Bldg	37B5
金禧大廈	Golden Jubilee House	66F4
金禧花園	Grandeure Garden	104B3
金聲大廈	Kam Sing Mansion	64B4
金聯商業中心	Cameron Commercial Centre	66C4
金豐工業大廈	Goldfield Industrial Buidling	123G6
金豐商業大廈	Finance Tower	60B4
金豐商業大廈	Kam Fung Commercial Building	67F5
金鵝商業大廈	Gold Swan Commercial Building	66D4
金鐘大廈	Kam Chung Building	64F4
金鐘商業大廈	Kam Chung Commercial Building	65F5
金鑾廊	Queensway Plaza	63B6
金櫻閣	Sakura Court	65F7
金鑾閣	Camelot Height	65D7
長江大廈	Cheung Kong Building	72A1
長沙灣廣場	Cheung Sha Wan Plaza	31D5
長春大廈	Evergreen Towers	46G3
長達大廈	Champion Building	60D2
長嘉工業大廈	Cheung Ka Industrial Building	58G2
長榮大廈	Edward Mansion	34C4
青山灣花園	Castle Peak Bay Garden	119D6
青怡花園	Tsing Yi Garden	126C3

九畫

信邦商業大廈	Shun Pont Commercial Building	65D5
信和中心	Sino Centre	36A4
信和財務大廈	Sing-Ho Finance Building	66G4
信和廣場	Sino Plaza	66C3
信怡閣	Seymour Place	61D6
信隆工業大廈	Sunlung Industrial Building	122F2
信義工業大廈	Goodwill Industrial Building	122B1
信誠廣場	World Trust Tower	61B5
信德中心	Shun Tak Centre	60D2
信興中心	Shun Hing Ctr	122F3
信豐工業大廈	Symphone Industrial Building	122D3
保盈工業大廈	Bold Win Industrial Building	123F7
保康大廈	Po Hong Building	98D3
保發商業大廈	Perfect Commercial Building	39A5
保華工業大廈	Paul. Y Industrial Building	122F2
保誠保險大廈	Prudential Assurance Tower, The	39B5
保栢中心	Bupa Centre	58B2
俊和商業中心	Chun Wo Commercial Centre	60B3
冠和工業大廈	Koon Wo Industrial Building	123D7
冠峰園	Alpine Garden	119B6
冠軍中心	Mirror Tower	39D5
冠華園	Cambridge Court	35F4
冠華鏡廠工業大廈	Koon Wah Mirror Factory Ind Bldg	116F3
冠冕商業大廈	Morecrown Commercial Building	70F2
冠福中心	Koon Fook Centre	38B4
冠豐大廈	Champion Bldg	113B7
南方大廈	Southern Building	70C3
南北行商業大廈	Bonham Commercial Centre	60G2
南安商業大廈	Nan On Commercial Building	41D5
南昌中心	Nam Cheong Centre	34A2
南昌商業大廈	Nam Cheong Commercial Building	32F4
南洋大廈	Nanyang Bldg	60F3
南洋中心	South Seas Centre	39C7
南洋商業銀行大廈	Nanyang Commercial Bank Bldg	60B3
南島商業大廈	Nan Dao Comm Bldg	60F3
南海工業大廈	South Sea Industrial Building	116F3
南盛大廈	Nam Shing Building	113B6
南祥大廈	Nam Cheung Bldg	113B6
南華大廈	South China Building	61A6
南華工業大廈	South China Industrial Building	123D7
南華早報中心	Morning Post Centre	99C7
南華冷房大廈	South China Cold Storage Building	123F7
南源商業大廈	Southland Building	60A4
南豐工業城	Nan Fung Industrial City	118A3
南豐中心	Nan Fung Centre	122B2
南豐商業中心	Nam Fung Commercial Centre	50D4
南豐新邨	Nam Fung Sun Chuen	72G4
南灣新邨	South Bay Villas	91G7
品質工業大廈	QPL Industrial Building	122F3
城市中心	Uptown Centre	67A6

城市花園	City Garden	70B3
城卿大廈	Kennedy Town Building	57C6
城市工業中心	City Industrial Complex	123C6
奕翠園	Woodland Crest	96A4
威尼斯花園	Venice Garden	96D4
威利商業大廈	Thomson Commercial Building	65D5
威利大廈	Valley View, The	84C3
威邦商業中心	Wellbourne Commercial Centre	70B3
威享大廈	V Heun Building	60B4
威明商業大廈	Wai Ming Commercial Building	34C4
威信大廈	Wilson House	61A7
威皇商業大廈	Right Emperor Commercial Building	61B5
威基商業中心	Waga Commercial Centre	60B4
威勝商業大廈	Wayson Commercial Building	60F2
威達商業大廈	Witty Commercial Building	37A5
威豪花園	Bay View Garden	47A6
威德閣	Victor Court	70D2
威靈頓大廈	Wellington House	61A6
帝后商業中心	Queen's Centre	65F6
帝后廣場	Empress Plaza	39D5
帝欣苑	Parc Versailles	98C1
帝國大廈	Imperial Building	38D2
帝國中心	Empire Centre	39D6
帝景園	Dynasty Court	81A6
帝華閣	Majestic Court	84C3
建安商業大廈	Kin On Commercial Building	60D4
建邦大廈	Kin Bong Building	71B5
建邦商業大廈	Keybond Commercial Building	36F3
建康花園	Cannon Garden	70D2
建富中心	Kingsfield Centre	122G3
建發工業中心	Kin Fat Industrial Centre	116F3
建華花園	Kingsway Garden	70C4
建新中心	Franki Centre	44G4
建業大廈	Kin Yip Mansion	70B4
建業中心	Kinox Centre	52D1
建榮商業大廈	Kin Wing Commercial Building	116F3
建德豐商業大廈	Kin Tak Fung Commercial Building	66C4
建興工業大廈	Kin Hing Industrial Building	123D7
建豐閣	Kin Fung Court	35F7
苔林大廈	Celam Builidng	64D4
恒生大廈	Hang Seng Building	60A4
恒生銀行元朗分行大廈	Hang Seng Bank Yuen Long Branch Bld	113C6
恒生銀行北角分行大廈	Hang Seng Bank North Point Branch Bldg	70B4
恒生銀行莊士敦道分行大廈	Hang Seng Bank Johnston Rd. Branch Bldg	65B6
恒生銀行總行大廈	Hang Seng Bank Headquarters Bldg	60A4
恒生銀行灣仔分行大廈	Hang Seng Bank Wanchai Branch Bldg	65B5
恒成大廈	Hang Shing Building	37F5
恒邦商業中心	Hang Bong Commercial Centre	38A2
恒亞中心	Trans Asia Ctr	123C5
恒裕閣	Hang Yue Court	36B3
恒福商業大廈	Hanford House	38A3
恒豐園	Harvest Garden	119B6
恒麗園	Hanley Villa	121C5
恒山中心	Heng Shan Centre	65D7
恒生中心	Hang Seng Centre	34C2
恒利中心	Henley Industrial Centre	34D3
恒利中心	Henry Centre	123C7
恒利商業大廈	Everprofit Commercial Building	58A3
恒邦商業大廈	Hang Pont Commercial Building	32D1
恒昌大廈	Hang Chong Building	63F5
恒昌中心	Hang Chong Centre	34C2
恒信大廈	Hang Shun Building	61A6
恒信園	Harrison Court	42C1
恒威商業大廈	Hang Wai Commercial Building	65B7
恒威商業中心	Hanway Commercial Centre	36A4
恒英大廈	Hang Ying Building	70C4
恒通大廈	Hang Tung Building	34D4
恒勝中心	Everwin Court	52G2
恒富大廈	Hang Fu Bldg	113B7
恒景閣	Hanking Court	70D4
恒發商業大廈	Henfa Commercial Building	67F5
恒發貿易大廈	Hang Fat Trading House	60G2
恒貿商業中心	Hermes Commercial Centre	38B4
恒隆大廈	Hang Lung House	60C4
恒隆銀行大廈	Hang Lung Bank Building	67B5
恒隆銀行大廈	Hang Lung Bank Bldg (Yuen Long)	113B6
恒隆銀行東區分行大廈	Hang Lung Bank Eastern Branch Bldg	71B5
恒新商業大廈	Hanson House	34B4
恒澤商業大廈	SPA Centre	65D5
恒豐大廈	Harvest Building	60B4
恒豐中心	Prudential Centre	37G5
恒藝珠寶中心	Hang Ngai Jewelry Centre	40B3
春和海景花園	Spring Seaview Terrace	119F8
春暉園	Springfield Gardens	90B2
昭隆大廈	Chiu Lung Building	61A5
星光行	Star House	38G2
星島大廈	Sing Tao Building	50F4
星匯商業大廈	Sing Kui Commercial Building	60G2
柯士甸商業中心	Austin Commercial Centre	39B5
柯達大廈	Kodak House	71A8
柏寧頓國際集團中心	BIC Centre (Burlingame Int. Corp.)	37F5
泉基工業大廈	Chuan Kei Factory Building	123C5
洛克中心	Lockhart Centre	67G5
洛洋閣商業大廈	Loyong Court Commercial Building	65B5
炳富商業大廈	Bing Fu Comm Bldg	34B4
珍寶大廈	Jumbo Building	86B3
楷旺商業大廈	Richmond Commercial Building	35F6
皇子花園	Prince Park	35B7
皇后中心	Queen's Place	61A5
皇后商業大廈	Queen's Tower	60F3
皇冠車行大廈	Crown Motors Building	72D3
皇室大廈	Windsor House	66A4
皇朝閣	Royal Court	65G7
益利大廈	Profit Mansion	46G4
盈業大廈	Profit Industrial Building	124A4
盈豐園	Goodrich Garden	116B3
看通中心	Kantone Centre	76D3
科技中心	Technology Plaza	122B1
科達中心	Coda Plaza	81A7
科興中心	Silion Tower	34C2
秋創商業大廈	Chou Chong Commercial Building	31B7
紅A實業大廈	Red 'A' Industrial Building	123D6
紅山半島	Redhill Peninsula	94F2
紅磡花園	Hunghom Gardens	40C4
紅磡灣中心	Hunghom Bay Centre	41D6
紀利大廈	Galuxe Building	61A6
美安工業大廈	Mai On Industrial Building	123F7
美利大廈	Murray Building	63D7
美孚新邨	Mei Foo Sun Chuen	30C2
美和工業大廈	Mai Wo Industrial Building	123G6
美怡大廈	Maisy Building	43F5
美時工廠大廈	Macy Factory Building	34D2
美國銀行中心	Bank of America Tower	63C5
美敦大廈	Milton Mansion	38C4
美景花園	Mayfair Gardens	126F3
美景臺	Scenic Villas	78D4
美琳苑	CNT Bisney	79C5
美善閣	Maid Shine Court	43G5
美華大廈	Mayfair Bldg	32G3
美達中心	Mita Centre	123C6
美嘉大廈	Mega Building	42F4
美德大廈	Metex House	122D2

美樂閣	Maxluck Court	61C7
美適工業大廈	Mai Sik Industrial Building	123G6
美聯工業大廈	Mai Luen Industrial Building	123F7
美豐花園	Beautiful Garden	98C3
美羅工業大廈	Milo's Industrial Building	123C7
美羅中心	Metro Centre	50C3
美麗都大廈	Mirador Mansion	38D4
美麗華大廈	Miramar Tower	38B4
胡日皆大廈	Foo Yet Kai Building	70B4
胡忠大廈	Wu Chung House	65C7
胡社生行	Wu Sang House	35G5
致利工業大廈	Glee Industrial Building	121B8
致富商業大廈	Richmake Commercial Building	60C4
致華工業大廈	Che Wah Industrial Building	123D5
范氏大廈	Vane's Building	118A3
茂盛中心	Mow Shing Centre	34C2
英皇大樓	King's House	72C2
英皇中心	King's Centre	70C3
重慶大廈	Chungking Mansions	38F4
飛利浦工業大廈	Philips Industrial Building	123G6
飛達工商業中心	Freder Centre	43C7
香林大廈	Heung Lam Building	62G3
香港上海匯豐銀行大廈	Hongkong & Shanghai Bank Bldg (KLN)	35F5
香港大廈	Hong Kong Mansion	66A4
香港工商大廈	Hong Kong House	66A4
香港工業中心	Hong Kong Industrial Centre	31D5
香港工業科技中心	Hong Kong Industrial Technology Ctr	33D7
香港中華廠商聯合會大廈	Chinese Manufacturers' Assn of HK Bldg	60A3
香港毛紡工業大廈	Hong Kong Worsted Mills Ind Bldg	123D6
香港仔中心	Aberdeen Centre	75D8
香港展覽中心	Hong Kong Exhibition Centre	64C3
香港紗廠工業大廈	Hong Kong Spinners Ind. Bldg	31C6
香港商業中心	Hong Kong Plaza	57B8
香港國際貿易展覽中心	Hong Kong Intl. Trade & Exh. Ctr.(HITEC)	50G3
香港貿易中心	Hong Kong Trade Centre	60B3
香港黃金海岸	Hong Kong Gold Coast	120G2
香港會所大廈	Hong Kong Club Building, The	62D4
香港電訊中心	New T&T Centre	38D2
香港電腦中心	Hong Kong Computer Centre	65D5
香港鑽石會大廈	Hong Kong Diamond Exchange Bldg	63G6
香檳大廈	Champagne Court	38C4

十畫

倚雲山莊	Severn Hill	81C8
倚雲閣	Ewan Court	65F7
修頓中心	Southorn Centre	65D6
修頓商業大廈	Southern Commercial Building	65D5
倫敦廣場	London Plaza	38A3
夏愨大廈	Harcourt House	64F4
娛樂行	Entertainment Bldg	61A6
娛樂廣場	Entertainment Plaza	122C2
家樂花園	Macro Garden	58A3
容龍居	Drangon Inn Court	119C6
峻峰花園	Perfect Mount Gardens	74B3
峰景大廈	Hilltop Mansion	71D5
華華邨	Fung Wah Estate	76F1
恩平中心	Fortune Centre	66B4
悅海華庭	Marina Habitat	87B5
振邦大廈	Peter Building	61A5
振華大廈	China Harbour Bldg	70C4
振華商業大廈	Chun Wah Commercial Building	39F5
時代中心	Times Tower	30D4
時代商業大廈	Si Toi Commercial Building	60G2
時代廣場	Times Square	67D5
時代廣場	Trend Plaza, The	116G4
時尚廣場	Time Plaza	32D2

時采中心	Vogue Centre	30C4
時信中心	Trust Centre	31D5
時峰大廈	H & S Building	60F2
時尚商業中心	Season Commercial Building	38D4
時康大廈	Chee Hong Bldg	32G4
時盛大廈	Chee Shing Bldg	41D5
時貿中心	Mega Trade Ctr	122B2
時運中心	Charm Centre	30D4
時樂花園	Cheery Garden	58C4
晉利商業大廈	Oxford Building	37C5
朗峰園	Symphony Garden	115F7
根德閣	Kent Court	42A2
柴灣工業城	Chai Wan Industrial City	77C5
殷榮閣	Flourish Court	61D7
殷豐閣	Yukon Court	61C8
泰力工業中心	Laurels Industrial Centre	47F6
泰盛商業(油麻地)大廈	Tai Shing Commercial (Yaumati) Bldg	37C5
泰豐工業中心	Tai Fung Industrial Centre	52F2
浪глод大廈	Long To Bldg	31C5
浪翠園	Sea Crest Villa	121F7
海天花園	Horizon Gardens	92F4
海外信託銀行大廈	Overseas Trust Bank Building	58A2
海光苑	Hoi Kwong Court	72C2
海防大廈	Hai Phong Mansion	38D3
海怡半島	South Horizons	87F5
海怡花園	Harbour View Garden	57D5
海威商業中心	V.I.P. Commercial Centre	38C2
海星大廈	Pacific Star Building	38F2
海洋中心	Ocean Centre	38F2
海倫苑	Helena Garden	42B1
海峰中心	Hoi Fung Centre	74B3
海峰花園	Regency Park	125B7
海峰閣	Harbour Heights	70D2
海盛大廈	Hoi Shing Building	116G4
海富中心	Admiralty Centre	63B6
海景大廈	Ocean View Court	39D5
海景大廈	Sea View Estate	70D1
海景花園	Seaview Garden	119D6
海景商業大廈	Seaview Commercial Building	60F2
海景廣場	Seaview Plaza	74C2
海棠苑	Begonia Court	33F7
海港中心	Harbour Centre	64A3
海港花園	Hilltop Gardens	46A4
海港城	Harbour City	38D2
海港商業大廈	Harbour Commercial Building	60C2
海貿中心	Asia Trade Centre	55G6
海裕苑	Eden Garden	96D4
海運大廈	Ocean Terminal	38F1
海寧閣	Stanley Lodge	92C4
海福花園	Holford Gardens	104B3
海翠花園	Pierhead Garden	118G2
海德中心	One Capital Place	65C5
海慧花園	Aquamairne Garden	119D6
海燕花園	Swallow Court	97D6
海濱中心	Seaview Centre	51A8
海濱花園	Riviera Gardens	122F1
海濱廣場	Riviera Plaza	122F1
海濤居	Tolo Place	
海聯大廈	Hyde Centre	66F4
海麗大廈	Union Plaza	97B6
海韻花園	Rhine Garden	121F8
海寶花園	Treasure Garden	98C3
海灣花園	Waterside Plaza	122F2
浙江第一銀行大廈	Chekiang First Bank Building	64D4
浩園	Great Garden	115F7
浩榮商業大廈	Glorious Commercial Building	58C2

珠城大廈	Pearl City Mansion	66A3
益新工業大廈	Aik San Factory Building	72D3
益豐大廈	I-Feng Mansion	40B1
粉嶺工貿大廈	Fanling Industry Ctr	97C7
粉嶺中心	Fanling Centre	97D7
粉嶺花園	Fanling Garden	97C6
紐約行	New York House	60A3
航天科技中心	China Aerospace Centre	51A8
航空大廈	CATIC Plaza	68G4
般含閣	Bonham Towers	59D5
般柏苑	Parksdale	59B5
荔灣花園	Lai Chi Kok Bay Garden	125D7
荊灣廣場	Silver Fortune Plaza	61A6
荃昌中心	Tsuen Cheong Centre	122C3
荃威花園	Allway Gardens	121A7
荃景花園	Tsuen King Garden	122A1
荃德花園	Tsuen Tak Gardens	121B8
荃興工業大廈	Tsuen Hing Factory Building	122D3
荃錦中心	Tsuen Kam Centre	122B2
荃豐中心	Tsuen Fung Centre	122C3
荃灣工業中心	Tsuen Wan Industrial Centre	122F2
荃灣中心	Tsuen Wan Centre	121A8
荃灣花園	Tsuen Wan Garden	122C3
荃灣城市廣場	Tsuen Wan Town Plaza	122C3
荃灣國際中心	Tsuen Wan International Ctr	122F2
荃灣廣場	Tsuen Wan Plaza	122C1
軒尼詩道16號	16 Hennessy Rd	65F5
馬來西亞大廈	Malaysia Building	64D4
馬鞍山中心	Ma On Shan Centre	106C2
高怡醫務中心	Bright Growth Medical Centre	37F5
高明商業大廈	Go-Up Commercial Building	34G4
高威工業大廈	Goldway Industry Ctr	122G3
高威閣	Koway Court	76C2
高基商業中心	Glory Ctr	38B4
高富商業大廈	Gold Field Commercial Building	61B5
高發大廈	Goldfield Mansion	71B5
高華樓	Clover Commercial Building	66C4
高雲大廈	Grosvenor House	63D8
栢惠苑	Parkvale	72F3
栢景臺	Park Towers	68D2
栢裕商業大廈	Park-In Commercial Centre	37A5
栢豪商業大廈	Park Hovan Commercial Building	38B4
栢餘中心	Valley Centre	67F7
栢麗園	Butler Towers	85B8
浣紗閣	Wun Sha Court	68C4

十一畫

偉利大廈	Willie Building	60C3
偉邦工業大廈	Wellpoint Industrial Building	116F3
偉昌工業中心	Wai Cheung Industrial Centre	116F3
偉信商業大廈	Wayson Commercial House	65D5
偉倫大樓	Wai Lun Mansion	65D5
偉晉中心	Regency Centre	88D2
偉景花園	Broadview Garden	126B3
偉景臺	Grandeur Gardens	117C6
偉景閣	Wei Chien Court	43G7
偉華商業大廈	Wai Wah Commercial Building	36A4
偉興大廈	Wai Hing Commercial Building	65B5
健城花園	Healthy Gardens	71B7
健強發展大廈	Will Strong Development Building	36G4
健雅花園	Venice Garden	84D4
商業大廈	Commercial House	61A5
商業廣場	Corporation Square	50D4
國都大廈	Metropole Building	38F3
國華大樓	Kuo Wah Building	67F5
國華銀行大廈	China State Bank Building	62G3

國貿中心	Trend Ctr	76D2
國實大廈	Odeon Building	71B6
國際大廈	International Building	52F1
國際電信大廈	Hermes House	38F4
國衛中心	National Mutual Centre	66G4
堅城中心	Kennedy Town Centre	57C6
堅基工業大廈	Kin Ga Industrial Building	116G3
基力工業大廈	Cardinal Industrial Building	97B7
基安大廈	Crayon Building	40F4
基利士工業大廈	Grace Industrial Building	97C7
基滙商業大廈	Kelly Commercial Centre	36A4
崇山大廈	Victoria Heights Building	38A3
崇基商業大廈	Highgrade Building	39B5
常安大廈	Sheung On Bldg	64C4
康怡花園	Kornhill	72F4
康明苑	Cumine Court	70F3
康威大廈	Everwin Building	71B5
康威花園	Hongway Garden	60F2
康祐大廈	Onward Building	37B5
康富大廈	Hong Fu Mansion	43G6
康景花園	Hong King Garden	119B5
康景園	Mount Parker Lodge	72G3
康祥大廈	Kent Mansion	70D4
康德花園	Hong Tak Gardens	116D3
康德閣	Orion Court	113C7
康樂商業大廈	Connaught Commercial Building	67G6
康樂園	Hong Lok Yuen	98A1
康澤花園	Fortress Metro Tower	70D3
康麗花園	Hong Lai Garden	116F4
康麗園	Connie Towers	52B2
康蘭苑	Holland Garden	84B3
張寶廬大廈	Chang Pao Ching Building	66D4
彩星工業大廈	Playmates Factory Building	116G4
彩星工業大廈	Playmates Industrial Bldg	116F4
彩星工業中心	Playmates Industrial Centre	116F4
彩華花園	Rainbow Garden	119B6
彩輝大廈	Brilliant Garden	117B5
得利工業中心	Tak Lee Industrial Centre	116F3
得利中心	Techno Centre	97B7
得利商業大廈	Tak Lee Commercial Building	65A6
得寶花園	Tak Bo Garden	48F2
捷利商業大廈	Chiap Lee Commercial Building	38D3
捷利商業大廈	Chit Lee Commercial Building	73F6
啟力工業大廈	Jubilee Commercial Building	64D4
啟光工業大廈	Kailey Industrial Centre	77C5
啟光商業大廈	Kai Kwong Commercial Building	67G5
啟成大廈	Kensington Mansion	58D3
啟時大廈	Casey Building	60F4
啟發大廈	Kai Fat Building	60G2
啟煌商業大廈	Kai Wong Commercial Building	60C4
啟禮閣	Kailey Court	70F2
啟豐大廈	Kai Fung Building	60C4
啟豐園	Richland Garden	118F2
添置商業中心	Grancastle Comm Centre	37A5
添福商業中心	Time Centre	61C5
淺水灣別墅	Repulse Bay Villa	91G6
淺水灣花園	Repulse Bay Heights	91F5
淺水灣花園大廈	Repulse Bay Apartments	91F5
淺水灣麗景花園	Repulse Bay Belleview Garden	91G5
淘大工業第一座	Amoycan Industrial Centre	48F2
淘大花園	Amoy Gardens	48G2
畢打行	Pedder Building	62G4
畢架山花園	Beacon Heights	32A4
盛力工業中心	Energy Industry Cent	115C5
盛華商業大廈	Singwa Commercial Building	37G5
祥達中心	Cheung Tat Ctr	76D2

大
廈
及
私
人
屋
邨

183

第一太平銀行中心	First Pacific Bank Centre	64D4
第一商業大廈	First Commercial Building	67C6
統一中心	United Centre	63A6
統生商業大廈	Tung Seng Commercial Building	60D4
莊士大廈	Chuang's Tower	62G3
莊士企業大廈	Chuang's Enterprises Building	67F5
莊士紅磡廣場	Chuang's Hung Hom Plaza	41D5
荷李活商業大廈	Hollywood Commercial House	61B6
荷李活商業中心	Hollywood Centre	60G3
荷李活商業中心	Hollywood Plaza	35G5
荷塘苑	Hawthron Garden	84C4
通用商業大廈	General Commercial Building	60B3
通明大廈	Tung Ming Building	61A5
通明工業大廈	Tung Ming Industrial Building	116G3
通訊大廈	Communication Building	65D5
通源工業大廈	Tong Yuen Factory Building	30D4
連卡佛大廈	Lane Crawford House	61A5
連順工業大廈	Lanton Industrial Building	51A6
連豐中心	Lin Fung Centre	122F2
陸佑行	Loke Yew Building	61A6
陸海通大廈	Luk Hoi Tong Building	61A6
章記大廈	Cheong K. Building	60A4
鹿角大廈	Stag Building	60B4
麥當勞大廈	McDonald's Building	66A4

十二畫

凱利商業大廈	Amber Commercial Building	67F6
凱昌工業大廈	Hoi Cheung Industrial Building	116F3
凱基商業大廈	Capital Commercial Building	67C6
凱旋工商中心	Kaiser Estate	40C4
凱達發展大廈	Bright Way Tower	34F4
凱德花園	Hoi Tak Gardens	119B6
凱德商業大廈	Cantake Commercial House	65G5
創建商業大廈	Chong Kin Commercial Building	36A4
創貿廣場	Apec Plaza	52F2
創業中心	Chong Yip Centre	58G3
創福苑	Comfort Heights	70F3
創興廣場	Chong Hing Square	36A4
勝任商業大廈	Shin Yam Comm Bldg	65B6
勝利工業大廈	Victory Industrial Building	123C7
勝基中心	Winbase Centre	60C4
喜利商業大廈	Hillier Commercial Building	60C3
喜訊大廈	Haleson Building	60B4
喜蓮閣	Helene Court	90C2
堪富利廣場	Humphrey Plaza	38D4
富士大廈	Fuji Building	66F4
富仕大廈	Phoenix Tower	67D5
富多來新邨	Fu Tor Loy Sun Chuen	34F2
富好中心	Foo Hoo Centre	39B5
富經來商業大廈	Best-O-Best Commercial Centre	36F3
富怡花園	Cheerful Garden	77D8
富昌大廈	Foo Cheong Building	60D3
富昌閣	Foo Cheung Ct	74D2
富家閣	Wealth Court	71C6
富益商業大廈	Foo Yik Commercial Building	116G3
富高工業中心	Focal Industrial Centre	40B4
富偉商業大廈	Full View Commercial Building	60B4
富盛商業大廈	Prosperous Commercial Building	66B4
富善花園	Full Scene Garden	98C3
富華中心	Fou Wah Centre	122C3
富萊花園	Fuller Gardens	98C3
富雅花園	Elegance Garden	98F3
富源工業大廈	Fu Yuen Industrial Buiding	122D2
富裕臺	Fortune Terrace	37G5
富運商業中心	Full Win Commercial Centre	36A4
富豪花園	Belair Gardens	102F4
富德工業大廈	Success Industrial Building	47F6
富澤花園	Fortress Garden	70D3
富麗大廈	Fully Mansion	65C6
富麗花園	Wealthy Garden	122D3
富蘭苑	Fulham Court	71B5
惠安苑	Westlands Gardens	72D3
惠南大廈	Fui Nam Building	60G2
惠豐中心	Wai Fung Plaza	35F5
愉富大廈	Elm Tree Towers	69C8
愉景新城	Discovery Park	122B1
普陞閣	Beverly Court	29B8
青豐廣場	Astor Plaza	37D5
晶輝花園	Kingsford Garden	84D4
景隆商業大廈	Jing Long Commercial Building	66C4
景福大廈	King Fook Building	62G4
智群商業中心	Greatmany Centre	65D6
曾昭灝大廈	Tsang Chiu Ho Building	60B4
曾榕大廈	Tsan Yung Mansion	35G7
森基商業大廈	S.B. Commercial Building	37C5
港利中心	Cornell Centre	77C5
港佳商業大廈	Kingpower Commercial Building	66D4
港威大廈	Gateway, The	38C2
港基國際銀行大廈	International Bank of Asia Building	61A5
港晶中心	Harbour Crystal Centre	39B6
港貿中心	Entrepot Centre	52F3
港呷中心	Comfort Centre	86B3
港運城	Island Place	71B7
港灣工貿中心	Harbour Industrial Centre	87C8
渣打銀行大廈	Standard Chartered Bank Building	63F5
渣華大樓	Java Mansion	70B4
渣華商業中心	Java Commercial Centre	71B6
湖景花園	Lakeview Garden	104C1
登富商業大廈	Teng Fuh Commercial Building	60D3
登龍閣	Dragon Rise	67A5
登寶商業大廈	Double Commercial Building	61A6
發展大廈	Development House	65G5
稅務大樓	Revenue Tower	64C4
紫珊園	Coral Gardens	115B5
紫翠園	Flora Villa	35A6
華人行	China Building	62G4
華人銀行大廈	Hong Kong Chinese Bank Building	62G3
華人銀行東區中心	Hong Kong Chinese Bank Causeway Bay Ctr	66A4
華力工業中心	Wah Lik Industrial Centre	122B1
華文商業大廈	Workingmond Commercial Building	39B5
華比大廈	Belgian House	64C4
華比銀行大廈	Belgian Bank Building	34D4
華成大廈	Wah Sing Building	71B5
華利工業中心	Valid Industrial Centre	122G3
華志大廈	Wah Chi Mansion	36G4
華邦商業中心	Workingbond Commercial Centre	35C6
華昌工業大廈	Fang Bros. Textiles, Ltd., Fty Bldg	123D6
華明中心	Wah Ming Centre	58G3
華東商業大廈	Workington Tower	60D3
華星工業大廈	Wah Sing Industrial Building	123F7
華英中區大廈	Wah Ying Cheong Central Building	60B4
華英商業中心	Wah Ying Commerical Centre	58B3
華員邨	Wah Yuen Chuen	125B7
華泰工業大廈	Wah Tai Industrial Building	116G3
華秦國際大廈	Hua Qin International Building	60F3
華軒商業中心	Wah Hen Commercial Centre	67F5
華商會所大廈	Chinese Club Building	62G3
華基工業大廈	Vigor Industrial building	123D7
華基工業中心	Wah Kai Industrial Centre	122F2
華基中心	Ricky Centre	52D1
華都中心	Waldorf Centre	122C3
華都花園	Waldorf Garden	119A5

大廈及私人屋邨

華傑商業中心	Wah Kit Commercial Centre	60D3
華創大廈	CRE Building	67G5
華創中心	CRE Centre	31D5
華富工貿中心	Winful Centre	52F4
華富商業大廈	Hua Fu Commercial Building	60G3
華敦大廈	Burlington Arcade	38C4
華斐商業大廈	Workingfield Comm Bldg	66F4
華景山莊	Wonderland Villas	125A7
華發大廈	Wah Fat Mansion	66D4
華發工業大廈	Wah Fat Industrial Building	123F6
華貿中心	China Trade Centre	51A7
華業工業大廈	Marvel Industrial Building	124A4
華源大廈	Tsim Sha Tsui Mansion	38D3
華運工業大廈	Wah Wan Industrial Building	116F3
華達工業中心	Wah Tat industrial Centre	123F7
華僑商業大廈	Hua Chiao Commercial Building	60A4
華寧大廈	Warner Building	65D5
華福工業大廈	Waford Industrial Building	124A4
華遠大廈	Hau Yuen Building	64A4
華潤大廈	China Resources Building	64A4
華興大廈	Wah Hing Building	71B6
華興工業大廈	Wah Hing Industrial Building	122F3
華興商業中心	Wah Hing Commercial Centre	36B4
華懋交易廣場	Chinachem Exchange Square	72C3
華懋金馬倫中心	Chinachem Cameron Centre	39C5
華懋荃灣廣場	Chinachem Tsuen Wan Plaza	122B1
華懋莊士敦廣場	Chinachem Johnston Plaza	65A5
華懋廣場	Chinachem (Golden) Plaza	39C7
華懋禮頓廣場	Chinachem Leighton Plaza	67D6
華豐大廈	New Lucky House	37G5
華豐工業大廈	Wah Fung Industrial Building	123D7
華豐工業中心	Wah Fung Industrial Centre	124A4
華豐園	Wah Fung Garden	30B1
華麗廣場	Welland Plaza	32G3
華寶工業大廈	Grand Industrial Building	123C7
華寶中心	Treasure Centre	52F1
華寶商業大廈	Workingberg Commercial Building	71B6
華蘭中心	Westlands Centre	72D3
華蘭花園	Westlands Court	72D3
華栢商業大廈	Wallpark Commercial Building	39B5
萊德商業中心	Lloyds Commercial Centre	60C3
賀龍居	Parc Regal	37A7
貴生工業大廈	Kwai Shing Industrial Building	123F6
貿易晉大樓	Trade Dapartment Tower	35F5
貿易廣場	Trade Square	31D7
越秀大廈	Yue Xiu Building	65B5
越秀廣場	Yue Xiu Plaza	47G7
鈞昌工廠大廈	Gold Sun Industry Building	116G4
開心廣場	Happy Plaza	113C6
開泰工廠大廈	Hoi Tai Factory Estate	116F3
開達工業中心	Kader Industrial Centre	97C7
陽光廣場	Sunshine Plaza	40B3
陽明山莊	Hong Kong Parkview	91A7
隆盛工業大廈	Lung Shing Factory Building	122F3
雅士利中心	Ashley Centre	38D3
雅典居	Villa Athena	106C3
雅苑	Beauty Court	59B5
雅都花園	Eldo Court	116F4
雅景軒	Avalon	69C7
雅翠苑	Faraday House	119D6
雅閣苑	Ascot Mansion	66D4
雅麗居	Astrid,the	42C2
集友銀行大廈	Chiyu Bank Building	60A4
集貴中心	Coin Organize Centre	67A5
雲地利閣	Ventris, The	84A3
雲咸商業中心	Wyndham Place	61A7

雲峰大廈	Summit Court	71D5
雲景台	Evelyn Towers	68A1
雲翠大廈	Bonaventure House	67B6
雲龍商業大廈	Valiant Commercial Building	39C5
順力工業大廈	Sunwise Industrial Bldg	122D3
順安大廈	Shun On Building	57C5
順安大廈	Shun On Building	36B3
順安商業大廈	Shun On Commercial Building	60A4
順明大廈	Sun Ming Bldg	34G4
順泰大廈	Shun Tai Building	58D3
順輝大廈	Shun Fai Building	56D4
順豐居	Shining Court	31C8
順豪商業大廈	Shun Ho Tower	61A7
順輝大廈	Shun Fai Building	31C8
順聯大廈	United Building	60A4
順豐大廈	Shun Fung Building	36B3
順豐工業中心	Shield Industrial Centre	121C8
馮氏大廈	Fung House	62G3
黃金廣場	Goldmark, The	66B4
黃埔花園	Whampoa Garden	41B6
黃埔新邨	Whampoa Estate	41C5

十三畫

匯利工業中心	Waylee Industrial Centre	122B1
匯恆工業大廈	Hanway Industrial Building	116G3
匯財中心	Capitol Plaza	61B5
匯理商業大廈	Trans-Hong Kong Commercial Bldg	38C4
匯景花園	Sceneway Garden	53G6
匯景商業中心	Grand View Commercial Building	66A4
匯港中心	Western Harbour Centre	58G2
匯達中心	Waterloo Plaza	37A6
匯翠台	Greenway Terrace	67B7
滙豐大廈	Wayfoong House	38C4
愛都大廈	Estoril Court	81A7
愛群商業大廈	Guardian House	67F6
愛博大廈	Al-Aqmar House	61B6
愛賓工業大廈	Albion Industrial Building	116F3
愛賓商業大廈	Albion Plaza	38C4
敬誠閣	Keswick Court	67A5
新九龍廣場	New Kowloon Plaza	34F2
新屯門中心	Sun Tuen Mun Centre	118C2
新世界大廈	New World Tower	63G5
新世界中心	New World Centre	39C5
新世紀廣場	New Century Plaza	65A6
新光商業大廈	Sunbeam Commercial Building	37C5
新利大廈	Sun Lee Building	61A5
新昇大廈	New Start Building	58C3
新東海商業中心	New East Ocean Centre	39B7
新城大廈	City Mansion	66C3
新城市中央廣場	Grand Central Plaza	102D1
新城市商業大廈	New Town Tower	102G1
新威園	Sunway Gardens	72D3
新柯士甸中心	New Austin Centre	39B5
新科技廣場	New Tech Plaza	47G6
新峰花園	Classical Gardens	98G2
新時代中心	Times Tower	66F4
新時代商業大廈	Newtimes Commercial Building	32D2
新益工業大廈	San Yick Industrial Building	116G3
新基商業大廈	San Kei Tower	66A4
新盛商業大廈	Simsons Commercial Building	65B6
新都城	Metro City	108C4
新都城大廈	Metropole Building	71B5
新都會廣場	Metroplaza	125A5
新都廣場	Metropolis Plaza	96C3
新港中心	Silvercord	38D2
新港城	Sunshine City	106C2

大廈及私人屋邨

新華社大廈	Xinhua News Agency Bldg	67F8	置富中心	Chi Fu Centre	113B7
新華銀行大廈	Sin Hua Bank Building	61A6	置富花園	Chi Fu Fa Yuen	75B7
新華銀行中心	Sin Hua Bank Centre	60B4	義達工業大廈	Eldex Industrial Building	40C4
新華廣商業大廈	New Landwide Commercial Building	39B5	義興行	Tomey House	60B4
新葵芳花園	New Kwai Fong Gardens	125A5	群英商業大廈	Khuan Ying Commercial Building	61B5
新葵興花園	Sun Kwai Hing Gardens	123F6	群策大廈	Kwan Chart Tower	67G5
新達廣場	Uptown Plaza	98F4	聖佐治大廈	St. George's Building	62F4
新寧大廈	Sunning Plaza	67B5	聖約翰大廈	St. John's Building	63F7
新翠花園	New Jade Gardens	76D3	葵昌中心	Kwai Cheong Centre	123F6
新蒲崗廣場	San Po Kong Plaza	47G7	葵芳閣	Kwai Fong Terrace	125A5
新興大廈	Sun Hing Building	35G5	葵星中心	Kwai Sing Centre	123D7
新興工業大廈	Sun Hing Industrial Building	116D3	葵涌中心	Kwai Chung Centre	123F6
新興花園	Sun Hing Garden	99C5	葵涌廣場	Kwai Chung Plaza	123G5
新禧大樓	Sun Hey Mansion	65D5	葵匯工業中心	Kwai Shun Industrial Centre	124B4
新聲大廈	Sands Building	38F3	葵興工業大廈	Kwai Wu Industry Bldg	123D7
新鴻基中心	Sun Hung Kai Centre	64A3	葵德工業大廈	Kwai Tak Industrial Centre	124B4
新豐工業大廈	Sun Fung Industrial Building	122F3	蜆殼大廈	Shell Tower	67D5
新寶工商中心	Newport Centre	43F8	裕民中心	Yue Man Centre	52D2
新寶中心	New Treasure Centre	47F6	裕安商業大廈	Yue On Commercial Building	66F4
新聞利大廈	New Henry House	63G5	裕成商業大廈	Yue Shing Commercial Building	61A5
業成工業中心	Yip Shing Industrial Centre	123G6	裕昌大廈	Prosperous Building	61A5
業廣商業大廈	Landwide Building	38A4	裕興大廈	Yue Hing Building	58A2
業豐大廈	Yip Fung Building	61A6	誠利商業大廈	Shing Lee Commercial Building	60B4
楊耀驍商業大廈	Yeung Iu Chi Commercial Building	66D4	誠信大廈	Alliance Building	60C2
楓林花園	Maple Gardens	71C5	誠信大廈	Mary Building	38F3
源成大廈	Yuen Shing Building	41F5	誠興商業大廈	Shing Hing Commercial Building	60B4
源成中心	Yen Sheng Building	52F3	詹氏商業大廈	Jim's Commercial Building	60A4
溫莎大廈	Windsor Mansion	39D5	資訊工業中心	Informtech Industry Ctr	103F6
瑞安中心	Shui On Centre	64D3	運河商業大廈	Canal Comm Bldg	67D5
瑞柏園	Sui Pak Villa	97D6	運通商業大廈	Winning Commercial Building	38A4
瑞峰花園	Julimount Garden	104F3	道亨銀行大廈	Dao Heng Bank Building	60C3
瑞康閣	Comfort Garden	113C7	道亨銀行大廈	Dao Heng Bank Building	35D5
瑞森工業大廈	Shui Sum Industrial Building	123D6	達利工業大廈	S. Megga House	124A4
瑞榮工業大廈	Shui Wing Industrial Building	123C7	達利中心	Riley House	123C7
瑞興大樓	Shui Hing House	38F3	達明工業大廈	Tat Ming Factory Building	123D7
瑜翠園	Peridot Court	120F3	達貿中心	International Trade Ctr	121B8
萬安商業大廈	Man On Commercial Building	60A4	鉅發大廈	Kui Fat Building	113B7
萬年大廈	Manning House	61A6	雍景臺	Robinson Place	61F6
萬利工業大廈	Man Lee Industrial Building	122D2	雍翠臺	Grandview Garden	61D5
萬利工業大廈	Man Lee Industrial Building	123C5	電氣大廈	Electric House	82A3
萬利商業大廈	Manley Commercial Building	60F3	電訊大廈	Telecom House	64D4
萬利豐中心	Malahon Centre	61A6	電業城	Radio City	66C4
萬邦工業大廈	Melbourne Industrial Building	72D3	筲箕灣廣場	Shaukeiwan Plaza	74C3
萬邦行	Melbourne Plaza	61A6	頌賢花園	June Garden	34C2
萬事昌廣場	Multifield Plaza	39D5			
萬昌大廈	Man Chong Mansion	57C6	**十四畫**		
萬昇工業大廈	Mappin House	122D3	僑阜商業大廈	Kiu Fu Commercial Building	67G5
萬金中心	Golden Plaza	113B6	僑冠大廈	Kiu Kwan Mansion	71B5
萬俊花園	Mannie Garden	84C4	僑商大廈	Chiao Shang Building	61B5
萬城閣	Million City	61C6	僑康大廈	Kiu Hong Mansion	67F5
萬高商業大廈	Michaelson House	35G5	僑港大廈	Kiu Kwong Mansion	60F2
萬國通通銀行大廈	Citibank Tower	63D6	僑裕大廈	Gain Yu Building	70B4
萬國寶通銀行中心	Citicorp Centre	70D1	僑輝大廈	Kiu Fai Mansion	71B5
萬盛閣	Prosperity Court	34B3	僑興大廈	Kiu Hing Mansion	68C2
萬祥大廈	Man Cheung Building	61A7	僑豐大廈	Kiu Fung Mansion	39A5
萬象工業大廈	Bonsun Industrial Building	122D3	嘉力工業中心	Hi-Tech Industrial Centre	122B1
萬勤商業大廈	Mangan Building	38C4	嘉士商業大廈	Parkes Commercial Building	36G4
萬邁來工業中心	Million Fortuen Industrial Centre	121B8	嘉豪臺	Grand Panorama, The	61C7
萬興大廈	Man Hing Commercial Building	61A5	嘉安大廈	Ka On Building	60F2
粵信大廈	Trust Building	67G5	嘉利大廈	Garley Building	37G5
粵海大廈	Guangdong Building	60B3	嘉利閣	Gold Canyon Ct	29A8
粵海置業大廈	GD Real Estate Tower	60D2	嘉富海景別墅	Ka Wo Garden	120F2
寶宮中心	Gough Plaza	60C4	嘉和園	Jade Field Garden	48F2
置地廣場	Landmark, The	63G5	嘉非商業大廈	Carfield Commercial Building	61B6
置安大廈	Chi On Building	66B3	嘉信大廈	Carson Mansion	70D2
置域商業大廈	Civic Commercial Building	36G4	嘉威大廈	Granville House	39C5

大
廈
及
私
人
屋
邨

嘉威花園	Cartwright Garden	59A5
嘉威閣	Ka Wai Court	43F5
嘉洛商業大廈	Gaylord Commercial Building	65C5
嘉皇花園	Carmen Garden	45D7
嘉美閣	Beverly Court	65A8
嘉盛閣	Charming Court	58C3
嘉景花園	Grandview Garden	43F5
嘉湖山莊	Kingswood Villas	114C1
嘉發商業中心	Crawford Tower	60D3
嘉華國際中心	K. Wah Ctr	71A7
嘉華銀行中心	Ka Wah Bank Centre	60C3
嘉雲臺	Cavendish Heights	85B6
嘉隆商業大廈	Carnival Commercial Building	70B4
嘉運大廈	Kar Wan Building	70B4
嘉碧苑	Grenbelle Garden	90C2
嘉賓商業大廈	Champion Building	37G5
嘉樂居	Claymore Lodge	84C3
嘉樂苑	Clifton Tower	37C5
嘉樂園	Gala Garden	70C4
嘉輝花園	Smithfield Terrace	57F5
嘉興大廈	Ka Hing Building	70B4
嘉興商業中心	King Centre	36A4
嘉遠大廈	Skyline Tower	34G3
嘉豐大廈	Ka Fung Building	60F2
嘉麗苑	Skylight Tower	58B4
嘉富大廈	Carlton Building	38B4
嘉寶商業大廈	Car Po Commercial Building	61B6
嘉豪大廈	Scala Mansion	71B6
嘉蘭中心	Caroline Ctr	67B5
嘉翠別墅	Grant Villas	35C8
壽山別墅	Shouson Villa	90C2
壽孝工業大廈	Juko Tower	122B1
廖創興銀行大廈	Liu Chong Hing Bank Building	62G4
榕翠園	Ficus Garden	102A4
榮山大廈	Wing Shan Tower	60B3
榮利商業大廈	Wing Li Commercial Building	60B3
榮孚工業大廈	Wing Foo Industrial Building	123D6
榮來工業大廈	Wing Loi Industrial Building	124A3
榮華大廈	Winner Building	61A6
榮華商業大廈	Winner Commercial Building	66F4
榮業大廈	Winner Building	40B4
榮裕商業大廈	Wing Yue Building	58A2
榮熙閣	Wing Hay Court	97C6
榮福中心	Wing Fuk Centre	97B6
榮輝大廈	Wing Fai Building	40B2
榮豐工業大廈	Wing Fung Industrial Building	121B8
榮麗苑	Winnye Tower	98C3
榮暉中心	Wing Fai Centre	97B6
漢口大廈	Hankow Apartments	38D3
漢口中心	Hankow Centre	38F3
漢國禮頓中心	Hon Kwok Leighton Centre	67A5
滿峰台	Monticello	65G7
滿湖花園別墅	Riviera, The	109C8
熙信大廈	Asian House	65F5
熙華大廈	Hay Wah Building	65D5
碧湖別墅	Lakeside Villa	109C8
碧湖花園	Avon Park	97F7
碧華花園	Beverly Villa	45F8
碧瑤灣	Baguio Villa	79G7
碧景閣	Bayview Terr	119D6
碧濤花園	Pictorial Garden	103B6
碧霞花園	Rhine Heights	102B2
碧霞花園	S.T.T. 33	102B2
碧麗軒	Bisney Crest	78D4
碧麗閣	Beaconsfield Court	90C2
禎昌工業大廈	Ching Cheong Industrial Building	123F6
福和大廈	Fuk Wo Building	65B6
福桃樓	Fook Toa Mansion	43C6
福隆大廈	Fuk Lung Bldg	32F2
福業大廈	Fook Yip Building	125A5
福興大廈	Fortune House	60A3
精棉發展工業大廈	Gemmy Development Industrial Bldg	116F3
綠楊新邨	Luk Yeung Sun Chuen	122B3
維也納花園	Vienna Garden	96D4
維多利中心	Victoria Centre	70D1
維安商業大廈	Way On Commercial Building	66C3
維記大廈	Kowloon Dairy Building	63G5
維景臺	Victoria Tower	68C1
維港中心	Harbour Centre	40B4
維園商業中心	Park Commercial Centre	68G4
維德廣場	Vicwood Plaza	60B3
翠玉樓	Jade Commercial House	36F3
翠竹花園	Tsui Chuk Garden	44C2
翠怡花園	Greenery Plaza	98C2
翠林花園	Greenland Garden	116D4
翠林閣	Evergreen Court	98C3
翠屏花園	Jade Plaza	98C4
翠景花園	Jade View Villas	104A2
翠湖花園	Garden Vista	103C6
翠華大廈	Mandarin Court	42D1
翠德閣	Joy Take Court	43F5
翠嶺山莊	Greenheight Villa	104C2
翠麗花園	Tsui Lai Garden	96A3
翠麗苑	Tresend Garden	57F5
翡翠中心	Jade Centre	61B5
翡翠花園	Savanna Garden	99G7
聚龍居	Parc Royale	104F3
聚龍閣	Trillion Court	68C3
蒙地卡羅別墅	Monte Carlo Villas	119F8
豪力中心	Ho Lik Ctr	122C1
豪峰	Royalton	79D6
豪景花園	Hong Kong Garden	121G5
豪園	Fontana Gardens	69F5
豪輝花園	Ho Fai Garden	122D3
豪輝閣	Wilshire Park	81A7
遠東交易所大廈	Far East Exchange Building	61A6
遠東金融中心	Far East Finance Centre	63B5
遠東發展大廈	Far East Consortium Building	60A4
遠東發展旺角大廈	Far East Consortium Mongkok Bldg	35G5
銀行大廈	Bank Building	58D2
銀行中心	Bank Centre	35G5
銀河大廈	Silver River Mansion	32F3
銀河廣場	Galaxy Plaza	74B3
銀城商業大廈	Silver City Commercial Building	65B5
銀海大廈	Ngan Hoi Mansion	29B8
銀海山莊	Casa Bella	109B7
銀都商業大廈	Silver Commercial Building	34D4
銀輝中心	Bank Tower	70B4
銀禧花園	Jubilee Garden	102A4
銀禧閣商場	Jubilee Court Shopping Centre	102B4
銅鑼灣中心	Causeway Bay Centre	66A4
銅鑼灣商業大廈	Causeway Bay Commercial Building	66A4
銅鑼灣廣場	Causeway Bay Plaza	66C4
銓通工業大廈	Tsuen Tung Factory Building	121B8
鳴發工業大廈	Ming Fat Industrial Building	116F3
齊安大廈	Tsai On Building	67F5
齊康大廈	Tsai Hong Building	65D6

十五畫

億兆工業大廈	Yick Shiu Industrial Building	116G3
億利商業大廈	Yardley Commercial Building	60D2
儉德大廈	Kim Tak Building	37F5

大廈及私人屋邨

187

廣生行大廈	Kwong Sang Hong Building	67G5
廣生行中心	Kwong Sang Hong Centre	52D1
廣安銀行大廈	Kwong On Bank Building	60B4
廣利大廈	Kwong Lee Building	60F3
廣東省銀行大廈	Kwangtung Provincial Bank Building	36A4
廣信商業中心	Gitic Centre	65G5
廣旅大廈	Guang Dong Tours Building	66A4
廣旅集團大廈	Guangdong Tours Centre	67A5
廣泰樓	Mountain View Mansion	65D6
廣記大廈	Kwong Kee Building	60D4
廣基大廈	Top Jade Mansion	36D4
廣勝大廈	Kwong Shing Building	34B4
廣發行大廈	Kwong Fat Hong Building	60C3
廣運工業大廈	Cowan Factory Building	122D2
廣輝商業大廈	Kotefair Commercial Building	38A3
廣豐臺	Kwong Fung Terrace	58F3
影灣園	Repulse Bay, The	91F6
德信大廈	Caltex House	65A5
德大工業大廈	Tak Tai Industry Building	123C7
德成大廈	Takshing House	62G4
德享大廈	Tack Building	60B3
德和大廈	Tak Woo House	61A6
德昌商業大廈	Tak Cheong Commercial Building	35G5
德信大廈	Teck Soon Building	60F2
德祐大廈	Blissful Building	60C3
德智苑	Tak Chee Yuen	33C6
德雅工業中心	Deyla Industrial Centre	116D3
德廈	Tak House	61A5
德裕中心	Hart Avenue Plaza	38D4
德榮工業大廈	Tak Wing Industrial Building	116G4
德福大廈	Telford House	50C3
德福花園	Telford Gardens	48G1
德翠園	Take - Joy Court	32D2
德輔商業中心	Des Voeux Commercial Centre	60C3
德興大廈	Opulent Building	67F5
德豐大廈	Tak Fung Building	58A2
德豐工業大廈	Tak Fung Industrial Building	122F3
德寶城商業中心	Double Set Commercial Centre	36G4
德讚中心	Splendid Centre	34C2
慶英大廈	Hing Ying Mansion	58A4
慶華商業大廈	Hing Wah Commercial Building	36A4
慶雲商業大廈	Hing Wan Commercial Building	38A3
慧安園	Well On Garden	108B3
慧景臺	Grandview Tower	65B8
慧雅閣	Wilshire Towers	71D8
慧豪閣	Vantage Park	61D7
慧雲閣	Marina Garden	118G3
慧蘭閣	Valiant Court	65B6
摩天大廈	Sky Scraper	71D5
摩利臣商業大廈	Morrison Commercial Building	67D6
樂織大廈	Nice Building	43A5
模遜大廈	Mohan's Building	38F3
樂成行	Baskerville House	61A7
樂怡閣	Roc Ye Court	61C8
樂信工廠大廈	Lok Shun Factory Building	121B8
樂基大廈	Lucky Industrial Godown Building	124A4
樂基中心	Stanhope House	72A1
樂基商業中心	Lucky Commercial Centre	58A2
樂陶苑	Villa Lotto	84A3
樂富中心	Lok Fu Shopping Centre	45C5
樂嘉中心	Roca Centre	71B6
樂翠臺	Neptune Terrace	76B2
樂聲大廈	Lok Sing Centre	66A4
樂聲工業中心	Roxy Industrial Centre	123F6
歐士大廈	Au's Building	61B6
歐亞銀行大廈	European Asian Bank Building	34C4

歐陸貿易中心	Euro Trade Centre	62G4
潤民商業中心	Asia Harvest Commerical Centre	74C3
潤達商業大廈	Yun Tat Commercial Building	41D5
確達中心	Commodore Centre	122G3
蔚庭軒	Wilton Place	59B5
蔚華閣	Primrose Court	61G6
蔚翠花園	Greenpark Villa	97D5
蔚豪苑	Nicholson Tower	84F3
蔚巒閣	Peaksville	61G5
蓮福商業大廈	Lin Fook House	66B4
衛理苑	Wylie Court	37F8

十六畫

學士臺	Academic Terrace	57D6
曉林居	Greenwood Villas	30A2
曉峰園	Hillsborough Court	81A6
曉暉閣	Houston Court	57D5
曉翠山莊	Pristine Villa	104A4
曉穎花園	Joy Garden	90B2
樹福商業大廈	New Victory House	60D3
歷山大廈	Alexandra House	62F4
歷治行	Redge House	61A5
興利中心	Hennessy Centre	66C4
興邦商業大廈	Hing Pong Commercial Building	34C4
興時工業大廈	Hensey Industrial Building	123F6
興富中心	Rightful Centre	37G5
興發商業大廈	Prosper Commercial Building	35G6
興華大廈	Hing Wah Mansion	59C5
興華中心	Xing Hua Centre	36A4
興隆大廈	Hing Lung Commercial Building	60D3
興隆中心	Prosper Centre	113C6
興業大廈	Hing Yip Building	34A3
興業大廈	Summit Building	40C4
興業工廠大廈	Hing Yip Factory Building	122D3
興業商業中心	Hing Yip Commercial Centre	60D3
興瑋大廈	Hing Wai Building	61A6
豫泰商業大廈	Yue Thai Commercial Building	60C2
豫港大廈	Henan Building	65D5
錦安大廈	Kam On Building	60C4
錦邦大廈	Kam Bong Building	60B4
錦康樓	Kam Hong Building	60D2
錦華花園	Kam Wah Garden	116G4
錦暉花園	Kam Fai Garden	119C6
錦綉花園	Fairview Park	111D6
駱克道88號	88 Lockhart Rd	65D5
鴨都喇利大廈	Abdoolally House	61A6
鴨脷洲中心	Ap Lei Chau Centre	87B6
龍子行	Dragon Seed Building	61A5
龍門工業大廈	Loon Moon Industrial Building	116G4
龍記大廈	Loon Kee Building	60D2
龍翔閣	Lung Cheung Court	43G6
龍華國際貨運中心	Lung Wah International Godown	122F2
龍華閣	Lung Wah Court	40D2
龍暉閣	Dragon Glory Mansion	46G3
龍豐閣	Lun Fung Court	57B8

十七畫

勵新大廈	James Tower	70B4
彌敦中心	Nathan Centre	36A4
彌敦行	Nathan Tower	37C5
濱景花園	Ravana Garden	103C5
濠景閣	Montebello	81D6
爵士花園	Regalia, The	37D5
環球大廈	World Wide House	62G4
環球實業大廈	Universal Industrial Building	122C1
環貿中心	Universal Trade Centre	61B7

環貿商業大廈	World Trade Square	51A7
總統商業大廈	President Commercial Centre	36A4
聯合出版大廈	SUP Tower	70F2
聯合貨運中心	Allied Cargo Centre	122F3
聯合鹿島大廈	Allied Kajima Bldg	64A4
聯成大廈	Lansing House	61A5
聯邦花園	Realty Gardens	59A6
聯昌製罐中心	Luen Cheong Can Centre	118A3
聯威商業大廈	Luen Wai Commercial Building	58A2
聯威商業中心	Unionway Commercial Centre	60D4
聯泰工業大廈	Luen Tai Industrial Building	123F6
聯盛大廈	Luen Shing Building	61B5
聯發商業中心	Arion Commercial Centre	60F3
聯業大廈	Enterprise Building	60D4
聯業大廈	TAL Building	38A2
聯興發大廈	Luen Hing Fat Building	58A2
臨海工業大廈	Watt's Industrial Building	72D3
薄扶林花園	Pokfulam Gardens	75B7
賽西湖大廈	Braemar Hill Mansions	71D6
鍾意恆勝中心	Join-In Hang Sing Centre	124A4
鍾意商業中心	Join-In Commercial Centre	34D4
韓國貿易大廈	Korea Centre	60C3
駿昇中心	Gemstar Tower	40B4
駿馬閣	Race Tower	67B8
駿景園	Royal Ascot	100G3
駿發山莊	Shatin Knoll	100D4
駿發花園	Prosperous Garden	36C4
駿豪閣	Valiant Park	61F6
駿銘中心	Jordache Centre	40B1
鴻力工業中心	Proficient Industrial Centre	50D4
鴻力樓	Honet House	34C3
鴻文工業中心	Chao's Industrial Building	116F3
鴻昌工業中心	Hung Cheong Industrial Centre	116D3
鴻基大廈	Hung Kei Mansion	60A4
鴻貿中心	Billion Trade Centre	52D1
鴻興閣	Hung Hing Court	40F4
鴻運商業大廈	Ruby Commercial House	37C5
普萃苑	Regal Crest	61C8

十八畫至十九畫

禮頓中心	Leighton Centre	67C6
禮賢中心	Rhenish Centre	65A5
蟠龍半島	Beaulieu Peninsula	120G3
蟠龍苑	Broom Garden	84F4
豐利商業大廈	Fung Lee Commercial Building	39D5
豐和大廈	Fung Woo Building	60D2
豐和商業大廈	Fung Woo Comm Bldg	60D2
豐景花園	Scenery Garden	102B2
豐景園	Goodview Garden	118C4
豐裕中心	Prosperity Centre	124A4
豐榮苑	Fortwest Court	72D3
豐樂大廈	Windsor Mansions	39A5
豐樂行	Canton House	61A5
豐盛新邨	Merry Garden	65C8
鎮海商業大廈	Chun Hoi Commercial Building	34D4
龐堅中心	Bulkin Centre	34D4
瀝洋工業大廈	Rays Industrial Building	52G2
瓊峰園	Kingsford Gardens	71D8
羅氏美光發展大廈	L.M.K. Development Estate	123G6
鵬利中心	Top Glory Tower	66C3
鵬園閣	Panny Court	84B2
鵬和閣	Reve Plaza	98C3
麗東大廈	Lyton Building	39D5
麗城大廈	Beautiful City Building	72B1
麗城花園	Belvedere Garden	121C7
麗虹花園	Lai Hung Garden	115F7

麗峰花園	Ville De Cascade	102C1
麗恩閣	Lechler Court	58D4
麗都大廈	Rialto Building	65F5
麗都花園	Lido Garden	121F8
麗斯大廈	Ritz Building	35G5
麗景園	Repulse Bay Garden	91F5
麗景閣	Lai King Court	58F4
麗港城	Laguna City	54A2
麗新商業中心	Lai Sun Commercial Centre	31C7
麗群閣	Lai Kwan Court	31B7
麗澤閣	Richmond Court	59B6
麗寶花園	Lai Bo Garden	31B8
鏞記大廈	Yung Kee Building	61A6

二十畫以上

寶玉閣	Jadestone Court	61F5
寶生銀行大廈	Po Sang Bank Building	34F4
寶昌商業大廈	Po Cheong Commercial Building	39D5
寶城大廈	Bo Shing Court	71B7
寶恆苑	Bonham Court	59A5
寶恆閣	Bonham Crest	59B5
寶珀台	Amber, The	84C4
寶倫大廈	Bo Lun Building	36F4
寶峰大廈	Bo Fung Bldg	52C2
寶峰園	Bo Fung Gardens	72F4
寶時商業中心	Boss Commercial Centre	36F3
寶泰工業大廈	Bhotai Industrial Building	116G3
寶馬花園	Marble Garden	71B6
寶馬臺	Braemar Terrace	72B1
寶勒商業大廈	Prat Commercial Building	39D5
寶基大廈	Hong Kong & Macau Building	60D2
寶盛財務商業大廈	Unistock Finance Bldg	64A4
寶堡大廈	Grandco Mansion	42B2
寶華大廈	Po Wah Building	38A3
寶園	Po Garden	81A7
寶源大廈	Po Yuen Mansion	41F5
寶源工業大廈	Haking Industrial Building	71B6
寶源樓	Haking Building	72C2
寶瑜閣	Bowie Court	57C8
寶樂大廈	Bell House	36B4
寶翠大樓	Jade Mansion	37B5
寶翠小築	Grenery Villas	100F3
寶翠洋樓	Jade Mansion	70C4
寶翠園	Belcher Gardens	57B7
寶輝大廈	Portfield Building	84B3
寶樺臺	Birchwood Place	82A1
寶豐大廈	Bo Fung Mansion	65F6
寶靈大廈	Bowrington Building	67D5
寶靈商業大廈	Bowring Centre	37G5
寶栢苑	Windsor Park	100F3
耀基商業大廈	Iuki Tower	65B5
蘇杭商業大廈	So Hong Commercial Building	60D4
鐘山台	Chung Shan Terrace	30A2
馨石苑	Hanison Villa	33G7
鐵路大廈	Railway Plaza	39D5
鷹君中心	Great Eagle Centre	64B3
鹽業銀行大廈	Yien Yieh Bank Building	60C3
灣仔商業中心	Wan Chai Commercial Centre	65A5
灣景中心大廈	Causeway Centre	64A3
灣景花園	Bayview Garden	121C7
灣景廣場	Skyline Plaza	122C1
灣景樓	Bay View Mansion	68G4
鱷魚恤大廈	Crocodile House	60A4

如有任何樓名找不到，請閱" 香港工商住宅大廈名錄"。該書並附樓宇
詳細中英文地址，能與" 香港街道大廈詳圖"合併使用。

大廈及私人屋邨

16 Hennessy Rd	軒尼詩道16號	65F5
280 Portland Street Comm Bldg	280號砵蘭街商業大廈	34F4
88 Commercial Building	東成商業大廈	60C3
88 Lockhart Rd	駱克道88號	65D5
88 Square	88 廣場	98D3

A - B

AIA Building	友邦大廈	67G8
AIA Plaza	友邦中心	67A5
AIE Building	中亞洲大廈	62G3
AT Tower	百家利中心	70D2
Abdoolally House	鴨都喇利大廈	61A6
Aberdeen Centre	香港仔中心	75D8
Academic Terrace	學士臺	57D6
Admiralty Centre	海富中心	63B6
Aik San Factory Building	益新工業大廈	72D3
Al-Aqmar House	愛琨馬	61B6
Albion Industrial Building	愛賓工業大廈	116F3
Albion Plaza	愛賓商業大廈	38C4
Alexan Plaza	力善多元化工業城	116G3
Alexandra House	歷山大廈	62F4
Alhambra Building	平安大樓	37D5
All Fit Garden	百合苑	59A5
Alliance Building	誠信大廈	60C2
Allied Cargo Centre	聯合貨運中心	122F3
Allied Kajima Bldg	聯合鹿島大廈	64A4
Allway Gardens	荃威花園	121A7
Alpha House	良士大廈	38F3
Alpine Garden	冠峰園	119B6
Amber Commercial Building	凱利商業大廈	67F6
Amber, The	安柏台	84C4
Amoy Gardens	淘大花園	48G2
Amoycan Industrial Centre	淘大工業第一座	48F2
Amtel Building	安泰大廈	60B3
Ananda Tower	辰達集團大廈	60A4
Andes Plaza	安達中心	58C3
Anson House	安順大廈	38D3
Anther Commercial Centre	安達商業中心	36A4
Anton Building	安定大廈	65F5
Ap Lei Chau Centre	鴨脷洲中心	87B6
Apec Plaza	創貿廣場	52F2
Aquamairne Garden	海慧花園	119D6
Argyle Centre	旺角中心	35F5
Arion Commercial Centre	聯發商業中心	60F3
Ascot Mansion	雅麗苑	66D4
Ashley Centre	雅士利中心	38D3
Asia Harvest Commerical Centre	潤民商業中心	74C3
Asia Standard Tower	泛海大廈	61A5
Asia Trade Centre	海貿中心	55G6
Asian House	熙信大廈	65F5
Astor Plaza	普慶廣場	37D5
Astoria Building	天星大廈	38D3
Astrid,the	雅麗居	42C2
Au's Building	歐士大廈	61B6
Aubin House	安邦商業大廈	66G4
Austin Commercial Centre	柯士甸商業中心	39B5
Austin Tower	好兆年行	39A5
Auto Plaza	安達中心	39D6
Avalon	雅景軒	69C7
Avon Park	碧湖花園	97F7
BIC Centre (Burlingame Int. Corp.)	柏寧頓國際集團中心	37F5
BOC Credit Card Centre	中銀信用卡中心	60G2
Baguio Villa	碧瑤灣	79G7
Bamboo Grove	竹林苑	65C8
Bank Building	銀行大廈	58D2
Bank Centre	銀行中心	35G5
Bank Tower	銀輝中心	70B4
Bank of America Tower	美國銀行中心	63C5
Bank of China Building	中國銀行大廈	63D5
Bank of China Tower	中銀大廈	63D6
Bank of Communications Building	交通銀行大廈	67F5
Bank of Communications Building	交通銀行大廈	36A4
Bank of East Asia Building, The	東亞銀行大廈	63G5
Bank of East Asia Mong Kok Building	東亞銀行旺角大廈	35G5
Bank of East Asia Wanchai Building	東亞銀行灣仔大廈	67G5
Bartlock Centre	百樂中心	67D6
Baskerville House	樂成行	61A7
Bay View Garden	威豪花園	47A6
Bay View Mansion	灣景樓	68G4
Bayview Garden	灣景花園	121C7
Bayview Terr	碧翠花園	119D6
Beacon Heights	畢架山花園	32A4
Beaconsfield Court	碧鳳閣	90C2
Beaulieu Peninsula	蠔涌半島	120G3
Beautiful City Building	麗城大廈	72B1
Beautiful Garden	美景花園	98C3
Beauty Court	雅苑	59B5
Bedford Garden	百福花園	71C8
Bedford Tower	必發台	34C2
Begonia Court	海棠苑	33F7
Bel Trade Commercial Court	百營商業大廈	65A5
Belair Gardens	富豪花園	102F4
Belcher Gardens	寶翠園	57B7
Belgian Bank Building	華比銀行大廈	34D4
Belgian House	華比大廈	64C4
Bell House	寶寧大廈	36B4
Belvedere Garden	麗城花園	121C7
Best-O-Best Commercial Centre	富利來商業大廈	36F3
Beverley Commercial Centre	百利商業中心	39B5
Beverly Court	嘉美閣	65A8
Beverly Court	陞暉閣	29B8
Beverly Hill	比華利山	67A8
Beverly Villa	碧華花園	45F8
Bhotai Industrial Building	寶泰工業大廈	116G3
Billion Trade Centre	鴻貿中心	52D1
Bing Fu Comm Bldg	炳富商業大廈	34B4
Birchwood Place	寶樺臺	82A1
Bisney Crest	碧麗軒	78D4
Blissful Building	德祐大廈	60C3
Bo Fung Bldg	寶峰大廈	52C2
Bo Fung Gardens	寶峰園	72F4
Bo Fung Mansion	寶豐大廈	65F6
Bo Lun Building	寶倫大廈	36F4
Bo Shing Court	寶城閣	71B7
Bold Win Industrial Building	保盈工業大廈	123F7
Bonaventure House	雲景大廈	67B6
Bonham Centre	文咸中心	60D3
Bonham Commercial Centre	南北行商業中心	60G2
Bonham Court	寶恆苑	59A5
Bonham Crest	寶恆閣	59B5
Bonham Towers	般含閣	59D5
Bonsun Industrial Building	萬象工業大廈	122D3
Boss Commercial Centre	寶時商業中心	36F3
Bowie Court	寶瑜閣	57C8
Bowring Centre	寶靈商業大廈	37G5
Bowrington Building	寶靈大廈	67D5
Braemar Hill Mansions	賽西湖大廈	71D6
Braemar Terrace	寶馬臺	72B1
Bright Growth Medical Centre	高怡醫務中心	37F5

Bright Way Tower	凱達發展大廈	34F4
Brilliant Garden	彩暉花園	117B5
Broadview Garden	偉景花園	126B3
Broom Garden	蟠龍苑	84F4
Buckingham Building	金漢大廈	37F5
Bulkin Centre	龐堅中心	34D4
Bupa Centre	保栢中心	58B2
Burlington Arcade	華敦大廈	38C4
Butler Towers	栢麗園	85B8

C - D

C.T.S. House	中旅集團大廈	60B3
CATIC Plaza	航空大廈	68G4
CF Commercial Tower	中福商業大廈	38D4
CLI Building	中國人壽大廈	63G5
CNAC Building	中航大廈	63G5
CNT Bisney	美琳苑	79C5
CNT Commercial Building	北海商業大廈	60D4
CNT House	宜興大廈	65C6
CRE Building	華創大廈	67G5
CRE Centre	華創中心	31D5
Caltex House	德士古大廈	65A5
Cambridge Court	冠華園	35F8
Camelot Height	金翠閣	65D7
Cameron Commercial Centre	金聯商業中心	66C4
Cammer Commercial Building	金馬商業大廈	39C5
Canal Comm Bldg	運河商業大廈	67D5
Cannon Garden	建康花園	70D2
Cantake Commercial House	凱德商業大廈	65G5
Canton House	豐樂行	61A5
Capital Building	京城大廈	65B5
Capital Commercial Building	凱基商業大廈	67C6
Capital Trade Centre	京貿中心	52F2
Capitol Centre	京華中心	66B4
Capitol Plaza	滙財中心	61B5
Car Po Commercial Building	嘉寶商業大廈	61B6
Cardinal Industrial Building	基力工業大廈	97B7
Carfield Commercial Bldg.	嘉非商業大廈	61B6
Carlton Building	嘉寶大廈	38B4
Carmen Garden	嘉皇花園	45D7
Carnarvon Plaza	加拿芬廣場	38C4
Carnival Commercial Building	嘉圖商業大廈	70B4
Caroline Ctr	嘉蘭中心	67B5
Carry Win Centre	永運勝中心	61A7
Carson Mansion	嘉信大廈	70D2
Cartwright Garden	嘉威花園	59A5
Casa Bella	銀海山莊	109B7
Casey Building	啟時大廈	60F4
Castle Peak Bay Garden	青山灣花園	119D6
Causeway Bay Centre	銅鑼灣中心	66A4
Causeway Bay Commercial Building	銅鑼灣商業大廈	66A4
Causeway Bay Plaza	銅鑼灣廣場	66C4
Causeway Centre	灣景中心大廈	64A3
Cavendish Heights	嘉雲臺	85B6
Celam Buildidng	菁林大廈	64D4
Central Building	中建大廈	63G5
Central Plaza	中環廣場	64B4
Central Tower	中滙大廈	63G5
Centre Mark II	永業中心	60D3
Centre Mark, The	永傑中心	60D4
Centre Point	中怡商業大廈	66F4
Century Centre	世紀工商中心	52F2
Century Industrial Building	世紀城市工業大廈	116D3
Century Square	世紀廣場	61A6
Chai Wan Industrial City	柴灣工業城	77C5
Champagne Court	香檳大廈	38C4
Champion Bldg	冠豐大廈	113B7
Champion Building	長達大廈	60D2
Champion Building	嘉賓商業大廈	37G5
Chang Pao Ching Building	張寶�大廈	66D4
Chao's Industrial Building	鴻文工業大廈	116F3
Charm Centre	時運中心	30D4
Charming Court	嘉盛閣	58C3
Chatham Comm Bldg	東賢商業大廈	40D3
Chau's Commercial Centre	周氏商業中心	122C2
Che Wah Industrial Building	致華工業大廈	123D5
Chee Hong Bldg	時康大廈	32G4
Chee Shing Bldg	時盛大廈	41D5
Cheerful Garden	富怡花園	77D8
Cheerful Park	欣翠花園	96D4
Cheery Garden	時樂花園	58C4
Chekiang First Bank Building	浙江第一銀行大廈	64D4
Cheong Hing Building	昌興大廈	38D4
Cheong K. Building	章記大廈	60A4
Cheong Loong Building	昌隆大廈	60F2
Cheong Tai Industrial Building	昌泰工業大廈	122F3
Cheong Wah Commercial Building	昌華商業大廈	36A3
Cheuk Nang Centre	卓能中心	38A4
Cheung Ka Industrial Building	長嘉工業大廈	58G2
Cheung Kong Building	長江大廈	72A1
Cheung Sha Wan Plaza	長沙灣廣場	31D5
Cheung Tat Centre	祥達中心	76D2
Chevalier Commercial Centre	其士商業中心	50C4
Chevalier House	其士大廈	39C5
Chi Fu Centre	置富中心	113B7
Chi Fu Fa Yuen	置富花園	75B7
Chi On Building	置安大廈	66B3
Chiao Shang Building	僑商大廈	61B5
Chiap Lee Commercial Building	捷利商業大廈	38D3
China & South Sea Bank Bldg, The	中南銀行大廈	60C3
China Aerospace Centre	航天科技中心	51A8
China Building	華人行	62G4
China Harbour Bldg	振華大廈	70C4
China Hong Kong Centre	中港中心	38C2
China Hong Kong City	中港城	38B1
China Hong Kong Tower	中港大廈	65G5
China Insurance Group Building	中保集團大廈	60A3
China Merchants Building	招商局	60D2
China Overseas Building	中國海外大廈	65C5
China Pacific Industrial Building	中太工業大廈	30D4
China Resources Building	華潤大廈	64A4
China State Bank Building	國華銀行大廈	62G3
China Trade Centre	華貿中心	51A7
China Travel Building	中旅大廈	61A5
China Underwriters Centre	其昌中心	64C4
Chinabest International Centre	中信國際中心	123G6
Chinachem (Golden) Plaza	華懋廣場	39C7
Chinachem Cameron Centre	華懋金馬倫中心	39C5
Chinachem Exchange Square	華懋交易廣場	72C3
Chinachem Johnston Plaza	華懋莊士敦廣場	65A5
Chinachem Leighton Plaza	華懋禮頓廣場	67D6
Chinachem Tsuen Wan Plaza	華懋荃灣廣場	122B1
Chinaweal Centre	中望商業大廈	66D4
Chinese Club Building	華商會所大廈	62G3
Chinese General Chamber of Comm Bldg,The	中華總商會大廈	62G3
Chinese Manufacturers' Assn of HK Bldg	香港中華廠商聯合會大廈	60A3
Ching Cheong Industrial Building	禎昌工業大廈	123F6
Chit Lee Commercial Building	捷利商業大廈	73F6
Chiu Lung Building	昭隆大廈	61A5
Chiyu Bank Building	集友銀行大廈	60A4
Chong Hing Square	創興廣場	36A4
Chong Kin Commercial Building	創建商業大廈	36A4

Buildings & Private Estates

Chong Yip Centre	創業中心	58G3
Chou Chong Commercial Building	秋創商業大廈	31B7
Chuan Kei Factory Building	泉基工業大廈	123C5
Chuang's Enterprises Building	莊士企業大廈	67F5
Chuang's Hung Hom Plaza	莊士紅磡廣場	41D5
Chuang's Tower	莊士大廈	62G3
Chun Hoi Commercial Building	鎮海商業大廈	34D4
Chun Wah Commercial Building	振華商業大廈	39F5
Chun Wo Commercial Centre	俊和商業中心	60B3
Chung Hing Commercial Building	中興商業大廈	60A3
Chung Kiu Commercial Building	中僑商業大廈	35G5
Chung Nam Building	中南大廈	64F4
Chung Nam House	中南行	62G3
Chung Pak Commercial Building	松柏商業大廈	55F5
Chung Pont Commercial Building	中邦商業大廈	67G5
Chung Shan Terrace	鍾山台	30A2
Chung Shun C & I Building	忠信工商大廈	70F1
Chung Tai Printing Group	中大印刷集團大廈	97C7
Chung Wai Comm Bldg	中威商業大廈	66D4
Chung Wui Mansion	中匯大樓	65A6
Chungking Mansions	重慶大廈	38F4
Circle Court	永光閣	70B4
Circle Tower	永光中心	67C5
Citibank Tower	萬國寶通銀行大廈	63D6
Citic Tower	中信大廈	63A5
Citicorp Centre	萬國寶通銀行中心	70D1
City Garden	城市花園	70B4
City Industrial Complex	城市工業中心	123C6
City Mansion	新城大廈	66C3
City One, Shatin	沙田第一城	103D5
Cityplaza	太古城中心	73D5
Civic Commercial Building	置城商業大廈	36G4
Civil Engineering Bldg	土木工程署大樓	37A7
Classical Gardens	新綽花園	98G2
Claymore Lodge	嘉樂居	84C3
Clifton Tower	嘉樂苑	37C5
Clover Commercial Building	嘉華樓	66C4
Club Lusitano Building	西洋會所大廈	63G5
Co-Tack Industrial Building	同德工業大廈	116D3
Coda Plaza	科達中心	81A7
Coin Organize Centre	集貴中心	67A5
Comfort Centre	港暉中心	86B3
Comfort Garden	瑞康閣	113C7
Comfort Heights	創福苑	70F3
Commercial House	商業大廈	61A5
Commodore Centre	確達中心	122G3
Communication Building	通訊大廈	65D5
Concord Commercial Building	六合商業大廈	70D2
Connaught Commercial Building	康樂商業大廈	67G6
Connie Towers	康麗園	52B2
Coral Gardens	紫珊園	115B5
Cornell Centre	港柏中心	77C5
Corporation Square	商業廣場	50D4
Cosmopolitan Centre	東海大廈	34C4
Cosmos Building	昌隆商業大廈	61A7
Cowan Factory Building	廣運工業大廈	122D2
Crawford Tower	嘉發商業中心	60D3
Crayon Building	基安大廈	40F4
Crocodile House	鱷魚恤大廈	60A4
Crown Motors Building	皇冠車行大廈	72D3
Culturecom Centre	文化傳信中心	52F2
Culturecom Printing House	文化傳信印刷大廈	99A8
Cumine Court	康明苑	70F3
DCH (Ap Lei Chau) Motor Service Ctr	大昌行鴨脷洲汽車服務中心	87C8
Dah Chong Hong(Motor Ser.Ctr)Y.L.Ser.Ctr	大昌行元朗汽車服務中心	113B5
Dah Sing Financial Ctr	大新金融中心	64B4
Dah Sing Life Building	大新人壽大廈	60A4
Dao Heng Bank Building	道亨銀行大廈	60C3
Dao Heng Bank Building	道亨銀行大廈	35D5
Dawning House	多寧大廈	60D2
Dennies House	其康大廈	64C4
Des Voeux Commercial Centre	德輔商業中心	60C3
Development House	發展大廈	65G5
Deyla Industrial Centre	德雅工業中心	116D3
Discovery Park	愉景新城	122B1
Dominion Centre	東美中心	65F6
Double Commercial Building	登寶商業大廈	61A6
Double Set Commercial Centre	德寶城商業中心	36G4
Dragon Centre	西九龍中心	29A8
Dragon Glory Mansion	龍暉閣	46G3
Dragon Rise	登龍閣	67A5
Dragon Seed Building	龍子行	61A5
Drangon Inn Court	容龍居	119C6
Dynasty Court	帝景園	81A6
E - G		
EW International Tower	安泰國際中心	122F3
Earl Gardens	伯爵園	42B2
Easey Commercial Building	依時商業大廈	65A5
East Asia Aetna Tower	東亞安泰中心	60D3
East Asia Garden	東亞花園	122D3
East Asia Mansion	東亞大樓	65F5
East Exchange Tower	東區機樞大廈	67C6
East Garden	東園	84C1
East Ocean Centre	東海中心	39C6
East Point Centre	東角中心	66B4
East Town Building	東城大廈	65D5
Eastern Centre	東達中心	72D4
Eastern Commercial Centre	東區商業中心	66D4
Eastern Factory Building	東方工業大廈	123G6
Eastern Flower Centre	東麗中心	38C4
Eastern Harbour Ctr	東港中心	72A2
Eden Garden	海峰園	96D4
Edinburgh Tower	公爵大廈	63G5
Edward Mansion	長榮大廈	34C4
Eightland Gardens	八號花園	98C3
Eldex Industrial Building	義達工業大廈	40C4
Eldo Court	雅都花園	116F4
Eldorado, The	金碧花園	115B7
Electric House	電氣大廈	82A3
Elegance Garden	富庸花園	98F3
Elegance Gardens	怡樂花園	117C6
Elizabeth House	伊利莎伯大廈	66D4
Elm Tree Towers	愉富大廈	69C8
Emperor Comm Bldg (Yuen Long)	元朗英皇金融大廈	113B6
Emperorland Commercial Building	安皇商業大廈	63G5
Empire Centre	帝國中心	39D6
Empress Plaza	帝后廣場	39D5
Energy Industry Cent	盛力工業中心	115C5
Energy Plaza	幸福中心	39C6
Enterprise Building	聯業大廈	60D4
Enterprise Square	企業廣場	50D4
Entertainment Bldg	娛樂行	61A6
Entertainment Plaza	娛樂廣場	122C2
Entrepot Centre	進貿中心	52F3
Estoril Court	愛都大廈	81A7
Eton Building	易通商業大廈	60D3
Eu Yan Sang Tower	余仁生中心	39D5
Euro Trade Centre	歐陸貿易中心	62G4
European Asian Bank Building	歐亞銀行大廈	34C4
Evelyn Towers	雲景台	68A1
Ever Gain Building	永得利大廈	103G6

Buildings & Private Estates

Everest Building	金峰大廈	37G5
Evergreen Court	翠林閣	98C3
Evergreen Gardens	松柏花園	90C2
Evergreen Towers	長春大廈	46G3
Everprofit Commercial Building	恒利商業大廈	58A3
Everwin Building	康威大廈	71B5
Everwin Court	恒勝中心	52G2
Ewan Court	倚雲閣	65F7
Excellence Commercial House	拔萃商業大廈	66D4
Excelsior Building	大成大廈	122C1
Exchange Square	交易廣場	62G3
Fairmont House	東昌大廈	63C5
Fairview Park	錦綉花園	111D6
Fang Bros. Textiles, Ltd., Fty Bldg	華昌工業大廈	123D6
Fanling Centre	粉嶺中心	97D7
Fanling Garden	粉嶺花園	97C6
Fanling Industry Ctr	粉嶺工貿大廈	97C7
Far East Consortium Building	遠東發展大廈	60A4
Far East Consortium Mongkok Bldg	遠東發展旺角大廈	35G5
Far East Exchange Building	遠東交易所大廈	61A6
Far East Finance Centre	遠東金融中心	63B5
Faraday House	雅翠苑	119D6
Felicity Garden	欣景花園	73G7
Ficus Garden	榕翠園	102A4
Finance Building	金融商業大廈	60C3
Finance Tower	金豐商業大廈	60B4
First Commercial Building	第一商業大廈	67C6
First Pacific Bank Centre	第一太平銀行中心	64D4
Flora Plaza	花都廣場	97G7
Flora Villa	葉翠園	35A6
Flourish Court	殷榮閣	61D7
Focal Industrial Centre	富高工業中心	40B4
Fontana Gardens	豪園	69F5
Foo Cheong Building	富昌大廈	60D3
Foo Cheung Ct	富昌閣	74D2
Foo Hoo Centre	富好中心	39B5
Foo Yet Kai Building	胡日皆大廈	70B4
Foo Yik Commercial Building	富益商業大廈	116G3
Fook Toa Mansion	福桃樓	43C6
Fook Yip Building	福業大廈	125A5
Fortress Garden	富澤花園	70D3
Fortress Metro Tower	康澤花園	70D3
Fortress Tower	北角城中心	70C3
Fortune Centre	恩平中心	66B4
Fortune Comm Bldg	全發商業大廈	122D3
Fortune House	福興大廈	60A3
Fortune Plaza	昌運中心	98C4
Fortune Terrace	富裕臺	37G5
Fortwest Court	豐榮苑	72D3
Fou Wah Centre	富華中心	122C3
Four Sea Mansion	四海大廈	65A5
Four Seas Communications Bank Bldg	四海通銀行大廈	60F2
Four Seas Jade Centre	四海玉器中心	36F3
Foursquare Mansion	四方大廈	34A4
Franki Centre	建新中心	44G4
Freder Centre	飛達工商業中心	43C7
Free Trade Centre	佳貿中心	52F2
Fu Tor Loy Sun Chuen	富多來新邨	34F2
Fu Yuen Industrial Buiding	富源工業大廈	122D2
Fui Nam Building	惠南大廈	60G2
Fuji Building	富士大廈	66F4
Fuk Lung Bldg	福隆大廈	32F2
Fuk Wo Building	福和大廈	65B6
Fulham Court	富蘭苑	71B5
Full Scene Garden	富善花園	98C3
Full View Commercial Building	富偉商業大廈	60B4
Full Win Commercial Centre	富運商業中心	36A4
Fuller Gardens	富萊花園	98C3
Fully Mansion	富麗大廈	65C6
Fun Kee Industrial Building	芬記工業大廈	122D3
Fung House	馮氏大廈	62G3
Fung Lee Commercial Building	豐利商業大廈	39D5
Fung Wah Estate	峰華邨	76F1
Fung Woo Building	豐和大廈	60D2
Fung Woo Comm Bldg	豐和商業大廈	60D2
GD Real Estate Tower	粵海置業大廈	60D2
Gain Yu Building	儉裕大廈	70B4
Gala Garden	嘉樂園	70C4
Galaxy Plaza	銀河廣場	74B3
Galuxe Building	紀利大廈	61A6
Garden Rivera	河畔花園	102G3
Garden Vista	翠湖花園	103C6
Garley Building	嘉利大廈	37G5
Gateway, The	港威大廈	38C2
Gaylord Commercial Building	嘉洛商業大廈	65C5
Gee Tuck Building	至德大廈	60C3
Gem Fair Commercial Building	玉暉商業大廈	36F3
Gemmy Development Ind Bldg	精裕發展工業大廈	116F3
Gemstar Tower	駿昇中心	40B4
General Commercial Building	通用商業大廈	60B3
Gitic Centre	廣信商業中心	65G5
Glee Industrial Building	致利工業大廈	121B8
Global Trade Ctr	宏貿中心	122G3
Glorious Commercial Building	浩榮商業大廈	58C2
Glory Ctr	高基商業中心	38B4
Gloucester Tower	告羅士打大廈	62G4
Go-Up Commercial Building	高明商業大廈	34G4
Gold & Silver Commercial Building	金銀商業大廈	60C3
Gold Canyon Ct	嘉利閣	29A8
Gold Field Commercial Building	高富商業大廈	61B5
Gold Shine Tower	金煌行	60F3
Gold Sun Industry Building	鈞茂工業大廈	116G4
Gold Swan Commercial Building	金鵝商業大廈	66D4
Gold Union Commercial Building	金佑大廈	60G2
Golden Bear Industrial Centre	金熊工業中心	121C8
Golden Castle Ind. Bldg	金堡工業大廈	116F3
Golden Castle Mansion	金堡大廈	70C3
Golden Court	金建閣	41D5
Golden Crown Building	金冠商業大廈	60G2
Golden Dragon Commercial Bldg	金龍商業大廈	37B5
Golden Dragon Industrial Centre	金龍工業中心	123G6
Golden Gate Commercial Building	金門商業大廈	38A4
Golden Hill Commercial Building	金山商業大廈	34F4
Golden Hill Mansion	金軒商業大廈	65B5
Golden Jubilee House	金禧大廈	66F4
Golden Lion Garden	金獅花園	105C5
Golden Pavilion	金庭居	61C6
Golden Plaza	金都中心	34C4
Golden Plaza	萬金中心	113B6
Golden Star Building	金星大廈	65F5
Golden Sun Centre	金日集團中心	60G2
Golden Tower	金龍中心	60B3
Goldfield Industrial Buildling	金豐工業大廈	123G6
Goldfield Mansion	高發大廈	71B5
Goldmark, The	黃金廣場	66B4
Goldtone Court	金時閣	43F5
Goldview Court	金慧園	45B8
Goldway Industry Ctr	高盛工業大廈	122G3
Good Harvest Commercial Bldg	好收成商業大廈	36B4
Good Harvest Industrial Building	好收成工業大廈	116D4
Good Hope Building	好望角大廈	35G5
Good Results Building	收成樓	38B5

Goodfit Commercial Building	好發商業大廈	65B5
Goodrich Garden	盈豐園	116B3
Goodview Garden	豐景園	118C4
Goodwill Industrial Building	信義工業大廈	122B1
Gough Plaza	經富中心	60C4
Grace Industrial Building	基利士工業大廈	97C7
Grancastle Comm Centre	添置商業中心	37A5
Grand Building	大昌大廈	62G4
Grand Central Plaza	新城市中央廣場	102D1
Grand Industrial Building	華寶工業大廈	123C7
Grand Panorama, The	嘉兆臺	61C7
Grand Right Centre	宏威中心	38C4
Grand View Commercial Centre	匯景商業中心	66A4
Grandco Mansion	寶堡大廈	42B2
Grandeur Garden	金禧花園	104B3
Grandeur Gardens	偉景花園	117C6
Grandview Commercial Centre	宏輝商業大廈	60G2
Grandview Garden	雍翠臺	61D5
Grandview Garden	嘉景花園	43F5
Grandview Tower	慧景臺	65B8
Grant Villas	嘉蘭別墅	35C8
Granville House	嘉威大廈	39C5
Great Eagle Centre	鷹君中心	64B3
Great Garden	浩園	115F7
Great Smart Tower	佳誠大廈	67F5
Great Sun Industrial Building	大生工業大樓	122F3
Greatmany Centre	智群商業中心	65D6
Greenery Plaza	翠怡花園	98C2
Greenheight Villa	翠嶺山莊	104C2
Greenland Garden	翠林花園	116D4
Greenpark Villa	葳翠花園	97D5
Greenway Terrace	匯翠台	67B7
Greenwood Villas	曉峰居	30A2
Grenbelle Garden	嘉碧苑	90C2
Grenery Villas	寶翠小築	100F3
Grosvenor House	高雲大廈	63D8
Guang Dong Tours Building	廣旅大廈	66A4
Guangdong Building	粵海大廈	60B3
Guangdong Tours Centre	廣旅集團大廈	67A5
Guardian House	愛群商業大廈	67F6

H

H & S Building	時峰大廈	60F2
HKPC Building	生產力大樓	33D7
Hai Phong Mansion	海防大廈	38D3
Haking Building	寶源樓	72C2
Haking Industrial Building	寶源工業大廈	71B6
Haleson Building	喜訊大廈	60B4
Hanford House	恒福商業大廈	38A3
Hang Bong Commercial Centre	恒邦商業中心	38A2
Hang Chong Building	恒昌大廈	63F5
Hang Chong Centre	恒昌中心	34C2
Hang Fat Trading House	恒發貿易大廈	60G2
Hang Fu Bldg	恒富大廈	113B7
Hang Lung Bank Building	恒隆銀行大廈	67B5
Hang Lung Bank Bldg (Yuen Long)	恒隆銀行大廈	113B6
Hang Lung Bank Eastern Branch Bldg	恒隆銀行東區分行大廈	71B5
Hang Lung House	恒隆大廈	60C4
Hang Ngai Jewelry Centre	恒藝珠寶中心	40B3
Hang Pont Commercial Building	恒邦商業大廈	32D1
Hang Seng Bank Headquarters Bldg	恒生銀行總行大廈	60A4
Hang Seng Bank Johnston Rd Branch Bldg	恒生銀行莊士敦道分行大廈	65B6
Hang Seng Bank North Point Branch Bldg	恒生銀行北角分行大廈	70B4
Hang Seng Bank Wanchai Branch Bldg	恒生銀行灣仔分行大廈	65B5
Hang Seng Bank Yuen Long Branch Bldg	恒生銀行元朗分行大廈	113C6
Hang Seng Building	恒生大廈	60A4

Hang Seng Centre	恒生中心	34C2
Hang Shing Building	恒成大廈	37F5
Hang Shun Building	恒信大廈	61A6
Hang Tung Building	恒通大廈	34D4
Hang Wai Commercial Building	恒威商業大廈	65B7
Hang Ying Building	恒英大廈	70C4
Hang Yue Court	恒裕閣	36B3
Hanison Villa	馨石苑	33G7
Hanking Court	恒景閣	70D4
Hankow Apartments	漢口大廈	38D3
Hankow Centre	漢口中心	38F3
Hanley Villa	恒麗園	121C5
Hanson House	恒新商業大廈	34B4
Hanway Commercial Centre	恒成商業中心	36A4
Hanway Industrial Building	匯煌工業大廈	116G3
Happy Plaza	開心廣場	113C6
Harbour Centre	海港大廈	64A3
Harbour Centre	維港中心	40B4
Harbour City	海港城	38D2
Harbour Commercial Building	海港商業大廈	60C2
Harbour Crystal Centre	港晶中心	39B6
Harbour Heights	海峰閣	70D2
Harbour Industrial Centre	港灣工貿中心	87C8
Harbour View Garden	海怡花園	57D5
Harcourt House	夏愨大廈	64F4
Harmony Garden	同興花園	43F6
Harrison Court	恒信園	42C1
Hart Avenue Plaza	德裕中心	38D4
Harvest Building	恒豐大廈	60B4
Harvest Garden	恒豐園	119B6
Hau Yuen Building	華遠大廈	64A4
Hawthron Garden	荷塘苑	84C4
Hay Wah Building	熙華大廈	65D5
Healthy Gardens	健威花園	71B7
Hecny Tower	均輝大廈	39D5
Heep Kee Commercial Building	協基商業大廈	60F2
Helena Garden	海倫苑	42B1
Helene Court	喜蓮閣	90C2
Henan Building	豫港大廈	65D5
Henfa Commercial Building	恒發商業大廈	67F5
Heng Fa Chuen	杏花邨	78F2
Heng Shan Centre	恒山中心	65D7
Henley Industrial Centre	恒利中心	34D4
Hennessy Centre	興利中心	66C4
Hennessy Plaza	亨寧大廈	65B5
Henry Centre	恒裡中心	123C7
Hensey Industrial Building	興時工業大廈	123F6
Hentiff Bldg	好達大廈	35C6
Hermes Commercial Centre	恒貿商業中心	38B4
Hermes House	國際電信大廈	38F4
Heung Lam Building	香林大廈	62G3
Hi-Tech Industrial Centre	嘉力工業中心	122B1
Highgrade Building	崇基商業大廈	39B5
Hillier Commercial Building	喜利商業大廈	60C3
Hillsborough Court	曉峰閣	81A6
Hilltop Gardens	海港花園	46A4
Hilltop Mansion	峰景大廈	71D5
Hilton Towers	希爾頓大廈	39C6
Hing Lung Commercial Building	興隆大廈	60D3
Hing Pong Commercial Building	興邦商業大廈	34C4
Hing Wah Commercial Building	慶華商業大廈	36A4
Hing Wah Mansion	興華大廈	59C5
Hing Wai Building	興偉大廈	61A6
Hing Wan Commercial Building	慶雲商業大廈	38A3
Hing Ying Mansion	慶英大廈	58A4
Hing Yip Building	興業大廈	34A3

Hing Yip Commercial Centre	興業商業中心	60D3
Hing Yip Factory Building	興業工廠大廈	122D3
Hip Kwan Commercial Building	協群商業大廈	36B4
Hip Sang Building	協生大廈	65C5
Ho Fai Garden	豪輝花園	122D3
Ho King Commercial Centre	好景商業中心	37A5
Ho King Industrial Building	好景工業大廈	116F3
Ho Lee Commercial Building	好利商業大廈	61A6
Ho Lik Ctr	豪力中心	122C1
Hoi Cheung Industrial Building	凱昌工業大廈	116F3
Hoi Fung Centre	海峰中心	74B3
Hoi Kwong Court	海光苑	72C2
Hoi Shing Building	海盛大廈	116G4
Hoi Tai Factory Estate	開泰工廠大廈	116F3
Hoi Tak Gardens	凱德花園	119B6
Holford Garden	海福花園	104B3
Holland Garden	康蘭苑	84B3
Hollywood Centre	荷李活商業中心	60G3
Hollywood Commercial House	荷李活商業大廈	61B6
Hollywood Garden	合俊花園	60G3
Hollywood Plaza	荷李活商業中心	35G5
Hon Kwok Leighton Centre	漢國禮頓中心	67A5
Honest Motors Building	合誠汽車大廈	67D6
Honet House	鴻力樓	34C3
Hong Fu Mansion	康富大廈	43G6
Hong King Garden	康景花園	119B5
Hong Kong & Macau Building	寶基大廈	60D2
Hong Kong Chinese Bank Building	華人銀行大廈	62G3
Hong Kong Chinese Bank Causeway Bay Ctr	華人銀行東區大廈	66A4
Hong Kong Club Building, The	香港會所大廈	62D4
Hong Kong Computer Centre	香港電腦中心	65D5
Hong Kong Diamond Exchange Building	香港鑽石會大廈	63G6
Hong Kong Exhibition Centre	香港展覽中心	64C3
Hong Kong Garden	豪景花園	121G5
Hong Kong Gold Coast	香港黃金海岸	120G2
Hong Kong House	香港工商大廈	61A6
Hong Kong Industrial Centre	香港工業中心	31D5
Hong Kong Industrial Technology Ctr	香港工業科技中心	33D7
Hong Kong Intl. Trade & Exh. Ctr.(HITEC)	香港國際貿易展覽中心	50G3
Hong Kong Mansion	香港大廈	66A4
Hong Kong Pacific Centre	亞太中心	38D3
Hong Kong Parkview	陽明山莊	91A7
Hong Kong Plaza	香港商業中心	57B8
Hong Kong Spinners Ind. Bldg	香港紗廠工業大廈	31C6
Hong Kong Trade Centre	香港貿易中心	60B3
Hong Kong Worsted Mills Industrial Bldg	香港毛紡工業大廈	123D6
Hong Lai Garden	康麗花園	116F4
Hong Lok Yuen	康樂園	98A1
Hong Tak Gardens	康德花園	116D3
Hongkong & Shanghai Bank Bldg (KLN)	香港上海匯豐銀行大廈	35F5
Hongway Garden	康威花園	60F2
Honour House	金勘大廈	37D5
Honour Industrial Centre	安力工業中心	77C6
Hop Hing Bldg	合興大廈	115C6
Hop Ying Commercial Building	合盈商業大廈	34C4
Hopelead Centre	合力中心	121B8
Hopewell Centre	合和中心	65D7
Horizon Gardens	海天花園	92F4
Hoseinee House	好時年商業大廈	61B6
Houston Centre	好時中心	39D6
Houston Court	曉暉閣	57D5
Hua Chiao Commercial Building	華僑商業大廈	60A4
Hua Fu Commercial Building	華富商業大廈	60G3
Hua Qin International Building	華泰國際大廈	60F3
Humphrey Plaza	堪富利廣場	38D4
Hung Cheong Industrial Centre	鴻昌工業中心	116D3
Hung Hing Court	鴻興閣	40F4
Hung Kei Mansion	鴻基大廈	60A4
Hunghom Bay Centre	紅磡灣中心	41D6
Hunghom Gardens	紅磡花園	40C4
Hutchison House	和記大廈	63C5
Hyde Centre	海聯大廈	66F4

I - J

I-Feng Mansion	益豐大廈	40B1
Illumination Terrace	光明臺	69C5
Immigration Tower	人民入境事務大樓	64C4
Imperial Building	帝國大廈	38D2
Indonesia Centre	印尼中心	67A5
Informtech Industry Ctr	資訊工業中心	103F6
Inter-Continental Plaza	明輝中心	39C6
International Bank of Asia Building	港基國際銀行大廈	61A5
International Building	國際大廈	52F1
International Trade Ctr	達貿中心	121B8
Island Centre	金堡中心	66B4
Island Place	港運城	71B7
Iuki Tower	耀基商業大廈	65B5
J C G Building	日本信用大廈	35D5
Jade Centre	翡翠中心	61B5
Jade Commercial House	翠玉樓	36F3
Jade Field Garden	嘉和園	48F2
Jade Mansion	寶翠洋樓	70C4
Jade Mansion	寶翠大樓	37B5
Jade Plaza	翠屏花園	98C4
Jade View Villas	翠景花園	104A2
Jademan Centre	玉郎中心	71B8
Jadestone Court	寶玉閣	61F5
James Tower	勵新大廈	70B4
Jardine House	怡和大廈	62F3
Java Commercial Centre	渣華商業中心	71B6
Java Mansion	渣華大樓	70B4
Jim's Commercial Building	詹氏商業大廈	60A4
Jing Ho Industrial Building	正好工業大廈	122F3
Jing Long Commercial Building	景隆商業大廈	66C4
Join-In Commercial Centre	鍾盛商業中心	34D4
Join-In Hang Sing Centre	鍾盛恒勝中心	124A4
Jonsim Place	中華商業大廈	65C7
Jordache Centre	駿銘中心	40B1
Joy Garden	曉穎花園	90B2
Joy Take Court	翠德閣	43F5
Jubilee Commercial Building	捷租商業大廈	64D4
Jubilee Court Shopping Centre	銀禧閣商場	102B4
Jubilee Garden	銀禧花園	102A4
Juko Tower	壽幸工業大廈	122B1
Julimount Garden	瑞峰花園	104F3
Jumbo Building	珍寶大廈	86B3
June Garden	頤賢花園	34C2

K - L

K. Wah Ctr	嘉華國際中心	71A7
KCRC House	九廣鐵路大樓	102B4
Ka Fung Building	嘉豐大廈	60F2
Ka Hing Building	嘉興大廈	70B4
Ka On Building	嘉安大廈	60F2
Ka Wah Bank Centre	嘉華銀行中心	60C3
Ka Wai Court	嘉威閣	43F5
Ka Wo Garden	嘉利海景別墅	120F2
Kader Industrial Building	開達工業中心	97C7
Kai Fat Building	啟發大廈	60G2
Kai Fung Building	啟豐大廈	60C4
Kai Kwong Commercial Building	啟光商業大廈	67G5
Kai Tak Commercial Building	佳德商業大廈	61B5

Kai Wong Commercial Building	啟煌商業大廈	60C4	Kiu Kwan Mansion	僑冠大廈	71B5
Kailey Court	啟禮閣	70F2	Kiu Kwong Mansion	僑港大廈	60F2
Kailey Industrial Centre	啟力工業大廈	77C5	Knapwood Commercial Building	世華商業大廈	36G4
Kaiser Estate	凱旋工商中心	40C4	Knutsford Commercial Building	東港商業大廈	38B4
Kam Bong Building	錦邦大廈	60B4	Kodak House	柯達大廈	71A8
Kam Chung Building	金鐘大廈	64F4	Kong Nam Industrial Building	江南工業大廈	121B8
Kam Chung Commercial Building	金縮商業大廈	65F5	Koon Fook Centre	冠福中心	38B4
Kam Fai Garden	錦暉花園	119C6	Koon Wah Mirror Fty Ind Bldg	冠華鏡廠工業大廈	116F3
Kam Fung Commercial Building	金豐商業大廈	67F5	Koon Wo Industrial Building	冠和工業大廈	123D7
Kam Hong Building	錦康樓	60D2	Korea Centre	韓國貿易大廈	60C3
Kam On Building	錦安大廈	60C4	Kornhill	康怡花園	72F4
Kam Sing Industrial Building	金城工業大廈	123D6	Kotefair Commercial Building	廣輝商業大廈	38A3
Kam Sing Mansion	金聲大廈	64B4	Koway Court	高威閣	76C2
Kam Wah Garden	錦華花園	116G4	Kowloon Building	九龍行	36B4
Kamcourt Building	金閣大廈	60D3	Kowloon Centre	九龍中心大廈	38D3
Kamming House	金銘樓	61A5	Kowloon City Plaza	九龍城廣場	45C8
Kantone Centre	看通中心	76D3	Kowloon Dairy Building	維記大廈	63G5
Kar Wan Building	嘉運大廈	70B4	Kowloon Plaza	九龍廣場	31C6
Kee Shing Commercial Building	奇盛商業大廈	39B5	Kui Fat Building	鉅發大廈	113B7
Kelly Commercial Centre	基輝商業大廈	36A4	Kundamal House	金帝行	38D4
Kennedy Town Building	城暉大廈	57C6	Kuo Wah Building	國華大樓	67F5
Kennedy Town Centre	堅城中心	57C6	Kut Cheong Mansion	吉祥大廈	72A1
Kensington Mansion	啟成大廈	58D3	Kwai Cheong Centre	葵昌中心	123F6
Kent Court	根德閣	42A2	Kwai Chung Centre	葵涌中心	123F6
Kent Mansion	康德大廈	70D4	Kwai Chung Plaza	葵涌廣場	123G5
Kenville Building	甘苑	63F8	Kwai Fong Terrace	葵芳閣	125A5
Keswick Court	敬誠閣	67A5	Kwai Shing Industrial Bldg	貴盛工業大廈	123F6
Keybond Commercial Building	建邦商業大廈	36F3	Kwai Shun Industrial Centre	葵順工業中心	124B4
Khuan Ying Commercial Building	群英商業大廈	61B5	Kwai Sing Centre	葵星中心	123D7
Kim Tak Building	儉德大廈	37F5	Kwai Tak Industrial Centre	葵德工業中心	124B4
Kimberley Mansion	金巴利大廈	39B5	Kwai Wu Industry Bldg	葵匯工業大廈	123D7
Kimley Commercial Building	金利商業大廈	60B4	Kwan Chart Tower	群策大廈	67G5
Kin Bong Building	建邦大廈	71B5	Kwangtung Provincial Bank Bldg	廣東省銀行大廈	36A4
Kin Fat Industrial Centre	建發工業中心	116F3	Kwong Fat Hong Building	廣發行大廈	60C3
Kin Fung Court	建豐閣	35F7	Kwong Fung Terrace	廣豐臺	58F3
Kin Ga Industrial Building	堅基工業大廈	116G3	Kwong Kee Building	廣記大廈	60D4
Kin Hing Industrial Building	建興工業大廈	123D7	Kwong Lee Building	廣利大廈	60F3
Kin On Commercial Building	建安商業大廈	60D4	Kwong On Bank Building	廣安銀行大廈	60B4
Kin Tak Fung Commercial Bldg	建德豐商業大廈	66C4	Kwong Sang Hong Building	廣生行大廈	67G5
Kin Wing Commercial Building	建榮商業大廈	116F3	Kwong Sang Hong Centre	廣生行中心	52D1
Kin Yip Mansion	建業大廈	70B4	Kwong Shing Building	廣盛大廈	34B4
Kincheng Bank Building	金城銀行大廈	62G3	Kwun Tong Industrial Building	官塘工業中心	52F4
King Centre	嘉興商業中心	36A4	Kyoei Commercial Building	協榮商業大廈	38A4
King Fook Building	景福大廈	62G4	Kyoto Plaza	京都廣場	66C4
King Kong Commercial Center	景光商業中心	60G2	L.M.K. Development Estate	羅氏美光發展大廈	123G6
King's Centre	英皇中心	70C3	Laguna City	麗港城	54A2
King's Commercial Building	金時商業大廈	39B5	Lai Bo Garden	麗寶花園	31B8
King's House	英皇大樓	72C2	Lai Chi Kok Bay Garden	荔灣花園	125D7
King's Lodge	京都大廈	70C2	Lai Hung Garden	麗虹花園	115F7
King's Towers	昌明洋樓	71B6	Lai King Court	麗景閣	58F4
Kingpower Commercial Building	港佳商業大廈	66D4	Lai Kwan Court	麗群閣	31B7
Kingsfield Centre	建富中心	122G3	Lai Sun Commercial Centre	麗新商業中心	31C7
Kingsford Garden	晶輝花園	84D4	Lakeside Villa	碧湖別墅	109C8
Kingsford Gardens	瓊峰園	71D8	Lakeview Garden	湖景花園	104C1
Kingsford Industrial Building	金盈工業大廈	122G3	Landmark North	上水廣場	96C3
Kingston Building	京士頓大廈	66A3	Landmark, The	置地廣場	63G5
Kingsway Garden	建華花園	70C4	Landwide Building	業商商業大廈	38A4
Kingsway Industrial Building	金威工業大廈	123C7	Lane Crawford House	連卡佛大廈	61A5
Kingswin Industrial Bldg	金運工業大廈	123D7	Lansing House	聯成大廈	61A5
Kingswood Villas	嘉湖山莊	114C1	Lanton Industrial Building	連順工業大廈	51A6
Kinox Centre	建業中心	52D1	Lap Poon Building	立本大廈	58B2
Kiu Fai Mansion	僑輝大廈	71B5	Lap Shun Industrial Building	立信工業大廈	123C5
Kiu Fu Commercial Building	僑阜商業大廈	67G5	Lap Tak Industrial Building	立德工業大廈	122D2
Kiu Fung Mansion	僑豐大廈	39A5	Laurels Industrial Centre	泰力工業中心	47F6
Kiu Hing Mansion	僑興大廈	68C2	Le Caine Mansion	利堅大廈	61B7
Kiu Hong Mansion	僑康大廈	67F5	Leader Commercial Building	利權商業大廈	39A5

Leader Industrial Centre	利達工業中心	102A2	Malahon Centre	萬利豐中心	61A6
Leader Industrial Ctr	立泰工業中心	122F2	Malaysia Building	馬來西亞大廈	64D4
Leahander Centre	利興強中心	122D3	Man Cheung Building	萬祥大廈	61A7
Lechler Court	麗恩閣	58D4	Man Chong Mansion	萬昌大廈	57C6
Lee Cheong Building	利昌大廈	67G5	Man Hee Mansion	文熙大廈	65F5
Lee Fung Building	利豐大廈	60D3	Man Hing Commercial Building	文興大廈	61A5
Lee Gardens, The	利園	67B5	Man Hing Mansion	文興大廈	67G6
Lee Kee Commercial Building	利基商業大廈	60C4	Man Lee Industrial Bldg	萬利工業大廈	122D2
Lee Man Commercial Building	利文商業大廈	60D3	Man Lee Industrial Building	萬利工業大廈	123C5
Lee Theatre Plaza	利舞台廣場	67C5	Man Lok Building	文樂商業大廈	60D3
Lee West Commercial Building	利威商業大廈	67F5	Man Man Building	人人商業大廈	66B4
Leighton Centre	禮頓中心	67C6	Man On Commercial Building	萬安商業大廈	60A4
Leitz Industrial Building	利時工業大廈	122F2	Man Po Building	文寶大廈	65B5
Li Chit Garden	李節花園	65F5	Man Sang Commercial Building	民生商業大廈	43A5
Lido Garden	麗都花園	121F8	Man Yuen Garden	文苑	65G7
Lifung Centre	利豐中心	31D5	Mandarin Building	文華大廈	60C3
Lik Sang Plaza	力生廣場	122B2	Mandarin Court	翠華大廈	42D1
Lin Fook House	蓮福商業大廈	66B4	Manderly Garden	文禮苑	90C3
Lin Fung Centre	連豐中心	122F2	Mangan Building	萬勤商業大廈	38C4
Lincoln Centre	利亨中心	97D8	Manlai Court	文禮閣	104B4
Lippo Sun Plaza	力寶太陽廣場	38D2	Manley Commercial Building	萬利商業大廈	60F3
Liu Chong Hing Bank Building	廖創興銀行大廈	62G4	Mannie Garden	萬俊花園	84C4
Liven House	利維大廈	52G3	Manning House	萬年大廈	61A6
Lloyds Commercial Centre	萊德商業中心	60C3	Manor Court	文雅閣	84C2
Lockhart Centre	洛克中心	67G5	Manor Place	文德苑	43A5
Lok Fu Shopping Centre	樂富中心	45C5	Manson House	文璣大廈	38D4
Lok Shun Factory Building	樂信工廠大廈	121B8	Mantex Industrial Building	文迪工業大廈	121B8
Lok Sing Centre	樂聲大廈	66A4	Manulife Tower	宏利保險中心	70D2
Loke Yew Building	陸佑行	61A6	Maple Gardens	楓林花園	71C5
London Plaza	倫敦廣場	38A3	Mappin House	萬昇工商大廈	122D3
Long To Bldg	浪濤大廈	31C5	Marble Garden	寶馬花園	71B6
Loon Kee Building	龍記大廈	60D2	Marina Cove	匡湖居	16F2
Loon Moon Industrial Building	龍門工業大廈	116G4	Marina Garden	慧景園	118G3
Loyong Court Commercial Bldg	洛洋閣商業大廈	65B5	Marina Habitat	悅海華庭	87B5
Lucky Commercial Centre	樂基商業中心	58A2	Marvel Industrial Building	華業工業大廈	124A4
Lucky Court	幸運閣	42B1	Mary Building	誠信大廈	38F3
Lucky Industrial Godown Building	樂基大廈	124A4	Max Commercial Centre	名成商業中心	36A4
Lucky Plaza	好運中心	102F2	Maxluck Court	美樂閣	61C7
Luen Cheong Can Centre	聯昌製罐中心	118A3	Mayfair Bldg	美華大廈	32G3
Luen Hing Fat Building	聯興發大廈	58A2	Mayfair Gardens	美景花園	126F3
Luen Shing Building	聯盛大廈	61B5	McDonald's Building	麥當勞大廈	66A4
Luen Tai Industrial Building	聯泰工業大廈	123F6	Mega Building	美嘉大廈	42F4
Luen Wai Commercial Building	聯威商業大廈	60A4	Mega Trade Ctr	時暨貿中心	122B2
Luk Hoi Tong Building	陸海通大廈	61A6	Mei Foo Sun Chuen	美孚新邨	30C2
Luk Kwok Centre	六國中心	64C4	Melbourne Industrial Building	萬邦工業大廈	72D3
Luk Yeung Sun Chuen	綠楊新邨	122B3	Melbourne Plaza	萬邦行	61A5
Lun Fung Court	聯豐閣	57B8	Mercantile House	有利大樓	38A3
Lung Cheung Court	龍翔閣	43G6	Mercantile Industrial & Warehouse Bldg	有利工業貨倉大廈	123D7
Lung Shing Factory Building	隆盛工廠大廈	122F3	Merlin Garden	木蘭苑	70D2
Lung Wah Court	龍豐閣	40D2	Merry Garden	豐樂新邨	65C8
Lung Wah International Godown	龍華國際貨運中心	122F2	Metex House	美德大廈	122D2
Lyndhurst Building	中環大廈	61B5	Metro Centre	美羅中心	50C3
Lyton Building	麗東大廈	39D5	Metro City	新都城	108C4
			Metroplaza	新都會廣場	125A5
M - N			Metropole Building	新都城大廈	71B5
Ma On Shan Centre	馬鞍山中心	106C2	Metropole Building	國都大廈	38F3
Macro Garden	宏樂花園	58A3	Metropolis Plaza	新都廣場	96C3
Macy Factory Building	美時工業大廈	34D2	Michaelson House	萬高商業大廈	35G5
Mai Luen Industrial Building	美聯工業大廈	123F7	Midland Centre	中源中心	60F4
Mai On Industrial Building	美安工業大廈	123F7	Million City	萬城閣	61C6
Mai Sik Industrial Building	美適工業大廈	123G6	Million Fortuen Industrial Centre	萬達來工業中心	121B8
Mai Wo Industrial Building	美和工業大廈	123G6	Milo's Industrial Building	美祿工業大廈	123C7
Maid Shine Court	美善閣	43G5	Milton Mansion	美敦大廈	38C4
Maisy Building	美怡大廈	43F5	Ming An Insurance Building	民安保險大廈	67A6
Majestic Centre	大華中心	37F5	Ming Court	明園閣	71C5
Majestic Court	帝華閣	84C3	Ming Fat Building	明發大廈	61B5

Ming Fat Industrial Building	鳴發工業大廈	116F3
Ming Fung Building	明豐大廈	65A5
Ming Kam Building	明琴大廈	65B8
Ming Mansions	明園花園	71C5
Ming Pao Industrial Centre	明報工業中心	77B6
Ming Tak Building	明德大廈	65A6
Ming Wah Industrial Building	明華工業大廈	122D2
Ming Yuen Centre	明苑中心	71B5
Ming Yuet Building	明月大廈	70B4
Mirador Mansion	美麗都大廈	38D4
Miramar Tower	美麗華大廈	38B4
Mirror Tower	冠華大廈	39D5
Mita Centre	美達中心	123C6
Mohan's Building	模漢大廈	38F3
Monarch House 2	大華商業大廈	66C4
Mong Kok City Building	旺角城大廈	35C5
Mong Kok Plaza	旺角廣場	35G5
Monte Carlo Villas	蒙地卡羅別墅	119F8
Montebello	濠景閣	81D6
Monticello	滿峰台	65G7
Morecrown Commercial Building	冠賢商業大廈	70F2
Morning Post Centre	南華早報中心	99C7
Morrison Commercial Building	摩利臣商業大廈	67D6
Mount Parker Lodge	康景花園	72G3
Mountain View Mansion	廣泰樓	65D6
Mow Shing Centre	茂盛中心	34C2
Multifield Plaza	萬事昌廣場	39D5
Murray Building	美利大廈	63D7
Nam Cheong Centre	南昌中心	34A2
Nam Cheong Commercial Building	南昌商業大廈	32F4
Nam Cheung Bldg	南祥大廈	113B6
Nam Fung Commercial Centre	南豐商業中心	50D4
Nam Fung Sun Chuen	南豐新邨	72G4
Nam Shing Building	南盛大廈	113B6
Nan Dao Comm Bldg	南島商業大廈	60F3
Nan Fung Centre	南豐中心	122B2
Nan Fung Industrial City	南豐工業城	118A3
Nan On Commercial Building	南安商業大廈	41D5
Nanyang Bldg	南洋大廈	60F3
Nanyang Commercial Bank Building	南洋商業銀行大廈	60B3
Nathan Centre	彌敦中心	36A4
Nathan Tower	彌敦行	37C5
National Court	立信大廈	37G5
National Mutual Centre	國衞中心	66G4
Neptune Terrace	樂翠臺	76B2
New Austin Centre	新柯士甸中心	39B5
New Century Plaza	新世紀廣場	65A6
New East Ocean Centre	新東海商業中心	39B7
New Henry House	新顯利大廈	63G5
New Jade Gardens	新翠花園	76D3
New Kowloon Plaza	新九龍廣場	34F2
New Kwai Fong Gardens	新葵芳花園	125A5
New Landwide Commercial Building	新業隆商業大廈	39B5
New Lucky House	華豐大廈	37G5
New Start Building	新昇大廈	58C3
New T&T Centre	香港電訊中心	38D2
New Tech Plaza	新科技廣場	47G6
New Town Tower	新城市商業大廈	102G1
New Treasure Centre	新寶中心	47F6
New Victory House	樹福商業大廈	60D3
New World Centre	新世界中心	39G5
New World Tower	新世界大廈	63G5
New York House	纽约行	60A3
Newport Centre	新寶工商中心	43F8
Newtimes Commercial Building	新時代商業大廈	32D2
Ngan Hoi Mansion	銀海大廈	29B8
Nice Building	標緻大廈	43A5
Nice Garden	尼斯花園	57B7
Nicholson Tower	萬豪苑	84F3
Nin Lee Commercial Building	年利商業大廈	61B5
North Cape Commercial Building	北港商業大廈	71B5
North East Commercial Building	東北商業大廈	60D3
North Point Centre	北角中心大廈	70C3
North Point Terrace	北角台	70C4

O - P

ONFEM Centre	東方有色中心	60A3
Ocean Centre	海洋中心	38F2
Ocean Terminal	海運大廈	38F1
Ocean View Court	海景大廈	39D5
Odeon Building	國賓大廈	71B6
On Fat Building	安發大廈	56D4
On Fat Building	安發大廈	31C8
On Fu Mansion	安富園	104B3
On Hing Building	安慶樓	58F3
On Hing Mansion	安興大廈	65D6
On Hong Commercial Building	安康商業大廈	65C5
On House	安厦	61A7
On Lee Commercial Building	安利商業大廈	39C5
On Lok Yuen Building	安樂園大廈	62G4
On Loong Commercial Building	安隆商業大廈	67G5
On Wui Centre	安匯中心	97C8
One Capital Place	海德中心	65C5
One Hysan Avenue	希慎道一號	67B5
Onward Building	康祐大廈	37B5
Opulent Building	德興大廈	67F5
Oriental Centre	安年大廈	39C5
Oriental Crystal Commerical Bldg	中晶商業大廈	61B5
Oriental Gardens	東方花園	35B8
Orion Court	康德閣	113C7
Overseas Trust Bank Building	海外信託銀行大廈	58A2
Oxford Building	晉utilisée商業大廈	37C5
Oxford Industrial Building	牛津工業大廈	122F2
Pacific House	太平行	63G5
Pacific Plaza	太平洋廣場	57B8
Pacific Star Building	海星大廈	38F2
Pacific Trade Centre	太平洋貿易中心	51B6
Pak Lee Mansion	百利大廈	68C2
Pak Tak Yuen	百德苑	102A3
Pakpolee Commercial Centre	百寶利商業中心	36A4
Paksang Industrial Building	百勝工業大廈	118A3
Paliburg Plaza	百利保廣場	67A5
Palm Springs	加州花園	111C7
Panny Court	鵬麗閣	84B2
Parc Oasis	又一居	33D7
Parc Regal	賀龍居	37A7
Parc Royale	寰龍居	104F3
Parc Versailles	帝欣苑	98C1
Park Commercial Centre	維園商業中心	68G4
Park Hovan Commercial Building	栢豪商業大廈	38B4
Park Towers	栢景臺	68D2
Park Tsuen Commercial Building	百萬行	122C2
Park-In Commercial Centre	栢裕商業大廈	37A5
Parker House	百佳大廈	61A5
Parkes Commercial Building	嘉士商業大廈	36G4
Parksdale	般栢苑	59B5
Parkvale	栢惠苑	72F3
Parkview Commercial Building	百威商業大廈	68G4
Paterson Building	百德大廈	66B3
Paul. Y Industrial Building	保華工業大廈	122F2
Peaksville	嘉栢閣	61G5
Pearl City Mansion	珠城大廈	66A3

Pearl Oriental Centre	明珠興業中心	66F4	Radio City	電業城	66C4
Pearl Oriental Tower	明珠廣場	37G5	Railway Plaza	鐵路大廈	39D5
Pedder Building	畢打行	62G4	Rainbow Garden	彩華花園	119B6
Peninsula Apartments	半島大廈	38D4	Raleigh Centre	利來中心	97C7
Peninsula Centre	半島中心	39C6	Raton Industrial Building	利通工業大廈	116F3
Peninsula Factory Building	半島工業大廈	122D2	Ravana Garden	濱景花園	103C5
Peninsula Square	半島廣場	40B3	Ray Centre	志聯中心	52G3
Perfect Commercial Building	必發商業大廈	67D6	Rays Industrial Building	瀝洋工業大廈	52G2
Perfect Commercial Building	保發商業大廈	39A5	Real Sight Commercial Building	利ീ商業大廈	36G4
Perfect Mount Gardens	峻峰花園	74B3	Realty Gardens	聯邦花園	59A6
Peridot Court	瑜翠閣	120F3	Red 'A' Industrial Building	紅A實業大廈	123D6
Perth Garden	巴富花園	42D1	Redge House	歷治行	61A5
Peter Building	振邦大廈	61A5	Redhill Peninsula	紅山半島	94F2
Philips Industrial Building	飛利浦工業大廈	123G6	Redland Garden	松濤閣	99G7
Phoenix Tower	富仕大廈	67D5	Regal Court	永豪閣	65G6
Pictorial Garden	碧濤花園	103B6	Regal Crest	薈萃苑	61C8
Pierhead Garden	海翠花園	118G2	Regalia, The	爵士花園	37D5
Pine Mansion	松亭閣	35G7	Regency Centre	偉晉中心	88D2
Ping Lam Commercial Building	平霖商業大廈	67G5	Regency Park	海峰花園	125B7
Pinocine Building	白蘿仙大廈	61A5	Remex Centre	利美中心	88D2
Pioneer Centre	始創中心	35D5	Repulse Bay Apartments	淺水灣花園大廈	91F5
Playmates Factory Building	彩星工業大廈	116G4	Repulse Bay Belleview Garden	淺水灣麗景花園	91G5
Playmates Industrial Bldg	彩星工業大廈	116F4	Repulse Bay Garden	麗景閣	91F5
Playmates Industrial Centre	彩星工業中心	116F4	Repulse Bay Heights	淺水灣花園	91F5
Po Cheong Commercial Building	寶昌商業大廈	39D5	Repulse Bay Villa	淺水灣別墅	91G6
Po Garden	寶園	81A7	Repulse Bay, The	影灣園	91F6
Po Hong Building	保康大廈	98D3	Reve Plaza	麗和閣	98C3
Po Sang Bank Building	寶生銀行大廈	34F4	Revenue Tower	稅務大樓	64C4
Po Wah Building	寶華大廈	38A3	Rhenish Centre	禮賢中心	65A5
Po Yuen Mansion	寶源大廈	41F5	Rhine Garden	海韻花園	121F8
Pokfulam Gardens	薄扶林花園	75B7	Rhine Heights	碧霞花園	102B2
Portfield Building	寶輝大廈	84B3	Rialto Building	麗都大廈	65F5
Portland House	百德行	35G5	Richland Garden	啟豐園	118F2
Prat Commercial Building	寶勒商業大廈	39D5	Richmake Commercial Building	致富商業大廈	60C4
President Commercial Centre	總統商業大廈	36A4	Richmond Commercial Building	晉旺商業大廈	35F6
Primrose Court	蔚華閣	61G6	Richmond Court	麗澤閣	59B6
Prince Centre	太子中心	34A4	Ricky Centre	華基中心	52D1
Prince Commercial Builidng	太子商業大廈	35C5	Right Emperor Commercial Building	威皇商業大廈	61B5
Prince Park	皇子花園	35B7	Rightful Centre	興富中心	37G5
Prince's Building	太子大廈	63F5	Riley House	達utra中心	123C7
Prince's Heights	太子閣	42B1	Ritz Building	麗斯大廈	35G5
Printing House	印刷行	63G5	Riviera Gardens	海濱花園	122F1
Pristine Villa	曉翠山莊	104A4	Riviera Plaza	海濱廣場	122F1
Proficient Industrial Centre	沛力工業中心	50D4	Riviera, The	滿湖花園別墅	109C8
Profit Industrial Building	盈業大廈	124A4	Robinson Place	雍景臺	61F6
Profit Mansion	盈利大廈	46G4	Roc Ye Court	樂怡閣	61C8
Progress Commercial Building	歐基商業大廈	67A5	Roca Centre	樂嘉中心	71B6
Prosper Centre	興隆中心	113C6	Rockwin Court	東榮閣	84C2
Prosper Commercial Building	興發商業大廈	35G6	Rosedale	玫瑰花園	69C6
Prosperity Centre	豐裕中心	124A4	Roxy Industrial Centre	樂聲工業中心	123F6
Prosperity Court	萬盛閣	34B3	Royal Ascot	駿景園	100G3
Prosperous Building	裕昌大廈	61A5	Royal Court	皇朝閣	65G7
Prosperous Centre	其利中心	38B4	Royalton	豪峰	79D6
Prosperous Commercial Building	富盛商業大廈	66B4	Roytery Industry Building	來得利工業大廈	116F3
Prosperous Garden	駿發花園	36C4	Ruby Commercial House	鴻員商業大廈	37C5
Provident Centre	和富中心	70A4			
Prudential Assurance Tower, The	保誠保險大廈	39B5	**S**		
Prudential Centre	恆豐中心	37G5	S. Megga House	達利工業大廈	124A4
			S.B. Commercial Building	森基商業大廈	37C5
Q - R			S.T.T. 33	碧霞花園	102B2
QPL Industrial Building	品質工業大廈	122F3	SEC Commercial Building	北方商業大廈	64B4
Queen's Centre	帝后商業中心	65F6	SPA Centre	恆澤商業大廈	65D5
Queen's Place	皇后中心	61A5	SUP Tower	聯合出版大廈	70F2
Queen's Tower	皇后大廈	60F3	Sai Kung Garden	西貢花園	110D3
Queensway Plaza	金鐘廊	63B6	Sai Kung Town Villa	西貢苑	110D3
Race Tower	駿馬閣	67B8	Sai Wan Ho Plaza	西灣河中心	73F7

Sakura Court	金櫻閣	65F7	Si Toi Commercial Building	時代商業大廈	60G2
Sam Cheong Building	三昌大廈	60C3	Siberian Fur Store Building	西伯利亞皮草大廈	62G4
San Kei Tower	新基商業中心	66A4	Silion Tower	科興中心	34C2
San Po Kong Plaza	新蒲崗廣場	47G7	Silver City Commercial Building	銀城商業大廈	65B5
San Toi Building	三台大廈	60C2	Silver Commercial Building	銀都商業大廈	34D4
San Yick Industrial Building	新益工業大廈	116G3	Silver Fortune Plaza	荊威廣場	61A6
Sandoz Centre	山德士中心	122F3	Silver River Mansion	銀河大廈	32F3
Sands Building	新聲大廈	38F3	Silvercord	新港中心	38D2
Sang Woo Building	生和大廈	66F4	Silverwood	生力軒	67A7
Savanna Garden	翡翠花園	99G7	Simsons Commercial Building	新盛商業大廈	65B6
Scala Mansion	嘉蘭大廈	71B6	Sin Hua Bank Building	新華銀行大廈	61A6
Scenecliff	承德山莊	61F7	Sin Hua Bank Centre	新華銀行中心	60B4
Scenery Garden	豐景花園	102B2	Sincere House	先施大廈	35F5
Sceneway Garden	匯景花園	53G6	Sincere Insurance Building	先施保險大廈	65G5
Scenic Villas	美景臺	78D4	Sing Kui Commercial Building	星匯商業大廈	60G2
Sea Bird House	四寶大廈	61A7	Sing Pao Building	成報大廈	70D2
Sea Crest Villa	浪翠園	121F7	Sing Pao Centre	成報中心	63G5
Sea View Estate	海景大廈	70D1	Sing Tao Building	星島大廈	50F4
Seabright Plaza	秀明大廈	70D2	Sing-Ho Finance Building	信和財務大廈	66G4
Season Commercial Building	時財商業大廈	38D4	Singga Commercial Centre	成基商業中心	58C2
Seaview Centre	海濱中心	51A8	Singwa Commercial Building	盛華商業大廈	37G5
Seaview Commercial Building	海景商業大廈	60F2	Sino Centre	信和中心	36A4
Seaview Garden	海景花園	119D6	Sino Plaza	信和廣場	66C3
Seaview Plaza	海景廣場	74C2	Siu Fung Court	兆豐閣	43C5
Serenity Park	太湖花園	98C2	Siu Kwan Mansion	兆群大廈	86A3
Severn Hill	倚雲山莊	81C8	Siu Wai Industrial Centre	兆威工業大廈	31C5
Seymour Place	信怡閣	61D6	Silver Fortune Plaza	荊威廣場	61A6
Sha Tin Centre	沙田中心	102F2	Sky Scraper	摩天大廈	71D5
Sha Tin Heights	沙田花園	104D2	Skylight Tower	嘉麗苑	58B4
Sha Tin Plaza	沙田廣場	102F2	Skyline Plaza	灣景廣場	122C1
Shan Ling Industrial Building	山齡工業大廈	116G3	Skyline Tower	嘉瑤大廈	34G3
Shanghai Commercial Bank Bldg	上海商業銀行大廈	63G5	Smithfield Terrace	嘉輝花園	57F5
Shanghai Industrial Investment Bldg	上海實業大廈	65D5	So Hong Commercial Building	蘇杭商業大廈	60D4
Shatin Comm Centre	沙田商業中心	102B3	Song Ling Industrial Building	松林工業大廈	123D7
Shatin Knoll	駿發山莊	100D4	South Bay Villas	南灣新邨	91G7
Shatinpark	花園城	102G3	South China Building	南華大廈	61A6
Shaukeiwan Plaza	筲箕灣廣場	74C3	South China Cold Storage Bldg	南華冷房大廈	123F7
Shell Tower	蜆殼大廈	67D5	South China Industrial Building	南華工業大廈	123D7
Sheung On Bldg	常安大廈	64C4	South Horizons	海怡半島	87F5
Sheung Shui Centre	上水中心	96C4	South Sea Industrial Building	南海工業大廈	116F3
Sheung Shui Plaza	上水貿易廣場	96B1	South Seas Centre	南洋中心	39C7
Shield Industrial Centre	順豐工業中心	121C8	Southern Building	南方大廈	70C3
Shin Yam Comm Bldg	勝任商業大廈	65B6	Southern Commercial Building	修頓商業大廈	65D5
Shing Hing Commercial Building	誠興商業大廈	60B4	Southland Building	南源商業大廈	60A4
Shing Lee Commercial Building	誠利商業大廈	60B4	Southorn Centre	修頓中心	65D6
Shing On Industrial Building	成安工業大廈	116G3	Splendid Centre	德潤中心	34C2
Shing Yip Building	承業大廈	65D5	Spring Seaview Terrace	春和海景花園	119F8
Shining Court	順寧苑	31C8	Springfield Gardens	春暉園	90B2
Shiu Fung Building	兆豐商業大廈	65D6	St. George's Building	聖佐治大廈	62F4
Shouson Villa	壽山別墅	90C2	St. John's Building	聖約翰大廈	63F7
Shui Hing House	瑞興大樓	38F3	Stag Building	鹿角大廈	60B4
Shui On Centre	瑞安中心	64D3	Standard Chartered Bank Building	渣打銀行大廈	63F5
Shui Sum Industrial Building	瑞森工業大廈	123D6	Stanhope House	樂基中心	72A1
Shui Wing Industrial Building	瑞榮工業大廈	123C7	Stanley Lodge	海寧閣	92C4
Shum Tower	岑氏商業大廈	60D3	Star House	星光行	38G2
Shun Fai Building	順暉大廈	56D4	Sterling Centre	定豐中心	31D6
Shun Fai Building	順輝大廈	31C8	Success Commercial Building	守時商業大廈	65A5
Shun Fung Building	順豐大廈	36B3	Success Industrial Building	富德工業大廈	47F6
Shun Hing Centre	信興中心	122F3	Success Industrial Building	怡成工業大廈	116F3
Shun Ho Tower	順豪商業大廈	61A7	Sui Pak Villa	瑞柏園	97D6
Shun On Building	順安大廈	57C5	Summit Building	興業大廈	40C4
Shun On Building	順安大廈	36B3	Summit Court	雲峰大廈	71D5
Shun On Commercial Building	順安商業大廈	60A4	Sun Fung Industrial Building	新豐工業大廈	122F3
Shun Pont Commercial Building	信邦商業大廈	65D5	Sun Hey Mansion	新禧大樓	65D5
Shun Tai Building	順泰大廈	58D3	Sun Hing Building	新興大廈	35G5
Shun Tak Centre	信德中心	60D2	Sun Hing Garden	新興花園	99C5

Sun Hing Industrial Building	新興工業大廈	116D3	Tien Chu Centre	天廚中心	43C6
Sun Hung Kai Centre	新鴻基中心	64A3	Tien Chu Commercial Building	天廚商業大廈	66G4
Sun Kwai Hing Gardens	新葵興花園	123F6	Time Centre	添福商業中心	61C5
Sun Lee Building	新利大廈	61A5	Time Plaza	時尚廣場	32D2
Sun Ming Bldg	順明大廈	34G4	Times Square	時代廣場	67D5
Sun Tuen Mun Centre	新屯門中心	118C2	Times Tower	新時代中心	66F4
Sunbeam Commercial Building	新光商業大廈	37C5	Times Tower	時代中心	30D4
Sunlung Industrial Building	信隆工業大廈	122F2	Tin On Sing Commercial Building	天安城商業大廈	61C5
Sunning Plaza	新寧大廈	67B5	Tin Wui Industrial Building	天匯工業大廈	116G3
Sunpeace Court	日和閣	42B1	Toi Shan Centre	台山中心	65C6
Sunshine Building	三湘大廈	66F4	Tolo Place	海濤居	
Sunshine City	新港城	106C2	Tolo Ridge	松苑	99G7
Sunshine Plaza	陽光廣場	40B3	Tomey House	義興行	60B4
Sunway Gardens	新威園	72D3	Tong Yuen Factory Building	通源工業大廈	30D4
Sunwise Industrial Bldg	順力工業大廈	122D3	Tonnochy Towers	杜智臺	67G5
Swallow Court	海燕花園	97D6	Top Glory Tower	鵬利中心	66C3
Swire & Maclaine House	太古貿易大廈	39A5	Top Jade Mansion	廣基大廈	36D4
Swire House	太古大廈	62F4	Topworth Court	利基閣	58B3
Symphone Industrial Building	信豐工業大廈	122D3	Town Place	中央廣場	64F4
Symphony Garden	朗峰園	115F7	Trade Dapartment Tower	貿易署大樓	35F5
			Trade Square	貿易廣場	31D7
T			Trans Asia Ctr	恒亞中心	123C5
TAL Building	聯業大廈	38A2	Trans-Hong Kong Comm Bldg	匯理商業大廈	38C4
Tack Building	德享大廈	60B3	Transport Plaza	交通廣場	113B6
Tai Fung Industrial Building	泰豐工業中心	52F2	Treasure Centre	華寶中心	52F1
Tai Hing Garden	大興花園	116D4	Treasure Garden	海資花園	98C3
Tai Ping Industrial Centre	太平工業中心	98B3	Trend Ctr	國貿中心	76D2
Tai Ping Industrial Park	太平工業園	98B3	Trend Plaza, The	時代廣場	116G4
Tai Po Centre	大埔中心	98C4	Tresend Garden	翠麗苑	57F5
Tai Po Garden	大埔花園	98C1	Trillion Court	寰龍閣	68C3
Tai Po Ind Est	大埔工業邨	99C7	Trinity House	三聯大廈	67G6
Tai Sang Bank Building	大生銀行大廈	60B4	Trust Building	粵信大廈	67G5
Tai Sang Commercial Building	大生商業大廈	65F5	Trust Centre	時信中心	31D5
Tai Shing Comm (Yaumati) Bldg	泰盛商業(油麻地)大廈	37C5	Trust Tower	互信大廈	65D6
Tai Tak Industrial Building	大德工業大廈	123F6	Tsai Hong Building	齊康大廈	65D6
Tai Wo Centre	太和中心	98C3	Tsai On Building	齊安大廈	67F5
Tai Yau Building	大有大廈	65B5	Tsan Yung Mansion	曾榕大廈	35G7
Taikoo Place	太古坊	72C3	Tsang Chiu Ho Building	曾昭灝大廈	60B4
Taikoo Shing	太古城	72C4	Tsim Sha Tsui Centre	尖沙咀中心	39D6
Tak Bo Garden	得寶花園	48F2	Tsim Sha Tsui Mansion	華源大廈	38D3
Tak Chee Yuen	德智苑	33C6	Tsing Yi Garden	青怡花園	126C3
Tak Cheong Commercial Building	德昌商業大廈	35G5	Tsuen Cheong Centre	荃昌中心	122C3
Tak Fung Building	德豐大廈	58A2	Tsuen Fung Centre	荃豐中心	122C3
Tak Fung Industrial Building	德豐工業大廈	122F3	Tsuen Hing Factory Building	荃興工業大廈	122D3
Tak House	德廈	61A5	Tsuen Kam Centre	荃錦中心	122B2
Tak Lee Commercial Building	得利商業大廈	65A6	Tsuen King Garden	荃景花園	122A1
Tak Lee Industrial Centre	得利工業大廈	116F3	Tsuen Tak Gardens	荃德花園	121B8
Tak Tai Industry Building	德大工業大廈	123C7	Tsuen Tung Factory Building	銓通工業大廈	121B8
Tak Wing Industrial Building	德榮工業大廈	116G4	Tsuen Wan Centre	荃灣中心	121A8
Tak Woo House	德和大廈	61A6	Tsuen Wan Garden	荃灣花園	122C3
Take - Joy Court	德翠閣	32D2	Tsuen Wan Industrial Centre	荃灣工業中心	122F2
Takshing House	德成大廈	62G4	Tsuen Wan International Centre	荃灣國際中心	122F2
Tanner Garden	丹拿花園	71C6	Tsuen Wan Plaza	荃灣廣場	122C1
Tat Ming Factory Building	達明工業大廈	123D7	Tsuen Wan Town Plaza	荃灣市廣場	122C3
Techno Centre	得利中心	97B7	Tsui Chuk Garden	翠竹花園	44C2
Technology Plaza	科技中心	122B1	Tsui Lai Garden	翠麗花園	96A3
Teck Soon Building	德信大廈	60F2	Tuen Mun Town Plaza	屯門市廣場	117G5
Telecom House	電訊大廈	64D4	Tung Cheong Factory Building	東昌工業大廈	122D3
Telford Gardens	德福花園	48G1	Tung Chong Factory Building	東祥工廠大廈	72A1
Telford House	德福大廈	50C3	Tung Chun Commercial Centre	同珍商業中心	36A4
Tempo Court	天寶大廈	71C6	Tung Chun Industrial Building	同珍工業大廈	123C7
Teng Fuh Commercial Building	登富商業大廈	60D3	Tung Hing Building	東興大樓	40B1
Tern Centre Tower	太興中心	60D4	Tung Hip Commercial Building	東協商業大廈	60C3
Tern Commercial Building	太興商業大廈	39C5	Tung Lee Commercial Building	東利商業大廈	60D3
Thomson Commercial Building	威利商業大廈	65D5	Tung Ming Building	通明大廈	61A5
Thyrse House	太富商業大廈	61A5	Tung Ming Industrial Building	通明工業大廈	116G3

Tung Ning Building	東寧大廈	60C2	Wah Fung Garden	華豐園	30B1
Tung On Building	安安大廈	35C5	Wah Fung Industrial Building	華豐工業大廈	123D7
Tung Ping Building	東平大廈	34C4	Wah Fung Industrial Centre	華豐工業中心	124A4
Tung Seng Commercial Building	統生商業大廈	60D4	Wah Hen Commercial Centre	華軒商業中心	67F5
Tung Shun Hing Commercial Centre	同順興商業中心	38C4	Wah Hing Building	華興大廈	71B6
Tung Sun Commercial Centre	東新商業中心	65B5	Wah Hing Commercial Centre	華興商業中心	36B4
Tung Wah Mansion	東華大廈	65B5	Wah Hing Industrial Building	華興工業大廈	122F3
Tung Wai Commercial Building	東惠商業大廈	64B4	Wah Kai Industrial Centre	華基工業中心	122F2
Tung Wai Garden	東霞苑	58G3	Wah Kit Commercial Centre	華傑商業中心	60D3
Tung Wui Commercial Building	東滙商業大廈	39D5	Wah Lik Industrial Centre	華力工業中心	122B1
Tung Ying Building	東英大廈	38C4	Wah Ming Centre	華明中心	58G3
			Wah Sing Building	華成大廈	71B5
U - V			Wah Sing Industrial Building	華星工業大廈	123F7
Ultragrace Commercial Building	至秀商業大廈	37G5	Wah Tai Industrial Building	華泰工業大廈	116G3
Unicorn Trade Centre	有餘貿易中心	60A4	Wah Tat industrial Centre	華達工業中心	123F7
Union Plaza	海powered廣場	97B6	Wah Wan Industrial Building	華運工業大廈	116F3
Unionway Commercial Centre	聯威商業中心	60D4	Wah Ying Cheong Central Bldg	華英昌中區大廈	60B4
Unistock Finance Bldg	寶盛財務商業大廈	64A4	Wah Ying Commerical Centre	華英商業中心	58B3
United Building	順聯大廈	60A4	Wah Yuen Chuen	華員邨	125B7
United Centre	統一中心	63A6	Wai Cheung Industrial Centre	偉昌工業中心	116D3
United Chinese Bank Building	中國聯合銀行大廈	62G3	Wai Fung Plaza	惠豐中心	35F5
United Overseas Bank Building	大華銀行大廈	61A5	Wai Hing Commercial Building	偉興大廈	65B5
Universal House	宇宙商業大廈	66F4	Wai Lun Mansion	偉倫大樓	65D5
Universal Industrial Building	環球實業大廈	122C1	Wai Ming Commercial Building	威明商業大廈	34C4
Universal Trade Centre	環貿中心	61B7	Wai Wah Commercial Building	偉華商業大廈	36A4
Uptown Centre	城市中心	67A6	Waldorf Centre	華都中心	122C3
Uptown Plaza	新達廣場	98F4	Waldorf Garden	華都花園	119A5
Uptown, The	汎和大廈	61C6	Wallpark Commercial Building	華栢商業大廈	39B5
V Heun Building	威亨大廈	60B4	Wan Chai Commercial Centre	灣仔商業中心	65A5
V.I.P. Commercial Centre	海域商業中心	38C2	Wang Cheung Industry Bldg	宏昌工業大廈	116D3
Valiant Commercial Building	雲龍商業大廈	39C5	Wang Gee Mansion	宏基大廈	65A5
Valiant Court	慧蘭閣	65B6	Wang Yip Centre	宏業工貿中心	113C5
Valiant Park	駿豪閣	61F6	Wardley Centre	和益中心	39D5
Valid Industrial Centre	華利工業中心	122G3	Warner Building	華寧大廈	65D5
Valley Centre	栢餘中心	67F7	Waterloo Plaza	匯達中心	37A6
Valley View, The	威利園	84C3	Waterside Plaza	海灣花園	122F2
Vane's Building	范氏大廈	118A3	Watt's Industrial Building	臨海工業大廈	72D3
Vantage Park	慧豪閣	61D7	Way On Commercial Building	維安商業大廈	66C3
Venice Garden	健雅花園	84D4	Wayfoong House	滙豐大廈	38C4
Venice Garden	威尼斯花園	96D4	Waylee Industrial Centre	匯利工業大廈	122B1
Ventris, The	雲地利閣	84A3	Wayson Commercial Building	威勝商業大廈	60F2
Venus Industrial Building	金星工業大廈	123F6	Wayson Commercial House	偉信商業大廈	65D5
Victor Court	威德閣	70D2	Wealth Court	富家閣	71C6
Victoria Centre	維多利中心	70D1	Wealthy Garden	富麗花園	122D3
Victoria Heights Building	崇山大廈	38A3	Wei Chien Court	偉景園	43G7
Victoria Tower	維景臺	68C1	Well Fung Industrial Centre	和豐工業中心	123D7
Victory Industrial Building	勝利工業大廈	123C7	Well On Garden	慧安園	108B3
Vicwood Plaza	維德廣場	60B3	Welland Plaza	華爾廣場	32G3
Vienna Garden	維也納花園	96D4	Wellbourne Commercial Centre	威邦商業中心	70B3
Vigor Industrial building	華基工業大廈	123D7	Wellington House	威靈頓大廈	61A6
Villa Athena	雅典居	106C3	Wellpoint Industrial Building	華奔工業大廈	116F3
Villa Lotto	樂陶苑	84A3	West Coast International Building	西岸國際大廈	32D1
Villa Monte Rosa	玫瑰新邨	84D2	West Grand Court	宏立閣	58F3
Village Gardens	又一村花園	33F7	Western Centre	西區中心大廈	60G2
Ville De Cascade	麗峰花園	102C1	Western Commercial Building	西區商業大廈	60G2
Ville De Jardin	沙田渣甸山花園	102C1	Western Garden	西園	58C3
Vogue Building	立健商業大廈	61B6	Western Harbour Centre	匯港中心	58G2
Vogue Centre	時采中心	30C4	Westlands Centre	華蘭中心	72D3
Vulcan House	均峰商業大廈	67D6	Westlands Court	華蘭花園	72D3
			Westlands Gardens	惠安苑	72D3
W			Whampoa Estate	黃埔新邨	41C5
Waford Industrial Building	華福工業大廈	124A4	Whampoa Garden	黃埔花園	41B6
Waga Commercial Centre	威基商業中心	60B4	Will Strong Development Building	健能發展大廈	36G4
Wah Chi Mansion	華志大廈	36G4	Willie Building	偉利大廈	60C3
Wah Fat Industrial Building	華發工業大廈	123F6	Wilshire Park	豪輝閣	81A7
Wah Fat Mansion	華發大廈	66D4	Wilshire Towers	慧雅閣	71D8

Wilson House	威信大廈	61A7	World Finance Centre	世界金融中心	38D2
Wilton Place	蔚庭軒	59B5	World Tech Ctr	世達中心	52D2
Win Sun Manufacturing Building	永善工業大廈	116G4	World Trade Centre	世界貿易中心	66B3
Winbase Centre	勝基中心	60C4	World Trade Square	環貿商業大廈	51A7
Windsor House	皇室大廈	66A4	World Trust Tower	信誠廣場	61B5
Windsor Mansion	溫莎大廈	39D5	World Wide House	環球大廈	62G4
Windsor Mansions	豐樂大廈	39A5	World-Wide Gardens	世界花園	104F4
Windsor Park	寶栢苑	100F3	World-wide Commercial Building	世界商業大廈	61A7
Winfair Mansion	永華大廈	34B3	Wu Chung House	胡忠大廈	65C7
Winfield Industrial Building	永發工業大廈	116F3	Wu Sang House	胡社生行	35G5
Winful Centre	華富工貿中心	52F4	Wun Sha Court	浣紗閣	68C4
Winfull Commercial Building	永富商業大廈	60F2	Wylie Court	衛理苑	37F8
Wing Cheong Commercial Bldg	永昌商業大廈	60C4	Wyndham Place	雲咸商業中心	61A7
Wing Fai Building	榮輝大廈	40B2			
Wing Fai Centre	榮煇中心	97B6	**X - Z**		
Wing Foo Industrial Building	榮孚工業大廈	123D6	Xing Hua Centre	興華中心	36A4
Wing Fuk Centre	榮福中心	97B6	Xinhua News Agency Bldg	新華社大廈	67F8
Wing Fung Court	永豐閣	65G6	Xiu Ping Commercial Building	秀平商業大廈	60D4
Wing Fung Industrial Building	永豐工業大廈	121B8	Y.K.K. Industrial Building	吉田工業大廈	116G3
Wing Hang Bank Building	永亨銀行大廈	60B4	Yam Hop Hing Industrial Building	任合興工業大廈	123D6
Wing Hang Insurance Building	永亨保險大廈	60B4	Yam Tze Commercial Building	壬子商業大廈	65D5
Wing Hay Court	榮熙閣	97C6	Yardley Commercial Building	億利商業大廈	60D2
Wing Hong Centre	永康中心	31C5	Yat Chau Building	一洲大廈	60C3
Wing Hong Factory Building	永康工業大廈	124A4	Yat Chau International Plaza	一洲國際廣場	58B2
Wing Kee Commercial Building	永基商業大廈	32D1	Yat Fat Building	日發大廈	61A5
Wing Kin Industrial Building	永健工業大廈	122G3	Yau Kwong Building	友光大廈	67D5
Wing Kwai Factory Building	永佳工業大廈	122D3	Yau Shing Commerical Centre	友誠商業中心	35G5
Wing Lee Building	永利大廈	38B4	Yau Sing Building	有成大廈	60F2
Wing Li Commercial Building	榮利商業大廈	60B3	Yau Tak Industrial Building	友德工業大廈	118A3
Wing Loi Industrial Building	榮來工業大廈	124A3	Yee Fung Garden	怡豐花園	113D7
Wing Lok Mansion	永樂大廈	60F2	Yee Kuk Industrial Centre	怡高工業中心	31F7
Wing Lung Bank Building	永隆銀行大廈	62G3	Yee San Commercial Building	怡山商業大廈	38C4
Wing Ming Industrial Building	永明工業大廈	122D3	Yee Wah Industrial Building	怡華工業大廈	118A3
Wing On Central Building	永安中區大廈	62G3	Yen Sheng Building	源成中心	52F3
Wing On Centre	永安中心	60C3	Yeu Shing Industrial Building	有成工業大廈	116G4
Wing On Comm Bldg	永安商業大廈	113B6	Yeung Iu Chi Commercial Building	楊耀熾商業大廈	66D4
Wing On House	永安集團大廈	60A4	Yick Shiu Commercial Building	億兆工業大廈	116G3
Wing On Life Building	永安人壽大廈	62G4	Yien Yieh Bank Building	鹽業銀行大廈	60C3
Wing On Plaza	永安廣場	39D5	Yip Fung Building	業豐大廈	61A6
Wing Po Mansion	永寶大廈	70C4	Yip Shing Industrial Centre	業成工業中心	123G6
Wing Shan Tower	榮山大廈	60B3	Yu Sung Boon Building	余崇本行	60A4
Wing Shing Industrial Building	永昇工業大廈	122G3	Yu Yuet Lai Building	余悅禮行	61B6
Wing Tat Commercial Building	永達商業大廈	60D3	Yue Hing Building	裕興大廈	58A2
Wing Wah Industrial Building	永華工業大廈	122D3	Yue Man Centre	裕民中心	52D2
Wing Yu Factory Building	永如工業大廈	122D3	Yue On Commercial Building	裕安商業大廈	66F4
Wing Yue Building	榮裕商業大廈	58A2	Yue Shing Commercial Building	裕成商業大廈	61A5
Wings Building	永恒商業大廈	61B5	Yue Thai Commercial Building	豫泰商業大廈	60C2
Winner Building	榮業大廈	40B4	Yue Xiu Building	越秀大廈	65B5
Winner Building	榮華大廈	61A6	Yue Xiu Plaza	越秀廣場	47G7
Winner Commercial Building	榮華商業大廈	66F4	Yue's House	余氏大廈	60D3
Winning Centre	宏基中心	47F6	Yuen Long Commercial Centre	元朗商業中心	113C7
Winning Commercial Building	運通商業大廈	38A4	Yuen Long Ind. Estate	元朗工業邨	112D2
Winnye Tower	榮麗苑	98C3	Yuen Shing Building	源成大廈	41F5
Witty Commercial Building	威盛商業大廈	37A5	Yukon Court	股豪閣	61C8
Wo Hing Commercial Building	和興商業大廈	60B4	Yun Tat Commercial Building	潤達商業大廈	41D5
Wo Kee Hong Building	和記行大廈	123C6	Yung Kee Building	鏞記大廈	61A6
Wonderland Villas	華景山莊	125A7	Zung Fu Aberdeen Garage	仁孚香港仔車廠	88D2
Wong Chung Ming Comm House	王仲銘商業大廈	61A6	Zung Fu Industrial Building	仁孚工業大廈	72D4
Wong's Factory Building	王子工業大廈	122D3			
Woodland Crest	奕翠園	96A4			
Workingberg Commercial Building	華寶商業大廈	71B6			
Workingbond Commercial Centre	華邦商業中心	35C6			
Workingfield Comm Bldg	華斐商業大廈	66F4			
Workingmond Commercial Bldg	華文商業大廈	39B5			
Workington Tower	華東商業大廈	60D3			
World Commerce Centre	世界商業中心	38D2			

All other buildings can be found in "Hong Kong Industrial, Commercial & Residential Bldgs" which shows detailed address. By the same publisher.

全港街道

一至二畫

一鳴路	Yat Ming Rd	97F7
乙明邨街	Jat Min Chuen St	105B6
丁香街	Lilac St	32B1
七姊妹道	Tsat Tsz Mui Rd	71B6
七寶街	Tsat Po St	47F6
九如坊	Kau U Fong	60C4
九如坊北	Kau U Fong N	60C4
九如坊西	Kau U Fong W	60C4
九江街	Kiu Kiang St	32F2
九肚山路	Kau To Shan Rd	100F4
九華徑	Kau Wa Keng	30A1
九龍公園徑	Kowloon Park Drive	38C2
九龍城道	Kowloon City Rd	43G5
九龍道	Kowloon Rd	32D2
二陂坊路	Yi Pei Chun Rd	123A5
二陂坊	Yi Pei Sq	122D2
人和里	Yan Wo Lane	98D3
八達街	Pat Tat St	47F6
十全台	Perfection Place	69D5
十間	Stewart Terr	81F7
又新街	Yau San St	113B7

三畫

三多里	Sam To Lane	58F3
三角街	Triangle St	65B6
三板街	Sam Pan St	65C7
三門仔新路	Sam Mun Tsai Rd	9G6
三陂坊	Sam Pei Sq	122D2
三星道	Tristar Rd	50G2
三家里	Sam Ka Lane	61C5
三祝街	Sam Chuk St	47F7
三棟屋路	Sam Tung Uk Rd	123A5
三聖街	Sam Shing St	119D5
下亞厘畢道	Lower Albert Rd	61A7
下城門道	Lower Shing Mun Rd	104B2
下高灘街	Ha Ko Tan St	126D3
下鄉道	Ha Heung Rd	43G6
上水東慶路	Sheung Shui Tung Hing	96B1
上元街	Sheung Yuen St	47C5
上角街	Sheung Kok St	123D5
上亞厘畢道	Upper Albert Rd	63G6
上海街	Shanghai St	34D4
上高灘街	Sheung Ko Tan St	126D3
上鄉道	Sheung Heung Rd	43G6
土瓜灣道	To Kwa Wan Rd	43F7
士丹利街	Stanley St	61B7
士丹頓街	Staunton St	61D5
士他令道	Stirling Rd	43B5
士他花利街	Staveley St	60B4
士密街	Smithfield	57D5
士達福信路	Staffordshire Ave	7G7
大口環道	Sandy Bay Rd	78C3
大方街	Tai Fong St	116D3
大王西街	Tai Wong St W	65D6
大王里	Tai Wong Lane	74A2
大王東街	Tai Wong St E	65D6
大白田街	Tai Pak Tin St	123C8
大白田街	Tai Pak Tin St	123C8
大石口路	Tai Shek Hau Rd	129F6
大石街	Tai Shek St	73G7
大光里	Tai Kwong Lane	98D3

大全街	Tai Tsun St	34D1
大同街	Tai Tung St	45A5
大安台	Tai On Terr	60G4
大成街	Tai Shing St	45A5
大有街	Tai Yau St	47F6
大老山公路	Tate's Cairn Highway	103C6
大利街	Dai Li St	99A8
大坑西街	Tai Hang Sai St	33F5
大坑東道	Tai Hang Tung Rd	35A6
大坑徑	Tai Hang Drive	69C8
大坑道	Tai Hang Rd	69D5
大宏街	Dai Wang St	99B7
大尾督道	Tai Mei Tuk Rd	9F7
大角咀道	Tai Kok Tsui Rd	34C1
大昌街	Dai Cheung St	99B8
大明里	Tai Ming Lane	98D4
大河道	Tai Ho Rd	122C2
大河道北	Tai Ho Rd N	122B3
大沽街	Taku St	41D5
大陂坊	Tai Pei Sq	122C2
大陂頭徑	Tai Pei Tau Path	113D6
大南西街	Tai Nan West St	31C5
大南街	Tai Nan St	34B3
大屋圍	Tai Uk Wei	122C2
大屋街	Tai Uk St	122C2
大政街	Tai Ching St	34D1
大埔公路	Tai Po Rd.	99F5
大埔太和路	Tai Po Tai Wo Rd	99C5
大埔道	Tai Po Rd	31A7
大埔頭水圍路	Tai Po Tau Shui Wai Rd	98C1
大埔頭路	Tai Po Tau Drive	98C1
大埔頭路	Tai Po Tau Rd	98B2
大浪灣道	Big Wave Bay Rd	95C6
大涌道	Tai Chung Rd	122C1
大涌橋路	Tai Chung Kiu Rd	102F3
大強街	Power St	70C3
大球場路	Stadium Path	69G7
大盛街	Dai Shing St	99B7
大連排道	Tai Lin Pai Rd	123F6
大喜街	Dai Hei St	99C8
大圍街	Tai Wai Rd	104B3
大富街	Dai Fu St	99A8
大帽山道	Tai Mo Shan Rd	14C3
大棠街	Tai Tong Rd	113C7
大棠山道	Tai Tong Shan Rd	13B7
大發街	Dai Fat St	99B7
大菜園路	Tai Tso Yuen Rd	129F7
大貫街	Dai Kwai St	99B8
大順街	Tai Shun St	99B8
大圓街	Tai Yuen St	123C7
大廈街	Ha Ha St	122D4
大新後街	Tai Sun Back St	129D7
大新街	Tai Sun St	129D7
大業街	Tai Yip St	51B6
大道村路	Tai To Tsuen Rd	115F7
大榮里	Tai Wing Lane	98D3
大窩口道	Tai Wo Hau Rd	122C1
大窩西支路	Tai Wo Service Rd W	111A5
大窩坪道	Tai Woh Ping Rd	32B3
大網仔路	Tai Mong Tsai Rd	110B3
大德街	Tai Tak St	74B3
大潭水塘道	Tai Tam Reservoir Rd	91A6
大潭道	Tai Tam Rd	92B3
大學里	University Drive	59G5
大學路	University Rd	110A1
大樹下東路	Tai Shu Ha Rd E	113C8
大橋路	Tai Kiu Rd	113C6
大澳太平街	Tai O Tai Ping St	130G3

大澳永安街	Tai O Wing On St	130G3
大澳門路	Tai O Mun Rd	24C1
大澳街市街	Tai O Market St	130G3
大澳道	Tai O Rd	130G3
大興堤路	Tai Hing Tai Rd	129D6
大興街	Tai Hing St	116D3
大磡道	Tai Hom Road	47D5
大環道	Tai Wan Rd	40A4
大環頭路	Tai Wan Tau Rd	24C1
大隴街	Tai Loong St	123F7
大鵬街	Dai Pang St	99B8
大壩街	Tai Pa St	122C1
大欖涌路	Tai Lam Chung Rd	13D6
小西灣道	Siu Sai Wan Rd	77F8
小食里	Siu Sik Lane	129D6
小瀝源路	Siu Lek Yuen Rd	103F6
小欖路	Siu Lam Rd	120B2
山下路	Shan Ha Rd	113G7
山街	Sands St	57C5
山光道	Shan Kwong Rd	84B2
山西街	Shansi St	40D2
山尾街	Shan Mei St	102A2
山村台	Village Terr	84C2
山村道	Village Rd	84C2
山谷道	Valley Rd	40F4
山明街	Shan Ming St	87A5
山東街	Shantung St	35G5
山林道	Hillwood Rd	38A4
山頂道	Peak Rd	81C5
山頂道 (長洲)	Peak Rd (Cheung Chau)	129D7
山頂道西	Peak Rd West	129G6
山塘路	Shan Tong Rd	98G4
山道	Hill Rd	57B8
山溜路	Shan Liu Rd	9F6
山邊台	Shan Pin Terr	74A2
山邊里	Shan Pin Lane	65C7
山邊路	Hill Side Rd	129F7
川龍街	Chuen Lung St	122C2
工業街	Kung Yip St	123F6
工廠街	Factory St	74B3
己連拿利	Glenealy	61B8
干德道	Conduit Rd	59D6
干諾道中	Connaught Rd C	60A4
干諾道西	Connaught Rd W	58G2
弓絃巷	Circular Pathway	60D4

四畫

中心里	Chung Sum Lane	129F6
中安台	Chung On Terr	70D3
中和里	Chung Wo Lane	61D5
中峽道	Middle Gap Rd	83D5
中景路	Chung King Rd	60F1
中港道	Chung Kong Rd	60F1
中間道	Middle Rd	38F3
中匯街	Chung Wui St	34D1
中學路	Chung Hok Rd	129F6
中興街	Chung Hing St	129F6
中興新街	Chung Hing San St	129F8
丹拿道	Tanner Rd	71C6
丹桂村路	Tan Kwai Tsuen Rd	115F7
丹桂路	Osmanthus Rd	33G6
井財街	Tseng Choi St	117D5
五芳街	Ng Fong St	47F6
五柳路	Ng Lau St	12A4
五桂街	Ng Kwai Fong	60G3
五福里	Ng Fuk Lane	58B3
仁宇圍	Yan Yue Wai	55G5

仁芳街	Yan Fong St	123G5	天葵路	Tin Kwai Rd	114D1	文福道	Man Fuk Rd	42F1
仁信里	Yan Shun Lane	52C3	天清路	Tin Ching Rd	114D3	文蔚街	Man Wai St	36F2
仁政街	Yan Ching St	116G4	天榮路	Tin Wing Rd	114F1	文輝道	Mansfield Rd	82D2
仁風街	Yan Fung St	40F4	天福路	Tin Fuk Rd	114D3	文興里	Man Hing Lane	61C5
仁愛堂街	Yan Oi Tong Cir	117F5	天影路	Tin Ying Rd	114G2	文錦渡路	Man Kam To Rd	8B2
仁愛圍	Yan Oi Court	52C3	天樂里	Tin Lok Lane	67F5	文禮路	Man Lai Rd	105A5
仁壽里	Yan Oi St	47G7	天壇街	Tin Tan St	114G1	日富里	Yat Fu Lane	57B7
仁壽街	Yan Shau Lane	61A6	天龍路	Tin Lung Rd	114D1	日善街	Yat Sin St	67F6
仁德里	Yan Tak Lane	67F7	天寶街	Tien Poa St	65G6	日街	Sun St	65G6
仁樂坊	Yan Lok Sq	113C7	天耀路	Tin Yiu Rd	114D3	日新街	Yat Sån St	113B6
仁興街	Yan Hing St	98D3	太子台	Prince's Terrace	61C6	月華街	Yuet Wah St	52D4
仁濟街	Yan Chai St	122C3	太子道西	Prince Edward Rd W	42B3	月街	Moon St	65G6
元州街	Un Chau St	32D1	太子道東	Prince Edward Rd E	43A7	月園街	Yuet Yuen St	70B4
元洲仔里	Island House Lane	99F6	太古城道	Taikoo Shing Rd	72D3	月輪街	Yuet Lun St	30D3
元朗公路	Yuen Long Highway	115D6	太古灣道	Taikoo Wan Rd	72C4	木星街	Jupiter St	70D2
元朗安寧路	Yuen Long On Ning Rd	113C6	太平山街	Tai Ping Shan St	60G4	木棉山路	Muk Min Shan Rd	110A4
元朗安樂路	Yuen Long On Lok Rd	113C5	太平道	Peace Avenue	35F7	木廠街	Mok Cheong St	43C5
元朗安興街	Yuen Long On Hing St	113D7	太白台	Tai Pak Terrace	57D6	比雅道	Briar Ave	84F4
元朗東堤街	Yuen Long Tung Tai St	113B6	太安街	Tai On St	73D8	水池巷	Tank Lane	60F4
元朗炮仗坊	Yuen Long Pau Cheung Sq	13C6	太和街	Tai Wo St	65B6	水坑口街	Possession St	60F3
元朗泰祥街	Y. L. Tai Cheung St	113B6	太茂路	Tai Mou Avenue	73C5	水秀街	Shui Sau St	87A5
元朗長祥街	Yuen Long Tai Cheung St	113B6	太原街	Tai Yuen St	65C6	水車館里	Shui Che Kwan L	113B6
元朗泰衡街	Yuen Long Tai Hang St	113B6	太康街	Tai Hong St	73F7	水車館街	Shui Che Kwun St	113B6
元朗康樂街	Yuen Long Hong Lok Rd	113C6	太祥街	Tai Cheong St	73F7	水巷	Water Lane	60F4
元朗新街	Yuen Long New St	113C7	太富街	Tai Foo St	74G1	水星街	Mercury St	70F2
元朗鵬育路	Yuen Long Tai Yuk Rd	113F7	太裕路	Tai Yue Avenue	72C4	水泉坳街	Shui Chuen Au St	105A7
元勝里	Un Shing Lane	58C4	太寧街	Tai Ning St	74F1	水渠道	Nullah Rd	35C5
元發徑	Yuen Fat Path	113D6	太榮路	Tai Wing Ave	73D6	水渠街	Water St	58F2
元福里	Un Fuk Lane	58C3	太樂街	Tai Lok St	74F1	水廠道	Shui Chong Rd	101F5
元慶里	Yuen Hing Lane	74A3	太豐路	Tai Fung Avenue	73D5	水邊圍路	Shui Pin Wai Rd	113G6
六合街	Luk Hop St	47F6	孔雀道	Peacock Rd	71C5	火石道	Flint Rd	42A2
公主道	Princess Margaret Rd	42F1	屯子圍路	Tuen Tsz Wai Rd	12A4	火炭路	Fo Tan Rd	102A3
公庵路	Kung Um Rd	113D8	屯仁街	Tuen Yan St	117G5	牙鷹洲街	Nga Ying Chau St	126A3
公園北路	Town Park Rd N.	113F7	屯合街	Tuen Hop St	116G4	牛皮沙街	Ngau Pei Sha St	103F5
公園南路	Town Park Rd S.	113G7	屯利街	Tuen Lee St	119A5	牛池灣街	Ngau Chi Wan St	48B2
公爵街	Duke St	35B7	屯門公路	Tuen Mun Rd	119D7	牛津道	Oxford Rd	45G7
分域街	Fenwick St	64D4	屯門鄉事會路	Tuen Mun Heung Sze Wui Rd	118C4	牛頭托街	Ngau Wu Tok St	102A2
分域碼頭街	Fenwick Pier St	64F3	屯青里	Tuen Tsing Lane	118C2	牛潭尾路	Ngau Tam Mei Rd	111D8
勿地臣街	Matheson St	67C5	屯盛街	Tuen Shing St	117G5	牛頭角第一街	Ngau Tau Kok 1st St	51A5
友光街	Yau Kwong St	130B2	屯喜路	Tuen Hi Rd	119A5	牛頭角第二街	Ngau Tau Kok 2nd St	50A4
友全街	Yau Chuen St	7G5	屯富路	Tuen Fu Rd	117B6	牛頭角第三街	Ngau Tau Kok 3rd St	50A4
友善街	Yau Shin St	7G5	屯發路	Tuen Fat Rd	119A5	牛頭角第五街	Ngau Tau Kok 5th St	50B3
友愛路	Yau Oi Rd	118B4	屯隆街	Tuen Lung St	117G5	牛頭角第四街	Ngau Tau Kok 4th St	50A3
友誼街	Yau Wing St	130B2	屯順街	Tuen Shun St	117G5	牛頭角道	Ngau Tau Kok Rd	50A3
天文臺道 (閣)	Observatory Court	39B5	屯匯街	Tuen Wui St	117G5	王里巷	Wong Lee Lane	74A3
天文臺道	Observatory Rd	39B5	屯義街	Tuen Yee St	118C3	王屋里	Wong Uk Lane	102G4
天平街	Tin Ping Rd	96A3	屯興路	Tuen Hing Rd	119A5			
天光道	Tin Kwong Rd	42C3	巴丙頓道	Babington Path	59C5	**五畫**		
天后路	Tin Hau Rd	116G3	巴色道	Basel Rd	74A1			
天后廟道	Tin Hau Temple Rd	70D4	巴芬道	Belfran Rd	35B8	世運道	Olympic Ave	43A7
天地人路	Tin Tei Yan Rd	115G7	巴域街	Berwick St	32F3	冬青道	Holly Rd	84D4
天竹街	Tin Chuk St	114C2	巴富街	Perth St	42D1	加士居道	Gascoigne Rd	37D5
天河路	Tin Ho Rd	114F3	巴路士街	Burrows St	65A5	加列山道	Mount Kellett Rd	81F5
天城路	Tin Shing Rd	114D1	扎山道	Jats Incline	48A3	加多近街	Cadogan St	56D4
天威道	Skymaster Drive	43A7	文成街	Man Sing St	36F3	加州花園大道	Palm Springs Boulevard	111C7
天柏路	Tin Pak Rd	114C2	文昌街	Man Cheong St	36F2	加州豪園大道	Royal Palms Boulevard	111C7
天美路	Tin Mei Rd	114D3	文明里	Man Ming Lane	36C4	加倫台	Clarence Terr	68D7
天香街	Tin Heung St	52C4	文林街	Man Lam Rd	105A5	加冕台	Coronation Terr	61D5
天恩路	Tin Yan Rd	114D1	文咸西街	Bonham Strand W	60G2	加冠威老道	Granville Rd	39C6
天桃街	Tin To St	114D2	文咸東街	Bonham Strand	60F3	加冠威老廣場	Granville Square	36C6
天祥路	Tin Cheung Rd	114C2	文英街	Man Ying St	36F2	加惠民道	Ka Wai Man Rd	56D3
天喜街	Tin Hei St	114C2	文苑街	Man Yuen St	36F2	加路連山道	Caroline Hill Rd	67A6
天湖路	Tin Wu Rd	114D3	文啟街	Man Hang St	102A2	加寧街	Cleveland St	66A2
天華路	Tin Wah Rd	114F1	文福街	Man Fat St	32B1	功樂道	Kung Lok Rd	52B1
天順里	Tin Shun Lane	114D3	文華里	Man Wa Lane	60C3	包華士道	Purves Rd	85C6
天慈路	Tin Chee Rd	114C1	文順巷	Man Shun Lane	129C7	北角台	North Point Terr	70C4
天慈街	Tin Tsz Rd	114C1	文匯街	Man Wui St	36F3	北角邨里	North Point Estate Lane	71B5
天瑞路	Tin Shui Rd	114F2	文運道	Man Wan Rd	35F8			

北角咀路	Pak Kok Tsui Rd	128C1	永利街	Wing Lee St	130B2	石山街	Rock Hill St	57D6
北角道	North Point Rd	70B4	永孝街	Wing Hau St	122G2	石文徑	Shek Man Path	123F7
北京道	Peking Rd	38F3	永和街	Wing Wo St	60B3	石水渠街	Stone Nullah Lane	65B6
北河街	Pei Ho St	34A1	永定道	Wing Ting Rd	47B6	石仔埗街	Shek Tsai Po St	130F2
北社三里	Pak She Third Lane	129B6	永明街	Wing Ming St	31C6	石安街	Shek On St	122B4
北社後街	Pak She Back St	129B6	永東街	Wing Tung St	130B2	石竹路	Dianthus Rd	33G6
北社海傍路	Pak She Praya Rd	129C6	永康路	Wing Chun St	130B2	石貝街	Shek Pui St	123F7
北社街	Pak She St	129B6	永建路	Wing Kin Rd	122G3	石宜路	Shek Yi Rd	123D8
北帝街	Pak Tai St	43C6	永星里	Wing Sing Lane	36C4	石門甲道	Shek Mun Kap Rd	19C5
北拱街	Pak Kung St	40D3	永泰道	Wing Tai Rd	77C5	石建街	Shek Kin St	123D7
北海街	Pak Hoi St	37F5	永基路	Wing Kei Rd	122G3	石英徑	Shek Ying Path	123F7
北盛街	Pak Shing St	98D3	永康街	Wing Hong St	31B7	石埗路	Shek Po Rd	114F7
北景街	North View St	70C4	永祥街	Wing Cheung St	67G6	石崗機場路	Shek Kong Airfield Rd	7G7
北進凹路	Pak Kong Au Rd	16D1	永創街	Wing Chong St	122G3	石排街	Shek Pai St	123D8
北街	North St	57C5	永隆街	Wing Lung St	32C1	石排頭路	Shek Pai Tau Rd	116D3
北潭路	Pak Tam Rd	17C5	永順街	Wing Shun St	124A2	石排灣道	Shek Pai Wan Rd	75F8
半山道	Pun Shan St	121B8	永業道	Wing Yip St	123G6	石梨街	Shek Lei St	123D8
古坑道	Kwu Hang Rd	122D3	永寧街	Wing Ning St	67F6	石圍角路	Shek Wai Kok Rd	122B4
古屋里	Kwu Uk Lane	122C3	永福街	Wing Fook St	54A2	石棧里	Shek Chan Lane	58D2
古洞路	Kwu Tung Rd	7C7	永德街	Wing Tak St	122F2	石湖圍路	Shek Wu Wai Rd	7C7
司徒拔道	Stubbs Rd	83C5	永德路	Wing Tak Rd	31B6	石湖墟舊街	Shek Wu Hui Kau St	96B3
史釗域道	Stewart Rd	64A4	永樂里	Wing Lok Lane	65F6	石貴街	Shek Kwai St	122B4
史樂信道	Shropshire Rd	15G7	永樂街	Wing Lok St	60F2	石硤尾街	Shek Kip Mei St	32G4
四山街	Sze Shan St	55F5	永賢街	Wing Yin St	122F2	石塘街	Shek Tong St	40C2
四川街	Sze Chuen St	43G5	永興街	Wing Hing St	70F1	石溪里	Shek Kai Lane	65B7
四方街	Square St	60F4	永興街	Wing Hing St	130C2	石鼓街	Shek Ku St	42D2
四陂坊	Sze Pei Sq	122C3	永豐西街	Wing Fung St W	65G5	石鼓壟道	Shek Ku Lung Rd	45A8
四美街	Sze Mei St	47D6	永豐街	Wing Fung St	65G6	石榴洞街	Shek Lau Tung St	102A3
奶路臣街	Nelson St	35G5	永耀街	Wing Yiu St	43F5	石蓮路	Shek Lin Rd	98D3
巧明里	How Ming Lane	52D1	汀太路	Ting Tai Rd	98C2	石蔭路	Shek Yam Rd	123C7
巧明街	How Ming St	52D2	汀角路	Ting Kok Rd	99A6	石壁水塘路	Shek Pik Reservoir Rd	18F3
市場街	See Cheung St	110D3	汀麗路	Ting Lai Rd	98B3	石崖路	Cliff Rd	37C5
布力架街	Braga Circuit	35C8	玉成街	Yuk Shing St	40C2	石澳道	Shek O Rd	94B4
布力徑	Black's Link	83F8	玉蘭路	Magnolia Rd	33G6	石頭街	Shek Tau St	122D4
布思道	Boyce Rd	85B7	甘蔗路	Kam Shue Rd	16G1	石龍街	Shek Lung St	36C3
布朗街	Brown St	69D4	甘芳街	Kam Fong St	36A3	禾上墩街	Wo Sheung Tun St	102A2
平田街	Ping Tin St	53G7	甘田街	Kom U St	58A3	禾香街	Wo Heung St	102B4
平安里	Ping On Lane	60D4	甘泉街	Kom Tsun St	30C4	禾盛街	Wo Shing St	102B3
平安里	Ping On Lane	98C3	甘肅街	Kansu St	36D3	禾笛街	Wo Tik St	122C2
平成里	Ping Shing Lane	52C4	甘道	Coombe Rd	82C3	禾塘咀街	Wo Tong Tsui St	123D6
平定道	Ping Ting Rd	47B6	甘霖街	Kam Lam St	34G4	禾徑山路	Wo Keng Shan Rd	8B4
平治街	Ping Chi St	40D4	田心街	Tin Sam St	104D3	禾輋街	Wo Che St	102D2
平樂徑	Ping Lok Path	113D6	田石路	Tin Shek Rd	16F1	禾坑路	Wo Liu Hang Rd	102A3
平瀾街	Ping Lan St	87A5	田路街	Tin Chau Rd	109F7	禾穗街	Wo Shui St	102B4
必列者士街	Bridges St	60F4	田景街	Tin King Rd	116C2	立德街	Lap Tak Lane	67F6
必發道	Bedford Rd	34C2	田廈路	Tin Ha Rd	115G5			
必嘉圍	Baker Court	41F5	田灣山道	Tin Wan Hill Rd	86D2	**六畫**		
必嘉街	Baker St	41F5	田灣徑	Tin Wan Close	86D3			
打比道	Derby Rd	45G8	田灣海旁道	Tin Wan Praya Rd	86G4	交加里	Cross Lane	65A6
打鼓嶺道	Tak Ku Ling Rd	45B8	田灣街	Tin Wan St	86D3	交加街	Cross St	65C6
打磚坪街	Ta Chuen Ping St	123D7	田灣新街	Tin Wan New St	86D2	亦園路	Yick Yuen Rd	13A5
打蠔墩路	Ta Ho Tun Rd	24D2	甲邊塱里	Kap Pin Long Lane	16C1	伊利近街	Elgin St	61C6
正街	Centre St	58C2	白加士街	Parkes St	37D5	伊沙里	Ezra's Lane	61B6
正德街	Ching Tak St	44B4	白加道	Barker Rd	81C6	伊榮街	Irving St	67A5
民兆街	Man Siu St	41C5	白田街	Pak Po St	35G6	光昌街	Kwong Cheung St	31C7
民合徑	Man Hop Path	113D6	白田壩街	Pak Tin Par St	122B1	光明台	Illumination Terr	69C5
民泰街	Man Tai St	41F5	白石台	Pak Shek Toi Rd	16G1	光明街	Kwong Ming St	65F6
民康街	Man Hong St	71B7	白石窩新村路	Pak Shek Wo San Tsuen Rd	16G1	光超台	Kwong Chiu Terr	70C3
民新街	Mansion St	72B1	白沙道	Pak Sha Rd	67B5	光輝里	Kwong Fai Lane	123D6
民裕街	Man Yue St	40D4	白建時道	Perkins Rd	85B7	光輝圈	Kwong Fai Cir	123C6
民樂街	Man Lok St	40B3	白筆山道	Pak Pat Shan Rd	94D1	光和街	Shiu Wo St	122C2
永平街	Wing Ping St	77D5	白雲街	Pak Wan St	32D3	兆康路	Siu Hong Rd	117A5
永立街	Wing Lap St	122G3	白楊街	Poplar St	34B3	兆祥坊	Siu Cheung Fong	58F2
永吉街	Wing Kut St	60B4	白蘭軒道	Blenheim Ave	39D5	兆業街	Siu Yip St	50B4
永安街	Wing On St	60B4	白鶴汀街	Pak Hok Ting St	105A6	兆興里	Siu Hing Lane	118C4
永安街	Wing On St	130B2				兆麟街	Siu Lun St	119B5
永安橫街	Wing On Side St	130B2				全安路	Chuen On Rd	99A5
永利街	Wing Lee St	61F5				列拿士地台	Rednaxela Terr	61D6

五 至 六　全港街道

列堤頓道	Lyttelton Rd	59C5
吉士笠街	Gutzlaff St	61B5
吉安街	Kat On St	65B8
吉利徑	Glee Path	30D2
吉席街	Catchick St	56D4
吉勝街	Kut Shing St	76D2
吉慶後街	Kat Hing Back St	130G3
吉慶街	Kat Hing St	130G3
同仁街	Tung Yan St	52D3
同文街	Tung Man St	60B4
同秀坊	Tung Sau Sq	98D4
同和街	Tung Wo St	122A4
同茂坊	Tung Mau Sq	98D3
同發坊	Tung Fat Sq	98D4
同德街	Tung Tak Lane	61B5
同慶里	Tung Hing Lane	74A3
同樂徑	The Governor's Walk	80B2
同樂街	Tung Lok St	113C6
吐露港公路	Tolo Highway	98G2
合一道	Hop Yat Rd	42F4
合桃街	Walnut St	34D2
合益路	Hop Yick Rd	113B7
合財街	Hop Choi St	113B7
合群街	Hop Kwan St	34C1
圳邊街	Chun Pin St	123D7
地士道街	Thistle St	34G4
地根德里	Tregunter Path	81B7
地錦路	Verbena Rd	33G7
多石街	To Shek St	102G4
多實街	Dorset Crescent	33C8
多福道	To Fuk Rd	33D7
好利街	Ho Lee St	130B2
好景街	Ho King St	87A5
守仁徑	Sau Yan Path	52B1
安心街	On Sum St	103C6
安平街	On Ping St	103C6
安民坊	On Man Sq	98C3
安田街	On Tin St	53G7
安全街	On Chuen St	97C7
安育路	On Yuk Rd	121B8
安良里	On Leung Lane	113D7
安足街	On Chuk St	123C8
安邦路	On Pong Rd	98C4
安和里	On Wo Lane	60C4
安定道	On Ting Rd	47B6
安居街	On Kui St	97C7
安明街	On Ming St	103D6
安信街	On Shun St	113D6
安埔里	On Po Lane	99C5
安埔路	On Po Rd	99B5
安泰街	On Tai St	60D2
安泰路	On Tai Rd	98C4
安浩里	On Ho Lane	98C3
安域道	Alnwick Rd	33A8
安基街	On Kei St	123D5
安康街	On Hong Rd	113D7
安庇庇街	Ormsby St	68D4
安捷里	On Chit Lane	123C8
安捷街	On Chit St	123C8
安祥路	On Cheung Rd	98C3
安富道	On Fu Rd	98D3
安景街	On King St	103C6
安善道	On Shin Rd	51A5
安華街	On Wah St	50A4
安逸街	On Yat St	121A8
安慈路	On Chee Rd	98C3
安業街	On Yip St	77C6
安睦街	On Muk St	103D6
安群街	On Kwan St	103D6
安運街	On Wan Rd	39A8
安達臣道	Anderson Rd	49C7
安達坊	On Tat Sq	113D6
安寧里	On Ning Lane	58F3
安寧徑	Serenity Path	109A6
安榮街	On Wing St	122C2
安福街	On Fuk St	97C7
安德道	On Tak Rd	51A5
安慶台	On Hing Terr	61A7
安樂里	On Lok Lane	67F5
安樂門街	On Lok Mun St	97C7
安賢街	On Yin St	121A8
安興里	On Hing Lane	103D7
安靜道	On Ching Rd	41F6
安徽街	Anhui St	40C1
安駿里	On Chun Lane	113D7
安麗街	On Lai St	103D6
安耀街	On Yiu St	103C6
安蘭街	On Lan St	61A6
帆船街	Yacht St	68D1
年春街	Nin Chun St	110D3
早禾路	Tso Wo Rd	16C4
旭日街	Yuk Yat St	40A1
旭龢道	Kotewall Rd	59F7
曲街	Cooke St	41F5
有信街	Yau Shun St	52F4
有泰街	Yau Hong St	52G4
汝州西街	Yu Chau West St	31C6
汝州路	Yu Chau St	34B3
江大路	Kong Tai Rd	7G7
江西街	Kiang Hsi St	40C2
江蘇街	Kiang Su St	40C1
汕頭街	Swatow St	65C6
灰窰角街	Fui Yiu Kok St	122D3
灰窰里	Fui Yiu Lane	110D2
灰沙圍里	Fui Sha Wai Lane	115C6
豆子里	Pak Tsz Lane	61C5
百老匯街	Broadway St	30D3
百利街	Pak Lee St	102D4
百勤街	Pak Wo Rd	96D3
百得街	Pak Tak St	103D5
百祿徑	Bluff Path	81F7
百福村道	Pak Fuk Tsuen Rd	97F6
百福道	Pak Fuk Rd	71C7
百德新街	Paterson St	66B3
百樂徑	Pak Lok Path	104A4
竹安里	Chuk On Lane	61A6
竹悅路	Chuk Yau Rd	111F8
竹角路	Chuk Kok Rd	16G2
竹昌台	Chuk Lui Terr	65C7
竹洋路	Chuk Yeung Rd	110A4
竹連里	Chuk Lin Lane	60G3
竹園道	Chuk Yuen Rd	44C2
竹興里	Chuk Hing Lane	61B5
老沙路街	Rozario St	61F5
老圍路	Lo Wai Rd	123A5
老龍坑街	Lo Lung Hang St	40F4
自由道	Liberty Ave	35F7
行善里	Hang Sin Lane	103G7
西九龍走廊	West Kowloon Corridor	29B8
西元里	Sai Yun Lane	74A2
西台	West Terr	61D5
西市街	Sai See St	56B3
西安里	Sai On Lane	58G3
西安街	Sai On St	86B4
西尾台	West End Terr	58C4
西沙路	Sai Sha Rd	106C3
西谷道	Selkirk Rd	45G7
西洋菜北街	Sai Yeung Choi St N	34A4
西洋菜里	Sai Yeung Choi Lane	32G4
西洋菜南街	Sai Yeung Choi St S	35F5
西消防街	Western Fire Services St	60G1
西草灣路	Sai Tso Wan Rd	126G1
西貢大街	Sai Kung Tai St	110D3
西貢海傍街	Hiram's Highway	110D3
西貢正街	Sai Kung Main St	110D3
西貢西灣路	Sai Kung Sai Wan Rd	17C6
西貢海傍街	Sai Kung Hoi Pong St	110F3
西貢道	Saigon St	37F5
西貢鄉事會里	Sai Kung Rural Committee L	110D3
西貢萬宜路	Sai Kung Man Yee Rd	17F6
西貢醫局街	Sai Kung Yee Kuk St	110D3
西區公園道	Western Park Rd	58D1
西康里	Sai Hong Lane	57C6
西祥街	Sai Cheung St	57C6
西堤	West Embankment	71A5
西堤街	Sai Tai St	113B6
西湖里	Sai Woo Lane	58B2
西菁街	Sai Ching St	113C7
西華里	Sai Wa Lane	58D3
西源	Sai St	60F4
西源里	Sai Yuen Lane	58C2
西裕街	Sai Yu St	113C7
西寧街	Sai Ning St	56D1
西摩台	Seymour Terr	61D6
西摩道	Seymour Rd	61F5
西樓角路	Sai Lau Kok Rd	122B2
西樓街	Sai Lau St	122C2
西橫巷	Sai Wang Lane	110D3
西興里	Sai Hing Lane	58F3
西邊街	Western St	58D2
西邊台	Sai Wan Terr	73F6
西灣河街	Sai Wan Ho St	74F1
西灣路	Sai Wan Rd	129G5
孖沙街	Mercer St	60C3
孖峰嶺路	Ma Fung Ling Rd	115B6
孖庶街	Marsh St	41D5

七畫

成全路	Shing Chuen Rd	104B4
成安里	Shing On Lane	73G6
成安街	Shing On St	74F2
成和里	Sing Woo Crescent	84C4
成和道	Sing Woo Rd	84B3
成都道	Chengtu Rd	86B3
成業街	Shing Yip St	52F3
成運道	Shing Wan Rd	104B4
成興路	Shing Hing Rd	104B4
佛光街	Fat Kwong St	40G1
何文田山道	Ho Man Tin Hill Rd	35G8
何文田街	Ho Man Tin St	35G7
何東道	Ho Tung Rd	42A1
何國街	Ho Kwok Lane	61A6
佐治里	George's Lane	61C5
佐敦谷北道	Jordan Valley North Rd	48G2
佐敦道	Jordan Path	37G6
佐敦道	Jordan Rd	36G3
作慶坑路	Tsok Pok Hang Rd	105C7
伯爵街	Earl St	42B2
克街	Heard St	67G6
克頓道	Hatton Rd	59F7
利工街	Lee Kung St	40D4
利民道	Lee Man Rd	87C5

中文街名	English	Grid
利安道	Lee On Rd	48C4
利和邨道	Lei Tung Estate Rd	87A6
利東街	Lee Tung St	65C6
利枝道	Lee Chi Rd	87C6
利牧徑	Claymore Ave	75F7
利男街	Lee Nam Rd	87C7
利益街	Lee Yick St	113A5
利得街	Li Tak St	34D1
利眾街	Lee Chung St	76D3
利景街	Lee King St	87C8
利發徑	Lee Fat Path	117F5
利園山道	Lee Garden Rd	66C4
利業街	Lee Yip St	36B3
利源西街	Li Yuen St W	61A5
利源東街	Li Yuen St E	61A5
利群道	Li Kwan Ave	69C6
利榮街	Lee Wing St	87B7
利樂街	Lee Lok St	87B8
利興街	Lee Hing St	87C7
吳松街	Woosung St	36F4
呈祥道	Ching Cheung Rd	31B6
告士打道	Gloucester Rd	64F4
坑口水隧路	Hang Hau Wan Lung Rd	24A1
坑口道	Hang Hau Rd	109C6
坑坪街	Hang Ping St	123D6
坑頭路	Hang Tau Rd	7C8
均益街	Kwan Yick St	56D4
妙鏡台	Miu Kang Terr	65F7
孝民街	Hau Man St	40G3
完善路	Yuen Sin Rd	99D6
宋皇台道	Sung Wong Toi Rd	43C6
宏光道	Wang Kwong Rd	50F3
宏安道	Wang On Rd	70D2
宏利街	Wang Lee St	112C1
宏貝道	Wang Pui Rd	18F3
宏冠道	Wang Kwun Rd	50D3
宏茂街	Wang Mou St	51C5
宏展街	Wang Chin St	50F4
宏泰道	Wang Tai Rd	50C4
宏基街	Wang Kee St	50F3
宏盛街	Wang Shing St	51D5
宏通街	Wang Tung St	51F5
宏富道	Wang Fu St	112C1
宏發徑	Wang Fat Path	113B7
宏華道	Wang Wa St	74A3
宏開道	Wang Hoi Rd	50C3
宏業西街	Wang Yip St W	112C4
宏業東街	Wang Yip St E	113C5
宏業南街	Wang Yip St S	113C5
宏照道	Wang Chiu Rd	50F1
宏達路	Wang Tat Rd	113G6
宏遠街	Wang Yuen St	51C5
宏德街	Wang Tak St	84C2
宏樂街	Wang Lok St	112C4
宏豐台	Wang Fung Terr	69C7
希雲街	Haven St	67A5
希慎道	Hysan Ave	67B5
庇利金街	Pilkem St	37G5
庇利街	Bailey St	40C2
忌利文道	Craigmin Rd	81F7
志士達道	Chester Rd	45G8
志仁里	Chi Yan Lane	130B2
志和街	Chi Wo St	37F5
志蓮道	Chi Lin Drive	47C5
快富街	Fife St	35F5
攸田西路	Yau Tin West Rd	113A7
攸田東路	Yau Tin East Rd	113A7
李陞街	Li Sing St	58A2
李節街	Li Chit St	65F5
李寶龍台	Li Po Lung Path	57C6
杏林街	Heng Lam St	45B5
杜南道	Tsuen Nam Rd	104B3
杜老誌道	Tonnochy Rd	67G5
杜雲里	To Wan Lane	74A2
杉樹街	Pine St	34D2
沙井路	Sha Tseng Rd	115B6
沙田正街	Sha Tin Centre St	105A6
沙田車站圈	Sha Tin Station Cir	102F1
沙田坳道	Shatin Pass Rd	47G5
沙田圍道	Sha Tin Wai Rd	102G3
沙田鄉事會路	Sha Tin Rural Committee Rd	102F2
沙田路	Sha Tin Rd	105B7
沙田頭道	Sha Tin Tau Rd	105C6
沙田嶺道	Sha Tin Heights Rd	104C2
沙角尾路	Sha Kok Mei Rd	110C3
沙角街	Sha Kok St	105B7
沙咀徑	Sha Tsui Path	110D3
沙咀道	Sha Tsui Rd	122D3
沙宜道	Sassoon Rd	79F5
沙潮里	Sha Chau Lei Rd	114F4
沙埔道	Sa Po Rd	45A8
沙福路	Suffolk Rd	33C7
沙燕橋	Sand Martin Bridge	102F2
沙頭角公路	Sha Tau Kok Rd	97B7
沙嶺道	Sha Ling Rd	8B1
沙蘭路	Sha Lan Rd	9G5
沙灣徑	Sha Wan Drive	78D3
沙灣道	Sha Wan Rd	78D3
沛東里	Pui Wing Lane	116G3
牡丹里	Mau Tan St	113C7
牡丹路	Peony Rd	33G7
秀竹園道	Sau Chuk Yuen Rd	42A4
秀明道	Sau Ming Rd	53A5
秀茂坪道	Sau Mau Ping Rd	49G7
秀茂徑	Sau Mau Path	53B5
秀圃道	Sau Po St	53A5
秀華坊	Sau Wa Fong	65F6
秀雅道	Sau Nga Rd	52A4
秀麗街	Sau Lai St	52A4
育才道	Yuk Choi Rd	37G8
育青里	Yuk Tsing Lane	118B2
育康街	Yuk Hong St	117F5
育群街	Yuk Kwan St	47G8
育賢坊	College View	58A4
良心里	Leung Choi Lane	116C3
良田里	Leung Tin Lane	53F7
良信街	Leung Shun St	116B3
良泰里	Leung Tai Lane	116B3
良康里	Leong Hong Lane	116B3
良業街	Leung Yip St	112C4
良運街	Leung Wan St	116C3
良德街	Leung Tak St	116B3
角祥街	Kok Cheung St	29D8
谷亭街	Kuk Ting St	113B6
谷柏道	Cooper Rd	85B5
貝瑪街	Peel Rise	81F6
赤柱大街	Stanley Main St	93D8
赤柱市場道	Stanley Market Rd	93F7
赤柱村道	Stanley Village Rd	92B3
赤柱峽道	Stanley Gap Rd	92F3
赤柱崗道	Stanley Mound Rd	92C4
赤柱連合道	Stanley Link Rd	93C7
赤柱新街	Stanley New St	93D7
赤柱灘道	Stanley Beach Rd	92B4
車公廟路	Che Kung Miu Rd	104C3
巡撫街	Tsun Fu St	96B3
坳背灣街	Au Pui Wan St	102A2

八畫

中文街名	English	Grid
些利街	Shelley St	61C6
亞士厘道	Ashley Rd	38F3
亞公角山道	A Kung Kok Shan Rd	103A8
亞公角路	A Kung Kok Rd	103B7
亞公灣路	A Kung Wan Rd	105A5
亞皆老街	Argyle St	34F4
亞厘架巷	Algar Court	58D3
亞厘畢里	Albert Path	61A7
亞畢諾道	Arbuthnot Rd	61B6
享成街	Heung Shing St	122C1
享和街	Heung Wo St	122C1
京士柏道	King's Park Rise	37C6
京士頓街	Kingston St	66A3
京華道	King Wah Rd	70C2
京街	King St	69D5
佳美道	Carmel Rd	93C5
佳廉道	Kai Lim Rd	53D5
兩儀坊	Leung I Fong	58C4
協和里	Hip Wo Lane	84B3
協和街	Hip Wo St	52A3
協欣街	Hip Yan St	102D3
協調道	Concorde Rd	47F8
卓運街	Cheuk Wan St	96B1
卓華徑	Breezy Path	59A5
卓利街	Peel St	61C5
卑路賓馬治	Braemar Terrace	72B1
卑路乍街	Belcher's St	56D4
和平徑	Wo Ping Path	116F4
和平新村里	Wo Ping San Tsuen Lane	115F7
和合石路	Wo Hop Shek Rd	8F2
和在街	Woo Hop St	57B7
和宜合里	Wo Yi Hop Lane	123A7
和宜合道	Wo Yi Hop Rd	123C7
和風街	Wo Fung St	58A3
和泰街	Wo Tai St	97B6
和美道	Wo Chung St	40D4
和域道	Warwick Rd	33B8
和康徑	Wo Hong Path	52A3
和富道	Wharf Rd	70B4
和隆街	Wo Lung St	97B6
和順里	Wo Shun Lane	129B6
和睦路	Wo Muk Rd	97B6
和滿街	Wo Mun St	97B7
和福街	Watford St	82D2
和興路	Wo Hing Rd	97G8
和豐街	Wo Fung St	97B7
坪利路	Peng Lei Rd	130A1
坪輋路	Ping Che Rd	8B3
奉天街	Fung Tin St	86C3
奇靈里	Ki Ling Lane	58D2
孟公屋路	Mang Kung Uk Rd	109D8
定安街	Ting On St	51A6
定國街	Ting Kwok St	122C4
定富街	Ting Fu St	51A6
定業坊	Ting Yip St	51A6
定遠坊	Tsue Yuen Sq	51A6
定豐街	Ting Fung St	123C5
官涌街	Kwun Chung St	36G4
宜正里	Yi Ching Lane	105A6
宜安街	Yee On St	52C2
宜昌街	Ichang St	38D3
宜春街	Yi Chun St	110D3
屈地街	Whitty St	57A8

七至八畫 全港街道

208

屈臣道	Watson Rd	70D1	東院道	Eastern Hospital Rd	69F6	花屏路	Fa Ping Rd	124D3
居仁里	Kui Yan Lane	58F4	東區走廊	Island East Corridor	70A4	花圃街	Fa Po St	33F7
居桔街	Kui Tat St	97C7	東莞街	Tung Kun St	36C3	花園台	Garden Terr	81A7
居賢坊	Kui In Fong	60F4	東勝道	Tung Sing Rd	86B3	花園街	Fa Yuen St	35B5
居適街	Kui Sik St	97B8	東喜道	Tung Hei Rd	74B2	花園路	Garden Rd	63D6
幸運道	Hang Wan Rd	43B6	東堤	East Embankment	71A6	花墟道	Flower Market Rd	35B6
幸福街	Fortune St	31D7	東堤北路	Tung Tai Pak Rd	129B6	芬尼街	Finnie St	72C2
延文禮士道	Inverness Rd	45D7	東發道	Tung Fat Rd	45A5	芬梨徑	Findlay Path	81C5
忠正街	Chung Ching St	58D2	東華里	Tung Wa Lane	60C4	芬梨道	Findlay Rd	81C6
忠民街	Chung Man St	37A8	東街	Tung St	60F4	虎地坳道	Fu Tei Au Rd	8C1
忠孝街	Chung Hau St	40F3	東隆道	Tung Lung Rd	45A6	虎尾路	Fu Hang Rd	117A6
忠信街	Chung Sun St	43F8	東源街	Tung Yuen St	55F5	金山路	Golden Hill Rd	15F5
忠義街	Chung Yi St	40G3	東興里	Tung Hing Lane	60F2	金夫人馳馬徑	Lady cecill's Ride	82F4
忠賢里	Chung Yin Lane	16G1	東頭村道	Tung Tau Tsuen Rd	45B5	金巴利街	Kimberley St	38C4
念祖街	Lim Cho St	125C5	東涌灣道	Tung Tau Wan Rd	93B5	金巴利道	Kimberley Rd	38C4
恬成坊	Yi Shing Sq	102G3	東邊街	Eastern St	58B2	金巴倫道	Cumberland Rd	33G8
怡和街	Yee Wo St	66A4	東寶庭道	Dumbarton Rd	45D7	金文泰道	Clementi Rd	85A8
怡南街	Yi Nam Rd	87D6	東灣路	Tung Wan Rd	129C7	金池徑	Kam Chi Path	47A7
怡泰街	Yee Tai St	76D3	東灣頭路	Tung Wan Tau Rd	127D7	金竹北徑	Golden Bamboo Rd N	111F6
怡康街	Yi Hong St	122F1	林士街	Rumsey St	60B3	金竹里	Kam Chuk Lane	44D2
怡盛里	Yee Shing Lane	76D3	林安坊	Lam On Fong	74C2	金竹東路	Golden Bamboo Rd E	111F6
怡盛街	Yee Shing St	76D4	林肯道	Lincoln Rd	35A8	金城道	Kam Shing Rd	44G4
怡景道	Yee King Rd	68B2	林盛路	Lam Shing Rd	108C3	金馬倫里	Cameron Lane	38C4
怡雅路	Yi Nga Drive	87F5	林錦公路	Lam Kam Rd	14A3	金馬倫道	Cameron Rd	38C4
怡順街	Yee Shun St	76D4	枝渡路	Pui To Rd	116G4	金麟麟山道	Mount Cameron Rd	83D5
怡樂街	Yi Lok St	122F2	松山道	Pine Tree Hill Rd	38A4	金祥坊	Kam Cheung Sq	113C7
怡豐街	Yee Fung St	76C4	松秀西街	Tsung Sau St W	60G2	金粟街	Consort Rise	78C4
拔子窩街	Pat Tsz Wo St	102A3	松秀東街	Tsung Sau St E	60G2	金華街	Kam Wa St	74B3
斧山道	Hammer Hill Rd	47C6	松柏路	Chung Pak Rd	104F4	金源里	Kam Yuen Lane	76D4
旺角道	Mong Kok Rd	35D5	松樹街	Fir St	34D3	金督馳馬徑	Sir Cecil's Ride	85F6
旺堤街	Wong Tai St	34C1	松頭下路	Tsung Tau Ha Rd	102A3	金鳳徑	Kam Fung St	105F3
旺賢街	Wong Yin St	116B2	松嶺里	Chung Ling Lane	105A5	金輝徑	Kam Fai Path	113C7
昌明街	Cheong Ming St	84C3	松嶺路	Chung Ling Rd	104A4	金錢路	Kam Tsin Rd	8D1
昌泰街	Cheong Tai St	122C2	松濤西路	Pinery Rd W.	111F5	金龍台	Dragon Terr	68C3
昌盛徑	Cheung Shing Path	113D7	松濤東路	Pinery Rd E.	111G5	金鐘道	Queensway	63C6
昌盛徑	Cheong Shing Path	113D7	松濤南路	Pinery Rd S.	111G5	長仁巷	Cheung Yan Lane	128F2
昌華街	Cheung Wah St	31B8	松蔭徑	Chung Ling Path	116B4	長北街	Cheung Pak St	128B1
昌新里	Cheong San Lane	29B7	欣盛里	Yan Shing Lane	97F7	長好街	Cheung Ho St	126D4
昌榮路	Cheung Wing Rd	123C7	欣景路	Yan King Rd	108B3	長安里	Cheung On Lane	58C4
昂平路	Ngong Ping Rd	18D3	欣華街	Yan Wah St	46D2	長坑路	Cheung Hang Rd	30B3
昂霜路	Ngong Hom Rd	123A7	欣業街	Yan Yip St	51A7	長沙	Changsha St	36A4
明仁里	Ming Yan Lane	65D6	欣榮街	Yan Wing St	55C6	長沙灣徑	Cheung Sha Wan Path	31D6
明安街	Ming On St	41D5	武英街	Mo Ying Rd	16C4	長沙灣道	Cheung Sha Wan Rd	32F1
明倫街	Ming Lun St	43F8	河內道	Hanoi Rd	38D4	長庚里	Cheung Kan Lane	57B7
明智街	Ming Chi St	52C2	河田街	Ho Tin St	116F3	長旺道	Cheung Wong Rd	34F3
明園台	Ming Yuen Terr	71C5	河旺街	Ho Wong St	116F4	長俊路	Cheung Chun St	128F2
明園西街	Ming Yuen Western St	71C5	河背街	Ho Pui St	122D2	長城街	Cheung Shing St	103D5
明暉路	Ming Fai Rd	128D3	河角道	Ho Pong St	116F4	長洲東堤路	Cheung Chau Sai Tai Rd	128F1
明翠徑	Parkridge Crescent	127A6	河興街	Ho Hing Circuit	116D4	長洲東堤路	Cheung Chau Beach Rd	129C7
明遠里	Ming Un Lane	74A3	河瀝背街	Ho Lek Pui St	102B3	長洲教堂路	Cheung Chau Church Rd	129C7
明蔭路	Parkland Drive	127A6	波老道	Borrett Rd	63B8	長洲醫院路	Cheung Chau Hospital Rd	129D7
明趣道	Ming Tsui St	77D7	波斯富街	Percival St	67C5	長洲體育路	Cheung Chau Sports Rd	129D7
明藝街	Ming Ngai St	116F4	法院道	Supreme Court Rd	63B7	長茂街	Cheung Mou St	31D5
昇平路	Shing Ping St	84C4	泄蘭街	Zetland St	63G5	長荔街	Cheung Lai St	31D5
東山臺	Tung Shan Terrace	84C1	泓碃珊路	Yau Ma Hom Rd	123C6	長建路	Cheung Kin Rd	128F1
東方街	Tung Fong St	37B5	油街	Oil St	70C2	長康街	Cheung Hong St	70C4
東正道	Tung Tsing Rd	45B7	油塘道	Yau Tong E.	55C6	長盛街	Cheung Shing St	113B5
東光道	Tung Kwong Rd	45A6	治民街	Chi Man St	37C8	長豐巷	Cheung Chi Lane	128F2
東安街	Tung On St	36A3	牧愛街	Good Shepherd St	40G1	長發街	Cheung Fat St	31C8
東成里	Tung Shing Lane	60C4	物華街	Mut Wah St	52C3	長貴路	Cheung Kwai Rd	128C1
東利道	Tung Lei Rd	45A7	玫瑰里	Rose Lane	58F4	長隆路	Cheung Lung St	126D4
東沙島街	Pratas St	32C2	玫瑰街	Rose St	33F6	長順街	Cheung Shun St	31D5
東角道	East Point Rd	66B4	芳華里	Fong Wah Lane	46D2	長義街	Cheung Yee St	31D5
東京街	Tonkin St	31F8	芝古台	Chico Terr	61D6	長裕街	Cheung Yue St	31D5
東來里	Tung Loi Lane	60F2	芝麻坑路	Chi Ma Hang Rd	128C4	長達路	Cheung Tat Rd	126D4
東昌街	Tung Cheung St	98D4	芝麻灣道	Chi Ma Wan Rd	19F8	長寧街	Cheung Ning St	43G6
東泰里	Tung Tai Lane	45A5	芙蓉山路	Fu Yung Shan Rd	122B3	長碩路	Cheung Shek Rd	128F2
東涌道	Tung Chung Rd	19D6	芙蓉街	Fu Yung St	122C1	長樂街	Cheong Lok St	37F5

八畫

全港街道

209

中文	English	Ref
長輝路	Cheung Fai Rd	126D4
長環街	Cheung Wan St	126D4
長瀝尾街	Cheung Lek Mei St	102A2
阜財街	Fau Tsoi St	113C7
阿公岩村道	A Kung Ngam Village Rd	74A1
阿公岩道	A Kung Ngam Rd	74A2
青山公路-	Castle Peak Rd-	
青山灣段	Castle Peak Bay	117G5
古洞段	Kwu Tung	7C8
屏山段	Ping Shan	115D6
新墟段	San Hui	117D5
荃灣段	Tsuen Wan	122C3
洪水橋段	Hung Shui Kiu	115F7
青龍頭段	Tsing Lung Tau	121G5
新田段	San Tin	7C7
大欖段	Tai Lam	120B3
米埔段	Mai Po	111D8
深井段	Sham Tseng	121F8
潭尾段	Tam Mei	7D6
葵涌段	Kwai Chung	123F7
元朗段	Yuen Long	113F6
掃管笏段	So Kwan Wat	120G1
汀九段	Ting Kau	121C5
藍地段	Lam Tei	12A4
嶺南段	Lingnan	117B6
青山坊	Tsing Shan Sq	119A5
青山道	Castle Peak Rd	31C8
青田路	Tsing Tin Rd	116C4
青衣西路	Tsing Yi Rd W	126D1
青衣鄉事會路	Tsing Yi Heung Sze Wui Rd	126D4
青衣路	Tsing Yi Rd	126G4
青杏徑	Tsing Hang Path	117D5
青芊街	Tsing Chin St	126D1
青尚路	Tsing Sheung Rd	14G2
青松徑	Tsing Tsung Path	116C4
青松觀路	Tsing Chung Koon Rd	116C4
青河坊	Tsing Ho Sq	119B5
青洲街	Tsing Chau St	40D4
青南街	Tsing Nam St	14G2
青柏徑	Tsing Pak Path	117D5
青桃徑	Tsing To Path	117D5
青泰路	Tsing Tai Rd	120D3
青海圓	Tsing Hoi Cir	119A5
青茵街	Tsing Yan St	119D6
青荃路	Tsing Tsuen Rd	126B3
青康路	Ching Hong Rd	126F4
青強街	Tsing Keung St	14G2
青棉徑	Tsing Min Path	117C5
青湖坊	Tsing Wu Sq	119A5
青發街	Tsing Fat St	120D3
青善街	Tsing Sin St	119B5
青菱徑	Tsing Ling Path	117D5
青雲路	Tsing Wun Rd	116G3
青雎街	Tsing Wui St	119B6
青敬路	Tsing King Rd	126B3
青新徑	Tsing San Path	116B4
青綠街	Tsing Yeung Cir	116F3
青陽路	Ching Yeung Ave	47C7
青葵徑	Tsing Kwai Path	117D5
青葉街	Tsing Yip St	126C2
青勇街	Tsing Yung St	119D7
青碧街	Tsing Bik St	119D6
青福里	Tsing Fuk Lane	116B4
青祿街	Tsing Luk St	126C3
青翠徑	Tsing Chui Path	117D5
青蓮台	Ching Lin Terr	57D6
青賢街	Tsing Yin St	116F4
青磚圍路	Tsing Chuen Wai Rd	16A4
青龍路	Tsing Lung Rd	120G3
青霞里	Tsing Ha Lane	119D6
青麟路	Tsing Lun Rd	117B5
担杆山路	Tam Kon Shan Rd	126A2
担杆嶼	Tam Kon Po St	102F2
担竿洲路	Tam Kon Chau Rd	7C6
戺臣道	Jackson Rd	62D4
泮涌路	Pan Chung Rd	98F3

九畫

中文	English	Ref
信用街	Shun Yung St	40D3
信芳街	Shun Fong St	123G5
信義街	Shun Yee St	39C5
信德街	Shelter St	68G4
侯王道	Hau Wong Rd	45C8
保平路	Po Ping Rd	96D3
保安道	Po On Rd	31C8
保健路	Po Kin Rd	96F3
保榮路	Po Wing Rd	96D3
保德街	Po Tuck St	57C8
保輝徑	Po Fai Path	113D5
俊榮里	Tsun Wing Lane	61C6
俊賢坊	Chun Yin Sq	113D5
冠峰街	Kwun Fung St	120C2
冠晃台	Crown Terrace	78C4
冠發街	Kwun Fat St	120C2
南氹洲路	Nam Tam Wan Rd	129F8
南山邨道	Nam Shan Chuen Rd	33D5
南山新村道	Nam Shan San Tsuen Rd	16C2
南安道	Nam Shan Rd	130C3
南安里	Nam On Lane	74C3
南安街	Nam On St	74C3
南角道	Nam Kok Rd	45B8
南里	South Lane	57B7
南街	Nanking St	36F4
南昌街	Nam Cheong St	34A2
南鳳道	Nam Fung Rd	90B1
南朗山道	Nam Long Shan Rd	89C6
南康街	Nam Hong St	74C3
南盛街	Nam Shing St	98D3
南圍道	Nam Wai Rd	16F2
南運路	Nam Wan Rd	99C5
南寧街	Nam Ning St	86B4
南頭街	Nam Tau St	34G4
南灣坊	South Bay Close	91F7
南灣道	South Bay Rd	91G6
厚和道	Hau Wo St	56D4
厚誠街	Houston St	66B3
厚福街	Hau Fook St	38C4
厚德里	Hau Tak Lane	67G8
咸美頓街	Hamilton St	36B4
品蘭街	Pentland St	42B3
奕蔭街	Yik Yam St	84B2
威利麻街	Wilmer St	58B2
威菲路道	Whitfield Rd	70D1
威靈頓街	Wellington St	60C4
屏山街	Ping Shan Lane	115B5
屏山南北路	Ping Shan Nam Pak Rd	114C4
屏竹里	Ping Chuk Lane	115C5
屏昌徑	Ping Cheong Path	113D5
屏栢里	Ping Pak Lane	115B5
屏唐北街	Ping Tong St North	115C6
屏唐西街	Ping Tong St W	115C6
屏唐東街	Ping Tong St E	115C6
屏唐南街	Ping Tong St S	115C6
屏康里	Ping Hong Lane	115B5
屏富徑	Ping Fu Path	123D7
屏陽里	Ping Yeung Lane	115C5
屏廈路	Ping Ha Rd	114G3
屏會街	Ping Wui St	113F5
屏意街	Ping Yee Rd	113D5
屏葵路	Ping Kwai Rd	115D5
屏福里	Ping Fuk Lane	115C5
屏信街	Ping Fai Path	113F5
屏興里	Ping Hing Lane	115B5
屏麗徑	Ping Lai Path	123D7
屋蘭士里	Oaklands Path	59C5
屋蘭士街	Oaklands Ave	59B5
建文街	Kin Man St	56D4
建安街	Kin On St	116F3
建旺里	Kin Wong Lane	116F3
建旺街	Kin Wong St	116F3
建明街	Kin Ming St	122B2
建泰街	Kin Tai St	116G3
建國街	Kin Kwok St	116F3
建基街	Kin Kei St	116F3
建盛里	Kin Shing Lane	116D4
建發里	Kin Fat Lane	116F3
建發街	Kin Fat St	116F3
建華街	Kin Wah St	70C4
建隆街	Kin Lung St	116F3
建新里	Kin San Lane	129F6
建業街	Kin Yip St	113B7
建群街	Kin Kwan St	113G3
建榮里	Kin Wing Lane	116F3
建榮街	Kin Wing St	116F3
建德街	Kin Tak St	113B7
建樂街	Kin Lok St	113B7
建豐里	Kin Fung Cir	116F4
律打街	Rutter St	60G4
律倫街	Rutland Quadrant	33F8
思高路	Don Bosco Rd	128D4
急庇利街	Cleverly St	60D3
施他佛道	Stafford Rd	33F8
施弼街	Shepherd St	69D5
施勳道	Severn Rd	81C4
春田街	Chun Tin St	40C3
春秧街	Chun Yeung St	70B4
春勝街	Chun Shing St	84C4
春園街	Spring Garden Lane	65C7
春暉台	Chun Fai Terr	69B7
春暉道	Chun Fai Rd	69C8
昭信路	Chiu Shun Rd	109F6
昭陵街	Chiu Lung St	62G4
星街	Star St	65G6
染布房街	Yim Po Fong St	35F6
柯士甸山道	Mount Austin Rd	80A3
柯士街	Austin Avenue	39A5
柯士甸道	Austin Rd	38A2
柯布連道	O'Brien Rd	64C4
柏架山道	Mount Parker Rd	72G2
柏道	Park Rd	59C5
柏樹街	Cedar St	34C3
柳樹街	Willow St	34B2
洋松街	Larch St	34C2
洪天路	Hung Tin Rd	115F5
洪水橋大街	Hung Shui Kiu Main St	115G7
洪祥路	Hung Cheung Rd	116G3
洪堤路	Hung Tai Rd	115F7
洪成路	Hung Shing St	87A5
流水響道	Lau Shui Heung Rd	8C4
流浮山道	Lau Fau Shan Rd	6F3
洞梓路	Tung Tsz Rd	9F5
洗衣街	Sai Yee St	35B5

活倫台	Woodlands Terr	61D6
活道	Wood Rd	67G6
洛陽街	Lok Yeung St	86B3
炮仗街	Pau Chung St	43D6
炮台山道	Fortress Hill Rd	70D3
炮台里	Battery Path	63F6
炮台街	Battery St	36D4
玻璃街	Glass St	70D1
界限街	Boundary St	34B3
皇后大道中	Queen's Rd C	60C4
皇后大道西	Queen's Rd W	60C4
皇后大道東	Queen's Rd E	65G5
皇后街	Queen St	60G2
皇后大道	Wong Chu Rd	119B5
皇龍道	Dragon Rd	68C2
盈鳳里	Ying Fung Lane	46G4
相思灣路	Sheung Sze Wan Rd	24B1
折疊士道	Creasy Rd	85B5
科士街	Forbes St	56F4
科發路	Forfar Rd	42B4
科學館徑	Science Museum Path	39B7
科學館道	Science Museum Rd	39B7
科學館廣場	Science Museum Sq	39C7
紅山道	Red Hill Rd	94D1
紅梅谷路	Hung Mui Kuk Rd	104D4
紅梅路	Hung Mui Ave	47C6
紅荷路	Lotus Rd	111F6
紅棉圍	Hung Min Court	113C7
紅棉路	Cotton Tree Drive	63G7
紅磡南道	Hung Hom South Rd	41D6
紅磡道	Hung Hom Rd	40B3
紅磡灣街	Hung Hom Wan St	41D6
約道	York Rd	33D8
美田路	Mei Tin Rd	104B3
美禾圍	Mei Wo Cir	102B1
美光街	Mei Kwong St	43G6
美安街	Mei On St	34C1
美臣里	Mason's Lane	61A6
美利道	Murray Rd	63C5
美芳街	Mei Fong St	123G5
美度石士路	Middlesex Rd	7G7
美荔道	Mei Lai Rd	30C3
美景徑	Scenic Villa Drive	78D4
美景街	Mei King St	43G7
美湖路	Mei Wu Rd	9F7
美善同里	Maidstone Lane	42F4
美善同道	Maidstone Rd	43F5
美華街	Mei Wa St	40B1
美新里	Mei Sun Lane	98C3
美樂里	Mei Lok Lane	118F1
美輪街	Mee Lun St	60C4
美環街	Mei Wan St	122B1
胡列治路	Woolwich Ave	7G7
范信達道	Fessenden Rd	44F3
茂林街	Mau Lam St	37F5
茂羅街	Mallory St	65A5
英才徑	Ying Choi Path	42D4
英皇道	King's Rd	71B6
英華台	Ying Wa Terr	58C4
英輝台	Ying Fai Terr	61D6
衍慶街	Yin Hing St	47G6
軍器廠街	Arsenal St	64F4
述德街	Short St	42B3
邇寶村街	Carmel Village St	37A8
重士街	Jones St	69D5
重華路	Chung Wa Rd	109D6
飛雲路	Fei Wan Rd	49A7
飛鳳街	Fei Fung St	46G4
飛霞路	Fei Ha Rd	49B6
飛鵝山道	Fei Ngo Shan Rd	49B6
香車街	Heung Che St	122B1
香島道	Island Rd	90D4
香粉寮街	Heung Fan Liu St	104B1
香雪道	Hornsey Rd	61C8
香港仔大道	Aberdeen Main Rd	86B4
香港仔水塘道	Aberdeen Reservoir Rd	86A3
香港仔海旁道	Aberdeen Praya Rd	86C4
香港仔舊大街	Old Main St, Aberdeen	86A4
香業街	Heung Yip Rd	88F2
香馨里	Heung Hing Lane	60G2
恆光街	Hang Kwong St	106D1
恆安街	Hang On St	52C2
恆信街	Hang Shun St	101F8
恆城街	Hang Shing St	103D5
恆柏街	Humbert St	30C2
恆貴街	Hang Kwai St	118C4
恆富街	Hang Fu St	118C4
恆康街	Hang Hong St	106D1
恆業街	Hang Yip St	51A7
恆德街	Hang Tak St	101F8
恆錦街	Hang Kam St	106F1

十畫

茜發道	Sin Fat Rd	54A3
城市花園道	City Garden Rd	70B3
城河道	Shing Ho Rd	104B4
城門道	Shing Mun Rd	122B4
城門隧道公路	Shing Mun Tunnel Rd	104A3
城南道	South Wall Rd	45B8
城皇街	Shing Wong St	61D5
羗山道	Keung Shan Rd	18F3
修訂蘭街	Sutherland St	58A2
倫敦里	London Lane	87B5
兼善里	Kim Shin Lane	31C7
唐人新村路	Tong Yan San Tsuen Rd	115C7
唐泰路	Tong Tai Rd	115C6
埃華街	Ivy St	34D2
夏力道	Harlech Rd	80B1
夏愨道	Harcourt Rd	63D5
展貿徑	Trademart Drive	50F3
峰霞道	Fung Ha Rd	76F1
差館上街	Upper Station St	60F4
差館里	Station Lane	40D4
庭粗里	Ting Wo Lane	109C6
徑口路	Keng Hau Rd	104D1
徑欄下路	Keng Pang Ha Rd	16C2
恩寧道	Yun Ping Rd	67B5
振華道	Chun Wah Rd	48G3
振榮街	Chun Wing St	34F1
晉源街	Tsun Yuen St	84C4
晏架街	Anchor St	34F2
晏頓街	Anton St	65F5
書局街	Shu Kuk St	71A5
書院街	College Rd	42A3
書館街	School St	69D5
朗天路	Long Tin Rd	115A5
朗日路	Long Yat Rd	113A6
朗月街	Long Yuet St	43G7
朗屏路	Long Ping Rd	113F5
朗業街	Long Yip St	113C5
朗德道	Rhondda Rd	33A8
朗樂路	Long Lok Rd	113A6
校園徑	Hau Yuen Path	70F4
根德道	Kent Rd	33C7
桂地街	Kwei Tei St	102A2
桂地新村路	Kwei Tei Sun Chuen Rd	102A1
葵成里	Kwai Sing Lane	84C3
桂林街	Kweilin St	32F3
桂芳街	Kwai Fong St	84C4
桂香街	Kwai Heung St	58C2
梳士巴利道	Salisbury Rd	38G3
柴灣角街	Chai Wan Kok St	121B8
柴灣道	Chai Wan Rd	74B4
桃李台	To Li Terrace	57D6
桃源街	To Yuen St	33D7
泰民街	Tai Man St	76C2
泰利街	Tai Lee St	113C6
泰豐街	Tai Fung St	113B6
海下路	Hoi Ha Rd	10G3
海天徑	Horizon Drive	92F4
海光街	Hoi Kwong St	72C2
海安道	Hoi On Rd	121C7
海利街	Hoi Lee St	74D2
海角街	Hoi Kok St	121C8
海防道	Haiphong Rd	38D3
海怡路	South Horizon Drive	87F5
海洋公園道	Ocean Park Rd	88B2
海皇路	Hoi Wong Rd	118C3
海風徑	Hoi Fung Path	93C7
海晏街	Hoi An St	74D2
海珠路	Hoi Chu Rd	118C3
海馬徑	Seahorse	127A6
海康街	Hoi Hong St	72C2
海強街	Hoi Keung St	74C2
海盛路	Hoi Shing Rd	121C8
海堤街	Hoi Tai St	72C2
海富街	Hoi Foo St	74D2
海景台	Hoi King Toi	130B2
海景街	Hoi King St	34G1
海棠路	Begonia Rd	33F6
海運道	Harbour Parade	71A5
海華路	Hoi Wah Rd	118D3
海貴街	Hoi Kwai Rd	122C1
海蜂徑	Seabee Lane	127A6
海裕街	Hoi Yu St	72A2
海寧徑	Vista Avenue	127B7
海寧街	Hoi Ning St	74D1
海壩街	Hoi Wing Rd	119C5
海德街	Hoi Tak St	122C1
海澄街	Hoi Ching St	74D2
海潮街	Hoi Chiu St	74C2
海團街	Hai Tan St	29B8
海澤街	Hoi Chak St	72B2
海燕徑	Seabird Lane	127A6
海揚路	Hoi Hing Rd	121C8
海濱路	Hoi Bun Rd	52F1
海灘道	Beach Rd	91F5
海壩街	Hoi Pa St	122C2
海壩舊街	Hoi Pa Kau St	122C3
海灣街	Hoi Wan St	72C2
浙江街	Chi Kiang St	40B1
浩洋街	Ho Yeung St	12D3
浩海街	Ho Hoi St	12D3
浩財里	Ho Choi Lane	12D3
浩能街	Ho Suen St	12D3
浩發里	Ho Fat Lane	12D3
浩福街	Ho Fuk St	12D3
涌美路	Chung Mei Rd	126D2
涌尾街	Davis St	56D4
涌尾里	David Lane	58C3
琉璃街	Lau Li St	68C1
畔山徑	Middle Lane	127B7
留仙街	Lau Sin St	68D2

中文	English	Ref
益群道	Yik Kwan Avenue	69C6
真光里	True Light Lane	33C7
真義里	Chun Yi Lane	37B5
祐民街	Yau Man St	72F3
祐滿街	Yau Moon St	35G7
祝連街	Chuk Wan St	96A1
租庇利街	Jubilee St	60A4
粉錦公路	Fan Kam Rd	7F8
粉嶺公路	Fanling Highway	97F7
粉嶺車站路	Fanling Station Rd	97D7
粉嶺樓路	Fan Leng Lau Rd	97C6
般咸道	Bonham Rd	58B4
荔安里	Lai On Lane	58F3
荔枝北街	Lychee Rd N.	111C5
荔枝西街	Lychee Rd W.	111C5
荔枝角道	Lai Chi Kok Rd	34A1
荔枝東街	Lychee Rd E.	111D6
荔枝南街	Lychee Rd S.	111C5
荔枝嶺道	Lai Chi Ling Rd	125B6
荔峰街	Lai Fung St	125C5
荔崗街	Lai Kong St	125C5
荔康街	Lai Hong St	31G6
荔景山路	Lai King Hill Rd	30A1
荔發街	Lai Fat St	31G6
荔灣道	Lai Wan Rd	30C2
草園街	Cho Yuen St	55F6
茵翠街	Yan Tsui St	76F3
茶果嶺道	Cha Kwo Ling Rd	54B2
荃富街	Tsuen Fu St	122D3
荃景圍	Tsuen King Cir	121A8
荃華街	Tsuen Wah St	122D3
荃貴街	Tsuen Kwai St	122D3
荃業街	Tsuen Yip St	122F2
荃榮街	Tsuen Wing St	122D3
荃樂街	Tsuen Lok St	122C3
荃興路	Tsuen Hing Path	122C2
荃錦公路	Route Twisk	122A1
荃灣街市街	Tsuen Wan Market St	122C3
荃灣路	Tsuen Wan Rd	122G3
記利佐治街	Great George St	66A4
軒尼詩道	Hennessy Rd	65F5
軒德蓀道	Henderson Rd	85B6
郝德傑道	Caldecott Rd	31A5
馬己仙峽道	Magazine Gap Rd	82A1
馬可尼道	Marconi Rd	44F3
馬仔坑道	Ma Chai Hang Rd	44C3
馬田路	Ma Tin Rd	113D7
馬坑涌道	Ma Hang Chung Rd	43F5
馬角里	Ma Kok Lane	122F2
馬坳街	Ma Kok St	122F3
馬來街	Malacca St	41F5
馬師道	Marsh Rd	66F4
馬閃排路	Ma Sim Pai Rd	122B3
馬會道	Ma Tong Rd	113C7
馬會道	Jockey Club Rd	96B2
馬遊塘路	Ma Yau Tong Rd	108D1
馬寧徑	Ma Ling Path	100F4
馬窩路	Ma Wo Rd	98G2
馬鞍徑	Ma Yeung Path	100F4
馬影徑	Ma Ying Path	100F3
馬樂徑	Ma Lok Path	100F5
馬鞍山路	Ma On Shan Rd	101G7
馬安徑	Ma On Path	100F4
馬適路	Ma Sik Rd	97B6
馬蹄徑	Horse Shoe Lane	52C2
馬頭角道	Ma Tau Kok Rd	43C5
馬頭涌道	Ma Tau Chung Rd	43A6
馬頭圍道	Ma Tau Wai Rd	43G5
馬頭墻道	Ma Tau Pa Rd	122D2
馬聰路	Ma Chung Rd	98G3
馬寶道	Marble Rd	71B6
高士威道	Causeway Rd	68G4
高士美道	Goldsmith Rd	85C5
高山道	Ko Shan Rd	40D2
高化利徑	Clovelly Path	81B7
高芳街	Ko Fong St	123G5
高朗道	Ko Long Rd	55D7
高陞街	Ko Shing St	58A2
高街	High St	58D4
高超道	Ko Chiu Rd	55C6
高槐路	Cassia Rd	33G6
高禮街	Ko Fai Rd	54F4
烟廠街	Yin Chong St	35G6
砵甸乍街	Pottinger St	61A5
砵蘭街	Portland St	35G5
浣紗街	Wun Sha St	68C4
浸會大學道	Baptist-University Rd	45F5

十一畫

中文	English	Ref
乾秀里	Kin Sau Lane	60B4
偉明道	Wai Ming Rd	97G7
偉晴街	Wai Ching St	36F3
偉景街	Wai King St	43G7
偉里	Wai Lane	32D4
偉智街	Wai Chi St	33F5
偉發道	Wai Fat Rd	53G5
偉爾路	Wiltshire Rd	7G7
偉業街	Wai Yip St	48F1
偉賢街	Wai Win St	33F5
健全街	Kin Tsuen St	123C5
健全街	Kin Chuen St	123C5
健康中街	Healthy St Central	71B8
健康西街	Healthy St West	71B7
健康東街	Healthy St East	72A1
健康街	Kin Hong St	123C5
國民路	Kwok Man Rd	129C6
國瑞路	Kwok Shui Rd	123C5
域多利皇后街	Queen Victoria St	60A4
域多利道	Victoria Rd	75C6
堅尼地台	Kennedy Terr	63G8
堅尼地道	Kennedy Rd	63B8
堅巷	Caine Lane	61G5
堅拿道西	Canal Rd W	66D4
堅拿道東	Canal Rd E	67D5
堅道	Caine St	61B7
堅彌地城海旁	Kennedy Town Praya	57C5
堅彌地城新海旁	Kennedy Town New Praya	56C3
堅彌地街	Kennedy St	65B7
基利坊	Greig Crescent	72G4
基利路	Greig Rd	72F3
基堤道	Embankment Rd	35B7
基隆街	Ki Lung St	34B3
基業里	Kei Yip Lane	52G2
基業街	Kei Yip St	52G1
培正道	Pui Ching Rd	35G8
培民街	Pui Man St	45B6
培成路	Pui Shing Rd	109D6
培德街	Pui Tak St	32D3
將軍澳道	Tseung Kwan O Road	53F6
將軍澳隧道	Tseung Kwan O Tunnel	108C1
將軍澳隧道公路	Tseung Kwan O Tunnel Rd	08C2
崇仁街	Shung Yan St	32C3
崇文街	Tsung Man St	86B3
崇平街	Sung Ping St	40A3
崇安街	Sung On St	40B3
崇志街	Sung Chi St	40C3
崇和徑	Shung Wo Path	55G5
崇信街	Shung Shun St	55G6
崇華街	Shung Wah St	46F2
崇德圍	Shung Tak Wai	55F5
崇德街	Shung Tak St	98D3
崇德	Sung Tak St	67F7
崇慶里	Sung Hing Lane	58C2
崇潔街	Sung Kit St	40C3
崇賢里	Sung Yin Lane	67F6
崇裕街	Shung Yiu St	55F5
崇齡街	Shung Ling St	47G3
崗背街	Kong Pui St	102G3
常安街	Sheung On St	77C5
常和街	Sheung Wo St	42F3
常怡道	Sheung Yee Rd	51D3
常悅道	Sheung Yuet Rd	50D4
常康街	Sheung Hong St	42F3
常盛街	Sheung Shing St	42F2
常富街	Sheung Foo St	42G2
常樂路	Sheung Lok St	42F3
常興街	Sheung Hing St	42G1
常豐里	Sheung Fung Lane	58D3
嵩山道	Kornhill Rd	73F5
康平道	Hong Ping St	77D6
康民街	Hong Man St	76C2
康安街	Hong On St	72F4
康年徑	Hong Nin Path	110F2
康利路	Hong Lee Rd	52B1
康村街	Hong Tsuen Rd	110F1
康和里	Cornwall Ave	38D4
康定徑	Hong Ting Path	110F2
康怡道	Hong Yi Rd	110F2
康威道	Convain Drive	47D8
康柏徑	Hong Pak Path	72G3
康泰徑	Hong Tai Path	39B7
康健街	Hong Kin Rd	110G1
康強街	Hong Keung St	47G7
康城街	Hong Shing St	72G4
康祥街	Hong Cheung St	73F7
康莊道	Hong Chong Rd	39C7
康富道	Hong Fu Rd	110G2
康景街	Hong King St	113C6
康華街	Hong Wah St	46D2
康業街	Hong Yip St	112B4
康裕街	Hong Yue St	72G4
康達徑	Hong Tat Path	39B7
康寧道	Hong Ning Rd	52B2
康榮街	Hong Wing Path	39B7
康福台	Comfort Terr	70D3
康德街	Hong Tak Rd	51B5
康樂西路	Hong Lok Rd W	111B6
康樂東路	Hong Lok Rd E	111A7
康樂街	Hong Lok St	34F4
康樂園第九街	Hong Lok Yuen 9th St	111B7
康樂園	Hong Lok Yuen	111A5
康樂廣場	Connaught Place	62F3
康輝路	Hong Fai Rd	120B3
康寶路	Hong Po Rd	12A4
庸園路	Yung Yuen Rd	114B4
強業街	Keung Yip St	113B5
彗星街	Comet Drive	47G8
彩石里	Choi Shek Lane	50C1
彩石街	Choi Shek Rd	50C1
彩竹街	Choi Chuk St	44B2
彩虹道	Choi Hung Rd	47G6
彩順街	Choi Shun St	96C1

彩雀街	Larkspur St	31B8	清風街	Tsing Fung St	68D1	逢吉鄉路	Fung Kat Heung Rd	7F6
彩發街	Choi Fat St	96C1	清梅街	Tsing Mui St	126G1	逢源街	Fung Un St	67A5
彩雲道	Choi Wan Rd	48F2	清涼里	Tsing Leung Lane	117B6	郭興里	Kwok Hing Lane	58B3
彩園路	Choi Yuen Rd	96C2	清甜街	Tsing Tim St	14G2	都爹利街	Duddell St	63G5
彩暉街	Choi Fai St	96C1	清華街	Ching Wah St	70C4	陳東里	Chan Tong Lane	67F5
彩鳳徑	Choi Fung Path	48B1	清溪里	Tsing Kai Lane	65B7	陸鄉里	Luk Heung Lane	98D4
彩霞道	Choi Ha Rd	48F2	清譽街	Tsing Yu St	126C2	陶威道	Tweed Rd	42D2
得利街	Tak Lee St	103D5	深井村路	Sham Tseng Tsuen Rd	121F8	陶樂街	To Lok Rd	108C3
得怡街	Tak Yi St	103F5	深水灣徑	Deep Water Bay Drive	90B3	雀橋街	Tseuk Kiu St	33G7
得基街	Tak Kei St	103D5	深水灣道	Deep Water Bay Rd	91A5	雪廠街	Ice House St	63F5
得榮街	Tak Wing St	103D5	深圳街	Shamchun St	34F4	魚市場道	Yue Shi Cheung Rd	86D4
得寶街	Tak Po St	103F5	深屈道	Sham Wat Rd	18D3	鹿尾村路	Luk Mei Tsuen Rd	16F1
悠安街	Yau On St	104C1	深康路	Sham Hong Rd	121F8	鹿苑街	Luk Yuen St	116F4
悠定街	Yau Ting St	104C2	深慈路	Sham Tsz Rd	121F8	鹿祥路	Luk Cheung Rd	16F2
悠麗路	Yau Lai Rd	121C5	深涌路	Deep Bay Rd	6D3	鹿鳴街	Luk Ming St	43D7
捷船街	Schooner St	65F6	深灣道	Shum Wan Rd	88D3	鹿頸路	Luk Keng Rd	9B5
掃管埔路	So Kwun Po Rd	96C4	深灣碼頭徑	Shum Wan Pier Drive	88D3	麥加力歌街	Mcgregor St	65C7
掃管笏路	So Kwun Wat Rd	120F1	畢打街	Pedder St	62G4	麥連街	Merlin St	70D2
排廠路	Pai Chong Rd	128C1	畢拉山徑	Mount Butler Drive	85C6	麥當勞道	Macdonnell Rd	63D8
排頭街	Pai Tau St	102F1	畢拉山道	Mount Butler Rd	85B8			
救世軍街	Salvation Army St	67G6	畢斯路	Butts Ave	7G7	**十二畫**		
教育路	Kau Yuk Rd	113D7	畢街	Burd St	60D3			
教堂里	Church Lane	74B3	盛民里	Shing Man Lane	78G2	傅屋路	Fu Uk Rd	123C6
教堂街	Church St	74B3	盛田街	Shing Tin St	105C5	剏富道	Chong Fu Rd	77A5
啟仁街	Kai Yan St	50F1	盛芳街	Shing Fong St	123G5	剏業街	Chong Yip St	52D1
啟民徑	Kai Man Path	116F4	盛泰里	Shing Tai Lane	76A4	勝利道	Victory Avenue	35F7
啟田道	Kai Tin Rd	53F6	盛泰道	Shing Tai Rd	78F1	勝耀街	Shing Yiu St	122F3
啟成道	Kai Shing Rd	50F2	盛康里	Shing Hong Lane	78F2	博文街	Pok Man St	34F1
啟志街	Kai Chi Close	122C2	盛福街	Shing Fuk St	122G3	博學里	Pok Hok Lane	34F2
啟明街	Kai Ming St	40C2	盛德街	Shing Tak St	43C5	博覽道	Expo Drive	64C1
啟東道	Eastern Rd	47D8	眾安街	Chung On St	122C2	博覽道中	Expo Drive Central	64C1
啟信道	Kai Shun Rd	50F3	眾坊街	Public Square St	36D4	博覽道東	Expo Drive East	64B1
啟泰里	Kai Tai Lane	50C2	祥民道	Cheung Man Rd	76C3	喜士路	Hi Shi Rd	129F7
啟康街	Kai Hong Close	122C1	祥利街	Cheung Lee St	76C2	喜利路	Hi Lee Path	113D6
啟祥道	Kai Cheung Rd	50G3	祥和里	Cheung Woo Lane	67D6	喜業街	Hi Yip St	113C5
啟揚道	Departures Cir	43A7	祥業街	Cheung Yip St	51C5	喇沙利道	La Salle Rd	45F8
啟華街	Kai Wah St	50F2	祥德里	Cheung Tak Lane	67F7	圍汲街	Wai Kek St	123F7
啟超道	Kai Chiu Rd	66B4	第一巷	First Lane	69D5	圍仔街	Wai Tsai St	130B2
啟業道	Kai Yip Rd	50D1	第一街	First St	58B3	堪仕達道	Homestead Rd	81F5
啟德道	Arrivals Rd	45A8	第二巷	Second Lane	69D5	堪富利士道	Humphreys Ave	38D4
啟福道	Kai Fuk Rd	50G4	第二街	Second St	58C3	堡壘街	Fort St	70C4
啟德道	Kai Tak Rd	45A8	第三巷	Third Lane	69C5	富田里	Fu Tin Lane	104D3
啟樂街	Kai Lok St	50D2	第三街	Third St	58F3	富地路	Fu Tei Rd	117B6
啟興道	Kai Hing Rd	51C7	符興街	Fu Hing St	96B3	富安街	Fu On St	45D5
啟禮道	Kai Lai Rd	50F2	符務修路	Fraser Rd	119A6	富池徑	Fu Chi Path	47B7
曹公坊	Tso Kung Sq	122B1	統一碼頭道	Pier Rd	60B	富平街	Fu Peng St	130B2
曹公街	Tso Kung St	122C1	細山路	Sai Shan Rd	126G3	富忠里	Fu Chung Lane	99B5
旺發街	Mong Fat St	12D2	春磡角道	Chung Hom Kok Rd	92F3	富明街	Foo Ming St	67C5
旺隆街	Mong Lung St	74B2	船塢街	Shung King St	41B6	富美街東	Fu Mei St East	45C5
梁輝台	Leung Fai Terr	61C6	船街	Ship St	65D6	富美街	Fu Mei St	44D4
梭椏道	Soares Ave	35F7	船塢里	Shipyard Lane	72D3	富強街	Fu Kin St	104D3
梅子林路	Mui Tsz Lam Rd	101G8	船澳街	Dock St	41C5	富強街	Fu Keung St	44D4
梅芳街	Mui Fong St	58B2	莊士敦道	Johnston Rd	65F5	富發里	Fu Fat Lane	119B6
梅道	May Rd	81A6	荷李活道	Hollywood Rd	60G3	富善街	Fu Shin St	98D3
梅窩涌口路	Mui Wo Chung Hau St	127F6	荷塘道	Hawthorn Rd	84D4	富華街	Fu Wah St	122C2
梅窩鄉事會路	Mui Wo Rural Committee Rd	127F6	荷蘭街	Holland St	57C6	富貴徑	Fu Kwai Path	122D4
梅窩碼頭路	Mui Wo Ferry Pier Rd	127G8	豉油街	Soy St	35G5	富貴街	Foo Kwai St	34F1
梅樹坑路	Mui Shu Hang Rd	98C1	貫華里	Koon Wah Lane	46D2	富業街	Fu Yip St	112C4
梅馨街	Mui Hing St	84C4	貨運道	Cargo Circuit	50G3	富源街	Foo Yuen St	47G7
梨木道	Lei Muk Rd	123D7	貨櫃碼頭南路	Container Ports Rd South	125C6	富裕街	Fu Yue St	44D4
梨貝街	Lei Pui St	123F8	貨櫃碼頭路	Container Port Rd	124C4	富運街	Fu Wan St	44D4
梨樹路	Lei Shu Rd	123A7	通州西街	Tung Chau West St	30C4	富寧街	Fu Ning St	43B5
添馬街	Tamar St	63B6	通州街	Tung Chau St	34C2	富榮街	Fu Wing St	122C2
淺水灣道	Repulse Bay Rd	91D5	通明街	Tung Ming St	52C2	富賜里	Fu Tsui St	76F4
清心街	Tsing Sum St	126C2	通菜街	Tung Choi St	35B5	寅安里	Yue On Lane	109C6
清水灣道	Clear Water Bay Rd	48B1	通城道	Lin Shing Rd	76F3	嵐霞路	Lam Ha Rd	49A7
清水灣道	Clear Water Bay Rd	109B6	連道	Link Rd	67B7	弼街	Bute St	34D4
			連德道	Lin Tak Rd	53D8	復康徑	Rehab Path	53G5

十一至十二畫　全港街道

惠民路	Wai Man Rd	110D4
惠安街	Wai On St	34C1
惠亨街	Wai Hang St	74G1
惠風街	Wai Fung St	87A5
惠荃路	Wai Tsuen Rd	122C3
惠華街	Wai Wah St	46F1
惠福道	Welfare Rd	88F3
愉景山道	Discovery Hill Rd	127C5
愉景灣道	Discovery Bay Rd	127A6
捕桅杆街	Chap Wai Kon St	103F5
敦和里	Tun Wo Lane	61B5
普仁街	Po Yan St	60G3
普益里	Po Yick Lane	98D3
普益街	Po Yick St	98D3
普通道	Po Tung Rd	110C3
普善街	Po Shin St	84C2
普義街	Po Yee St	60G4
菩慶坊	Po Hing Fong	60G4
菩樂里	Bullock Lane	65A6
菩樂道	Pollock's Path	81D8
景光街	King Kwong St	84B2
景秀里	King Sau Lane	117C6
景明道	King Ming Rd	70D1
景星街	King Sing St	65B7
景峰徑	King Fung Path	117D6
景泰街	King Tai St	47F7
景康街	King Hong St	47F7
景隆街	Cannon St	66C3
景雲街	King Wan St	40A1
景福街	King Fuk St	47G7
智昌路	Chi Cheong Rd	96C4
智芳街	Che Fong St	123G5
智明道	Chi Ming St	96C4
朝光街	Chiu Kwong St	58F2
朝暉路	Headland Drive	127A6
棕樹街	Palm St	34F3
棠蔭街	Tong Yam St	33G5
棗雅道	Julia Ave	35F7
棟樑里	Tung Leung Lane	99B5
棟樑路	Tung Leung Rd	99B5
森麻實道	Somerset Rd	33C8
棉花路	Cotton Path	69G6
棉登徑	Minden Ave	38D4
欽州街	Yen Chow St	32G2
港景街	Harbour View St	62G2
港灣徑	Harbour Drive	64D3
港灣道	Harbour Rd	64D3
游龍路	Yau Lung Path	48B2
渡船街	Ferry St	34G3
渣甸坊	Jardine's Crescent	66B4
渣甸街	Jardine's Bazaar	66B4
渣華道	Java Rd	70B4
湖山路	Wu Shan Rd	118D2
湖月街	Wu Yuet St	118F2
湖北街	Wu Pak St	84B4
湖光街	Wu Kwong St	41D5
湖安街	Wu On St	118F3
湖秀街	Wu Sau St	118F3
湖昌街	Wu Cheong St	118F2
湖南街	Wu Nam St	86B4
湖畔街	Wu Poon St	118F2
湖康街	Wu Hong St	118F3
湖瑤街	Wu Tai Circuit	118D3
湖景路	Wu King Rd	118F2
湖翠路	Wu Chui Rd	118F2
湖發街	Wu Fai St	118F2
渭州道	Wiltshire Rd	45G7
琳寶徑	Lambeth Walk	63C5
琴行街	Kam Hong St	71A6
登巴道	Dunbar Rd	42D1
登打士街	Dundas St	37A5
登發街	Dung Fat St	122C2
發利街	Fat Lee St	130B2
發祥街	Fat Tseung St	31F7
發業里	Fat Yip Lane	121B7
發興街	Fat Hing St	60G3
童子街	Tung Chi St	123C8
筆架山道	Beacon Hill Rd	33A7
結志街	Gage St	61C5
紫田路	Tsz Tin Rd	116A4
紫來里	Tsz Loi Lane	52D4
紫荊北路	Bauhinia Rd N	111C5
紫荊西路	Bauhinia Rd W	111F5
紫荊東路	Bauhinia Rd E	111G6
紫薇路	Tse Wai Ave	47B7
紫檀路	Rose Wood Rd	111F5
紫微街	Tsz Mi Alley	58B2
紫羅蘭山徑	Tsz Lo Lan Shan Path	91A5
紫藤路	Wistaria Rd	33G6
紫蘭台	Violet Terr	57D6
菩頭街	Shin Hing St	60C4
舒梨道	Surrey Lane	33G7
菩提街	Lime St	34D2
萃文里	Sui Man Lane	76F2
萃文道	Sui Man Rd	76F2
菠蘿輋街	Po Lo Che Rd	110D1
華安里	Wa On Lane	60C4
華池徑	Wah Chi Path	47B7
華里	Wa Lane	60F3
華昌街	Wah Cheung St	75D7
華明道	Wah Ming Rd	97G7
華林徑	Wah Lam Path	75C7
華星街	Wah Sing St	123F6
華倫街	Warren St	69D5
華員路	Wah Yuen Drive	125B7
華容路	Wa Yung Rd	110G4
華泰路	Wa Tai Rd	125C6
華荔徑	Wah Lai Path	30A1
華富道	Wah Fu Rd	75D6
華景山路	Wah King Hill Rd	125C7
華敬街	Wah King St	75D7
華發街	Wah Fat St	119C6
華隆徑	Wah Lung Path	75F7
華廈街	Wa Ha St	76F3
華寧里	Wa Ning Lane	60G4
華瑤路	Wah Yiu Rd	125B6
華福街	Wa Fuk St	110G4
華樂徑	Wah Lok Path	75D8
華豐坊西	Wa In Fong W	61D5
華豐坊東	Wa In Fong E	61D5
華興里	Wa Hing Lane	61D5
華豐街	Wa Fung St	41F5
華蘭路	Westlands Rd	72C3
華敦街	Wa Fun St	110G3
菲林明道	Fleming Rd	65B5
街市街	Market St	36D4
象山邨西路	Cheung Shan Est Rd W	123A5
象山邨東路	Cheung Shan Est Rd E	123A6
象鼻山路	Cheung Pei Shan Rd	123A6
貴州街	Kwei Chow St	43G7
貴池徑	Kwei Chi Path	47B7
貴華里	Kwai Wa Lane	60D4
貴翠街	Kwai Tsui St	76F3
貿泰路	Mau Tai Rd	108C4
貿業路	Mau Yip Rd	108C4
逸雅里	Yat Nga Lane	98G3
進教圍	St. Francis Yard	65F6
鄉事坊	Heung Sze Wui Sq	98D3
鄉事會街	Heung Sze Wui St	98F3
開平道	Hoi Ping Rd	67B5
開源道	Hoi Yuen Rd	52G2
隆安街	Lung On St	65B8
隆德街	Lung Tak St	40B1
雅竹街	Nga Chuk St	46G3
雅息士道	Essex Crescent	33G8
雅賓利道	Albany Rd	61A8
雅麗道	Elegance Rd	52C1
雅蘭里	Arran Lane	34D1
集祥街	Tsap Tseung St	84B3
集福路	Chap Fuk Rd	109C6
集輝街	Tsap Fai St	31C7
雲天徑	Wan Tin Path	70D4
雲地利道	Ventris Rd	67B8
雲南里	Yunnan Lane	36B4
雲咸街	Wyndham St	61A7
雲景道	Cloud View Rd	71D5
雲華街	Wan Wah St	46F1
雲漢里	Wan Hon Lane	52B3
雲漢街	Wan Hon St	52B3
順平街	Shun Ping St	9A6
順安道	Shun On Rd	49F5
順利邨道	Shun Lee Tsuen Rd	49F5
順風街	Shun Fung St	40A1
順風道	Railway Approach	41G6
順泰道	Shun Tai Rd	76B4
順清街	Shun Ching St	49C5
順清道	Shun Cheung Rd	49F6
順富道	Shun Fu St	73F7
順景街	Shun King St	49D6
順隆街	Shun Lung St	9A6
順業街	Shun Yip St	51B6
順寧道	Shun Ning Rd	31C8
順興街	Shun Hing St	9A6
順織街	Shun Chi St	49C5
黃大仙道	Wong Tai Sin Road	44B3
黃竹坑徑	Wong Chuk Hang Path	90B1
黃竹坑道	Wong Chuk Hang Rd	90C1
黃竹洋街	Wong Chuk Yeung St	102A1
黃泥涌峽道	Wong Nai Chung Gap Rd	85G5
黃泥涌道	Wong Nai Chung Rd	67C6
黃埔街	Whampoa St	41D5
黃麻角道	Wong Ma Kok Rd	93B6
黃菊路	Wong Kuk Rd	47B7
黃竜坑道	Wong Lung Hang Rd	73B3
黑布街	Hak Po St	35G6
黑排路	Hak Pa Rd	129D8

十三畫

匯安里	Ui On Lane	58C3
匯景道	Sceneway Rd	53G5
圍圃街	Yuen Po St	35B7
圍藝街	Yuen Ngai St	35B6
圓洲角路	Yuen Chau Kok Rd	102F4
園墩圍	Yuen Tun Cir	122C1
塘亨路	Tong Hang Rd	116A3
塘尾道	Tong Mi Rd	34C3
塘邊街	Tong Bin Lane	88C2
奧卑利街	Old Bailey St	61B6
媽廟路	Ma Miu Rd	113F6
媽橫路	Ma Wang Rd	113G6

廈尾路	Ha Mei Rd	114G3
廈門街	Amoy St	65D6
慈華里	Tsz Wah Lane	46D2
慈雲山道	Tsz Wan Shan Rd	46G1
愛丁堡廣場	Edinburgh Place	62D4
愛民街	Ngoi Man St	74C3
愛明里	Oi Ming Lane	118A4
愛勇街	Oi Yung St	118A4
愛秩序街	Aldrich St	74B3
愛秩序灣道	Aldrich Bay Rd	74B2
愛晨徑	Oi Sen Path	37D8
愛群道	Oi Kwan Rd	67G6
愛德里	Oi Tak Lane	118A4
愛禮街	Oi Lai Lane	118B4
敬祖路	King Cho Rd	125D5
敬業里	King Yip Lane	52F4
敬業街	King Yip St	52G3
敬誠道	Keswick St	67A5
敬德街	King Tak St	42F2
敬賢里	King Yin Lane	108B4
新力街	San Lik St	116G3
新山道	San Shan Rd	43D5
新功街	San Kung St	96B3
新北社街	San Pak She St	129B6
新田公路	San Tin Highway	7D6
新市街	San Shi St	87A5
新平街	San Ping Cir	116G3
新合里	San Hop Lane	116G4
新安街	San On St	116G3
新安街	Sun On St	77C6
新成街	Sun Sing St	74C2
新成路	San Shing Ave	96B3
新灰街	San Fui St	115C6
新利街	San Lee St	49C5
新村街	San Tsuen St	122C2
新村街	Sun Chun St	69C5
新秀街	San Sau St	117F5
新和里	San Wo Lane	117D5
新東方台	New Eastern Terr	68C2
新青街	San Tsing St	117F5
新柳街	San Lau St	40D2
新界環迴公路	N.T. Circular Rd	7C7
新娘潭道	Bride's Pool Rd	9D7
新益里	San Yick Lane	116G3
新財街	San Tsoi St	96B3
新起村街	San Hi Tsuen St	115C5
新健街	San Kin St	96B3
新基街	San Ki St	130F3
新康街	San Hong St	96B2
新清水灣道	New Clear Water Bay Rd	48C2
新祥徑	San Cheung St	96B3
新圍街	San Wai St	40D3
新發街	San Fat St	96C3
新華里	San Wah Lane	117F5
新街	New St	58A3
新街市里	San Kai Shi Lane	129D6
新街市街	New Market St	60F2
新順街	San Shun St	49C5
新勤街	San Kan St	96B3
新填地街	Reclamation St	34C4
新廈街	San Ha St	77D5
新會街	Sun Wui St	67B5
新業街	Sun Yip St	77C6
新葵街	San Kwai St	125A5
新運路	San Wan Road	97D6
新達里	San Tat Lane	12A4
新達蘭路	Sutherland Ave	7G7
新寧道	Sunning Rd	67B5
新榮街	San Wing St	96B3
新樓街	San Lau St	9A6
新福路	San Fuk Rd	116B3
新墟徑	San Hui Path	117D5
新慶路	San Hing Rd	12A4
新樂街	San Lok St	96C3
新潭路	San Tam Rd	111D8
新碼頭街	San Ma Tau St	43F7
新興後街	San Hing Back St	129C7
新興街	San Hing St	129C6
新錫路	San Sik Rd	114G3
新豐路	San Fung Ave	96B2
新寶街	San Po St	96B1
暉明路	Fai Ming Rd	97G7
會所街	Club St	62D4
會議道	Convention Ave	64D3
業成街	Yip Shing St	123G6
業和街	Yip Wo St	97D8
業旺路	Yip Wong Rd	118A3
業發街	Yip Fat St	88C2
業勤街	Yip Kan St	88F2
業暢街	Yip Cheong St	97C7
業興街	Yip Hing St	88D2
業豐街	Yip Fung St	97C8
楊青街	Yeung Tsing Rd	116G2
楊屋道	Yeung Uk Rd	122D2
楊景道	Yeung King Rd	116G2
楓香路	Sweet Gum Rd	111D5
楓樹街	Maple St	34B2
楓樹窩路	Fung Shue Wo Rd	126C2
榆樹街	Elm St	34D2
毓秀里	Yuk Sau Lane	58F3
毓秀街	Yuk Sau St	84C3
毓明里	Yuk Ming St	58G3
毓華里	Yuk Wah Crescent	46D2
毓華里	Yuk Wah St	46F2
毓雅里	Yuk Nga Lane	108B3
毓華里	Yuk Hok Lane	46C2
源禾路	Yuen Wo Rd	102C4
源安街	Yuen On St	103F6
源昌里	Yuen Cheong Lane	102G3
源康街	Yuen Hong St	103F6
源順圍	Yuen Shun Cir	103F5
源遠街	Yuen Yuen St	84B3
溫思勞街	Winslow St	41G5
照潭徑	Chiu Tam Path	122A1
獅子山隧道公路	Lion Rock Tunnel Rd	104G3
獅子路	Lion Rock Rd	45C8
獅子橋	Lion Bridge	105B5
瑞安街	Sui On St	98D3
瑞和街	Shui Wo St	52C3
瑞寧街	Shui Ning St	52B3
瑜翠街	Yu Chui St	120F3
睦誠道	Moorsom Drive	85B7
睦誠道	Moorsom Rd	85B7
睦鄰街	Muk Lun St	47G5
萬安街	Man On St	34C1
萬年街	Man Nin St	110D3
萬事達廣場	Mt. Sterling Mall	30C2
萬宜里	Man Yee Lane	61A5
萬茂台	Monmouth Terr	82A4
萬茂徑	Monmouth Path	65G5
稔灣路	Nim Wan Rd	6G1
置華街	Chi Wa Lane	97F5
置富徑	Chi Fu Close	75F7
置富道	Chi Fu Rd	75B7
置福圍	Chi Fuk Circuit	97F6
置榮徑	Chi Wing Close	97F6
義本道	Eastbourne Rd	33A7
義德道	Ede Rd	33A7
義德臺	Ede Terr	44G3
聖十字徑	Holy Cross Path	74F1
聖士提反里	St. Stephen's Lane	63F7
聖佛蘭士街	St. Francis St	65F6
聖約翰里	St. John's Lane	42C1
聖若瑟徑	St. Joseph's Path	63F7
聖家路	Shing Ka Rd	130C2
艇街	Boat St	70C2
落山道	Lok Shan Rd	43G5
落馬洲路	Lok Ma Chau Rd	7B7
葵仁路	Kwai Yan Rd	125A5
葵合街	Kwai Hop St	123F5
葵安道	Kwai On Rd	123G6
葵孝街	Kwai Hau St	122F4
葵秀路	Kwai Sau Rd	123D6
葵和街	Kwai Wo St	124A4
葵定路	Kwai Ting Rd	123G6
葵昌路	Kwai Cheong Rd	123F6
葵青路	Kwai Tsing Rd	124B3
葵泰路	Kwai Tai Rd	124B4
葵涌道	Kwai Chung Rd	30D3
葵涌醫院路	Kwai Chung Hosp. Rd	125D6
葵康街	Kwai Hong St	124B4
葵盛圍	Kwai Shing Cir	122F4
葵喜街	Kwai Hei St	124A4
葵富路	Kwai Foo Rd	125A5
葵景路	Kwai King Rd	124B3
葵發路	Kwai Fat Rd	123D6
葵順街	Kwai Shun St	124A4
葵義路	Kwai Yi Rd	125A5
葵葉街	Kwai Yip St	123F5
葵裕街	Kwai Yue St	123D6
葵榮路	Kwai Wing Rd	123D6
葵福路	Kwai Fuk Rd	122F3
葵德街	Kwai Tak St	124B4
葵樂街	Kwai Lok St	124A4
葵興路	Kwai Hing Rd	123D6
葵聯路	Kwai Luen Rd	122F4
葵豐街	Kwai Fung Crescent	124A4
蜆殼街	Shell St	70D2
衙前圍道	Nga Tsin Wai Rd	42A4
衙前塱道	Nga Tsin Long Rd	45C8
裕民坊	Yue Man Square	52D2
裕林台	U Lam Terrace	61F5
裕泰道	Yu Tai Rd	97D5
裕景坊	Yu King Sq	113C6
裕榮徑	Yu Wing Path	113D7
詩歌舞街	Sycamore St	34B2
賈內達街	Carpenter Rd	45B8
路德圍	Lo Tak Court	122C2
載德街	Tsoi Tak St	84B3
農圃道	Farm Rd	42D4
運亨路	Wan Hang Rd	108C4
運動場道	Playing Field Rd	34B4
運盛街	Wan Shing St	66F3
運隆路	Wan Lung Rd	108C4
運頭坊	Wan Tau Sq	98D3
運頭角里	Wan Tau Kok Lane	98F4
運頭街	Wan Tau St	98D4
道風山路	Tao Fung Shan Rd	105A5
達之路	Tat Chee Ave	33C6
達仁坊	Tat Yan Sq	117F5
達業里	Tat Yip Lane	102A2
達和道	Tat Wan Rd	98F4
達輝徑	Tat Fai Path	113C7
鉛礦凹街	Yuen Kong Au St	102A2

十三重 全港街道

中文	English	Ref
鉛礦坳道	Lead Mine Pass Rd	15B5
隔田街	Kak Tin St	104D4
雍坪徑	Yung Ping Path	100D4
雷丹彌徑	Lloyd Path	82C1
雷鳴路	Lui Ming Rd	97G7
電星道	Electra Drive	47G8
電氣道	Electric Rd	68D1
電照街	Tin Chiu St	71A7
電廠街	Tin Chong St	70C3
電氣街	Electric St	65G6
靖逸街	Tsing Yuen St	98D3
頌雅路	Chung Nga Rd	99A5
筲箕灣東大街	Shau Kei Wan Main St E	74A3
筲箕灣道	Shau Kei Wan Rd	74D2
峯徑篤路	Che Keng Tuk Rd	16D2

十四畫

中文	English	Ref
僑福道	Guildford Rd	82D2
僑樂坊	Kiu Lok Sq	113C6
僑蔭街	Kiu Yam St	32D2
僑興街	Kiu Hing Rd	13A6
嘉湖路	Ka Shue Rd	16G1
嘉才里	Ka Choi Lane	120F2
嘉禾街	Ka Wo St	86D3
嘉兆里	Ka Siu Close	97C6
嘉安街	Ka On St	58G2
嘉和里山路	Ka Wo Li Hill Rd	120F2
嘉定路	Ka Ting Rd	123C6
嘉林邊道	Grampian Rd	45D7
嘉咸街	Graham St	61C5
嘉富坊	Ka Fu Close	96B1
嘉善街	Ka Shin St	34F1
嘉華臺	Ka Wah Terr	47B5
嘉業街	Ka Yip St	77B6
嘉道理道	Kadoorie Ave	35C8
嘉寧徑	Ka Ning Path	69D5
嘉榮街	Ka Wing St	55F6
嘉福里	Ka Fuk Lane	120F2
嘉慶路	Ka Hing Rd	123G6
嘉樂街	Ka Lok St	52C3
嘉龍路	Ka Lung Rd	7C7
嘉齡道	Gullane Rd	42D2
嘉蘭圍	Granville Circuit	39C5
壽山村道	Shouson Hill Rd	90C2
壽臣山道西	Shouson Hill Rd W	90B2
壽臣山道東	Shouson Hill Rd E	90C3
壽富街	Sau Fu St	113C6
壽菊路	Marigold Rd	35A6
寧波街	Ning Po St	36F4
寧富街	Ning Foo St	76D3
寧華街	Ning Wah St	46D1
寧遠街	Ning Yuen St	47G7
寧養台	Ning Yeung Terr	58D4
對衡道	Durham Rd	45G7
暢行里	Cheong Hang Lane	41F5
暢行道	Cheong Hang Rd	41F5
暢通道	Cheong Tung Rd	41F5
暢運道	Cheong Wan Rd	39A6
榮光街	Wing Kwong St	40C2
榮治徑	Wing Chi Path	47B7
榮芳路	Wing Fong Rd	123G5
榮祖街	Wing Cho St	125C5
榮發街	Wing Fat Lane	119C6
榮華台	Wing Wah Terr	58A4
榮華里	Wing Wah Lane	61A6
榮業街	Wing Yip St	52G2
槐樹街	Ash St	34F3

中文	English	Ref
歌老打路	Calder Path	63F8
歌和老街	Cornwall St	32B4
歌東臺	Cornwall Terr	44G4
歌連臣角道	Cape Collinson Rd	77F6
歌連臣道	Collinson St	57B6
歌頓道	Gordon Rd	70F1
歌賦山里	Gough Hill Path	81F6
歌賦山道	Gough Hill Rd	81F7
歌賦街	Gough St	60C4
漢口道	Hankow Rd	38F3
漢家路	Hon Ka Rd	98D2
漢寧頓道	Honiton Rd	59D5
滿發里	Mun Fat Lane	119F7
漆咸徑	Chatham Path	81B8
漆咸圍	Chatham Court	39B5
漆咸道北	Chatham Rd N	40F4
漆咸道南	Chatham Rd S	39A6
漁光街	Yue Kwong St	9G5
漁光道	Yue Kwong Rd	86A4
漁安街	Yu On St	9G5
漁利街	Yue Lei St	86D3
漁康街	Yue Hong St	86A3
漁暉道	Yue Fai Rd	86A3
漁歌街	Yue Ko St	86D3
漁獲街	Yue Wok St	86D3
漁豐街	Yue Fung St	86F3
熙和街	Hei Wo St	70B3
熙龍里	Hi Lung Lane	36C4
瑪嘉烈醫院路	Margaret Hospital Rd	125F6
碧仙桃路	Bristol Avenue	38D4
碧田街	Pik Tin St	104A2
碧沙道	Pik Sha Rd	109C8
碧荔道	Bisney Rd	78D4
碧雲林路	Pilgrims Way	33A7
碧街	Pitt St	36B3
碧雲道	Pik Wan Rd	53F8
碧翠路	Razor Hill Rd	16G1
福市街	Fuk Yuen St	70C3
福日徑	Fook Yat Path	113C6
福民道	Fuk Man Rd	110C3
福田坪	Fuk Tin P	113F6
福全街	Fuk Tsun St	34D2
福安里	Fuk On Lane	60G4
福至街	Fuk Chi St	41D5
福亨村道	Fuk Hang Tsuen Rd	12A4
福利街	Fuk Lee St	34C1
福宏街	Fuk Wang St	112D1
福老街	Fuk Lo Tsun Rd	45C8
福來里	Fuk Loi Lane	122B1
福欣街	Fuk Yan St	112D1
福康街	Fuk Hong St	112D2
福康街	Fook Hong St	113C6
福盛徑	Fuk Shing P	113F6
福祥街	Fuk Cheung St	42C4
福喜街	Fuk Hi St	112D4
福華街	Fuk Wa St	31C7
福順街	Fuk Shun St	112F1
福東街	Fuk Tung Rd	52F4
福運道	Fuk Kwan Ave	69C6
福壽里	Fuk Sau Lane	58D3
福寧街	Fuk Ning Rd	52D4
福榮街	Fuk Wing St	31C7
福德街	Fook Tak St	113C6
福祿坪	Fuk Luk P	113F6
福蔭道	Fook Yum Rd	70D2
福澤街	Fuk Chak St	34F1
福興里	Fuk Hing Lane	66B4
種植道	Plantation Rd	81C6

中文	English	Ref
富仔街	Woh Chai St	32F3
富打老道	Waterloo Rd	36B3
箕璉坊	Green Lane	84D4
精緻台	Beautiful Terr	59D5
綠怡徑	Monte Path	100F3
綠柳路	Luk Lau Ave	47C6
綿發街	Min Fat St	84B3
維園道	Victoria Park Rd	66C3
維新里	Wai San Lane	60B4
維翰路	Wai Hon Rd	96D4
翠田街	Chui Tin St	104C4
翠竹街	Chui Chuk St	44C2
翠杏街	Chui Hang St	76D3
翠和里	Chui Wo Lane	98C3
翠怡街	Chui Yi St	98C2
翠林路	Tsui Lam Rd	108C1
翠屏道	Tsui Ping Rd	52D4
翠景街	Tsui King St	76F3
翠塘路	Chui Tong Rd	110F2
翠榕橋	Banyan Bridge	102D4
翠豐街	Tsui Fung St	46G3
翠樂街	Chui Lok St	98C3
翠興街	Tsui Hing St	51C6
翠園路	High View Rd	100B3
翠灣街	Tsui Wan St	76B4
翡翠里	Jade Lane	109C8
翡翠道	Fei Tsui Rd	76F2
寨文街	Tsui Man St	84C3
聚賢里	Tsui In Lane	65F5
肇建里	Siu Kin Lane	67G7
肇輝台	Shiu Fai Terrace	83B7
蒲田里	Po Tin Lane	46D2
蒲良里	Po Leung Lane	46B2
蒲明里	Po Ming Lane	46D2
蒲芳里	Po Fong Lane	46C2
蒲英里	Po Ying Lane	46D2
蒲飛徑	Pokfield Path	57F5
蒲飛路	Pokfield Rd	57F5
蒲崗村道	Po Kong Village Rd	46F3
蒲崗里	Po Kong Lane	46F3
蒲崗里	Po Kong Lane	46D2
蒲慈里	Po Tsz Lane	46F3
蒲魯賢徑	Brewin Path	81B7
蒲蕙里	Po Wai Lane	46D2
蒲蘅里	Po Hang Lane	46D2
裴樂士道	Price Rd	85D6
賓吉道	Plunkett's Rd	81D6
赫德道	Hart Avenue	39D5
赫蘭道	Headland Rd	92G3
輔仁街	Fu Yan St	52C3
銀月里	Ngan Yuet Lane	52C3
銀台路	Silver Terrace Rd	109B7
銀石街	Ngan Shek St	127G6
銀竹里	Ngan Chuk Lane	44B2
銀行街	Bank St	63F5
銀杏路	Grinkgo Rd	111F5
銀河徑	Ngan Ho Path	48C1
銀岬路	Silver Cape Rd	109C7
銀城街	Ngan Shing St	103F5
銀星街	Silver Star Path	109B7
銀泉徑	Silver Stream Path	109B7
銀湖路	Silver Lake Rd	109A6
銀運路	Ngan Wan Rd	127G8
銀幕街	Ngan Mok St	68C2
銀漢街	Ngan Hon St	40C1
銀鳳街	Ngan Fung St	46F3
銀灘道	Silverstrand Beach Rd	109B7
銀樹街	Ngan Shu St	127F6

十三至十四畫　全港街道

中文	English	Ref
銀澳路	Ngan O Rd	109F6
銀譽路	Silver Crest Rd	109B7
銀鑛灣路	Ngan Kwong Wan Rd	127F7
銅鑼灣山道	Tung Lo Wan Hill Rd	104A4
銅鑼灣徑	Tung Lo Wan Drive	68D3
銅鑼灣道	Tung Lo Wan Rd	68D3
銘賢路	Ming Yin Rd	97G8
閩街	Min St	36G4
閣麟街	Cochrane St	61B5
鳴琴路	Ming Kum Rd	116C2
鳴富街	Ming Fung St	46G3
鳳池道	Fung Chi Rd	113F5
鳳攸北街	Fung Yau St N.	113A7
鳳攸東街	Fung Yau St E.	113A7
鳳攸南街	Fung Yau St S.	113A7
鳳秀街	Fung Sau St	16C4
鳳坪里	Fung Ping Lane	32A4
鳳南路	Fung Nam Rd	96A2
鳳降村路	Fung Kong Tsuen Rd	6F3
鳳香街	Fung Heung St	113A7
鳳凰台	Fung Wong Terr	65C7
鳳琴街	Fung Kam St	113A7
鳳翔路	Fung Cheung Rd	113B7
鳳園路	Fung Yuen Rd	99A6
鳳群街	Fung Kwan St	113A7
鳳舞街	Fung Mo St	44C4
鳳儀街	Fung Yi St	43D7
鳳德道	Fung Tak Rd	47C5
鳳輝台	Fung Fai Terrace	84B2
慕地里	Mody Lane	39D6
慕地道	Mody Rd	39D6
慕地廣場	Mody Square	39D6

十五畫

中文	English	Ref
劍橋道	Cambridge Rd	45G7
墳場路	Cemetery Rd	122G2
寮肚路	Liu To Rd	126C1
廟東街	Miu Tung St	74A2
廟崗街	Miu Kong St	122D4
廟街	Temple St	36F4
廣成街	Kwong Shing St	31B7
廣利道	Kwong Lee Rd	32B1
廣宏街	Kwong Wang St	99D5
廣東道	Canton Rd	34G4
廣益里	Kwong Yik Lane	65F6
廣場徑	Plaza Lane	127B6
廣善街	Kwong Sin St	103G7
廣華街	Kwong Wa St	35G7
廣福坊	Kwong Fuk Sq	98D4
廣福里	Kwong Fuk Lane	98D3
廣福道	Kwong Fuk Rd	98D4
廣播道	Broadcast Drive	44G3
廣豐里	Kwong Fung Lane	58F3
廣豐臺	Kwong Fung Terr	58F3
廣麗街	Kwong Yung St	37A5
影業路	Ying Yip Rd	109C6
德士古道	Texaco Rd	122D4
德士古道北	Texaco Rd N	122B4
德大徑	Tak Tai Path	122D4
德己立街	D'Aguilar St	61A6
德仁街	Tak Yan St	67G6
德民街	Tak Man St	41C5
德田街	Tak Tin St	53F6
德立街	Drake St	63B5
德安街	Tak On St	41B6
德成街	Tak Shing St	37G5
德忌利士巷	Douglas Lane	61A5
德忌利士街	Douglas St	62G3
德和街	Tak Wo St	52A4
德定街	Tak Ting St	41B6
德昌里	Tak Cheong Lane	36B3
德昌街	Tak Cheong St	36B3
德厚街	Tak Hau St	102D3
德政圍	Tak Ching Court	116G4
德里街	Tak Shing Lane	58C3
德高道	Dakota Drive	43A7
德康街	Tak Hong St	41B6
德華街	Tak Wah St	122D3
德隆前街	Tak Lung Front St	110D3
德隆後街	Tak Lung Back St	110D3
德雲道	Devon Rd	33C8
德輔道中	Des Voeux Rd C	60A4
德輔道西	Des Voeux Rd W	58B2
德興街	Tak Hing St	37G5
德豐街	Tak Fung St	41C6
慶平路	Hing Ping Rd	117A6
慶田街	Hing Tin Close	53F7
慶徑石路	Hing Keng Shek Rd	16F2
慶雲街	Hing Wan St	65B8
慧翠道	Wai Tsui Crescent	70F4
摩禮道	Moray Rd	45G7
摩利臣山道	Morrison Hill Rd	67F7
摩利臣街	Morrison St	60D2
摩星嶺徑	Mount Davis Path	78B3
摩星嶺道	Mount Davis Rd	78B2
摩頓台	Moreton Terr	68F4
摩羅下街	Lower Lascar Row	60F3
摩羅上街	Upper Lascar Row	60F4
摩羅交加街	Mosque Junction	61D7
摩羅廟街	Mosque St	61C7
模範里	Model Lane	72A1
樓梯台	Ladder St Terr	61F5
樓梯街	Ladder St	60D4
樂天街	Lok Tin St	97B7
樂古道	Lok Ku Rd	60F3
樂民道	Lok Man Rd	76B2
樂和街	Lok Wo St	97C7
樂坪街	Lok Peng St	130B2
樂怡街	Lok Yi St	120C3
樂東街	Lok Tung St	97B8
樂林路	Lok Lam Rd	102A4
樂信徑	Lok Shun Path	102A4
樂城街	Lok Shing St	103D5
樂活道	Broadwood Rd	67B8
樂景台	Happy View Terr	67B8
樂景街	Lok King St	102B4
樂善美道	Rosmead Rd	82D2
樂善道	Lok Sin Rd	45A7
樂華街	Lok Wah St	46C2
樂園	Happy Villa	30A1
樂園徑	Lok Yuen Path	102A4
樂業路	Lok Yip Rd	97C7
樂楓徑	Lok Fung Path	100G1
樂群街	Lok Kwan St	34C1
樂葵徑	Lok Kwai Path	102A3
樂道	Lock Rd	38D3
樂翠街	Lok Chui St	120C3
樂嗚街	Lok Ming St	97C7
樂慶里	Lok Hing Lane	61B6
樂繼徑	Lok Lin Path	102A4
樂濤街	Lok To St	120D3
樂霞坊	Lok Ha Sq	102A4
樂禮街	Rodney St	63A6
澄平街	Ching Ping St	36C3
磅巷	Pound Lane	60G4
緬甸臺	Minden Row	38D4
蓮花宮西街	Lin Fa Kung St West	68C4
蓮花宮東街	Lin Fa Kung St East	68C4
蓮花街	Lily St	68C4
蓮麻坑路	Lin Ma Hang Rd	8A3
蔡意橋	Choy Yee Bridge	116F4
蝴蝶谷道	Butterfly Valley Rd	30C3
蝶景路	Tip King Rd	118F2
衛平坊	Wai Ping Close	96D3
衛和街	Wai Wo St	96D3
衛信道	Wilson Rd	85C6
衛城坊	Castle Steps	61F6
衛城里	Castle Lane	61D6
衛城道	Castle Rd	61G6
衛理徑	Wylie Path	37F7
衛理道	Wylie Rd	37B7
衛環里	Wai Wan Lane	41C5
賢居里	In Ku Lane	58A3
賢美里	In Mi Lane	60G4
賢華台	Yen Wah Terr	65C7
賢華路	Yen Wah Steps	65C7
適安街	Sik On St	65F6
遮打道	Chater Rd	62F4
鄧屋街	Tang Uk St	125A6
震寰路	Tsun Wen Rd	116B3
靠背壟道	Kau Pui Lung Rd	42F4
鞍山里	On Shan L.	106D2
鞍超街	On Chiu St	106C2
鞍源街	On Yuen St	106C1
鞍祿街	On Luk St	106C2
鞍誠街	On Shing St	106D2
鞍駿街	On Chun St	106C2
餘步里西	Yu Po Lane West	58C3
餘步里東	Yu Po Lane East	58C3
餘慶里	Yu Hing Lane	60D4
餘樂里	Yu Lok Lane	58D4
鯉魚灣村道	Yau Yue Wan Village Rd	108B4
鴉打街	Arthur St	36C4
鴉蘭街	Arran St	34D4
富圍街	Yiu Wai St	105B8

十六畫

中文	English	Ref
壁屋村路	Pik Uk Tsuen Rd	16G1
壁峰路	Pik Fung Rd	97C6
學士台	Hok Sz Terr	57D6
學老臺	Hok Lo Lane	129D7
學校路	School Rd	129F7
學餘里	Hok Yu Lane	42F1
曉光街	Hiu Kwong St	52A4
曉育徑	Hiu Yuk Path	53C6
曉明街	Hiu Ming St	53B5
曉和街	Hiu Wan Rd	98G3
曉翠街	Hiu Tsui St	77D6
橙花路	Chang Fa Ave	47C6
橫洲路	Wang Chau Rd	113C6
橫街	Wang St	110D3
橫窩仔街	Wang Wo Tsai St	122D3
橫頭磡	Wang Tau Kai	98C3
橫頭磡中道	Wang Tau Hom C. Rd	45D4
橫頭磡北道	Wang Tau Hom N. Rd	44D3
橫頭磡東道	Wang Tau Hom E. Rd	44C3
橫頭磡南道	Wang Tau Hom S. Rd	44D4
橫龍街	Wang Lung St	122D2
橫壟街	Wang Pok St	102F2
橡樹街	Oak St	34F2
橋旺街	Kiu Wong St	115D5

十四至十六畫　全港街道

217

橋盛街	Kiu Shing St	115D5
機利士北路	Gillies Ave North	40C3
機利士南路	Gillies Ave South	41D5
機利文街	Gilman St	60B4
機利文新街	Gilman's Bazaar	60B4
機利臣街	Gresson St	65F6
機場隧道	Airport Tunnel	43C7
澤安街	Chak On Rd	32B3
澤豐街	Chak Fung St	116D4
燕子里	Yin Tse Lane	99G7
燕安街	Yin On St	43D7
盧吉道	Lugard Rd	81B5
盧押道	Luard Rd	64D4
積存街	Chik Chuen St	104B3
積信街	Chik Shun St	104B3
積泰里	Chik Tai Lane	104C3
積財里	Chik Choi Lane	104C3
積富街	Chik Fu St	104B3
積祿里	Chik Luk Lane	104B3
積運街	Chik Wan St	104C3
積壽里	Chik Sau Lane	104B4
積福街	Chik Fuk St	104B4
積德里	Chik Tak Lane	104B3
積輝街	Chik Fai St	104B3
穎竹街	Wing Chuk St	44B2
穎運路	Wing Lai Rd	108A2
糖水道	Tong Shui Rd	71A5
糖街	Sugar St	66A4
糖廠街	Tong Chong St	72C2
羲皇台	Hee Wong Terr	57D6
興才街	Hing Choi St	116G2
興仁街	Hing Yan St	43F8
興民街	Hing Man St	74D1
興安里	Hing On Lane	118B3
興利街	Hing Lee St	130B2
興和街	Hing Wo St	86D3
興旺街	Hing Wong St	116G3
興芳路	Hing Fong Rd	123G5
興盛路	Hing Shing Rd	122G4
興富街	Hing Fu St	116B2
興發街	Hing Fat St	70F1
興華街	Hing Wah St	31D7
興貴街	Hing Kwai St	116B3
興隆正街	Hing Lung Main St	129D7
興隆西街	Hing Lung Lane W	58G3
興隆東街	Hing Lung Lane E	58G3
興隆後街	Hing Lung Back St	129D7
興隆街	Hing Lung St	60B4
興業街	Hing Yip St	52F3
興寧路	Hing Ning Rd	125A5
興漢道	Hing Hon Rd	58F4
興賢街	Hing Yin St	43F8
蕪湖街	Wuhu St	40D4
衡州道	Hampshire Rd	45G7
親仁街	Chun Yan St	47G5
親民街	Chan Man St	110C3
諾士佛臺	Knutsford Terr	38B4
諾森伯倫道	Northumberland Ave	7G7
錫降圍路	Sik Kong Wai Rd	114G4
錦上路	Kam Sheung Rd	14A1
錦山路	Kam Shan Rd	98D2
錦田公路	Kam Tin Rd	14A1
錦和橋	Kam Wo Bridge	98D1
錦屏街	Kam Ping St	71B5
錦英路	Kam Ying Rd	106D2
錦榮街	Kam Wing St	47G6
錦儒路	Kam Yu Rd	98D1
錦墾路	Kam Pok Rd	111G6
錦繡大道 G段	Fairview Park Sec G	111F6
錦繡大道 I段	Fairview Park Sec I	111D5
錦繡大道 K段	Fairview Park Sec K	111D6
錦繡大道北	Fairview Park Rd N	111D6
錦繡大道西	Fairview Park Rd W	111F5
錦繡大道東	Fairview Park Rd E	111F6
錦繡大道南	Fairview Park Rd S	111G6
雲天街	Sharp St West	67D6
雲東街	Sharp St East	67D5
靜安街	Tsing On St	45C6
靜修里	Ching Sau Lane	93D5
駱克道	Lockhart St	65D5
鴨巴甸街	Aberdeen St	61D5
鴨脷洲大街	Main St, Ap Lei Chau	87B5
鴨脷洲街	Ap Lei Chau Drive	87A6
鴨脷洲海旁道	Ap Lei Chau Praya	89G5
鴨脷洲橋道	Ap Lei Chau Bridge Rd	87C6
鴨脷街	Apliu St	32G2
龍仔村路	Lung Tsai Tsuen	129F7
龍如路	Lung Yue Rd	121G6
龍池徑	Lung Chi Path	47A7
龍坪道	Lung Ping Rd	32A3
龍門道	Lung Mun Rd	118B2
龍柏街	Lung Pak St	104F4
龍珠街	Lung Chu St	33F6
龍崗道	Lung Kong Rd	45B8
龍涎道	Lung Yin Road	44D3
龍景街	Lung King St	64B4
龍琛路	Lung Sum Ave	96B3
龍翔道	Lung Cheung Rd	33A7
龍華街	Lung Wah St	57F5
龍溪台	Lung Kai Terr	69D5
龍圍街	Lung Wan St	96C3
龍圖街	Lung To St	43D7
龍豐街	Lung Fung St	46G3
龍德街	Lung Tak St	122F2
龍蝦灣路	Lung Ha Wan Rd	24B1
龍輝里	Lung Fai Rd	12C1
龍蟠街	Lung Poon St	46D4
龍耀街	Lung Yiu St	12D1
龍騰路	Lung Tang Rd	121G5

十七畫

優景里	Yau King Lane	15A7
勵業街	Lai Yip St	51A7
勵德邨道	Lai Tak Tsuen Rd	68C4
嶺南道	Knight St	35B8
嶼南道	South Lantau Rd	19F5
彌敦道	Nathan Rd	38B3
戲院里	Theatre Lane	62G4
戲院街	Hei Yuen St	98D3
戴亞街	Dyer Ave	41B5
擊壤路	Kik Yeung Rd	113D6
濱海街	Pan Hoi St	72D2
營盤街	Camp St	32D2
爵祿街	Tseuk Luk St	47G6
獲嘉街	Walker Rd	40D4
環安街	Wan On St	40C2
環利街	Wan Lei St	40B2
環角徑	Cape Drive	93D5
環角道	Cape Rd	93D5
環景大道	Wan Po Rd	109G6
環海街	Wan Hoi St	41A5
環景街	Wan King St	40B2
環發街	Wan Fat St	40C2
環順街	Wan Shun St	40C2
環達街	Wan Tat St	40C2
環福街	Wan Fuk St	40C2
環翠里	Wan Tsui Lane	76F3
環翠道	Wan Tsui Rd	76F3
環鳳街	Wan Fung St	46F3
環樂街	Wan Lok St	40C2
環興街	Wan Hing St	40C2
瞭望里	Lookout Link	15A7
禧利街	Hillier St	60C3
禧福道	Hereford Rd	45G6
穗禾道	Sui Wo Rd	102B3
穗豐里	Sui Fung Lane	102B2
繁華街	Fan Wa St	54B2
聯仁街	Luen Yan St	122D2
聯合道	Junction Rd	44F4
聯安街	Luen On St	97B7
聯安街	Luen On St	52C2
聯和道	Luen Wo Rd	97C7
聯昌街	Luen Cheung St	97B7
聯泰街	Luen Tai St	120A3
聯益街	Luen Yick St	97C7
聯康里	Luen Hong Lane	120A3
聯捷街	Joint St	125B5
聯智街	Luen Chit St	97B6
聯盛街	Luen Shing St	97B7
聯富街	Luen Fu St	97C7
聯發街	Luen Fat St	97C6
聯發街	Lun Fat St	65D6
聯運街	Luen Wan St	35F6
聯福道	Renfrew Rd	45F5
聯興街	Luen Hing St	97B6
聯興街	Lun Hing St	84C4
臨利街	Lam Lee St	50D3
臨華街	Lam Wah St	50D4
臨福街	Lam Fook St	50C4
臨樂街	Lam Lok St	50D4
臨澤街	Lam Chak St	51C7
臨興街	Lam Hing St	50D3
臨豐街	Lam Fung St	51D5
薄扶林水塘道	Pok Fu Lam Res. Rd	79F8
薄扶林道	Pok Fu Lam Rd	57D7
謝斐道	Jaffe Rd	66D4
駿才街	Chun Choi St	23B8
駿日街	Chun Yat St	23B8
駿光街	Chun Kwong St	23B8
駿宏街	Chun Wang St	23B8
駿昌街	Chun Cheong St	23B8
駿昇街	Chun Sing St	23B8
駿盈街	Chun Ying St	23B8
駿景路	Tsun King Rd	100G3
駿發街	Tsun Fat St	43D7
駿業里	Tsun Yip Lane	52D3
駿業街	Tsun Yip St	52F1
鴻光街	Hung Kwong St	43F5
鴻業街	Hung Yip St	51B6
鴻運街	Hung Wan St	43D7
鴻圖道	Hung To Rd	52D1
鴻福街	Hung Fook St	40C2
鴻興道	Hung Hing Rd	66G3

十八畫

彜倫街	Yi Lun St	47G7
擺花街	Lyndhurst Terrace	61B5
瀑布灣道	Waterfall Bay Rd	75F6
禮仁街	Lai Yan Lane	102F2
禮芳街	Lai Fong St	123G5
禮信街	Nation St	72A1
禮頓里	Leighton Lane	67B6

禮頓道	Leighton Rd	67C6
禮賢里	Lai Yin Lane	68C3
禮賢街	Lai Yin St	69D5
聶歌信山道	Mount Nicholson Rd	83C7
舊山頂道	Old Peak Rd	81B5
舊金山徑	San Francisco Path	35F7
舊墟直街	Kau Hui Chik St	98C3
藍田街	Lam Tin St	123D7
藍地大街	Lam Tei Main St	12A4
藍地交匯處	Lam Tei Interchange	117A6
藍地路	Lam Tei Rd	12A4
藍塘道	Blue Pool Rd	84B3
藍鐘路	Lam Chung Ave	47B7
蟬聯街	Shim Luen St	43D7
蟠龍道	Broom Rd	84D4
豐石街	Fung Shek St	105B6
豐禾里	Fung Wo Lane	102D3
豐安街	Fung On St	118B4
豐年路	Fung Nin Rd	113D6
豐物道	Fung Mat Rd	58G2
豐盛街	Fung Shing St	48B2
豐華街	Fung Wah St	46F1
豐順街	Fung Shun St	102D3
豐業街	Fung Yip St	77C6
豐運路	Fung Wan Rd	98G3
豐樂里	Fuk Lok Lane	113D7
豐樂里	Fung Lok Lane	113D7
醫局西街	Yee Kuk West St	31C5
醫局街	Yee Kuk St	29A8
醫院徑	Hospital Path	81C7
醫院路	Hospital Rd	58A4
雙喜街	Sheung Hei St	47F6
雙鳳街	Sheung Fung St	46F3
鯉魚門徑	Lei Yue Mun Path	55G6
鯉魚門道	Lei Yue Mun St	55A5
鯉景道	Lei King Rd	73D7

十九畫

懷仁街	Wai Yan St	98D3
懷惠道	Wai Wai Rd	32C2
懷義街	Wai Yi St	98D3
懷德里	Wai Tak Lane	61A6
攀桂里	Pan Kwai Lane	60G3
瀝源街	Lek Yuen St	102F2
瀝源橋	Lek Yuen Bridge	105A6
瓊山里	Keng Shan Lane	74A2
瓊東街	King Tung St	47A5
瓊林街	King Lam St	30C4
羅便臣道	Robinson Rd	61G5
羅素街	Russell St	67D5
羅富國徑	Northcote Close	79D5
羅湖路	Lo Wu Station Rd	8B1
羅福道	Norfolk St	33D8
譚公道	Tam Kung Rd	43C6
譚公廟道	Tam Kung Mui Rd	74A1
譚臣道	Thomson Rd	65B5
譚里	Tam Lane	58F3
贊善里	Chancery Lane	61B6
贊端路	Tsan Tuen Rd	128G1
邊寧頓街	Pennington St	66A4
關門口街	Kwan Mun Hau St	122D3
鵬程街	Pang Ching St	43D7
麒青街	Kei Tsing St	117B5
麒麟徑	Kei Lun Path	117F5
麗禾里	Lai Wo Lane	102C1
麗志街	Lai Chi St	121C7
麗坪路	Lai Ping Rd	100D3

麗海堤岸路	Seaview Promenade	90G4
麗祖路	Lai Cho Rd	125B5
麗梨花街	Lai Lei Fa St	123B7
麗景道	Belleview Drive	91F5
麗港街	Laguna St	54A2
麗港東街	Laguna East St	54A3
麗港南街	Laguna South St	54A3
麗華街	Lai Wa St	40B1
麗順街	Lai Shun St	121C7
麗瑤街	Lai Yiu St	125B6

二十畫

寶文街	Po Man St	74B3
寶石徑	Sapphire Path	109C8
寶石湖路	Po Shek Wu Rd	96C2
寶來街	Po Loi St	41C5
寶其利街	Bulkeley St	41D5
寶坪街	Po Peng St	130B2
寶城街	Po Shing St	103D5
寶珊道	Po Shan Rd	59F7
寶峰徑	Parkvale Drive	127B6
寶馬山道	Braemar Hill Rd	71D6
寶勒巷	Prat Avenue	39D5
寶城路	Berwick St	7G7
寶康路	Po Hong Rd	108B2
寶梨街	Po Lei St	123F8
寶湖里	Plover Cove Lane	98D4
寶湖里	Po Wu Lane	98D4
寶湖道	Plover Cove Rd	98D4
寶琳北路	Po Lam Rd N.	108B4
寶琳南路	Po Lam Rd S.	108D3
寶琳路	Po Lam Rd	108D2
寶華街	Po Wa St	61D5
寶鄉坊	Po Heung Sq	98D3
寶鄉街	Po Heung St	98D3
寶雲徑	Bowen Drive	82A3
寶雲道	Bowen Rd	65G7
寶順路	Po Shun Rd	109D5
寶業街	Po Yip St	113B5
寶源街	Po Yuen Lane	58A4
寶運路	Po Wan Rd	96A1
寶寧里	Po Ning Lane	109D6
寶寧路	Po Ning Rd	109C5
寶翠園	Belcher Gardens	57B7
寶樂坊	Po Lok Sq	113D6
寶輪街	Po Lun St	30D3
寶樹里	Po Shu Lane	113D6
寶聯徑	Po Luen Path	71D8
寶豐里	Po Fung Terr	121C6
寶豐路	Po Fung Rd	108B3
寶靈街	Bowring St	36G4
寶靈頓道	Bowrington Rd	67D5
攝園下里	Lower Kai Yuen Lane	71C7
攝園上里	Upper Kai Yuen Lane	71C7
攝園台	Kai Yuen Terr	71B7
攝園街	Kai Yuen St	71B7
耀東街	Yiu Tung St	33G4
耀華街	Yiu Wa St	67D6
耀榮里	Yiu Wing Lane	123D6
耀榮街	Yiu Wing St	123D6
耀興道	Yiu Hing Rd	74B2
蘇杭街	Jervois St	60D3
蠔涌路	Ho Chung Rd	16F1
覺士徑	Cox's Path	37G5
覺士道	Cox's Rd	37G6
警校道	Police School Rd	88C3
警署徑	Police Station Path	129D7

疊場路	Tan Chuen Rd	110C2
鐘聲徑	Chung Sing Path	113D7
鐘山台	Chung Shan Terr	30A2
鹹田街	Ham Tin St	122D2
鹹魚街	Ham Yu St	58C2
麵房街	Min Fong St	102A3
鯽魚涌街	Quarry Bay St	72F3
衞安街	Capeland Drive	127B8
衞欣徑	Caperidge Drive	127B7
衞暉徑	Capevale Drive	127B8

二十一畫

櫻桃街	Cherry St	34F2
蘭杜街	Landale St	65F5
蘭秀街	Nassau St	30C2
蘭芳道	Lan Fong Rd	67B5
蘭花街	Orchid St	32A1
蘭桂坊	Lan Kwai Fong	61A6
蘭開夏道	Lancashire Rd	45G8
鐵行里	Tit Hong Lane	60A4
鐵樹街	Tit Shu St	34F2
露坪街	Lo Peng St	130B2
露明道	Lomond Rd	42B4
露屏路	Lo Ping Rd	9F5
露輝路	Lo Fai Rd	9F5
歌蘭老道	Cape D'Aguilar Rd	23G7
鶴翔街	Hok Cheung St	40A3
鶴園東街	Hok Yuen St E	40B3
鶴園街	Hok Yuen St	40C3
鶴藪道	Hok Tau Rd	8D4
鶴齡街	Hok Ling St	43D8
樺樹街	Beech St	34D2

二十三畫

顯田街	Hin Tin St	104F2
顯和里	Hin Wo Lane	104D3
顯徑街	Hin Keng St	104F2
顯泰街	Hin Tai St	104F3
顯康街	Hin Hong St	104F3
顯發里	Hin Fat Lane	119A6
顯貴里	Hin Kwai Lane	104F3
顯達路	Hilltop Rd	123A5
體育道	Sports Rd	67D7
麟祥街	Lun Cheung St	43D7

二十四畫及以上

艷馬道	Emma Avenue	35F7
獄地坊	Hau Tei Sq	122C2
鷹揚街	Ying Yeung St	43D7
灣仔峽道	Wan Chai Gap Rd	65C8
灣仔道	Wan Chai Rd	65A6
灣景道	Wan King Path	110D3
觀音街	Kun Yam St	41D5
觀音灣道	Kwun Yam Wan Rd	129D8
觀馬台	Koon Ma Terr	84B2
觀塘道	Kwun Tong Rd	50B2
觀塘繞道	Kwun Tong Bypass	51A7
纜車徑	Tramway Path	81A8

十八畫以上 全港街道

Streets

A-B

A Kung Kok Shan Rd	亞公角山路	103A8
A Kung Kok St	亞公角街	103A7
A Kung Ngam Rd	阿公岩道	74A4
A Kung Ngam Village Rd	阿公岩村道	74A1
A Kung Wan Rd	亞公灣路	109A6
Aberdeen Main Rd	香港仔大道	86B3
Aberdeen Praya Rd	香港仔海旁道	86A4
Aberdeen Reservoir Rd	香港仔水塘道	86A2
Aberdeen St	鴨巴甸街	61C5
Airport Tunnel	機場隧道	43C7
Albany Rd	雅賓利道	62A1
Albert Path	亞厘畢里	61A7
Aldrich Bay Rd	愛秩序灣道	74C2
Aldrich St	愛秩序街	74B3
Algar Court	亞厘架臺	58C3
Alnwick Rd	安域道	33A8
Amoy St	廈門街	65C6
Anchor St	晏架街	34F3
Anderson Rd	安達臣道	49B7
Anhui St	安徽街	40C1
Anton St	晏頓街	65F5
Ap Lei Chau Bridge Rd	鴨脷洲橋道	87B6
Ap Lei Chau Drive	鴨脷洲徑	87A6
Ap Lei Chau Praya Rd	鴨脷洲海旁道	89G5
Apliu St	鴨寮街	34A2
Arbuthnot Rd	亞畢諾道	61B7
Argyle St	亞皆老街	35D8
Arran Lane	雅шан里	34D3
Arran St	鴉蘭街	34D3
Arrivals Rd	啟達道	45A8
Arsenal St	軍器廠街	65F5
Arthur St	鴉打街	36C4
Ash St	槐樹街	34F3
Ashley Rd	亞士厘道	38D3
Au Pui Wan St	坳背灣街	102B3
Austin Avenue	柯士甸路	39B5
Austin Rd	柯士甸道	38A4
Babington Path	巴丙頓道	59D5
Bailey St	庇利街	40B3
Baker Court	必嘉圍	41F5
Baker St	必嘉街	41D5
Bank St	銀行街	63F5
Banyan Bridge	翠榕橋	102D4
Baptist-University Rd	浸會大學道	45F6
Barker Rd	白加道	81C7
Basel Rd	巴色道	74A1
Battery Path	炮台里	63G5
Battery St	炮台街	36F4
Bauhinia Rd E	紫荊東路	111G6
Bauhinia Rd N	紫荊北路	111C5
Bauhinia Rd W	紫荊西路	111D5
Beach Rd	海灘道	91G6
Beacon Hill Rd	筆架山道	33A7
Beautiful Terr	精緻台	59D5
Bedford Rd	必發道	34C2
Beech St	樺樹街	34F2
Begonia Rd	海棠路	33F7
Belcher Gardens	寶翠園	57B7
Belcher's St	卑路乍街	57C6
Belfran Rd	巴芬道	35B8
Belleview Drive	麗景道	91G5
Berwick Rd	寶域路	7G7

Berwick St	巴域街	32G4
Big Wave Bay Rd	大浪灣道	95C7
Bisney Rd	碧荔道	79C5
Black's Link	布力徑	83D7
Blenheim Ave	白蘭軒道	39D5
Blue Pool Rd	藍塘道	84C4
Bluff Path	百祿徑	81D7
Boat St	艇街	70C2
Bonham Rd	般咸道	58C4
Bonham Strand	文咸東街	60D3
Bonham Strand W	文咸西街	60F2
Borrett Rd	波老道	63C8
Boundary St	界限街	35B6
Bowen Drive	寶雲道	82A3
Bowen Rd	寶雲道	65D8
Bowring St	寶靈街	36G4
Bowrington Rd	寶靈頓道	67D6
Boyce Rd	布思道	85B7
Braemar Hill Rd	寶馬山道	71F5
Braemar Terrace	卑利馬（寶馬）台	72B1
Braga Circuit	布力架街	35C8
Breezy Path	卑利士道	59A5
Brewin Path	蒲魯賢徑	81A7
Briar Ave	比雅道	84F4
Bride's Pool Rd	新娘潭道	9D7
Bridges St	必列者士街	61D5
Bristol Avenue	碧仙桃路	38D4
Broadcast Drive	廣播道	44G3
Broadway St	百老匯街	30D2
Broadwood Rd	樂活道	67B8
Broom Rd	蟠龍道	84D4
Brown St	布朗街	69D5
Bulkeley St	寶其利街	40F4
Bullock Lane	普樂里	65A6
Burd St	畢街	60D4
Burrows St	巴路士街	65A6
Bute St	弼街	34D3
Butterfly Valley Rd	蝴蝶谷道	30C4
Butts Ave	畢斯路	7G7

C-D

Cadogan St	加多近街	56D4
Caine Lane	堅巷	61F5
Caine Rd	堅道	61D5
Caldecott Rd	郝德傑道	31A6
Calder Path	歌老打路	63F8
Cambridge Rd	劍橋道	45G6
Cameron Lane	金馬倫里	38C4
Cameron Rd	金馬倫道	39C5
Camp St	營盤街	32F1
Canal Rd E	堅拿道東	67D6
Canal Rd W	堅拿道西	67D6
Cannon St	景隆街	66C3
Canton Rd	廣東道	34D4
Cape Collinson Rd	歌連臣角道	76G3
Cape D'Aguilar Rd	鶴咀道	23G7
Cape Drive	環角徑	93D5
Cape Rd	環角路	93F5
Capeland Drive	衛徑	127B8
Caperidge Drive	衛欣徑	127B7
Capevale Drive	衛暉徑	127B8
Cargo Circuit	貨運道	50G3
Carmel Rd	佳美道	93C5
Carmel Village St	迦密村街	37B8
Carnarvon Rd	加拿分道	38C4
Caroline Hill Rd	加路連山道	67A7
Carpenter Rd	賈炳達道	45B8

Cassia Rd	高槐路	33G6
Castle Lane	衛城里	61D6
Castle Peak Rd	青山道	32D1
Castle Peak Rd -	青山公路-	
Hung Shui Kiu	洪水橋段	115F6
Kwai Chung	葵涌段	123F7
Kwu Tung	古洞段	7C8
Lam Tei	藍地段	12A4
Lingnam	嶺南段	117A6
Mai Po	米埔段	111D8
Ping Shan	屏山段	115B5
San Hui	新墟段	117D5
San Tin	新田段	7C7
Sham Tseng	深井段	121F8
So Kwan Wat	掃管笏段	120F2
Tai Lam	大欖段	120A4
Tam Mei	潭尾段	7D6
Ting Kau	汀九段	121C5
Tsuen Wan	荃灣段	122B2
Yuen Long	元朗段	113B6
Tsing Lung Tau	青龍頭段	121G6
Castle Peak Bay	青山灣段	119B6
Castle Peak Rd	青山公路	13D7
Castle Rd	衛城道	61F5
Castle Steps	衛城坊	61F6
Catchick St	吉席街	57D5
Causeway Rd	高士威道	68F3
Cedar St	柏樹街	34B4
Cemetery Rd	墳場路	122G2
Centre St	正街	58C3
Cha Kwo Ling Rd	茶果嶺道	54C4
Chai Wan Kok St	柴灣角街	121B8
Chai Wan Rd	柴灣道	74B4
Chak Fung St	澤豐街	116D4
Chak On Rd	澤安道	32C3
Chan Man St	親民街	110D3
Chan Tong Lane	陳東里	67F5
Chancery Lane	贊善里	61B7
Chang Fa Ave	楂花路	47C7
Changsha St	長沙街	36A4
Chap Fuk Rd	集福路	109C6
Chap Wai Kon St	插桅桿街	103F5
Chater Rd	遮打道	63D5
Chatham Court	漆咸閣	39B5
Chatham Path	漆咸徑	81B8
Chatham Rd N	漆咸道北	40F4
Chatham Rd S	漆咸道南	39F5
Che Fong St	智芳街	123G5
Che Keng Tuk Rd	輋徑篤路	16D2
Che Kung Miu Rd	車公廟路	104C4
Chengtu Rd	成都道	86B4
Cheong Hang Lane	暢行里	41F5
Cheong Hang Rd	暢行道	41F5
Cheong Lok St	長樂街	37F5
Cheong Ming St	昌明街	84B3
Cheong San Lane	昌新里	29B8
Cheong Shing Path	昌盛徑	113D7
Cheong Tai St	昌泰街	122C2
Cheong Tung Rd	暢運道	41F6
Cheong Wan Rd	暢運道	39B7
Cherry St	櫻桃街	34G1
Chester Rd	志士達道	45G8
Cheuk Wan St	卓運街	96B1
Cheung Chau Beach Rd	長洲沙灘堤路	129C7
Cheung Chau Church Rd	長洲教堂路	129C7
Cheung Chau Hospital Rd	長洲醫院路	129D7
Cheung Chau Sai Tai Rd	長洲西灣路	128F1
Cheung Chau Sports Rd	長洲體育路	129D8

Cheung Chi Lane	長智巷	128F2
Cheung Chun Rd	長俊路	128F2
Cheung Fai Rd	長輝路	126D4
Cheung Hang Rd	長坑道	30B3
Cheung Ho St	長好街	126D4
Cheung Hong St	長康街	70C4
Cheung Kan Lane	長庚里	57B7
Cheung Kin Rd	長健路	128F1
Cheung Kwai Rd	長貴路	128B1
Cheung Lai St	長麗街	31D5
Cheung Lee St	祥利街	76D2
Cheung Lek Mei St	長瀝尾街	102A2
Cheung Lung St	長隆街	126D4
Cheung Man Rd	祥民道	76B3
Cheung Mou St	長茂街	31D5
Cheung Ning St	長寧街	43G6
Cheung On Lane	長安里	58C4
Cheung Pak St	長北街	128B1
Cheung Pei Shan Rd	象鼻山路	122B4
Cheung Sha Wan Path	長沙灣徑	31D6
Cheung Sha Wan Rd	長沙灣道	31C6
Cheung Shan Est E Rd	象山邨東路	123A6
Cheung Shan Est W Rd	象山邨西路	123A5
Cheung Shek Rd	長碩路	128F2
Cheung Shing Path	昌盛徑	113D7
Cheung Shing St	長城街	103D5
Cheung Shing St	長盛街	113B5
Cheung Shun St	長順街	31D5
Cheung Tak Lane	祥德里	67F7
Cheung Tat Rd	長達路	126D4
Cheung Wah St	昌華街	31C7
Cheung Wan St	長灣街	126D4
Cheung Wing Rd	長榮路	123C6
Cheung Wong Rd	長旺道	34F3
Cheung Woo Lane	祥和里	67D6
Cheung Yan Lane	長仁巷	128F2
Cheung Yee St	長裔街	31D5
Cheung Yip St	祥業街	51C7
Cheung Yue St	長裕街	31D6
Chi Cheong Rd	知昌路	96C4
Chi Fu Close	置富徑	75F7
Chi Fu Rd	置富道	75C7
Chi Fuk Circuit	置福圈	97F6
Chi Kiang St	浙江街	40B1
Chi Lin Drive	志蓮道	47C5
Chi Ma Hang Rd	芝蔴坑道	128C4
Chi Ma Wan Rd	芝蔴灣道	19F8
Chi Man St	治民街	37C7
Chi Ming St	智明街	96C4
Chi Wa Lane	智華里	97F5
Chi Wing Close	置榮徑	97F6
Chi Wo St	志和街	37F5
Chi Yan Lane	志仁里	130B2
Chico Terr	芝古台	61D6
Chik Choi Lane	積財里	104B3
Chik Chuen St	積存街	104B3
Chik Fai St	積輝街	104B3
Chik Fu St	積富街	104B3
Chik Fuk St	積福街	104A5
Chik Kuk Lane	積穀里	104B4
Chik Sau Lane	積壽里	104B4
Chik Shun St	積信街	104B3
Chik Tai Lane	積泰里	104C3
Chik Tak Lane	積德里	104B3
Chik Wan St	積運街	104C3
Ching Cheung Rd	呈祥道	31B7
Ching Hong Rd	青康路	126D3
Ching Lin Terr	青蓮台	57D6
Ching Ping St	澄平街	36C3
Ching Sau Lane	靜修里	93D5
Ching Tak St	正德街	44A4
Ching Wah St	清華街	70C4
Ching Yeung Ave	青揚路	47B6
Chiu Kwong St	朝光街	58F2
Chiu Lung St	昭隆街	61A5
Chiu Shun Rd	昭信路	109F6
Chiu Tam Path	照潭徑	122A1
Cho Yuen St	草園街	55F6
Choi Chuk St	彩竹街	44B3
Choi Fai St	彩暉街	96C1
Choi Fat St	彩發街	96C1
Choi Fung Path	彩鳳徑	48B1
Choi Ha Rd	彩霞道	48G3
Choi Hung Rd	彩虹道	47F5
Choi Shek Lane	彩石里	50C1
Choi Shek Rd	彩石道	50C1
Choi Shun St	彩順街	96C1
Choi Wan Rd	彩雲道	48F1
Choi Yuen Rd	彩園路	96C3
Chong Fu Rd	創富道	77A5
Chong Yip St	創業街	52D1
Choy Yee Bridge	蔡奇橋	116F4
Chuen Lung St	川龍街	122C2
Chuen On Rd	全安路	99A5
Chui Chuk St	翠竹街	44B2
Chui Hang St	翠杏街	76D3
Chui Lok St	翠樂街	98C3
Chui Tin St	翠田街	105C5
Chui Tong Rd	翠塘道	110F2
Chui Wo Lane	翠和里	98C3
Chui Yi St	翠怡街	98C2
Chuk Hing Lane	竹興里	61B5
Chuk Kok Rd	竹角路	16G2
Chuk Kui Terr	竹居台	65D7
Chuk Lin Lane	竹連里	60G3
Chuk On Lane	竹安里	61A6
Chuk Wan St	祝運街	96A1
Chuk Yau Rd	竹攸路	111F8
Chuk Yeung Rd	竹洋路	110B4
Chuk Yuen Rd	竹園道	44D2
Chun Cheong St	駿昌街	23B8
Chun Choi St	駿才街	23B8
Chun Fai Rd	春暉道	69B8
Chun Fai Terr	春暉台	69B7
Chun Kwong St	駿光街	23B8
Chun Pin St	圳邊街	123D7
Chun Shing St	春勝街	84C4
Chun Sing St	駿昇街	23B8
Chun Tin St	春田街	40C3
Chun Wah Rd	振華道	52A2
Chun Wing St	振榮街	34F1
Chun Wang St	駿宏街	23B8
Chun Yan St	親仁街	47F5
Chun Yat St	駿日街	23B8
Chun Yeung St	春秧街	70B4
Chun Yi Lane	真義里	37B5
Chun Yin Sq	俊賢坊	113D6
Chun Ying St	駿盈街	23B8
Chung Ching St	忠正街	58D2
Chung Hau St	忠孝街	37C8
Chung Hing San St	中興新街	129F6
Chung Hing St	中興街	129F6
Chung Hok Rd	中學路	129F6
Chung Hom Kok Rd	舂磡角道	92F4
Chung King Rd	中景道	60F1
Chung Kong Rd	中港道	60F1
Chung Ling Lane	松嶺里	105A5
Chung Ling Rd	松嶺路	104A4
Chung Ling Path	松嶺徑	116B4
Chung Man St	忠民街	37A8
Chung Mei Rd	涌美路	126D3
Chung Nga Rd	頌雅路	98A4
Chung On St	眾安街	122D2
Chung On Terr	中安台	70D3
Chung Pak Rd	松柏路	104F4
Chung Shan Terr	鍾山台	30A2
Chung Sing Path	鐘聲徑	113D7
Chung Sum Lane	中心里	129F6
Chung Sun St	忠信街	43F8
Chung Wa Rd	重華路	109D6
Chung Wo Lane	中和里	61D5
Chung Wui St	中匯街	34D1
Chung Yi St	忠義街	40G3
Chung Yin Lane	忠賢里	16G1
Church Lane	教堂里	74B3
Church St	教堂街	74B3
Circular Pathway	弓絃巷	60D4
City Garden Rd	城市花園道	70B3
Claymore Ave	利牧徑	75F7
Clear Water Bay Rd	清水灣道	48B3
Clear Water Bay Rd	清水灣道	109D8
Clementi Rd	金文泰道	85A8
Cleveland St	加寧街	66A3
Cleverly St	急庇利街	60D3
Cliff Rd	石壁道	37C5
Cloud View Rd	雲景道	70F3
Clovelly Path	高化利徑	81B7
Club St	會所街	62D4
Cochrane St	閣麟街	61B5
College Rd	書院道	42A3
College View	育賢坊	58A4
Collinson St	歌連臣街	57B6
Comet Drive	彗星道	47F8
Comfort Terr	康福台	70D2
Concorde Rd	協調道	43A7
Conduit Rd	干德道	59B6
Connaught Place	康樂廣場	62F4
Connaught Rd	干諾道中	60B3
Connaught Rd W	干諾道西	58B2
Consort Rise	金粟街	79C5
Container Port Rd	貨櫃碼頭路	124B4
Container Ports Rd South	貨櫃碼頭南路	125G6
Convain Drive	康威道	47D8
Convention Ave	會議道	64C2
Cooke St	曲街	41F5
Coombe Rd	甘道	82D4
Cooper Rd	谷柏道	85C5
Cornwall Ave	康和里	38D4
Cornwall St	歌和老街	33B6
Cornwall Terr	歌和臺	44G4
Coronation Terr	加冕台	61D5
Cotton Path	棉花路	69G5
Cotton Tree Drive	紅棉路	63D7
Cox's Path	覺士徑	37G5
Cox's Rd	覺士道	37G6
Craigmin Rd	忌利文道	81D8
Creasy Rd	祈禮士道	85B6
Cross Lane	交加里	65A6
Cross St	交加街	65C6
Crown Terrace	冠冕台	78C4
Cumberland Rd	金巴倫道	35A8
D'Aguilar St	德己立街	61A6

Streets

Dai Cheung St	大昌街	99B8	Fa Yuen St	花園街	35D5	Fu Peng St	富坪街	130B2
Dai Fat St	大發街	99B7	Factory St	工廠街	74B3	Fu Shin St	富善街	98D3
Dai Fu St	大富街	99A8	Fai Ming Rd	暉明路	97G7	Fu Tei Au Rd	虎地坳道	8C1
Dai Hei St	大喜街	99C8	Fairview Park Rd E	錦繡大道東	111F6	Fu Tei Rd	富地路	117B6
Dai Kwai St	大貴街	99B8	Fairview Park Rd N	錦繡大道北	111D6	Fu Tin Lane	富田里	104D3
Dai Li St	大利街	99A8	Fairview Park Rd S	錦繡大道南	111F5	Fu Tsui St	府翠街	76F4
Dai Pang St	大鵬街	99B8	Fairview Park Rd W	錦繡大道西	111D5	Fu Uk Rd	傅屋路	123C5
Dai Shing St	大盛街	99B7	Fairview Park Sec G	錦繡大道 G段	111F6	Fu Wah St	富華街	122C2
Dai Shun St	大順街	99B8	Fairview Park Sec I	錦繡大道 I段	111D5	Fu Wan St	富運街	44D4
Dai Wang St	大宏街	99B7	Fairview Park Sec K	錦繡大道 K段	111D6	Fu Wing St	富榮街	122C2
Dakota Drive	德高道	43A7	Fan Kam Rd	粉錦公路	7F8	Fu Yan St	輔仁街	52C3
David Lane	爹核里	58C3	Fan Leng Lau Rd	粉嶺樓路	97B6	Fu Yip St	富業街	112C4
Davis St	爹核士街	56D4	Fan Wa St	繁華街	54B2	Fu Yue St	富裕街	44D4
Deep Bay Rd	深灣路	6D3	Fanling Highway	粉嶺公路	96D3	Fu Yung Shan Rd	芙蓉山路	122A3
Deep Water Bay Drive	深水灣徑	90B3	Fanling Station Rd	粉嶺車站路	97D7	Fu Yung St	芙蓉街	122C1
Deep Water Bay Rd	深水灣道	90B4	Farm Rd	農圃道	42D4	Fui Sha Wai Lane	灰沙圍里	115C6
Departures Cir	啟揚道	43A7	Fat Hing St	發興街	60G3	Fui Yiu Kok St	灰窰角街	122D2
Derby Rd	打比道	45G8	Fat Kwong St	佛光街	40F2	Fui Yiu Lane	灰窰里	110D2
Des Voeux Rd C	德輔道中	60B3	Fat Lee St	發利街	130B2	Fuk Chak St	福澤街	34F1
Des Voeux Rd W	德輔道西	58F2	Fat Tseung St	發祥街	31F7	Fuk Cheung St	福祥街	42C4
Devon Rd	德雲道	33C8	Fat Yip Lane	發業里	121B7	Fuk Chi St	福至街	41D6
Dianthus Rd	石竹路	33G7	Fau Tsoi St	阜財街	113B6	Fuk Hang St	福恒街	112D2
Discovery Bay Rd	愉景灣道	127A6	Fei Fung St	飛鳳街	46G4	Fuk Hang Lane	福恒里	66B4
Discovery Hill Rd	愉景山道	127C5	Fei Ha Rd	飛霞路	49B6	Fuk Hang Tsuen Rd	福亨村路	12A4
Dock St	船澳街	41C5	Fei Ngo Shan Rd	飛鵝山道	49A7	Fuk Hi St	福喜街	112D4
Don Bosco Rd	思高路	128D3	Fei Tsui Rd	翡翠道	76F1	Fuk Hing Lane	福興里	66B4
Dorset Crescent	多實道	33C8	Fei Wan Rd	飛雲路	49A8	Fuk Kwan Ave	福群道	69C6
Douglas Lane	德忌利士巷	61A5	Fenwick Pier St	分域碼頭街	64G3	Fuk Lee St	福利街	34C1
Douglas St	德忌利士街	62G3	Fenwick St	分域街	64D3	Fuk Lo Tsun Rd	福佬村道	45C8
Dragon Rd	皇龍道	68C2	Ferry St	渡船街	36B3	Fuk Loi Lane	福來里	122B1
Dragon Terr	金龍台	68C3	Fessenden Rd	范信達道	44F3	Fuk Lok Lane	豐樂里	113D7
Drake St	德立街	63B6	Fife St	快富街	34F4	Fuk Lok P	福樂徑	113F6
Duddell St	都爹利街	63G6	Findlay Path	芬梨徑	81C6	Fuk Man Rd	福民路	110D3
Duke St	公爵街	35B8	Findlay Rd	芬梨道	81C6	Fuk Ning Rd	福寧道	52D4
Dumbarton Rd	東寶庭道	45D7	Finnie St	芬尼街	72C2	Fuk On Lane	福安里	60G4
Dunbar Rd	登巴道	42D1	Fir St	松樹街	34D3	Fuk Sau Lane	福壽里	58D3
Dundas St	登打士街	36A3	First Lane	第一巷	69D5	Fuk Shing P	福盛徑	113F6
Dung Fat St	登發街	122C2	First St	第一街	58C3	Fuk Shun St	福順街	112F1
Durham Rd	對衡道	45G7	Fleming Rd	菲林明道	64B3	Fuk Tin P	福田徑	113F6
Dyer Ave	戴亞街	41C5	Flint Rd	火石道	42A1	Fuk Tong Rd	福塘道	52F4
			Flower Market Rd	花墟道	35B6	Fuk Tsun St	福全街	34D2
E-F			Fo Tan Rd	火炭路	102A2	Fuk Wa St	福華街	31C7
			Fong Wah Lane	芳華里	46D2	Fuk Wang St	福宏街	112D1
Earl St	伯爵街	42B2	Foo Kwai St	富貴街	34F1	Fuk Wing St	福榮街	31C7
East Embankment	東堤	71A6	Foo Ming St	富明街	67C5	Fuk Yan St	福欣街	112D1
East Point Rd	東角道	66B4	Foo Yuen St	富源街	47G7	Fuk Yuen St	福元街	70C3
Eastbourne Rd	義本道	33A7	Fook Hong St	福康街	113C6	Fung Cheung Rd	鳳翔路	113B7
Eastern Hospital Rd	東院道	69F6	Fook Tak St	福德街	113C6	Fung Chi Rd	鳳池路	113F5
Eastern Rd	歐東街	50F1	Fook Yat St	福日徑	113C6	Fung Fai Terrace	鳳輝台	84C2
Eastern St	東邊街	58B3	Fook Yum Rd	福蔭道	70D2	Fung Ha Rd	峰霞道	76G1
Ede Rd	義德道	33A8	Forbes St	科士街	56F4	Fung Heung St	鳳香街	113B7
Ede Terr	義德臺	44G3	Forfar Rd	科發道	42B4	Fung Kam St	鳳琴街	113A7
Edinburgh Place	愛丁堡廣場	62D4	Fort St	堡壘街	70C4	Fung Kat Heung Rd	逢吉鄉路	7F6
Electra Drive	電星道	47G8	Fortress Hill Rd	炮台山道	70C3	Fung Kong Tsuen Rd	鳳降村路	6F3
Electric Drive	電氣道	70F2	Fortune St	富時街	31D7	Fung Kwan St	鳳群街	113A7
Electric St	電氣街	65G6	Fraser Rd	符禮頓道	119A6	Fung Lok Lane	豐樂里	112D7
Elegance Rd	雅麗道	52C1	Fu Chi Path	富池徑	47B7	Fung Mat Rd	豐物道	57A8
Elgin St	伊利近街	61C6	Fu Chung Lane	富忠里	99B5	Fung Mo St	鳳舞街	45B5
Elm St	榆樹街	34D2	Fu Fat Lane	富發里	119B6	Fung Nam Rd	鳳忠路	96B2
Embankment Rd	基堤道	35B7	Fu Hang Rd	虎坑路	117A6	Fung Nin Rd	豐年路	113D7
Emma Avenue	艷馬道	35F8	Fu Hing St	符興街	96C3	Fung On St	豐安街	118B4
Essex Crescent	雅息士道	33G8	Fu Keung St	富強街	44D4	Fung Ping Lane	鳳坪里	32A4
Expo Drive	博覽道	64C1	Fu Kin St	富健街	104F3	Fung Sau Rd	鳳秀路	16C4
Expo Drive Central	博覽道中	64C2	Fu Kwai Path	富貴徑	122D4	Fung Shek St	豐石街	105C6
Expo Drive East	博覽道東	64B1	Fu Mei St	富美街	44C4	Fung Shing St	豐盛街	48A2
Ezra's Lane	伊沙里	61B6	Fu Mei St East	富美東街	45C5	Fung Shue Wo Rd	楓樹窩路	126C3
Fa Ping Rd	花屏路	128D3	Fu Ning St	富寧街	43B5	Fung Shun St	豐順道	102D2
Fa Po St	花圃街	33F7	Fu On St	富安街	45D5	Fung Tak Rd	鳳德道	46D4
						Fung Tin St	奉天街	86C3

Fung Un St	逢源街	67A5	Hang Kwong St	恆光街	106D1	Hin Tin St	顯田街	104F2
Fung Wan Rd	豐運路	98G3	Hang On St	恆安街	52C2	Hin Wo Lane	顯和里	104D3
Fung Wah St	豐華街	46F1	Hang Ping St	坑坪街	123D6	Hing Choi St	興才街	116G2
Fung Wo Lane	豐禾里	102D3	Hang Shing St	恆城街	103D5	Hing Fat St	興發街	70G1
Fung Wong Terr	鳳凰台	65C7	Hang Shun St	恆信街	101F8	Hing Fong Rd	興芳路	123G5
Fung Yau St E.	鳳攸東街	113A7	Hang Sin Lane	行善里	103G7	Hing Fu St	興富街	116B2
Fung Yau St N.	鳳攸北街	113A7	Hang Tak St	恆德街	101F8	Hing Hon Rd	興漢道	58F4
Fung Yau St S.	鳳攸南街	113A7	Hang Tau Rd	坑頭路	7C8	Hing Keng Shek Rd	慶徑石路	16F2
Fung Yi St	鳳儀街	43D7	Hang Wan Rd	幸運道	43B6	Hing Kwai St	興貴街	116B3
Fung Yip St	豐業街	77C6	Hang Yip St	恆業街	51A7	Hing Lee St	興利街	130B2
Fung Yuen Rd	鳳園路	99A6	Hankow Rd	漢口道	38D3	Hing Lung Back St	興隆後街	129D7
			Hanoi Rd	河內道	38D4	Hing Lung Lane E	興隆東街	58G3
G-H			Happy View Terr	樂景台	67A8	Hing Lung Lane W	興隆西街	58G3
			Happy Villa	樂園	30A1	Hing Lung Main St	興隆正街	129D7
Gage St	結志街	61B5	Harbour Drive	港灣徑	64A4	Hing Lung St	興隆街	60B4
Garden Rd	花園道	63G7	Harbour Parade	海港道	71A5	Hing Man St	興民街	74D2
Garden Terr	花園台	81A7	Harbour Rd	港灣道	64A3	Hing Ning Rd	興寧路	125A5
Gascoigne Rd	加士居道	37F7	Harbour View St	港景街	62G3	Hing On Lane	興安里	118B3
George's Lane	佐治里	61C5	Harcourt Rd	夏慤道	63A6	Hing Ping Rd	慶平路	117B6
Gillies Ave North	機利士北路	40C3	Harlech Rd	夏力道	80B2	Hing Shing Rd	興盛路	123F5
Gillies Ave South	機利士南路	41F5	Hart Avenue	赫德道	39D5	Hing Tin Close	慶田圍	53F7
Gilman St	機利文街	60B4	Hatton Rd	克頓道	59F7	Hing Wah St	興華街	31C7
Gilman's Bazaar	機利文新街	60B4	Hau Fook St	厚福街	39D5	Hing Wan St	慶雲街	65B8
Glass St	玻璃街	70D1	Hau Man St	孝民街	37B8	Hing Wo St	興和街	86D3
Glee Path	吉利徑	30D2	Hau Tak Lane	厚德里	67G8	Hing Wong St	興旺街	116G3
Glenealy	己連拿利	61B8	Hau Tei Sq	鱟地坊	122C2	Hing Yan St	興仁街	43F8
Gloucester Rd	告士打道	64A4	Hau Wo St	厚和街	56D4	Hing Yin St	興賢街	43F8
Golden Bamboo Rd E.	金竹東路	111F6	Hau Wong Rd	侯王道	45C8	Hing Yip St	興業街	52G3
Golden Bamboo Rd N.	金竹北路	111D5	Hau Yuen Path	校園徑	71G5	Hip Wo Lane	協和里	84B3
Golden Hill Rd	金山路	15F5	Haven St	希雲街	67A6	Hip Wo St	協和街	52C3
Goldsmith Rd	高士美道	85C5	Hawthorn Rd	荷塘道	84D4	Hip Yan St	協欣街	102D3
Good Shepherd St	牧愛街	40G1	Headland Drive	朝暉徑	127A6	Hiram's Highway	西貢公路	110F1
Gordon Rd	歌頓道	60D4	Headland Rd	赫蘭道	92F3	Hiu Kwong St	曉光街	53B5
Gough Hill Path	歌賦山里	81F6	Healthy St Central	健康中街	71B8	Hiu Ming St	曉明街	53C5
Gough Hill Rd	歌賦山道	81D7	Healthy St East	健康東街	71B8	Hiu Tsui St	曉翠街	77F6
Gough St	歌賦街	60C4	Healthy St West	健康西街	71B8	Hiu Wan Rd	曉雲路	98G3
Graham St	嘉咸街	61B5	Heard St	克街	67G6	Hiu Yuk Path	曉育徑	53D6
Grampian Rd	嘉林邊道	45D8	Hee Wong Terr	羲皇台	57D6	Ho Choi Lane	浩財里	12D3
Granville Circuit	嘉蘭圍	39C5	Hei Wo St	熙和街	70B3	Ho Chung Rd	蠔涌路	16F1
Granville Rd	加連威老道	39B6	Hei Yuen St	戲院街	98D3	Ho Fat Lane	浩發里	12D3
Granville Square	加連威老廣場	39C6	Henderson Rd	軒德蓀道	85B6	Ho Fuk St	浩福街	12D3
Great George St	記利佐治街	66B4	Heng Lam St	杏林街	45C6	Ho Hing Circuit	河東里	116F4
Green Lane	箕璣坊	84D4	Hennessy Rd	軒尼詩道	65B5	Ho Hoi St	浩海街	12D3
Greig Crescent	基利坊	72G4	Hereford Rd	禧福道	45F6	Ho King St	好景街	87A5
Greig Rd	基利路	72G3	Heung Che St	香車街	122B1	Ho Kwok Lane	何郭里	61A6
Gresson St	機利臣街	65F6	Heung Fan Liu St	香粉寮街	104B2	Ho Lee St	好利街	130B2
Grinkgo Rd	銀杏路	111F5	Heung Hing Lane	香馨里	60G2	Ho Lek Pui St	河瀝背街	102B2
Guildford Rd	僑福道	82D2	Heung Shing St	享成街	122C1	Ho Man Tin Hill Rd	何文田山道	35G8
Gullane Rd	嘉齡道	42D2	Heung Sze Wui Rd	鄉事會路	98D3	Ho Man Tin St	何文田街	37A6
Gutzlaff St	吉士笠街	61B5	Heung Sze Wui St	鄉事會街	98F3	Ho Pong St	河傍街	116G4
Ha Heung Rd	下鄉道	40C1	Heung Wo St	享和街	122C1	Ho Pui St	河背街	122D2
Ha Ko Tan St	下高灘街	126D3	Heung Yip Rd	香葉道	88D2	Ho Suen St	浩船街	12D3
Ha Mei Rd	廈尾路	114G3	Hi Lee Path	喜利徑	113D6	Ho Tin St	河田街	116F3
Hai Tan St	海壇街	29B8	Hi Lung Lane	熙龍里	36C4	Ho Tung Rd	何東道	42A2
Haiphong Rd	海防道	38D2	Hi Shi Rd	喜士路	129F7	Ho Wong St	河旺街	116D4
Hak Pa Rd	黑排路	129D8	Hi Yip St	喜業街	113C5	Ho Yeung St	浩洋街	12D3
Hak Po St	黑布街	35G6	High St	高街	58C4	Hoi An St	海晏街	74D2
Ham Tin St	鹹田街	122D2	High View Rd	翠景路	100B3	Hoi Bun Rd	海濱道	52F1
Ham Yu St	鹹魚街	58B2	Hill Rd	山道	57C8	Hoi Chak St	海澤街	72B2
Hamilton St	咸美頓街	36B4	Hill Side Rd	山邊路	129F7	Hoi Ching St	海澄街	74D2
Hammer Hill Rd	斧山道	47B5	Hillier St	禧利街	60D4	Hoi Chiu St	海潮街	74C2
Hampshire Rd	衡州道	45G7	Hilltop Rd	顯達路	123A5	Hoi Chu Rd	海珠路	118C4
Hang Fu St	恆富街	118C4	Hillwood Rd	山林道	38A4	Hoi Foo St	海富街	74D2
Hang Hau Rd	坑口道	109D7	Hin Fat Lane	顯發里	119A6	Hoi Fung Path	海鳳徑	93C7
Hang Hau Wing Lung Rd	坑口永隆路	24A1	Hin Hong St	顯康街	104F3	Hoi Ha Rd	海下路	121C8
Hang Hong St	恆康街	106F2	Hin Keng St	顯徑街	104F3	Hoi Hong St	海康街	72C2
Hang Kam St	恆錦街	106F1	Hin Kwai Lane	顯貴里	104F3	Hoi Keung St	海強街	74C2
Hang Kwai St	恆貴街	118C4	Hin Tai St	顯泰街	104F3			

Streets

223

Hoi King St	海景街	34F1	Hop Yat Rd	合一道	42F4	Ka Fu Close	嘉富坊	96B1
Hoi King Toi	海景台	130B2	Hop Yick Rd	合益道	113B7	Ka Fuk Lane	嘉福里	120F2
Hoi Kok St	海角街	121C8	Horizon Drive	海天徑	93F5	Ka Hing Rd	嘉慶路	123G6
Hoi Kwai Rd	海貴路	122C1	Hornsey Rd	香雪道	81A6	Ka Lok St	嘉樂街	52C3
Hoi Kwong St	海光街	72C2	Horse Shoe Lane	馬蹄徑	52D2	Ka Lung Rd	嘉龍路	7C7
Hoi Lee St	海利街	74D2	Hospital Path	醫院徑	81C7	Ka Ning Path	嘉寧徑	69F5
Hoi Ning St	海寧街	74F2	Hospital Rd	醫院道	58A4	Ka On St	嘉安街	58G2
Hoi On Rd	海安路	121C7	Houston St	厚誠街	66B3	Ka Shin St	嘉善街	34F1
Hoi Pa Kau St	海壩舊街	122C3	How Ming Lane	巧明里	52D1	Ka Shue Rd	嘉澍路	16G1
Hoi Pa St	海壩街	122C2	How Ming St	巧明街	52F3	Ka Siu Close	嘉兆里	97C6
Hoi Ping Rd	開平道	67B6	Humbert St	恆柏街	30C2	Ka Ting Rd	嘉定路	123G6
Hoi Shing Rd	海盛路	121C8	Humphreys Ave	堪富利士道	67B6	Ka Wah Terr	嘉華臺	47B5
Hoi Tai St	海堤街	72C2	Hung Cheung Rd	洪祥路	116G3	Ka Wai Man Rd	加惠民道	56F3
Hoi Tak St	海德街	122C1	Hung Fook St	鴻福街	40B2	Ka Wing St	嘉榮街	55F6
Hoi Wah Rd	海華路	118C4	Hung Hing Rd	鴻興道	66F2	Ka Wo Li Hill Rd	嘉和里山路	120F2
Hoi Wan St	海灣路	72C2	Hung Hom Rd	紅磡道	41B5	Ka Wo St	嘉禾街	86D3
Hoi Wing Rd	海榮路	118C4	Hung Hom South Rd	紅磡南道	41D6	Ka Yip St	嘉業街	77A6
Hoi Wong Rd	海皇路	118D3	Hung Hom Wan St	紅磡灣街	41D6	Kadoorie Ave	嘉道理道	35D7
Hoi Yu St	海裕街	72B3	Hung Kwong St	鴻光街	43F5	Kai Cheung Rd	啟祥道	50D3
Hoi Yuen Rd	開源道	52F3	Hung Min Court	紅棉閣	113C7	Kai Chi Close	啟志街	122C2
Hok Cheung St	鶴翔街	40B4	Hung Mui Ave	紅梅路	47C6	Kai Chiu Rd	啟超道	66B4
Hok Ling St	鶴齡街	43D8	Hung Mui Kuk Rd	紅梅谷路	104D4	Kai Fat Path	啟發徑	117G5
Hok Lo Lane	學老巷	129D7	Hung Shing St	洪聖街	87A5	Kai Fuk Rd	啟福道	51D6
Hok Sz Terr	學士台	57D6	Hung Shui Kiu Main St	洪水橋大街	115G6	Kai Hing Rd	啟興道	51B7
Hok Tau Rd	鶴藪道	8D4	Hung Tai Rd	洪逸路	115F7	Kai Hong Close	啟康街	122C1
Hok Yu Lane	學餘里	42F1	Hung Tin Rd	洪天路	114F4	Kai Lai Rd	啟禮道	50D2
Hok Yuen St	鶴園街	40D3	Hung To Rd	鴻圖道	52F2	Kai Lim Rd	佳廉道	53F5
Hok Yuen St E	鶴園東街	40B3	Hung Wan St	鴻運街	43D7	Kai Lok St	啟樂街	50D2
Holland St	荷蘭街	57C6	Hung Yip St	鴻業街	51B6	Kai Man Path	啟民徑	116F4
Holly Rd	冬青道	84D4	Hysan Ave	希慎道	67B5	Kai Ming St	啟明街	40C2
Hollywood Rd	荷李活道	61C5				Kai Shing Rd	啟成街	50F3
Holy Cross Path	聖十字徑	74F1	**I - J**			Kai Shun Rd	啟信道	50F3
Homestead Rd	堪佳達道	81F5	Ice House St	雪廠街	62F4	Kai Tai Lane	啟泰里	50C2
Hon Ka Rd	漢家路	98D2	Ichang St	宜昌街	38D3	Kai Tak Rd	啟德道	45B8
Hong Cheung St	康祥街	73F7	Illumination Terr	光明台	69C5	Kai Tin Rd	啟田道	53G6
Hong Chong Rd	康莊道	39A8	In Ku Lane	賢居里	58A3	Kai Wah St	啟華街	50F2
Hong Fai Rd	康輝路	120B3	In Mi Lane	賢美里	60G4	Kai Yan St	啟仁街	50D1
Hong Fu Rd	康富道	110G2	Inverness Rd	延文禮士道	45D8	Kai Yip Rd	啟業路	50C1
Hong Keung St	康強街	47G7	Irving St	伊榮街	67A5	Kai Yuen St	繼園街	71C7
Hong Kin Rd	康健路	110G2	Island East Corridor	東區走廊	70D1	Kai Yuen Terr	繼園台	71B7
Hong King St	康景街	113C6	Island House Lane	元洲仔第	99F6	Kak Tin St	隔田街	105D5
Hong Lee Rd	康利道	52B2	Island Rd	香島道	90F4	Kam Cheung Sq	金祥坊	113C7
Hong Lok Rd E	康樂東路	111A7	Ivy St	埃華街	34D2	Kam Chi Path	金池徑	47A7
Hong Lok Rd W	康樂西路	111B6	Jackson Rd	昃臣道	63D5	Kam Chuk Lane	金竹里	44C3
Hong Lok St	康樂街	34F4	Jade Lane	翡翠里	109C8	Kam Fai Path	金輝徑	113C7
Hong Lok Yuen 9th St	康樂園第九街	111B7	Jaffe Rd	謝斐道	66C3	Kam Fong St	甘芳街	36A3
Hong Lok Yuen Rd	康樂園路	111B6	Jardine's Bazaar	渣甸街	67A5	Kam Fung St	金鳳街	46F3
Hong Man St	康民街	76D2	Jardine's Crescent	渣甸坊	67B5	Kam Hong St	琴行街	71B6
Hong Nin Path	康年徑	110F2	Jat Min Chuen St	乙明邨街	105B6	Kam Lam St	甘霖街	34G4
Hong Ning Rd	康寧道	52A2	Jats Incline	扎山道	48A3	Kam Ping St	錦屏街	71C5
Hong On St	康安街	73F5	Java Rd	渣華道	71A6	Kam Pok Rd	錦壆路	111G6
Hong Pak Path	康柏徑	72G3	Jervois St	蘇杭街	60D4	Kam Shan Rd	金山路	98D1
Hong Ping St	康平街	77D6	Jockey Club Rd	馬會道	96A2	Kam Sheung Rd	錦上路	14A1
Hong Po Rd	康寶路	12A4	Johnston Rd	莊士敦道	65B6	Kam Shing Rd	金城道	44G4
Hong Shing St	康盛街	72G4	Joint St	聯接街	125B5	Kam Shue Rd	甘澍道	16G1
Hong Tai Path	康泰徑	39B7	Jones St	重士街	69D5	Kam Tin Rd	錦田公路	14A1
Hong Tak Rd	康德道	51B5	Jordan Path	佐寧徑	37G6	Kam Tsin Rd	金錢路	8D1
Hong Tat Path	康達徑	39B7	Jordan Rd	佐敦道	37G5	Kam Wa St	金華街	74B3
Hong Ting Path	康定徑	110F2	Jordan Valley North Rd	佐敦谷北道	48G3	Kam Wing St	錦榮街	47G7
Hong Ting Rd	康定路	110F2	Jubilee St	租庇利街	60A4	Kam Wo Bridge	錦和橋	98D1
Hong Tsuen Rd	康村路	110F1	Julia Ave	棗聲雅道	35F7	Kam Ying Rd	錦英路	106C4
Hong Wah St	康華街	46D2	Junction Rd	聯合道	45D5	Kam Yu Rd	錦裕道	98D1
Hong Wing Path	康榮徑	39B7	Jupiter St	木星街	70D2	Kam Yuen Lane	金源里	76D4
Hong Yip St	康業街	112B4				Kansu St	甘肅街	36D4
Hong Yue St	康裕街	73F5	**K-L**			Kap Pin Long Lane	甲邊塱里	16C1
Honiton Rd	漢寧頓道	59D5				Kat Hing Back St	吉慶後街	130G3
Hop Choi St	合財街	113B7				Kat Hing St	吉慶街	130G3
Hop Kwan St	合群街	34C1	Ka Choi Lane	嘉才里	120F2	Kat On St	吉安街	65B8

Streets

Name	中文	Ref
Kau Hui Chik St	舊墟直街	98C3
Kau Pui Lung Rd	靠背壟道	42G4
Kau To Shan Rd	九肚山路	100F4
Kau U Fong	九如坊	60C4
Kau U Fong N	九如坊北	60C4
Kau U Fong W	九如坊西	60C4
Kau Wa Keng	九華徑	30A1
Kau Yuk Rd	教育路	113C7
Kei Lun Path	麒麟徑	117F5
Kei Tsing St	麒青街	117B5
Kei Yip Lane	基業里	52G2
Kei Yip Lane	基業街	52F2
Keng Hau Rd	徑口路	104F1
Keng Pang Ha Rd	徑棚下路	16C2
Keng Shan Lane	瓊山里	74A2
Kennedy Rd	堅尼地道	63C7
Kennedy St	堅彌地街	65B8
Kennedy Terr	堅尼地台	63G8
Kennedy Town New Praya	堅彌地城新海旁	56C4
Kennedy Town Praya	堅彌地城海旁	57B6
Kent Rd	根德道	33B7
Keswick St	敬誠街	67A5
Keung Shan Rd	羗山道	18F3
Keung Yip St	強業街	113B5
Ki Ling Lane	奇靈里	58D2
Ki Lung St	基隆街	34A2
Kiang Hsi St	江西街	40C1
Kiang Su St	江蘇街	40C1
Kik Yeung Rd	擊壤路	113D6
Kim Shin Lane	兼善里	31C7
Kimberley Rd	金巴利道	38B4
Kimberley St	金巴利街	39C5
Kin Chuen St	健全街	123C5
Kin Fat Lane	建發里	116F3
Kin Fat St	建發街	116F3
Kin Fung Cir	建豐圓	116F4
Kin Hong St	健康街	123C5
Kin Kei St	建基街	116F3
Kin Kwan St	建群街	116G3
Kin Kwok St	建國街	116F3
Kin Lok St	建樂街	113B7
Kin Lung St	建隆街	116F3
Kin Man St	建文街	56D4
Kin Ming St	建明街	122B2
Kin On St	建安街	116F3
Kin San Lane	建新里	129F6
Kin Sau Lane	乾秀里	61C5
Kin Shing Lane	建盛里	116D4
Kin Tai St	建泰街	116G3
Kin Tak St	建德街	113B7
Kin Tsuen St	健全街	123C5
Kin Wah St	建華街	70C4
Kin Wing Lane	建榮里	116F3
Kin Wing St	建榮街	116F3
Kin Wong Lane	建旺里	116F3
Kin Wong St	建旺街	116F3
Kin Yip St	建業街	113B7
King Cho Rd	敬祖路	125C5
King Fuk St	景福街	47F7
King Fung Path	景峰徑	117C6
King Hong St	景康街	47F7
King Kwong St	景光街	84B3
King Lam St	瓊林街	31C5
King Ming Rd	景明道	70D1
King Sau Lane	景秀里	117C6
King Sing St	景星街	65B7
King St	京街	69D5
King Tai St	景泰街	47F7
King Tak St	敬德街	42F1
King Tung St	瓊東街	47A5
King Wah Rd	京華道	70C2
King Wan St	雲景街	43G7
King Yin Lane	敬賢里	108B4
King Yip Lane	敬業里	52F4
King Yip St	敬業街	52G3
King's Park Rise	京士柏徑	37C6
King's Rd	英皇道	70C3
Kingston St	京士頓街	66A3
Kiu Hing Rd	僑興路	13A6
Kiu Kiang St	九江街	32F2
Kiu Lok Sq	僑樂坊	113C6
Kiu Shing St	橋盛街	115D5
Kiu Wong St	橋旺街	114D4
Kiu Yam St	僑蔭街	32D2
Knight St	近街	35B8
Knutsford Terr	諾士佛臺	38B4
Ko Chiu Rd	高超道	55F7
Ko Fai Rd	高輝道	55F5
Ko Fong St	高芳街	122G4
Ko Long Rd	高朗道	55D7
Ko Shan Rd	高山道	40D2
Ko Shing St	高陞街	58A3
Kok Cheung St	角祥街	29F8
Kom Tsun St	甘泉街	30C4
Kom U St	甘雨街	58A3
Kong Pui St	崗背街	102G4
Kong Tai Rd	江大路	7G7
Koon Ma Terr	觀馬台	84B2
Koon Wah Lane	貫華街	46D2
Kornhill Rd	康山道	72F3
Kotewall Rd	旭龢道	59C6
Kowloon City Rd	九龍城道	43D6
Kowloon Park Drive	九龍公園徑	38F3
Kowloon Rd	九龍道	32D2
Kui In Fong	居賢坊	60F4
Kui Sik St	居適街	97B8
Kui Tat St	居達街	97C7
Kui Yan Lane	居仁里	58F4
Kuk Ting St	谷亭街	113B6
Kun Yam St	觀音街	41D5
Kung Lok Rd	功樂道	52B1
Kung Um Rd	公庵路	113D8
Kung Yip St	工業街	123F7
Kut Shing St	吉勝街	76D2
Kwai Cheong Rd	葵昌路	123F6
Kwai Chung Hosp. Rd	葵涌醫院路	125D6
Kwai Chung Rd	葵涌道	30D1
Kwai Fat Rd	葵發路	123D6
Kwai Fong St	桂芳街	84C3
Kwai Foo Rd	葵富路	123G5
Kwai Fuk Rd	葵福路	122G3
Kwai Fung Crescent	葵豐臺	124A4
Kwai Hau St	葵孝街	122F4
Kwai Hei St	葵喜街	124A4
Kwai Heung St	桂香街	58C2
Kwai Hing Rd	葵興路	123F6
Kwai Hong St	葵康街	124B4
Kwai Hop St	葵合街	123D5
Kwai King Rd	葵景路	124B3
Kwai Lok St	葵樂街	124A4
Kwai Luen Rd	葵聯路	123G5
Kwai On Rd	葵安道	123G6
Kwai Sau Rd	葵秀路	123D6
Kwai Shing Cir	葵盛圓	122F4
Kwai Shun St	葵順街	124A4
Kwai Sing Lane	桂成里	84C3
Kwai Tai Rd	葵泰路	124B3
Kwai Tak St	葵德街	124B4
Kwai Ting Rd	葵定路	123G6
Kwai Tsing Rd	葵青路	124F3
Kwai Tsui St	貴翠街	76F3
Kwai Wa Lane	貴華里	60D4
Kwai Wing Rd	葵榮路	123D6
Kwai Wo St	葵和街	124B4
Kwai Yan Rd	葵仁路	125A5
Kwai Yi Rd	葵義路	125A5
Kwai Yip St	葵葉街	123D5
Kwai Yue St	葵裕街	124B2
Kwan Mun Hau St	關門口街	122D3
Kwan Yick St	均益街	56D4
Kwei Chi Path	貴池徑	47B7
Kwei Chow St	貴州街	43G7
Kwei Tei St	桂地街	102A2
Kwei Tei Sun Chuen Rd	桂地新村路	102A1
Kweilin	桂林街	32G2
Kwok Hing Lane	郭興里	58B3
Kwok Man Rd	國民路	129C6
Kwok Shui Rd	國瑞路	123C6
Kwong Cheung St	光昌街	31C7
Kwong Chiu Terr	光超台	70C3
Kwong Fai Cir	光輝圓	123B6
Kwong Fai Lane	光輝里	123D6
Kwong Fuk Lane	廣福里	98D3
Kwong Fuk Rd	廣福道	98D4
Kwong Fuk Sq	廣福坊	98D4
Kwong Fung Lane	廣豐街	58B3
Kwong Fung Terr	廣豐臺	58F3
Kwong Lee Rd	廣利道	32C2
Kwong Ming St	光明街	65F6
Kwong Shing St	廣成街	31B7
Kwong Sin St	廣善街	103G7
Kwong Wa St	廣華街	37A5
Kwong Wang St	廣宏街	99D5
Kwong Yik Lane	廣益里	65F6
Kwong Yung St	廣鏞街	37A5
Kwu Hang Rd	古坑道	122D3
Kwu Tung Rd	古洞路	7C7
Kwu Uk Lane	古屋里	122C3
Kwun Chung St	官涌街	36G4
Kwun Fat St	冠發街	120C2
Kwun Fung St	冠峰街	120C2
Kwun Tong Rd	觀塘道	51B5
Kwun Tong Bypass	觀塘繞道	51A7
Kwun Yam Wan Rd	觀音灣道	129D8
La Salle Rd	喇沙利道	45F6
Ladder St	樓梯街	61F5
Ladder St Terr	樓梯台	61F5
Lady cecill's Ride	金夫人馳馬徑	82F4
Laguna St	麗維街	54A2
Laguna East St	麗港東街	54A3
Laguna South St	麗港南街	54A3
Lai Chi Kok Rd	荔枝角道	34C3
Lai Chi Ling Rd	麗志街	125C6
Lai Cho Rd	麗祖路	125C5
Lai Fat St	荔發街	31G6
Lai Fong St	禮芳街	123G5
Lai Fung St	荔豐街	125C5
Lai Hong St	荔康街	31F6
Lai King Hill Rd	麗景山路	30B1
Lai Kong St	荔崗街	125C5
Lai Lei Fa St	麗犁花街	123B7
Lai On Lane	荔安里	58F3
Lai Ping Rd	麗坪路	100D4

Lai Shun St	麗順街	121C7	Leung I Fong	兩儀坊	58C4	Lomond Rd	露明道	42B4
Lai Tak Tsuen Rd	勵德邨道	69B5	Leung Shun St	良信街	116B3	London Lane	倫敦里	87B5
Lai Wa St	麗華街	40B1	Leung Tai Lane	良泰里	116B3	Long Lok Rd	朗樂路	113A6
Lai Wan Rd	荔灣道	30D1	Leung Tak St	良德街	116B3	Long Ping Rd	朗屏路	113G5
Lai Wo Lane	麗禾里	102C1	Leung Tin Lane	良田里	53G7	Long Tin Rd	朗天路	115B5
Lai Yan Lane	禮仁里	102F2	Leung Wan St	良運街	116C3	Long Yat Rd	朗日路	113A6
Lai Yin Lane	禮賢里	68C3	Leung Yip St	良業街	112C4	Long Yip St	朗業街	113B6
Lai Yin St	禮賢街	69D5	Li Chit St	李節街	65F6	Long Yuet St	朗月街	43G7
Lai Yip St	勵業街	51A7	Li Kwan Ave	利群道	69C6	Lookout Link	瞭望里	15A7
Lai Yiu St	麗堯街	125A5	Li Po Lung Path	李寶龍台	57D6	Lotus Rd	紅荷路	111F6
Lam Chak St	臨澤街	51C7	Li Sing St	李陞街	58A3	Lower Albert Rd	下亞厘畢道	63G6
Lam Chung Ave	藍鍾路	47B7	Li Tak St	利得街	34D1	Lower Kai Yuen Lane	繼園下里	71C7
Lam Fook St	臨福街	50C4	Li Yuen St E	利源東街	61A5	Lower Lascar Row	摩羅下街	60D1
Lam Fung St	臨豐街	51D5	Li Yuen St W	利源西街	61A5	Lower Shing Mun Rd	下城門道	104B2
Lam Ha Rd	嵐霞路	49A7	Liberty Ave	自由道	35F7	Luard Rd	盧押道	65D6
Lam Hing St	臨興街	50F3	Lilac St	丁香街	32B1	Luen Cheung St	聯昌街	97B7
Lam Kam Rd	林錦公路	8G2	Lily St	蓮花街	68C4	Luen Chit St	聯捷街	97B6
Lam Lee St	臨利街	50C3	Lim Cho St	念祖街	125C5	Luen Fat St	聯發街	97C6
Lam Lok St	臨樂街	50D4	Lime St	菩提街	34D3	Luen Fu St	聯富街	97C7
Lam On Fong	林安坊	74C2	Lin Fa Kung St East	蓮花宮東街	68C4	Luen Hing St	聯興街	97C6
Lam Shing St	林盛路	108D3	Lin Fa Kung St West	蓮花宮西街	68C4	Luen Hong Lane	聯康里	120A3
Lam Tei Interchange	藍地交匯處	117A6	Lin Ma Hang Rd	蓮麻坑路	8A3	Luen On St	聯安街	97B7
Lam Tei Main St	藍地大街	12A4	Lin Shing Rd	連城道	76F3	Luen On St	聯安街	52C2
Lam Tei Rd	藍地路	12A4	Lin Tak Rd	連德道	53F7	Luen Shing St	聯盛街	97B7
Lam Tin St	藍田街	123D7	Lincoln Rd	林肯道	35A8	Luen Tai St	聯泰街	120A3
Lam Wah St	臨華街	50D4	Link Rd	連道	67B7	Luen Wan St	聯運街	35F6
Lambeth Walk	琳寶徑	63C5	Lion Bridge	獅子橋	105B5	Luen Wo Rd	聯和道	97B7
Lan Fong Rd	蘭芳道	67B5	Lion Rd Tunnel Rd	獅子山隧道公路	44F2	Luen Yan St	聯仁街	122D2
Lan Kwai Fong	蘭桂坊	61A6	Lion Rock Rd	獅子石道	45C8	Luen Yick St	聯益街	97C7
Lancashire Rd	蘭開夏道	45F8	Lion Rock Tunnel Rd	獅子山隧道公路	104F4	Lugard Rd	盧吉道	80A4
Landale St	蘭杜街	65F5	Liu To Rd	寮肚道	126B1	Lui Ming Rd	雷鳴路	97G8
Lap Tak Lane	立德里	67F6	Lloyd Path	雷丹彌徑	82B1	Luk Cheung Rd	鹿祥路	16F2
Larch St	洋松街	34D3	Lo Fai Rd	露輝路	9F5	Luk Heung Lane	陸鄉里	98D4
Larkspur St	彩雀街	31B8	Lo Lung Hang St	老龍坑街	41F5	Luk Hop St	六合街	47F6
Lau Fau Shan Rd	流浮山道	6F3	Lo Peng St	露屏街	130B2	Luk Keng Rd	鹿頸路	9B5
Lau Li St	琉璃街	68C1	Lo Ping Rd	露屏路	9F5	Luk Lau Ave	綠柳路	47C7
Lau Shui Heung Rd	流水響道	8C4	Lo Tak Court	路德圍	122C2	Luk Mei Tsuen Rd	鹿尾村路	16F1
Lau Sin St	留仙街	68C2	Lo Wai Rd	老圍路	123A5	Luk Ming St	鹿鳴街	43D7
Lead Mine Pass Rd	鉛礦坳道	15B5	Lo Wu Station Rd	羅湖路	8B1	Luk Yuen St	鹿苑街	116F4
Lee Chi Rd	利枝道	87B6	Lock Rd	樂道	38D3	Lun Cheung St	麟祥街	43D7
Lee Chung St	利眾街	76C2	Lockhart Rd	駱克道	64A4	Lun Fat St	聯發街	65D6
Lee Fat Path	利發徑	117F5	Lok Chui St	樂翠街	120C3	Lun Hing St	聯興街	84C4
Lee Garden Rd	利園山道	67B5	Lok Fung Path	樂楓徑	100G1	Lung Cheung Rd	龍翔道	33B5
Lee Hing St	利興街	87C7	Lok Ha Sq	樂廈坊	102A4	Lung Chi Path	龍池徑	47A7
Lee King St	利景街	87C8	Lok Hing Lane	樂慶里	61B6	Lung Chu St	龍珠街	33F6
Lee Kung St	利工街	40C4	Lok King St	樂景街	102B4	Lung Fai Rd	龍輝路	12C1
Lee Lok St	利樂街	87B8	Lok Ku Rd	樂古道	60D4	Lung Fung St	龍鳳街	46G3
Lee Man Rd	利民道	87B5	Lok Kwai Path	樂葵徑	102A3	Lung Ha Wan Rd	龍蝦灣路	24B1
Lee Nam Rd	利南道	87D7	Lok Kwan St	樂群街	34C1	Lung Kai Terr	龍溪台	69D5
Lee On Rd	利安道	49C5	Lok Lam Rd	樂林路	102A3	Lung King St	龍景街	64F3
Lee Tung St	利東街	65C6	Lok Lin Path	樂蓮徑	102A4	Lung Kong Rd	龍崗道	45B8
Lee Wing St	利榮街	87C7	Lok Ma Chau Rd	落馬洲路	7B7	Lung Mun Rd	龍門路	118D1
Lee Yick St	利益街	113A5	Lok Man Rd	樂民道	76B2	Lung On St	隆安街	65B8
Lee Yip St	利業街	36B3	Lok Ming St	樂明街	97C7	Lung Pak St	龍柏街	104F4
Lei King Rd	鯉景道	73D7	Lok Peng St	樂坪街	130B2	Lung Ping Rd	龍坪道	32A4
Lei Muk Rd	梨木道	123C7	Lok Shan Rd	落山道	40B1	Lung Poon St	龍蟠街	46D4
Lei Pui St	梨培街	123F8	Lok Shing Rd	樂城道	103F5	Lung Sum Ave	龍琛路	96C3
Lei Shu Rd	梨樹路	123B7	Lok Shun Path	樂信徑	102A4	Lung Tak St	龍德街	122F2
Lei Tung Estate Rd	利東邨道	87B6	Lok Sin Path	樂善道	45A7	Lung Tak St	隆德街	40B1
Lei Yue Mun Rd	鯉魚門道	55B6	Lok Tin St	樂天街	97B7	Lung Tang Rd	龍燈路	121G5
Lei Yue Mun Path	鯉魚門徑	55G6	Lok To St	樂濤街	120D3	Lung To St	龍圖街	43D7
Leighton Lane	禮頓里	67B6	Lok Tung St	樂東街	97C8	Lung Tsai Tsuen Rd	龍仔村路	129F7
Leighton Rd	禮頓道	67D6	Lok Wah St	樂華街	46C2	Lung Wah St	龍華街	57F5
Lek Yuen Bridge	瀝源橋	105A6	Lok Wo St	樂和街	97C7	Lung Wan St	龍運街	96C3
Lek Yuen St	瀝源街	102F2	Lok Yeung St	洛陽街	86B3	Lung Yin Road	龍涎道	44D3
Leong Hong Lane	良康里	116B3	Lok Yi St	樂怡街	120C3	Lung Yiu Rd	龍耀路	12D1
Leung Choi Lane	良才里	116C3	Lok Yip Rd	樂業路	97C7	Lung Yue Rd	龍如路	121G6
Leung Fai Terr	梁輝台	61C6	Lok Yuen Path	樂園徑	102A4	Lychee Rd E.	荔枝東路	111D6

Lychee Rd N.	荔枝北路	111D6
Lychee Rd S.	荔枝南路	111C5
Lychee Rd W.	荔枝西路	111C5
Lyndhurst Terrace	擺花街	61B5
Lyttelton Rd	列堤頓道	59B5

M-N

Ma Chai Hang Rd	馬仔坑道	44C2
Ma Chung Rd	馬聰路	98G3
Ma Fung Ling Rd	孖峰嶺路	115B5
Ma Hang Chung Rd	馬坑涌道	43F5
Ma Kok Lane	馬角里	122F2
Ma Kok St	馬角街	122F3
Ma Ling Path	馬鈴徑	100F4
Ma Lok Path	馬樂徑	100F3
Ma Miu Rd	媽廟路	113F6
Ma On Path	馬鞍徑	100F4
Ma On Shan Rd	馬鞍山路	101D8
Ma Sik Rd	馬適路	97B5
Ma Sim Pai Rd	馬閃排路	122B3
Ma Tau Chung Rd	馬頭涌道	43C5
Ma Tau Kok Rd	馬頭角道	43D6
Ma Tau Pa Rd	馬頭墈道	122D2
Ma Tau Wai Rd	馬頭圍道	43F5
Ma Tin Rd	馬田路	113F8
Ma Tong Rd	馬棠路	113C7
Ma Wang Rd	媽橫路	113F6
Ma Wo Rd	馬窩路	98G3
Ma Yau Tong Rd	馬遊塘路	108D1
Ma Yeung Path	馬鞅徑	100F4
Ma Ying Path	馬影徑	100F3
Macdonnell Rd	麥當勞道	63F8
Magazine Gap Rd	馬己仙峽道	82B2
Magnolia Rd	玉蘭路	35A6
Maidstone Lane	美善同里	42F4
Maidstone Rd	美善同道	43G5
Main St, Ap Lei Chau	鴨脷洲大街	87B5
Malacca St	馬來街	41F5
Mallory St	茂蘿街	65A5
Man Cheong St	文昌街	36D3
Man Fat St	文發街	32B1
Man Fuk Rd	文福道	35F8
Man Hang St	文恆街	102B2
Man Hing Lane	文興里	61C5
Man Hong St	民康街	71B7
Man Hop Path	民合徑	113D6
Man Kam To Rd	文錦渡路	8B2
Man Lai Rd	文禮路	105B5
Man Lam Rd	文林路	105A5
Man Lok St	民樂街	40B4
Man Ming Lane	文明里	36C4
Man Nin St	萬年街	110D3
Man On St	萬安街	34C1
Man Shun Lane	文順巷	129C7
Man Sing St	文成街	36F3
Man Siu St	民兆街	41C5
Man Tai St	民泰街	41C5
Man Wa Lane	文華里	60C3
Man Wai St	文蔚街	36F3
Man Wan Rd	文運道	42F1
Man Wui St	文匯街	36F2
Man Yee Lane	萬宜里	61A5
Man Ying St	文英街	36F3
Man Yue St	民裕街	40B4
Man Yuen St	文苑街	36F3
Mang Kung Uk Rd	孟公屋路	109F8
Mansfield Rd	文輝道	82D2
Mansion St	民新街	72B1
Maple St	楓樹街	34A3
Marble Rd	馬寶道	71B6
Marconi Rd	馬可尼道	44F3
Margaret Hosp.Rd	瑪嘉烈醫院路	125F6
Marigold Rd	壽菊路	35A7
Market St	街市街	36D4
Marsh Rd	馬師道	66G3
Marsh St	孖庶街	41D5
Mason's Lane	美臣里	61A6
Matheson St	勿地臣街	67C6
Mau Lam St	茂林街	37F5
Mau Tai Rd	貿泰路	108C4
Mau Tan St	牡丹街	113C7
Mau Yip Rd	貿業路	108C4
May Rd	梅道	81B6
Mcgregor St	麥加力歌街	65C7
Mee Lun St	美輪街	60C4
Mei Fong St	美芳街	123G5
Mei King St	美景街	40B1
Mei Kwong St	美光街	43G7
Mei Lai Rd	美荔道	30C2
Mei Lok Lane	美樂里	118F1
Mei On St	美安街	34D1
Mei Sun Lane	美新里	98C3
Mei Tin Rd	美田路	104B3
Mei Wa St	美華街	40B1
Mei Wai St	美渭街	122B1
Mei Wo Cir	美禾圍	102B1
Mei Wu Rd	美湖路	9F7
Mercer St	孖沙街	60C3
Mercury St	水星街	70F2
Merlin St	麥連街	70D2
Middle Gap Rd	中峽道	83F5
Middle Lane	畔山徑	127B6
Middle Rd	中間道	38F4
Middlesex Rd	美度石士道	7G7
Min Fat St	綿發街	84B3
Min Fong St	麵房街	102A3
Min St	圓街	36G4
Minden Ave	棉登徑	38F4
Minden Row	緬甸臺	38D4
Ming Chi St	明智街	52C2
Ming Fai Rd	明暉路	128D4
Ming Fung St	鳴鳳街	46G3
Ming Kum Rd	鳴琴路	116D3
Ming Lun St	明倫街	43F8
Ming Ngai St	明藝街	116F4
Ming On St	明安街	41D5
Ming Tsui St	明趣街	77F7
Ming Un Lane	明遠里	43A6
Ming Yan Lane	明仁里	65D6
Ming Yin Rd	銘賢路	97G8
Ming Yuen Terr	明園臺	71C5
Ming Yuen Western St	明園西街	71C5
Misereor Rd	永愛道	31B7
Miu Kang Terr	妙鏡台	65F7
Miu Kong St	廟崗街	122D4
Miu Tung St	廟東街	74A2
Mo Ying Rd	武英路	16C4
Model Lane	模範里	72B1
Mody Lane	麼地里	39D6
Mody Rd	麼地道	39C7
Mody Square	麼地廣場	39D6
Mok Cheong St	木廠街	43D7
Mong Fat St	望發街	12D2
Mong Kok Rd	旺角道	34F3
Mong Lung St	望隆街	74B3
Monmouth Path	萬茂徑	65G5
Monmouth Terr	萬茂台	82A4
Monte Path	綠怡徑	100F3
Moon St	月街	65G6
Moorsom Drive	睦誠徑	85B7
Moorsom Rd	睦誠道	85A7
Moray Rd	慕禮道	45G7
Moreton Terr	摩頓台	68F4
Morrison Hill Rd	摩利臣山道	67F6
Morrison St	摩利臣街	60D3
Mosque Junction	摩羅廟交加街	61C7
Mosque St	摩羅廟街	61D7
Mount Austin Rd	柯士甸山道	A3
Mount Butler Drive	畢拉徑	85D5
Mount Butler Rd	畢拉山道	85D6
Mount Cameron Rd	金馬麟山道	83F5
Mount Davis Rd	摩星嶺路	78B3
Mount Davis Rd	摩星嶺道	78B4
Mount Kellett Rd	加列山道	81F6
Mount Nicholson Rd	聶歌信山道	83F8
Mount Parker Rd	柏架山道	72G3
Mt. Sterling Mall	萬事達廣場	30C2
Mui Fong St	梅芳街	58B3
Mui Hing St	梅馨街	84C4
Mui Shu Hang Rd	梅樹坑路	98C1
Mui Tsz Lam Rd	梅子林路	101C8
Mui Wo Chung Hau St	梅窩涌口街	127F6
Mui Wo Ferry Pier Rd	梅窩碼頭路	127G8
Mui Wo Rural Committee Rd	梅窩鄉事會路	127F6
Muk Lun St	睦鄰街	47G5
Muk Min Shan Rd	木棉山路	110A3
Mun Fat Lane	滿發里	119F7
Murray Rd	美利道	63C5
Mut Wah St	物華街	47G5
N.T. Circular Rd	新界環迴公路	7C7
Nam Cheong St	南昌街	32G3
Nam Fung Rd	南風道	90B2
Nam Hong St	南康街	74C3
Nam Kok Rd	南角路	45B8
Nam Long Shan Rd	南朗山道	88C4
Nam Ning St	南寧街	86B4
Nam On Lane	南安里	74C3
Nam On St	南安街	74C2
Nam Shan Chuen Rd	南山邨道	33D5
Nam Shan Rd	南山路	130C3
Nam Shan San Tsuen Rd	南山新村路	16C2
Nam Shing St	南盛街	98D3
Nam Tam Wan Rd	南塘灣路	129F8
Nam Tau St	南頭街	34G3
Nam Wai Rd	南圍路	16F2
Nam Wan Rd	南運路	98D4
Nanking St	南京街	36F4
Nassau St	蘭秀街	30C2
Nathan Rd	彌敦道	38F4
Nation St	禮信街	72A1
Nelson St	奶路臣街	34G4
New Clear Water Bay Rd	新清水灣道	48C3
New Eastern Terr	新東方台	68C2
New Market St	南便上街	60F2
New St	新街	60G3
Ng Fong St	五芳街	47D6
Ng Fuk Lane	五福里	58B3
Ng Kwai Fong	五桂坊	60G3
Ng Lau Rd	五婁路	12A4
Nga Chuk St	雅竹街	44A3
Nga Tsin Long Rd	衙前塱道	45C8
Nga Tsin Wai Rd	衙前圍道	43A6
Nga Ying Chau St	牙鷹洲街	126A3

Ngan Chuk Lane	銀竹里	44A2	On Chuen St	安全街	97B7	Pak She Praya Rd	北社海傍路	129B6
Ngan Fung St	銀鳳街	46F3	On Chuk St	安足街	123C8	Pak She St	北社街	129B6
Ngan Ho Path	銀河徑	48C2	On Chun Lane	安駿里	113D7	Pak She Third Lane	北社三里	129B6
Ngan Hon St	銀漢街	40B2	On Chun St	鞍駿街	106C2	Pak Shek Toi Rd	白石台路	16G1
Ngan Kwong Wan Rd	銀鑛灣路	127G6	On Fu Rd	安富道	98D3	Pak Shek Wo San Tsuen Rd	白石崗新村路	16G1
Ngan Mok St	銀幕街	68C1	On Fuk St	安福街	97C7	Pak Shing St	北盛街	98D3
Ngan O Rd	銀澳路	109F6	On Hing Lane	安興里	103D7	Pak Tai St	北帝街	43F5
Ngan Shek St	銀石街	127F6	On Hing Terr	安慶台	61A7	Pak Tak St	百得街	103D5
Ngan Shing St	銀城街	103G5	On Ho Lane	安浩里	98C3	Pak Tam Rd	北潭路	17C5
Ngan Shu St	銀樹街	127F6	On Hong Rd	安康道	113D7	Pak Tin Par St	白田壩街	122B1
Ngan Wan Rd	銀運路	127G8	On Kei St	安基街	123D5	Pak Tin St	白田街	32D3
Ngan Yuet Lane	銀月里	52C3	On King St	安居街	103C6	Pak Tsz Lane	百子里	61C5
Ngau Chi Wan St	牛池灣街	48B2	On Kui St	安居街	97B7	Pak Wan St	白雲街	32D4
Ngau Pei Sha St	牛皮沙街	103F5	On Kwan St	安群街	103D6	Pak Wo Rd	百和路	96D4
Ngau Tam Mei Rd	牛潭尾路	111D8	On Lai St	安麗街	103C6	Palm St	棕樹街	34F3
Ngau Tau Kok 1st St	牛頭角第一街	51A5	On Lan St	安蘭街	61A6	Palm Springs Blv	加州花園大道	111C7
Ngau Tau Kok 2nd St	牛頭角第二街	50A4	On Leung Lane	安良里	113D7	Pan Chung Rd	泮涌路	98F3
Ngau Tau Kok 3rd St	牛頭角第三街	50A4	On Lok Lane	安樂里	67G5	Pan Hoi St	濱海街	72D3
Ngau Tau Kok 4th St	牛頭角第四街	50A3	On Lok Mun St	安樂門街	97B7	Pan Kwai Lane	攀桂里	60G3
Ngau Tau Kok 5th St	牛頭角第五街	50B3	On Luk St	鞍祿街	106C2	Pang Ching St	鵬程街	43D7
Ngau Tau Kok Rd	牛頭角道	51A6	On Man Sq	安民坊	98C3	Park Rd	柏道	59A5
Ngau Wu Tok St	牛湖托街	102A2	On Ming St	安明街	103D6	Parkes St	白加士街	38A3
Ngoi Man St	愛民街	74C3	On Muk St	安睦街	103D6	Parkland Drive	明蔚徑	127A6
Ngong Hom Rd	昂磡路	123A7	On Ning Lane	安寧里	58F3	Parkridge Crescent	明翠徑	127A6
Ngong Ping Rd	昂平路	18D3	On Ping St	安平街	103C6	Parkvale Drive	雲峰徑	127B6
Nim Wan Rd	稔灣路	6G1	On Po Lane	安埔里	99C5	Parkview Drive	麗景徑	127B6
Nin Chun St	年春路	110D3	On Po Rd	安埔路	99C5	Pat Tat St	八達街	47F6
Ning Foo St	寧富街	76D3	On Pong Rd	安邦路	98C4	Pat Tsz Wo St	拔子窩街	102A3
Ning Po St	寧波街	36F4	On Shan L.	鞍山里	106D2	Paterson St	百德新街	66B3
Ning Wah St	寧華街	46D1	On Shin Rd	安善道	51A6	Pau Chung St	炮仗街	43G5
Ning Yeung Terr	寧養台	58D4	On Shing St	鞍誠街	106C2	Peace Avenue	太平道	35G7
Ning Yuen St	寧苑街	47G7	On Shun St	安信街	113D6	Peacock Rd	孔雀道	71C5
Norfolk Rd	羅福道	33D8	On Sum St	安心街	103C6	Peak Rd	山頂道	81D6
North Point Est Lane	北角邨里	71B5	On Tai Rd	安泰路	98B4	Peak Rd (Cheung Chau)	山頂道 (長洲)	129D7
North Point Rd	北角道	70B4	On Tai St	安泰街	60D2	Peak Rd West	山頂道西	129G6
North Point Terr	北角台	70C4	On Tak Rd	安德道	51A5	Pedder St	畢打街	62G4
North St	北街	57D5	On Tat Sq	安達坊	113D6	Peel Rise	山頂道	81G5
North View St	北景街	70C4	On Tin St	安田街	53G7	Peel St	卑利街	61C5
Northcote Close	羅富國徑	79D5	On Ting Rd	安定道	47B6	Pei Ho St	北河街	34A1
Northumberland Ave	諾森伯倫路	7G7	On Wah St	安華街	50A4	Peking Rd	北京道	38F2
Nullah Rd	水渠道	35C5	On Wan Rd	安運道	39A8	Peng Lei Rd	坪利路	130A1
			On Wing St	安榮街	122C2	Pennington St	邊寧頓街	67A5
O-P			On Wo Lane	安和里	60C4	Pentland St	品蘭街	42B3
			On Yat St	安逸街	121A8	Peony Rd	牡丹路	33G6
O'Brien Rd	柯布連道	65C5	On Yin St	安賢街	121B8	Percival St	波斯富街	66C3
Oak St	橡樹街	34F2	On Yip St	安業街	77C6	Perfection Place	十全台	69D5
Oaklands Ave	屋蘭士街	59C5	On Yiu St	安耀街	103D6	Perkins Rd	白建時道	85B6
Oaklands Path	屋蘭士里	59C5	On Yuen St	鞍源街	106C1	Perth St	巴富街	42D2
Observatory Court	天文臺街 (關)	39B5	On Yuk Rd	安育路	121B8	Pier Rd	統一碼頭道	60A3
Observatory Rd	天文臺道	39B5	Orchid St	蘭花街	31B8	Pik Fung Rd	壁峰路	97D6
Ocean Park Rd	海洋公園道	88A2	Ormsby St	安庇庇街	69C5	Pik Sha Rd	碧沙路	109C8
Oi Kwan Rd	愛群道	67F7	Osmanthus Rd	丹桂路	33G6	Pik Tin St	碧田街	104A2
Oi Lai Lane	愛禮里	118B4	Oxford Rd	牛津道	45G8	Pik Uk Tsuen Rd	壁屋村路	16G1
Oi Ming Lane	愛明里	118A4	Pai Chong Rd	排廠路	128C1	Pik Wan Rd	碧雲道	53G8
Oi Sen Path	愛晨徑	37D8	Pai Tau St	排頭街	102F1	Pilgrims Way	碧景林路	33A7
Oi Tak Lane	愛德里	118A4	Pak Fuk Rd	百福道	71C8	Pilkem St	庇利金街	37G5
Oi Yung St	愛勇街	118B4	Pak Fuk Tsuen Rd	百福村道	97F6	Pine St	杉樹街	34D2
Oil St	油街	70C2	Pak Hoi St	北海街	36F4	Pine Tree Hill Rd	松山道	38A4
Old Bailey St	奧卑利街	61C6	Pak Hok Ting St	白鶴汀街	105A6	Pinery Rd E.	松濤東路	111G5
Old Main St, Aberdeen	香港仔舊大街	86A4	Pak Kok Tsui St	北角咀路	128C1	Pinery Rd S.	松濤南路	111G5
Old Peak Rd	舊山頂道	81B5	Pak Kong Au Rd	北港凹道	16D1	Pinery Rd W.	松濤西路	111F5
Olympic Ave	世運道	43B6	Pak Kung St	北拱街	40D3	Ping Che Rd	坪輋路	8B3
On Chee Rd	安慈路	98C4	Pak Lee St	百利街	102D4	Ping Cheong Path	屏昌徑	113D5
On Cheung Rd	安祥路	98C3	Pak Lok Path	百樂徑	104A4	Ping Chi St	平治街	40F4
On Ching Rd	安靜道	41F6	Pak Pat Shan Rd	白筆山道	94D1	Ping Chuk Lane	屏竹里	115C5
On Chit Lane	安捷里	123C8	Pak Po St	白布街	35G6	Ping Fai Path	屏輝徑	113F5
On Chit St	安捷街	123C8	Pak Sha Rd	白沙道	67B5	Ping Fu Path	屏富徑	123D7
On Chiu St	鞍超街	106C2	Pak She Back St	北社後街	129B6	Ping Fuk Lane	屏福里	115C5
						Ping Ha Rd	屏廈路	114G3

Ping Hing Lane	屏興里	115B5
Ping Hong Lane	屏康里	115B5
Ping Kwai Rd	屏葵路	115C5
Ping Lai Path	屏麗徑	123D7
Ping Lan St	平蘭街	87A5
Ping Lok Path	平樂徑	113D6
Ping On Lane	平安里	60D4
Ping On Lane	平安里	98C3
Ping Pak Lane	屏柏里	115C5
Ping Shan Lane	屏山里	115B5
Ping Shan Nam Pak Rd	屏山南北路	114C4
Ping Shing Lane	平成里	52C4
Ping Shun St	屏信街	113D6
Ping Tin St	平田街	53G7
Ping Ting Rd	坪定道	47B5
Ping Tong St E	屏唐東街	115C6
Ping Tong St North	屏唐北街	115C6
Ping Tong St S	屏唐南街	115C6
Ping Tong St W	屏唐西街	115C6
Ping Wui St	屏會街	113F6
Ping Yee Rd	屏義路	113D5
Ping Yeung Lane	屏陽里	115C5
Pitt St	碧街	36B4
Plantation Rd	種植道	81C7
Playing Field Rd	運動場道	35B5
Plaza Lane	廣場里	127B6
Plover Cove Lane	寶湖里	98D4
Plover Cove Rd	寶湖道	98D4
Plunkett's Rd	賓吉道	81C5
Po Fai Path	保輝徑	113D5
Po Fong Lane	蒲芳里	46C2
Po Fung Rd	寶豐路	108B4
Po Fung Terr	寶豐台	121C6
Po Hang Lane	蒲衡里	46D2
Po Heung Sq	寶鄉坊	98D3
Po Heung St	寶鄉街	98D3
Po Hing Fong	普慶坊	60G4
Po Hong Rd	寶康路	108B2
Po Kin Rd	保健路	96F3
Po King Lane	蒲景里	46D2
Po Kong Lane	蒲崗里	46F3
Po Kong Village Rd	蒲崗村道	46B3
Po Lam Rd	寶琳路	108C2
Po Lam Rd N.	寶琳北路	108B2
Po Lam Rd S.	寶琳南路	108G3
Po Lei St	寶梨街	123F8
Po Leung Lane	蒲良里	46B3
Po Lo Che Rd	菠蘿輋路	110C1
Po Loi St	寶來街	41D6
Po Lok Sq	寶樂坊	113D6
Po Luen Path	寶聯徑	71D8
Po Lun St	寶輪街	30F3
Po Man St	寶文街	74B3
Po Ming Lane	蒲明里	46D2
Po Ning Lane	寶寧里	109D6
Po Ning Rd	寶寧路	109D6
Po On Rd	保安道	31B8
Po Peng St	坪井街	130B2
Po Ping Rd	保平路	96D3
Po Shan Rd	寶珊道	59C7
Po Shek Wu Rd	寶石湖路	96B2
Po Shin St	普善街	84C2
Po Shing St	寶城街	103D5
Po Shu Lane	寶樹里	113D6
Po Shun Rd	寶順路	109D5
Po Tin Lane	蒲田里	46D2
Po Tsz Lane	蒲慈里	46F3
Po Tuck St	保德街	58G4

Po Tung Rd	普通道	110D2
Po Wa St	寶華街	61D5
Po Wai Lane	蒲葦里	46D2
Po Wan Rd	寶運路	96B1
Po Wing Rd	保榮路	96D3
Po Wu Lane	寶湖里	98D4
Po Yan St	普仁街	60G4
Po Yee St	普義街	60G4
Po Yick Lane	普益里	98D3
Po Yick St	普益街	98D3
Po Ying Lane	蒲英里	46D2
Po Yip St	寶業里	113B5
Po Yuen Lane	寶源里	58A4
Pok Fu Lam Rd	薄扶林道	57C7
Pok Fu Lam Res. Rd	薄扶林水塘道	79F8
Pok Hok Lane	博學里	34F2
Pok Man St	博文街	34F1
Pokfield Path	蒲飛徑	57F5
Pokfield Rd	蒲飛路	57D6
Police School Rd	警校道	88B3
Police Station Path	警署徑	129D7
Pollock's Path	盧吉道	81D8
Poplar St	白楊街	34B3
Portland St	砵蘭街	34F4
Possession St	水坑口街	60G3
Pottinger St	砵甸乍街	61A5
Pound Lane	磅巷	60G4
Power St	大強街	70C3
Prat Avenue	寶勒巷	39D5
Pratas St	東沙島街	32F1
Price Rd	裴樂士道	85D6
Prince Edward Rd E	太子道東	47F7
Prince Edward Rd W	太子道西	35B7
Prince's Terrace	太子台	61C6
Princess Margaret Rd	公主道	37B7
Public Square St	眾坊街	36D4
Pui Ching Rd	培正道	42G1
Pui Man St	培民街	45B6
Pui Shing Rd	培成路	109D6
Pui Tak St	培德街	32D3
Pui To Rd	杯渡路	116G3
Pui Wing Lane	沛榮里	116G3
Pun Shan St	半山街	121B8
Purves Rd	包華道	85C6

Q - R

Quarry Bay St	鰂魚涌街	72F3
Queen St	皇后街	60G2
Queen Victoria St	域多利皇后街	60A4
Queen's Rd C	皇后大道中	63G5
Queen's Rd E	皇后大道東	65A7
Queen's Rd W	皇后大道西	57B8
Queensway	金鐘道	65G5
Railway Approach	順風道	41G6
Razor Hill Rd	碧翠路	16G1
Reclamation St	新填地街	36B4
Red Hill Rd	紅山道	94D2
Rednaxela Terr	列拿士地台	61D6
Rehab Path	復康徑	53G5
Renfrew Rd	聯福道	45F5
Repulse Bay Rd	淺水灣道	90F4
Rhondda Rd	朗德道	33A8
Robinson Rd	羅便臣道	61D7
Rock Hill St	石山街	57D6
Rodney St	樂禮街	63A6
Rose Lane	玫瑰里	58F4
Rose St	玫瑰街	33F6

Rose Wood Rd	紫壇路	111F5
Rosmead Rd	樂善美道	82D2
Route Twisk	荃錦公路	122A1
Royal Palms Blv	加州豪園大道	111C7
Rozario St	老沙路街	61F5
Rumsey St	林士街	60C3
Russell St	羅素街	67C5
Rutland Quadrant	律倫街	33F8
Rutter St	律打街	60G4

S-T

Sa Po Rd	沙埔道	45A8
Sai Cheung St	西祥街	57C6
Sai Ching St	西菁街	113C7
Sai Hing Lane	西興里	58F3
Sai Hong Lane	西康里	57C6
Sai Kung Hoi Pong St	西貢海傍街	110F3
Sai Kung Main St	西貢大街	110D3
Sai Kung Man Yee Rd	西貢萬宜路	17F6
Sai Kung Rd	西貢道	110D3
Sai Kung Rural Committee L	西貢鄉事會里	110D3
Sai Kung Sai Wan Rd	西貢西灣路	17C6
Sai Kung Tai St	西貢大街	110D3
Sai Kung Yee Kuk St	西貢醫局街	110D3
Sai Lau Kok Rd	西樓角路	122B2
Sai Lau St	西樓街	122C2
Sai Ning St	西寧街	56D2
Sai On Lane	西安里	58F3
Sai On St	西安街	86B4
Sai See St	西市街	56B3
Sai Sha Rd	西沙路	106B4
Sai Shan Rd	細山路	126G3
Sai St	西街	60F4
Sai Tai St	西泰街	113B6
Sai Tso Wan Rd	西草灣路	126G1
Sai Wa Lane	西華里	58D3
Sai Wan Ho St	西灣河街	74D2
Sai Wan Rd	西灣路	128F2
Sai Wan Terr	西灣台	73F6
Sai Wang Lane	西橫巷	110D3
Sai Woo Lane	西湖里	58B2
Sai Yee St	洗衣街	35C5
Sai Yeung Choi Lane	西洋菜里	32G4
Sai Yeung Choi St N	西洋菜北街	34B4
Sai Yeung Choi St S	西洋菜南街	35D5
Sai Yu St	西裕街	113C7
Sai Yuen Lane	西源里	58C2
Sai Yun Lane	西元里	74A2
Saigon St	西貢街	36F4
Salisbury Rd	梳士巴利道	39D6
Salvation Army St	救世軍街	67G6
Sam Chuk St	三祝街	47F7
Sam Ka Lane	三家里	61C5
Sam Mun Tsai Rd	三門仔路	9G6
Sam Pan St	三板街	65C7
Sam Pei Sq	三陂坊	122D2
Sam Shing St	三聖街	119D5
Sam To Lane	三多里	58F3
Sam Tung Uk Rd	三棟屋路	123A5
San Cheung St	新祥街	96B3
San Fat St	新發街	96C3
San Francisco Path	舊金山徑	35F7
San Fui St	新灰街	115C6
San Fuk Rd	新福路	116B4
San Fung Ave	新豐路	96B2
San Ha St	新廈街	76D4
San Hi Tsuen St	新起村街	115C5

Street	Chinese	Ref	Street	Chinese	Ref	Street	Chinese	Ref
San Hing Back St	新興後街	129C7	See Cheung St	市場街	110D3	Shek Tau St	石頭街	122D4
San Hing Rd	新興道	12A4	Selkirk Rd	西谷道	45G7	Shek Tong St	石塘街	40C2
San Hing St	新慶街	129C6	Serenity Path	安寧徑	109A6	Shek Tsai Po St	石仔埗街	130F2
San Hong St	新康街	96B3	Seung Sz Wan Rd	相思灣路	24B1	Shek Wai Kok Rd	石圍角路	122B4
San Hop Lane	新合里	116G4	Severn Rd	施勳道	81C8	Shek Wu Hui Kau St	石湖墟舊街	96B3
San Hui Path	新墟徑	117D5	Seymour Rd	西摩道	61G5	Shek Wu Wai Rd	石湖圍路	7C7
San Kai Shi Lane	新街市里	129D6	Seymour Terr	西摩台	61D6	Shek Yam Rd	石蔭路	123D8
San Kan St	新勤街	96B3	Sha Chau Lei Rd	沙洲里路	114F4	Shek Yi Rd	石宜路	123D8
San Kin St	新健街	96B3	Sha Kok Mei Rd	沙角尾路	110C3	Shek Ying Path	石英徑	123F7
San Kung St	新功街	96B3	Sha Kok St	沙角街	105A7	Shell St	蜆殼街	70D2
San Kwai St	新葵街	125A6	Sha Lan Rd	沙欄路	9G5	Shelley St	些利街	61C6
San Lau St	新柳街	40C2	Sha Ling Rd	沙嶺道	8B1	Shelter St	信德街	68G4
San Lau St	新樓街	9A6	Sha Tau Kok Rd	沙頭角公路	97C7	Shepherd St	施姑街	69C5
San Lee St	新利街	49C5	Sha Tin Centre St	沙田正街	105A6	Sheung Foo St	常富街	42G2
San Lik St	新力街	116G3	Sha Tin Heights Rd	沙田嶺道	104C2	Sheung Fung Lane	常豐里	58D3
San Lok St	新樂街	96C3	Sha Tin Rd	沙田路	105B8	Sheung Fung St	雙鳳街	46F2
San Ma Tau St	新碼頭街	43F8	Sha Tin Rural Committe Rd	沙田鄉事會路	102F2	Sheung Hei St	雙喜街	47G6
San On St	新安街	116G3	Sha Tin Station Cir	沙田車站圈	102F1	Sheung Heung Rd	上鄉道	43G6
San Pak She St	新北社街	129B6	Sha Tin Tau Rd	沙田頭路	105C5	Sheung Hing St	常興街	42G1
San Ping Cir	新平街	116G3	Sha Tin Wai Rd	沙田圍路	103G5	Sheung Hong St	常康街	42F3
San Po St	新寶街	96B1	Sha Tseng Rd	沙井路	115B7	Sheung Ko Tan St	上高灘街	126D3
San Sau St	新秀街	117F5	Sha Tsui Path	沙咀徑	110D3	Sheung Kok St	上角街	123D5
San Shan Rd	新山道	43F6	Sha Tsui Rd	沙咀道	122C1	Sheung Lok St	常樂街	42G3
San Shi St	新市街	87A5	Sha Wan Drive	沙灣徑	78F4	Sheung Ning Rd	常寧路	109D5
San Shing Ave	新成路	96B3	Sha Wan Rd	沙灣道	78F4	Sheung On St	常安街	77B5
San Shun St	新順街	49C5	Sham Hong Rd	深康路	121F8	Sheung Shing St	常盛街	42F3
San Sik Rd	新錫路	114G3	Sham Tsz Rd	深慈路	121F8	Sheung Shui Tung Hing Rd	上水東慶路	96B1
San Tam Rd	新潭路	111G8	Sham Wat Rd	深屈道	18D3	Sheung Sze Wan Rd	相思灣路	24B1
San Tat Lane	新達里	12A4	Shamchun St	深圳街	34F3	Sheung Wo St	常和街	42F3
San Tin Highway	新田公路	7D6	Shan Ha Rd	山下路	113G8	Sheung Yee Rd	常怡道	51D5
San Tsing St	新青街	117F5	Shan Kwong Rd	山光道	84C3	Sheung Yuen St	上元街	47C5
San Tsoi St	新財街	96B3	Shan Liu Rd	山寮路	9F6	Sheung Yuet Rd	常悅道	50D4
San Tsuen St	新村街	122C2	Shan Mei St	山尾街	102B3	Shim Luen St	蟬聯街	43D7
San Wah Lane	新華里	117F5	Shan Pin Lane	山邊里	65C7	Shin Hing St	善慶街	60C4
San Wai St	新圍街	40D3	Shan Pin Terr	山邊台	74A2	Shing Chuen Rd	成全路	104B4
San Wan Road	新運路	97D7	Shan Tong Rd	山塘路	98G4	Shing Fong St	盛芳街	123G5
San Wing St	新榮街	96B3	Shanghai St	上海街	36D4	Shing Fuk St	盛福街	122G3
San Wo Lane	新和里	117D5	Shansi St	山西街	40D2	Shing Hing Rd	成興路	104B4
San Yick Lane	新益里	96B3	Shantung St	山東街	34G4	Shing Ho Rd	成和路	104B4
Sand Martin Bridge	沙燕橋	102F2	Sharp St East	雲來街	67C5	Shing Hong Lane	盛康里	78F2
Sands St	山市街	57D6	Sharp St West	雲美街	67D6	Shing Ka Rd	聖家路	130C2
Sandy Bay Rd	大口環道	78C4	Shatin Pass Rd	沙田坳道	46G3	Shing Man Lane	盛文里	78G2
Sapphire Path	寶石徑	109C8	Shau Kei Wan Main St E	筲箕灣東大街	74A1	Shing Mun Rd	城門道	123B5
Sassoon Rd	沙宣道	79G5	Shau Kei Wan Rd	筲箕灣道	74C3	Shing Mun Tunnel Rd	城門隧道公路	104A3
Sau Chuk Yuen Rd	秀竹園道	42A4	Shek Chan Lane	石棧里	58D2	Shing On Lane	成安里	73G6
Sau Fu St	壽富街	113C6	Shek Kak Lane	石溪里	65B7	Shing On St	成安街	74F2
Sau Lai St	秀麗街	53A5	Shek Kin St	石建街	123D7	Shing Ping St	昇平街	84C4
Sau Mau Path	秀茂徑	53B5	Shek Kip Mei St	石硤尾街	34A2	Shing Tai Lane	盛泰里	76A4
Sau Mau Ping Rd	秀茂坪道	53B6	Shek Kong Airfield Rd	石崗機場路	7G7	Shing Tai Rd	盛泰道	76B4
Sau Ming Rd	秀明道	53A5	Shek Ku Lung Rd	石鼓壟道	45A8	Shing Tak St	盛德街	43C5
Sau Nga Rd	秀雅道	52A4	Shek Ku St	石鼓街	42F2	Shing Tin St	盛田街	105C5
Sau Po St	秀圃街	53A5	Shek Kwai St	石貴街	122B4	Shing Wan Rd	成運路	104B4
Sau Wa Fong	秀華坊	65F6	Shek Lau Tung St	石榴洞街	102A3	Shing Wong St	城皇街	61D5
Sau Yan Path	守仁徑	52B1	Shek Lei St	石梨街	123D8	Shing Yip St	成業街	52F4
Sceneway Rd	匯景道	55A5	Shek Lin Rd	石蓮路	98D1	Shing Yiu St	勝耀街	122F3
Scenic Villa Drive	美景徑	78D4	Shek Lung St	石龍街	36C3	Ship St	船街	65D6
School Rd	學校路	129F7	Shek Man Path	石文徑	123F7	Shipyard Lane	船塢里	72D3
School St	書館街	68D4	Shek Mun Kap Rd	石門甲道	19C5	Shiu Fai Terrace	肇輝台	83B7
Schooner St	帆船街	65F6	Shek O Rd	石澳道	94C4	Shiu Wo St	兆和街	122C2
Science Museum Path	科學館徑	39B7	Shek On St	石安街	122B4	Short St	迷德街	42B3
Science Museum Rd	科學館道	39B6	Shek Pai Tau Rd	石排頭路	116D3	Shouson Hill Rd	壽山村道	90C2
Science Museum Sq	科學館廣場	39C7	Shek Pai Wan Rd	石排灣道	86F3	Shouson Hill Rd E	壽臣山道東	90D3
Seabee Lane	海蜂徑	127A6	Shek Pik Reservoir Rd	石壁水塘路	18F3	Shouson Hill Rd W	壽臣山道西	90B3
Seabird Lane	海燕徑	127A6	Shek Po Rd	石坡路	115F5	Shropshire Rd	史樂信路	7G7
Seahorse	海馬徑	127A6	Shek Pui St	石貝街	123F7	Shu Kuk St	樹菊街	71B5
Seaview Promenade	鹿海堤岸路	91G5				Shui Che Kwan L	水車館里	113B6
Second Lane	第二巷	69D5				Shui Che Kwun St	水車館街	113B6
Second St	第二街	58D3				Shui Chong Rd	水廠路	101F5

Streets

230

Street	Chinese	Ref
Shui Chuen Au St	水泉坳街	105C7
Shui Ning St	瑞寧街	52C3
Shui Pin Wai Rd	水邊圍路	113G6
Shui Sau St	水秀街	87A5
Shui Wo St	瑞和街	52C3
Shum Wan Pier Drive	深灣碼頭徑	88D3
Shum Wan Rd	深灣道	89D5
Shun Chi St	順緻街	49C6
Shun Ching St	順清街	49C5
Shun Cheung Rd	順祥道	49F6
Shun Fong St	信芳街	123G5
Shun Fu St	順富街	73F7
Shun Fung St	順風街	40A1
Shun Hing St	順興街	9A6
Shun King St	順景街	49D6
Shun Lee Tsuen Rd	順利邨道	49C5
Shun Lung St	順隆街	9A6
Shun Ning Rd	順寧道	32C2
Shun On Rd	順安道	49F6
Shun Ping St	順平街	9A6
Shun Tai St	順泰街	76B3
Shun Yee St	信義街	39C5
Shun Yip St	順業街	51B6
Shun Yung St	信用街	40D3
Shung King St	船景街	41C7
Shung Ling St	崇齡街	47G7
Shung Shun St	崇信街	55G6
Shung Tak St	崇德街	98D3
Shung Tak Wai	崇德圍	55F5
Shung Wah St	崇華街	46F2
Shung Wo Path	崇和徑	55G5
Shung Yan St	崇仁街	52C2
Shung Yiu St	崇耀街	55F5
Sik Kong Wai Rd	錫降圍路	114G4
Sik On St	適安街	65F6
Silver Cape Rd	銀岬路	109C7
Silver Crest Rd	銀碧路	109B7
Silver Lake Rd	銀湖路	109A6
Silver Star Path	銀星徑	109B7
Silver Stream Path	銀泉徑	109A7
Silver Terrace Rd	銀台路	109A7
Silverstrand Beach Rd	銀線灣道	109B7
Sin Fat Rd	茜發道	54A3
Sing Woo Crescent	成和坊	84C4
Sing Woo Rd	成和道	84C3
Sir Cecil's Ride	金督馳馬徑	85G6
Siu Cheung Fong	兆祥坊	58D2
Siu Hing Lane	兆興里	118C4
Siu Hong Rd	兆康路	117A5
Siu Kin Lane	肇堅里	67G7
Siu Lam Rd	小欖路	120B3
Siu Lek Yuen Rd	小瀝源路	103F6
Siu Lun St	兆麟街	119B5
Siu Sai Wan Rd	小西灣道	77D7
Siu Sik Lane	小食里	129D6
Siu Yip St	兆業街	50B4
Skymaster Drive	天威道	43A7
Smithfield	士美非路	57D5
So Kwun Po Rd	掃管埔路	97C5
So Kwun Wat Rd	掃管笏路	120F1
Soares Ave	梭椏道	35F7
Somerset Rd	森麻實道	33C8
South Bay Close	南灣坊	91G7
South Bay Rd	南灣道	91G6
South Horizon Drive	海怡路	87F6
South Lane	南里	57B8
South Lantau Rd	嶼南道	19F5
South Wall Rd	城南道	45B8
Soy St	豉油街	36A3
Sports Rd	體育道	67C7
Spring Garden Lane	春園街	65C7
Square St	四方街	60F4
St. Francis St	聖佛蘭士街	65F6
St. Francis Yard	進教圍	65F6
St. John's Lane	聖約翰里	42C1
St. Joseph's Path	聖若瑟徑	63F7
St. Stephen's Lane	聖士提反里	58D4
Stadium Path	大球場徑	69G8
Stafford Rd	士德福道	33G8
Staffordshire Ave	士德福信路	7G7
Stanley Beach Rd	赤柱灘道	92B4
Stanley Gap Rd	赤柱峽道	91C3
Stanley Link Rd	赤柱連合道	93C7
Stanley Main St	赤柱大街	93D8
Stanley Market Rd	赤柱市場道	93D7
Stanley Mound Rd	赤柱崗道	92C4
Stanley New St	赤柱新街	93D7
Stanley St	士丹利街	61A5
Stanley Village Rd	赤柱村道	92C4
Star St	星街	65G6
Station Lane	差館里	41D5
Staunton St	士丹頓街	61C3
Staveley St	士他花利街	60B4
Stewart Rd	史釗域道	65A5
Stewart Terr	十間	81F7
Stirling Rd	士他令道	43B5
Stone Nullah Lane	石水渠街	65B6
Stubbs Rd	司徒拔道	83C7
Suffolk Rd	沙福道	33D8
Sugar St	糖街	66A4
Sui Fung Lane	穗豐里	102B2
Sui Man Lane	萃文里	76F2
Sui Man Rd	萃文道	76F1
Sui On St	瑞安街	98D3
Sui Wo Rd	穗禾路	102C2
Sun Chun St	新村街	69C5
Sun Ki St	新基街	130F3
Sun On St	新安街	77C6
Sun Sing St	新成街	74D2
Sun St	日街	65F6
Sun Wui Rd	新會道	67B5
Sun Yip St	新業街	77C6
Sung Chi St	崇志街	40C3
Sung Hing Lane	崇慶里	58C2
Sung Kit St	崇潔街	40C3
Sung On St	崇安街	40B3
Sung Ping St	崇平街	40A3
Sung Tak St	崇德街	67F7
Sung Wong Toi Rd	宋皇台道	43C7
Sung Yin Lane	崇賢里	67F6
Sunning Rd	新寧道	67A5
Supreme Court Rd	法院道	63B7
Surrey Lane	舒梨道	33G7
Sutherland Ave	新達摩路	7G7
Sutherland St	修打蘭街	58A3
Swatow St	汕頭街	65D6
Sweet Gum Rd	楓香路	111D5
Sycamore St	詩歌舞街	34C3
Sze Chuen St	四川街	43G5
Sze Mei St	四美街	47D6
Sze Pei Sq	四陂坊	122C2
Sze Shan St	四山街	55F5
Ta Chuen Ping St	打磚坪街	123D7
Ta Ho Tun Rd	打鼓墩路	16D2
Tai Cheong St	太昌街	73F6
Tai Ching St	大政街	34D1
Tai Chung Kiu Rd	大涌橋路	102G2
Tai Chung Rd	大涌道	122C1
Tai Fong St	大方街	116C3
Tai Foo St	大富街	74G1
Tai Fung Avenue	太豐路	73D5
Tai Fung St	泰豐街	113B6
Tai Ha St	大廈街	122C4
Tai Hang Drive	大坑徑	69B7
Tai Hang Rd	大坑道	69C6
Tai Hang Sai St	大坑西街	33F5
Tai Hang Tung Rd	大坑東道	33G6
Tai Hing St	大興街	116D3
Tai Hing Tai Rd	大興堤路	129D6
Tai Ho Rd	大河道	122C2
Tai Ho Rd N	大河道北	122B3
Tai Hom Road	大磡道	47D5
Tai Hong St	太康街	73C7
Tai Kiu St	大橋街	113C5
Tai Kok Tsui Rd	大角咀道	34D2
Tai Kwong Lane	大光里	98D3
Tai Lam Chung Rd	大欖涌路	13D6
Tai Lee St	泰利街	113B6
Tai Lin Pai Rd	大連排道	123G6
Tai Lok St	太樂街	74G1
Tai Loong St	大隆街	123D7
Tai Man St	泰民街	76C2
Tai Mei Tuk Rd	大尾督道	9F7
Tai Ming Lane	大明里	98D4
Tai Mo Shan Rd	大帽山道	14C3
Tai Mong Tsai Rd	大網仔路	110B4
Tai Mou Avenue	大茂路	73D5
Tai Nan St	大南街	34A2
Tai Nan West St	大南西街	31D6
Tai Ning St	大寧街	74G1
Tai O Market St	大澳街市街	130G3
Tai O Mun Rd	大澳門路	24C1
Tai O Rd	大澳道	130G3
Tai O Tai Ping St	大澳太平街	130G3
Tai O Wing On St	大澳永安街	130G3
Tai On St	太安街	73D8
Tai On Terr	大安台	60G4
Tai Pa St	大壩街	122C1
Tai Pak Terrace	太白台	57D6
Tai Pak Tin Lane	大白田里	123C8
Tai Pak Tin St	大白田街	123D8
Tai Pei Sq	大陂坊	122C2
Tai Pei Tau Path	大陂頭徑	113D6
Tai Ping Shan St	太平山街	60F4
Tai Po Rd	大埔道	31A6
Tai Po Rd	大埔公路	99F5
Tai Po Tai Wo Rd	大埔太和路	98C3
Tai Po Tau Drive	大埔頭徑	98C1
Tai Po Tau Rd	大埔頭路	98C1
Tai Po Tau Shui Wai Rd	大埔頭水圍路	98C1
Tai Shek Hau Rd	大石口路	129F6
Tai Shek St	大石街	73G7
Tai Shing St	大成街	45A5
Tai Shu Ha Rd E	大樹下東路	113D6
Tai Sun Back St	大新後街	129D7
Tai Sun St	大新街	129D7
Tai Tak St	大德街	74B3
Tai Tam Rd	大潭道	92A2
Tai Tam Réservoir Rd	大潭水塘道	91A6
Tai To Tsuen Rd	大道村路	115D7
Tai Tong Rd	大棠路	113C7
Tai Tong Shan Rd	大棠山道	13B7
Tai Tso Yuen St	大菜園路	129F7
Tai Tsun St	大全街	34D1

Street	中文	Ref	Street	中文	Ref	Street	中文	Ref
Tai Tung St	大同街	45A5	Tat Yip Lane	達業里	102A2	To Fuk Rd	多福道	33D7
Tai Uk St	大屋街	122C2	Tate's Cairn Highway	大老山公路	103D7	To Kwa Wan Rd	土瓜灣道	43F8
Tai Uk Wei	大屋圍	122C2	Temple St	廟街	36G4	To Li Terrace	桃李台	57D6
Tai Wai Rd	大圍道	104B3	Texaco Rd	德士古道	122F2	To Lok Rd	陶樂路	108C3
Tai Wan Rd	大環道	41C5	Texaco Rd N	德士古道北	122C4	To Shek St	多石街	102G4
Tai Wan Tau Rd	大環頭道	24C1	The Governor's Walk	同樂徑	80B2	To Wan Lane	杜雲里	74A2
Tai Wing Ave	太榮路	73D6	Theatre Lane	戲院里	62G4	To Yuen St	桃源街	33D7
Tai Wing Lane	太榮里	98D3	Third Lane	第三巷	69C5	Tolo Highway	吐露港公路	98G4
Tai Wo Hau Rd	大窩口道	122D4	Third St	第三街	58C3	Tong Bin Lane	塘邊徑	88C1
Tai Wo Service Rd W	大窩西支路	111A6	Thistle St	地士道街	34G4	Tong Chong St	糖廠街	72C2
Tai Wo St	太和街	65B6	Thomson Rd	譚臣道	65B5	Tong Hang Rd	塘坑道	116A3
Tai Woh Ping Rd	大窩坪道	32B3	Tien Poa St	天寶街	65G6	Tong Mi Rd	塘尾道	34D3
Tai Wong Lane	大王里	74A2	Tin Chau Lane	田洲里	109F7	Tong Shui Rd	糖水道	71B5
Tai Wong St E	大王東街	65D6	Tin Chau Rd	田洲路	109F7	Tong Tai Rd	唐泰路	115C6
Tai Wong St W	大王西街	65D6	Tin Chee Rd	天慈路	114C2	Tong Yam St	棠蔭街	33G5
Tai Yau St	大有街	47F6	Tin Cheung Rd	天祥路	114C2	Tong Yan San Tsuen Rd	唐人新村路	115C7
Tai Yip St	大業街	51B5	Tin Ching Rd	天靖路	114D3	Tonkin St	東京街	31G8
Tai Yue Avenue	太裕路	72D4	Tin Chiu St	電照街	71B7	Tonnochy Rd	杜老誌道	66G4
Tai Yuen St	太原街	65C7	Tin Chong St	電廠街	70C3	Town Park Rd N.	公園北路	113G8
Tai Yuen St	大圓街	123C7	Tin Chuk St	天竹街	114C2	Town Park Rd S.	公園南路	113G8
Taikoo Shing Rd	太古城道	72D3	Tin Fuk Rd	天福路	114C3	Trademart Drive	展貿徑	50F3
Taikoo Wan Rd	太古灣道	73C5	Tin Ha Rd	田廈路	115G6	Tramway Path	纜車徑	81A8
Tak Cheong Lane	德昌里	36B3	Tin Hau Rd	天后路	118A3	Tregunter Path	地利根德里	81B6
Tak Cheong St	德昌街	36B3	Tin Hau Temple Rd	天后廟道	71D5	Triangle St	三角街	65B6
Tak Ching Court	德政圍	116G4	Tin Hei St	天喜街	114C2	Tristar Rd	三星道	50G2
Tak Fung St	德豐街	41B7	Tin Heung St	天香街	52D4	True Light Lane	真光里	33C7
Tak Hau St	德厚街	102D3	Tin Ho Rd	天河路	114D3	Tsan Tuen Rd	贊端路	128G1
Tak Hing St	德興街	37G5	Tin King Rd	田景路	116C2	Tsap Fai St	集輝街	31C7
Tak Hong St	德康街	41B5	Tin Kwai Rd	天葵路	114C1	Tsap Tseung St	集祥街	84B3
Tak Kei St	得基街	103D5	Tin Kwong Rd	天光道	42F4	Tsat Po St	七寶街	47F6
Tak Ku Ling Rd	打鼓嶺道	43A7	Tin Lok Lane	天樂里	67F5	Tsat Tsz Mui Rd	七姊妹道	71B8
Tak Lee St	德利街	103D5	Tin Lung Rd	天龍路	114D1	Tse Wai Ave	紫葳路	47B7
Tak Lung Back St	德隆後街	110D3	Tin Mei Rd	天美路	114D3	Tseng Choi St	井財街	117D5
Tak Lung Front St	德隆前街	110D3	Tin Pak Rd	天柏路	114C2	Tseuk Kiu St	雀橋街	33G7
Tak Man St	德民街	41C6	Tin Ping Rd	天平路	96A2	Tseuk Luk St	爵祿街	47G7
Tak On St	德安街	41B6	Tin Sam St	田心街	104D4	Tseung Kwan O Road	將軍澳道	53D7
Tak Po St	得寶街	103F5	Tin Shek Rd	田石路	16F1	Tseung Kwan O Tunnel	將軍澳隧道	108C1
Tak Shing Lane	德星里	58C3	Tin Shing Rd	天城路	114D2	Tseung Kwan O Tunnel Rd	將軍澳隧道公路	108C3
Tak Shing St	德成街	37G5	Tin Shui Rd	天瑞路	114D2	Tsing Bik St	青碧街	119D6
Tak Tai Path	德大徑	122D4	Tin Shun Lane	天順里	114D3	Tsing Chau St	青洲街	40C4
Tak Tin St	德田街	53F7	Tin Tan St	天壇街	114F1	Tsing Chin St	青芊街	126A2
Tak Ting St	德定街	41B6	Tin Tei Yan Rd	天地人路	115G7	Tsing Chuen Wai Rd	青磚圍路	16A4
Tak Wah St	德華街	122D3	Tin To St	天桃街	114D2	Tsing Chui Path	青翠徑	117D5
Tak Wing St	得榮街	103D5	Tin Tsz Rd	天慈路	114C2	Tsing Chung Koon Rd	青松觀路	116C4
Tak Wo St	德和街	52A4	Tin Wah Rd	天華路	114D1	Tsing Fat St	青發街	120D3
Tak Yan St	德仁街	67G6	Tin Wan Close	田灣徑	86D3	Tsing Fuk Lane	青福里	116B4
Tak Yi St	得怡街	103F5	Tin Wan Hill Rd	田灣山道	86F3	Tsing Fung St	清風街	68D1
Tak Yip St	德業街	112B4	Tin Wan New St	田灣新街	86C2	Tsing Ha Lane	青霞里	119D6
Taku St	大沽街	41D5	Tin Wan Praya Rd	田灣海旁道	86G4	Tsing Hang Path	青杏徑	117D5
Tam Kon Chau Rd	担竿洲路	7C6	Tin Wan St	田灣街	86D3	Tsing Ho Sq	青河坊	119B5
Tam Kon Po St	担杆莆街	102F2	Tin Wing Rd	天榮路	114D1	Tsing Hoi Cir	青海圓	119A5
Tam Kon Shan Rd	担杆山路	126A2	Tin Wu Rd	天湖路	114D2	Tsing Kai Lane	清溪里	65B7
Tam Kung Mui Rd	譚公廟道	74A1	Tin Yan Rd	天恩路	114D1	Tsing Keung St	青強街	14G2
Tam Kung Rd	譚公道	43D5	Tin Ying Rd	天影路	114F3	Tsing King Rd	青敬路	126B3
Tam Lane	潭里	58F3	Tin Yiu Rd	天耀路	114D3	Tsing Kwai Path	青葵徑	117D5
Tamar St	添馬街	63B6	Ting Fu St	定富街	51A6	Tsing Leung Lane	清涼里	117B6
Tan Chuen Rd	躉場路	110C2	Ting Fung St	定豐街	123C5	Tsing Ling Path	青綾徑	117D5
Tan Kwai Tsuen Rd	丹桂村路	115F8	Ting Kok Rd	汀角路	98B4	Tsing Luk St	青綠街	126C3
Tang Fung St	登豐街	86D3	Ting Kwok St	定國街	122C4	Tsing Lun Rd	青麟路	116C4
Tang Lung St	登龍街	67C5	Ting Lai Rd	汀麗路	98B4	Tsing Lung Rd	青龍路	120F2
Tang Uk St	鄧屋街	125A6	Ting On St	定安街	51A6	Tsing Min Path	清旻徑	117C5
Tank Lane	水池巷	60F4	Ting Tai Rd	汀太路	98C3	Tsing Mui St	清梅街	126G1
Tanner Rd	丹拿道	71B6	Ting Wo Lane	庭和里	109C6	Tsing Nam St	青南街	14G2
Tao Fung Shan Rd	道風山路	105A5	Ting Yip St	定業街	51A6	Tsing On St	靜安街	45C6
Tat Chee Ave	達之路	33F7	Ting Yue Sq	定裕坊	51A6	Tsing Pak Path	青柏徑	117D5
Tat Fai Path	達輝徑	113C7	Tip King Rd	蝶景路	118F2	Tsing San Path	青新徑	116B4
Tat Wan Rd	達運道	98G3	Tit Hong Lane	鐵行里	60A4	Tsing Shan Sq	青山坊	119A5
Tat Yan Sq	達仁坊	117F5	Tit Shu St	鐵樹街	34F2	Tsing Sheung Rd	青尚路	14G2

Street	中文	Grid
Tsing Sin St	青善街	119B6
Tsing Sum St	清心街	126C2
Tsing Tai Rd	青泰路	120D3
Tsing Tim St	清甜街	14G2
Tsing Tin Rd	青田路	116C3
Tsing To Path	青桃徑	117D5
Tsing Tsuen Rd	青荃路	126B4
Tsing Tsung Path	青松徑	116C4
Tsing Wu Sq	青湖坊	119A5
Tsing Wui St	青匯街	119B6
Tsing Wun Rd	青雲路	118A2
Tsing Yan St	青茵街	119D6
Tsing Yeung Cir	青楊街	116F3
Tsing Yi Heung Sze Wui Rd	青衣鄉會路	126D4
Tsing Yi Rd	青衣路	126F4
Tsing Yi Rd W	青衣西路	126D1
Tsing Yin St	青賢街	116F4
Tsing Yip St	青葉街	126C2
Tsing Yu St	清譽街	126C2
Tsing Yuen St	靖遠街	98D3
Tsing Yung St	青榕街	119D6
Tso Kung Sq	曹公坊	122B1
Tso Kung St	曹公街	122C1
Tso Wo Rd	早禾路	16C4
Tsoi Tak St	載德街	84B3
Tsok Pok Hang Rd	作壆坑路	105C7
Tsuen Fu St	荃富街	122D3
Tsuen Hing Path	荃興徑	122C2
Tsuen King Cir	荃景圍	121A8
Tsuen Kwai St	荃貴街	122D3
Tsuen Lok St	荃樂街	122C3
Tsuen Nam Rd	村南道	104B4
Tsuen Wah St	荃華街	122D3
Tsuen Wan Market St	荃灣街市街	122C3
Tsuen Wan Rd	荃灣路	122D1
Tsuen Wing Rd	荃榮街	122D3
Tsuen Yip St	荃業街	122F3
Tsui Fung St	翠鳳街	46G3
Tsui Hing St	翠興街	51C6
Tsui In Lane	聚賢里	65G6
Tsui King St	翠景街	76F3
Tsui Lam Rd	翠林路	108C1
Tsui Man St	聚文街	84C3
Tsui Ping Rd	翠屏道	52B4
Tsui Wan St	翠灣街	76B4
Tsun Fat St	駿發街	43D7
Tsun Fu St	巡撫街	96B3
Tsun King Rd	駿景路	100G3
Tsun Wen Rd	震寰路	116C4
Tsun Wing Lane	俊榮里	61C6
Tsun Yip Lane	駿業里	52D3
Tsun Yip St	駿業街	52F2
Tsun Yuen St	晉源街	84C4
Tsung Man St	崇文街	86B3
Tsung Sau St E	松秀東街	60G2
Tsung Sau St W	松秀西街	60G2
Tsung Tau Ha Rd	松頭下路	102A3
Tsz Lo Lan Shan Path	紫羅蘭山徑	91C5
Tsz Loi Lane	紫來里	52D4
Tsz Mi Alley	紫薇街	58B2
Tsz Tin Rd	紫田路	116A4
Tsz Wan Lane	慈雲里	46D2
Tsz Wan Shan Rd	慈雲山道	46D1
Tuen Fat Rd	屯發路	117G5
Tuen Fu Rd	屯富路	117B6
Tuen Hi Rd	屯喜路	119A5
Tuen Hing Rd	屯興路	119A5
Tuen Hop St	屯合街	116G4
Tuen Lee St	屯利街	119A5
Tuen Lung St	屯隆街	117G5
Tuen Mun Heung Sze Wui Rd	屯門鄉事會路	116F4
Tuen Mun Rd	屯門公路	119B5
Tuen Shing St	屯盛街	117G5
Tuen Shun St	屯順街	117G5
Tuen Tsing Lane	屯清里	118C2
Tuen Tsz Wai Rd	屯子圍路	12A4
Tuen Wui St	屯匯街	117G5
Tuen Yan St	屯仁街	117G5
Tuen Yee St	屯義街	118C3
Tun Wo Lane	敦和里	61B5
Tung Chau St	通州街	29B8
Tung Chau West St	通州西街	31D5
Tung Cheung St	東祥街	98D4
Tung Chi St	童子街	123C7
Tung Choi St	通菜街	35D5
Tung Chung Rd	東涌道	19D6
Tung Fat Rd	東發道	45A6
Tung Fat Sq	同發坊	98D4
Tung Fong St	東方街	37B5
Tung Hei Rd	東喜道	74B2
Tung Hing Lane	東興里	60F2
Tung Hing Lane	同慶里	74A3
Tung Kun St	東莞街	36C3
Tung Kwong Rd	東光道	45A6
Tung Lei Rd	東利道	45A7
Tung Leung Lane	棟樑里	99B5
Tung Leung Rd	棟樑路	99B5
Tung Lo Wan Drive	銅鑼灣徑	68F4
Tung Lo Wan Hill Rd	銅鑼灣山道	104A4
Tung Lo Wan Rd	銅鑼灣道	69D5
Tung Loi Lane	東來里	60F2
Tung Lok St	同樂街	113C6
Tung Lung Rd	東隆道	45B6
Tung Man St	同文街	60B4
Tung Mau Sq	同茂坊	98D3
Tung Ming St	通明街	52C2
Tung On St	東安街	36B3
Tung Sau Sq	同秀坊	98D4
Tung Shan Terrace	東山臺	84C1
Tung Shing Lane	東成里	60C4
Tung Sing Rd	東勝道	86B3
Tung St	東街	60F4
Tung Tai Lane	東泰里	45A5
Tung Tai Pak Rd	東堤北路	129B6
Tung Tak Lane	同德里	61B5
Tung Tau Tsuen Rd	東頭村道	45B7
Tung Tau Wan Rd	東頭灣道	93B5
Tung Tsing Rd	東正道	45B7
Tung Tsz Rd	洞梓路	9F5
Tung Wa Lane	東華里	60C4
Tung Wan Rd	東灣道	129C7
Tung Wan Tau Rd	東灣頭路	127D7
Tung Wo St	同和街	122A4
Tung Yan St	同仁街	52D3
Tung Yuen St	東源街	55G5
Tweed Rd	陶域道	42D2

U – V

Street	中文	Grid
U Lam Terrace	裕林台	61F5
Ui On Lane	匯安里	58C3
Un Chau St	元州街	32F3
Un Fuk Lane	元福里	58C3
Un Shing Lane	元勝里	58C4
University Drive	大學里	59F6
University Rd	大學路	110A1
Upper Albert Rd	上亞厘畢道	61A7
Upper Kai Yuen Lane	繼園上里	71C7
Upper Lascar Row	摩羅上街	60F4
Upper Station St	差館上街	60F4
Valley Rd	山谷道	40F4
Ventris Rd	雲地利道	84A3
Verbena Rd	地錦路	33G7
Victoria Park Rd	維園道	66B2
Victoria Rd	域多利道	75B6
Victory Avenue	勝利道	35F7
Village Rd	山村道	84C3
Village Terr	山村台	84C2
Violet Terr	紫蘭台	57D6
Vista Avenue	海寧徑	127B7

W

Street	中文	Grid
Wa Fuk St	華福街	110G4
Wa Fun St	華歡街	110G3
Wa Fung St	華豐街	41F5
Wa Hing Lane	華興里	61D5
Wa In Fong E	華賢坊東	61D5
Wa In Fong W	華賢坊西	61D5
Wa Lai Path	華荔徑	30B1
Wa Lane	華里	60F3
Wa Ning Lane	華寧里	60G4
Wa On Lane	華安里	60C4
Wa Tai Rd	華泰路	125C6
Wa Yung Rd	華容路	110G4
Wah Cheung St	華昌街	75D7
Wah Chi Path	華池徑	47B7
Wah Fat St	華發街	119C6
Wah Fu Rd	華富道	75F7
Wah Ha St	華廈街	76F3
Wah King Hill Rd	華景山路	125B7
Wah King St	華景街	75D7
Wah Lam Path	華林徑	75D7
Wah Lok Path	華樂徑	75D8
Wah Lung Path	華隆徑	75F7
Wah Ming Rd	華明路	97G7
Wah Sing St	華星街	123B6
Wah Yiu Rd	華瑤路	125B6
Wah Yuen Drive	華員徑	125B7
Wai Chi Lane	偉智里	32D4
Wai Chi St	偉智街	32D4
Wai Ching St	偉晴街	36G3
Wai Fat Rd	偉發道	52G4
Wai Fung St	惠風街	87A5
Wai Hang St	惠亨街	74G1
Wai Hon Rd	維翰路	96D4
Wai Kek St	圍加街	123F8
Wai King St	偉景街	43G7
Wai Man Rd	惠民路	110C4
Wai Ming Rd	偉明路	97G7
Wai On St	惠安街	34C1
Wai Ping Close	衛平坊	96D3
Wai San Lane	維新里	60B4
Wai Tak Lane	懷德里	61A6
Wai Tsai St	圍仔街	130B2
Wai Tsuen Rd	惠荃路	122B3
Wai Tsui Crescent	慧翠道	71F5
Wai Wah St	惠華街	46D2
Wai Wai Rd	懷惠道	32C2
Wai Wan Lane	衛灣里	41C5
Wai Wo St	懷和街	96D3
Wai Yan St	懷仁街	98D3
Wai Yi St	懷義街	98D3
Wai Yin St	偉賢街	32F4

Streets

233

Street	Chinese	Ref	Street	Chinese	Ref	Street	Chinese	Ref
Wai Yip St	偉業街	52G2	Waterfall Bay Rd	瀑布灣道	75F6	Wai Yiu St	永耀街	43F5
Walker Rd	獲嘉道	41F5	Waterloo Rd	窩打老道	37A5	Winslow St	溫思勞街	41F5
Walnut St	合桃街	34C2	Watford Rd	和福道	82D2	Wistaria Rd	紫藤路	33G6
Wan Chai Gap Rd	灣仔峽道	83C5	Watson Rd	屈臣道	70D1	Wo Che St	禾輋街	102D2
Wan Chai Rd	灣仔道	67G6	Welfare Rd	惠福道	88D3	Wo Chung St	和衷道	40D3
Wan Fat St	環發街	40C2	Wellington St	威靈頓街	61A6	Wo Fung St	和豐街	97B7
Wan Fuk St	環福街	40C2	West Embankment	西堤	71A5	Wo Fung St	和風街	58A3
Wan Fung St	環鳳街	46F3	West End Terr	西尾台	58C4	Wo Heung St	禾香街	102B4
Wan Hang Rd	運亨路	108C4	West Kowloon Corridor	西九龍走廊	29A7	Wo Hing Rd	和興路	97G8
Wan Hing St	環興街	40C2	West Terr	西台	61D5	Wo Hong Path	和康徑	52A3
Wan Hoi St	環海街	41A6	Western Fire Services St	西消防街	60G1	Wo Hop Shek Rd	和合石路	8F2
Wan Hon Lane	雲漢里	52B3	Western Park Rd	西區公園道	58D3	Wo Keng Shan Rd	禾徑山路	8B4
Wan Hon St	雲漢街	52B3	Western St	西邊街	58D3	Wo Liu Hang Rd	禾寮坑路	102A4
Wan King Path	灣景街	110D3	Westlands Rd	華蘭路	72D3	Wo Lung St	和隆街	97B6
Wan King St	環景街	40C2	Whampoa St	黃埔街	41D5	Wo Mun St	和滿街	97B7
Wan Lei St	環利街	40B2	Wharf Rd	和富道	70B4	Wo Muk Rd	和睦路	97B6
Wan Lok St	環樂街	40C2	Whitfield Rd	威非路道	70D1	Wo On Lane	和安里	61A6
Wan Lung Rd	運隆路	108D4	Whitty St	屈地街	58G3	Wo Ping Path	和平路	116F4
Wan On St	環安街	40C2	Willow St	柳樹街	34C2	Wo Ping San Tsuen L.	和平新村里	115F7
Wan Po Rd	環保大道	109G6	Wilmer St	威利麻街	58B2	Wo Sheung Tun St	禾上墩街	102A2
Wan Shing St	運盛街	66F3	Wilson Rd	衛信道	85D5	Wo Shing St	禾盛街	102B3
Wan Shun St	環順街	40B2	Wiltshire Lane	偉順路	7G7	Wo Shui St	禾穗街	102A4
Wan Tat St	環達街	40C2	Wiltshire Rd	渭州道	45G7	Wo Shun Lane	和順里	129B6
Wan Tau Kok Lane	運頭角里	98F4	Wing Cheung St	永祥街	67G6	Wo Tai St	和泰街	97B6
Wan Tau Sq	運頭坊	98D3	Wing Chi Path	榮池街	47B7	Wo Tik St	禾笛街	122D2
Wan Tau St	運頭街	98D4	Wing Cho St	榮祖街	125C5	Wo Tong Tsui St	禾塘咀街	123D6
Wan Tin Path	雲天徑	70D4	Wing Chong St	永創街	122G3	Wo Yi Hop Lane	和宜合里	123A7
Wan Tsui Lane	環翠里	76F3	Wing Chuk St	穎竹街	44A1	Wo Yi Hop Rd	和宜合道	123C7
Wan Tsui Rd	環翠道	76F2	Wing Chun St	永俊街	130B2	Woh Chai St	窩仔街	32F4
Wan Wah St	雲華街	46F2	Wing Fat Lane	榮發里	119C6	Wong Chu Rd	皇珠路	118B3
Wang Chau Rd	橫洲路	113C6	Wing Fong Rd	榮芳路	123G5	Wong Chuk Hang Path	黃竹坑徑	90B1
Wang Chin St	宏展街	50F3	Wing Fook St	榮福街	54A2	Wong Chuk Hang Rd	黃竹坑道	90B2
Wang Chiu Rd	宏照道	50D4	Wing Fung St	永豐街	65G6	Wong Chuk St	黃竹街	34B2
Wang Fat Path	宏發徑	113B7	Wing Fung St W	永豐西街	65G5	Wong Chuk Yeung St	黃竹洋街	102A2
Wang Fu St	富益街	112C1	Wing Hau St	永孝街	124A2	Wong Kuk Rd	黃菊路	47B7
Wang Fung Terr	宏豐台	69C7	Wing Hing St	永興街	70F1	Wong Lee Lane	王里巷	74A3
Wang Hoi Rd	宏開道	50C4	Wing Hing St	永興街	130C2	Wong Lung Hang Rd	黃龍坑道	73B5
Wang Kee St	宏基街	50F4	Wing Hong St	永康街	31C5	Wong Ma Kok Rd	黃麻角道	93B6
Wang Kwong Rd	宏光道	50F1	Wing Kei Rd	永基路	122G3	Wong Nai Chung Gap Rd	黃泥涌峽道	85G6
Wang Kwun Rd	宏冠道	50D4	Wing Kin Rd	永建路	122G3	Wong Nai Chung Rd	黃泥涌道	67B8
Wang Lee St	宏利街	112C2	Wing Kut St	永吉街	60B4	Wong Tai Sin Road	黃大仙道	44A3
Wang Lok St	宏樂街	112C4	Wing Kwong St	榮光街	40C2	Wong Tai St	旺堤街	34D1
Wang Lung St	橫龍街	122F3	Wing Lai Rd	穎禮路	108A2	Wong Uk Lane	王屋里	102G4
Wang Mou St	宏茂街	51C5	Wing Lap St	永立街	124A3	Wong Yin St	旺賢街	116D2
Wang On Rd	安寧道	70D2	Wing Lee St	永利街	61D5	Woo Hop St	和合街	57B7
Wang Pok St	宏博街	102F2	Wing Lee St	永利街	130B2	Wood Rd	活道	67G6
Wang Pui Rd	宏貝道	18F3	Wing Lok Lane	永樂里	65F6	Woodlands Terr	活倫台	61D6
Wang Shing Shut St	宏盛街	51D5	Wing Lok St	永樂街	60F2	Woolwich Ave	胡列治路	7G7
Wang St	橫街	110D3	Wing Lung St	永隆街	31D8	Woosung St	吳松街	36F4
Wang Tai Rd	宏泰道	50C4	Wing Ming St	永明街	31C6	Wu Cheong St	湖昌街	118F2
Wang Tak St	宏德街	84C2	Wing Ning St	永寧街	67F6	Wu Chui Rd	湖翠路	118F1
Wang Tat Rd	宏達路	113F5	Wing On Side St	永安橫街	130B2	Wu Fai St	輝輝街	118F2
Wang Tau Hom C. Rd	橫頭磡中道	44C4	Wing On St	永安街	130B2	Wu Hong St	湖康街	118F3
Wang Tau Hom E. Rd	橫頭磡東道	44C4	Wing Ping St	永平街	77D5	Wu King Rd	湖景路	118F2
Wang Tau Hom N. Rd	橫頭磡北道	44C3	Wing Shun St	永順街	122G2	Wu Kwong St	湖光街	41D5
Wang Tau Hom S. Rd	橫頭磡南道	44C4	Wing Sing Lane	永星里	36C5	Wu Nam St	湖南街	86B4
Wang Tau Kai	磡頭街	98C3	Wing Tai Rd	永泰道	76B4	Wu On St	湖安街	118F3
Wang Tung St	宏通街	50D4	Wing Tak Rd	永德路	31B6	Wu Pak St	湖北街	86B4
Wang Wa St	宏華街	74A3	Wing Tak St	永德街	122F2	Wu Poon St	湖畔街	118F3
Wang Wo Tsai St	橫窩仔街	122D3	Wing Ting Rd	永定街	47B6	Wu Sau St	湖秀街	118F3
Wang Yip St E	宏業東街	113B5	Wing Tung St	永東街	130B2	Wu Shan Rd	湖山路	118F3
Wang Yip St S	宏業南街	113C5	Wing Wah Lane	榮華里	61A6	Wu Tai Circuit	湖泰街	118D3
Wang Yip St W	宏業西街	112C4	Wing Wah Terr	榮華台	58A4	Wu Yuet St	湖月街	118F2
Wang Yuen St	宏遠街	51C5	Wing Wo St	永和街	60B4	Wuhu St	蕪湖街	41D5
Warren St	華倫街	69D5	Wing Yip St	榮業街	123G6	Wun Sha St	浣紗街	67B8
Warwick Rd	和域道	33B8	Wing Yip St	榮業街	52G2	Wylie Path	衞理徑	37D7
Water Lane	水巷	60F4	Wing Yin St	永賢街	122F2	Wylie Rd	衞理道	37A6
Water St	水街	58F3				Wyndham St	雲咸街	61B6

Y - Z

Yacht St	帆船街	68D1
Yan Chai St	仁濟街	122C3
Yan Ching St	仁政街	116G4
Yan Fong St	仁芳街	123G5
Yan Fung St	仁鳳街	40F4
Yan Hing St	仁興街	98D3
Yan King Rd	欣景路	108B4
Yan Lok Sq	仁樂坊	113C7
Yan Oi Court	仁愛圍	52C3
Yan Oi St	仁愛街	47G7
Yan Oi Tong Cir	仁愛堂街	117F5
Yan Shau Lane	仁壽里	61A6
Yan Shing Lane	欣盛里	97F7
Yan Shun Lane	仁信里	52C3
Yan Tak Lane	仁德里	67F7
Yan Tsui St	茵翠街	76F3
Yan Wah St	欣華街	46D2
Yan Wing St	欣榮街	55D6
Yan Wo Lane	人和里	98D3
Yan Yip St	欣業街	51A7
Yan Yue Wai	仁宇圍	55G6
Yat Fu Lane	日富里	57B7
Yat Ming Rd	一鳴路	97F8
Yat San St	日新街	113B6
Yat Sin St	日善街	67F6
Yat Nga Lane	逸雅里	98G3
Yau Chuen St	友全街	7G5
Yau Hong St	有康街	52G4
Yau King Lane	優景里	15A7
Yau Kwong St	友光街	130B2
Yau Lai Rd	悠麗路	121C5
Yau Lung Path	游龍徑	48B2
Yau Ma Hom Rd	油麻磡路	123C6
Yau Man St	祐民街	72F3
Yau Moon St	祐滿街	35G7
Yau Oi Rd	友愛路	118B4
Yau On St	悠安街	104B1
Yau San St	又新街	113B7
Yau Shin St	友善街	7G5
Yau Shun St	有信街	52F4
Yau Tin East Rd	攸田東路	113A7
Yau Tin West Rd	攸田西路	113A7
Yau Ting St	悠定街	104B1
Yau Tong Rd	油塘道	55B6
Yau Wing St	友榮街	130B2
Yau Yee Lane	由義里	58F3
Yau Yue Wan Village Rd	鯉魚灣村道	108A4
Yee Fung St	怡豐街	76D4
Yee King Rd	怡景道	68B2
Yee Kuk St	醫局街	34A1
Yee Kuk West St	醫局西街	31C5
Yee On St	宜安街	52C2
Yee Shing Lane	怡成里	76D3
Yee Shing St	怡盛街	76D3
Yee Shun St	怡順街	76D4
Yee Tai St	怡泰街	76D3
Yee Wo St	怡和街	66A4
Yen Chow St	欽州街	32G2
Yen Wah Steps	賢華街	65C7
Yen Wah Terr	賢華台	65C7
Yeung Fung Rd	楊景路	116G2
Yeung Tsing Rd	楊青路	118A2
Yeung Uk Rd	楊屋道	122D2
Yi Ching Lane	宜正里	105A6
Yi Chun St	宜春街	110D3

Yi Hong St	怡康街	122F1
Yi Lok St	怡樂街	122F2
Yi Lun St	彝倫街	47G7
Yi Nam Rd	怡南路	87D6
Yi Nga Drive	怡雅路	87F5
Yi Pei Chun Rd	二陂坑路	123A5
Yi Pei Sq	二陂坊	122D2
Yi Shing Sq	怡成坊	102G3
Yick Yuen Rd	赤園路	13A5
Yik Kwan Avenue	益群道	69C6
Yik Yam St	奕蔭街	84B3
Yim Po Fong St	染布房街	35G7
Yin Chong St	煙廠街	37A5
Yin On St	燕安街	43D7
Yin Hing St	衍慶街	47G7
Yin Tse Lane	燕子里	99G7
Ying Choi Path	英才徑	42F4
Ying Fai Terr	英輝台	61D6
Ying Fung Lane	盈鳳里	46G4
Ying Wa Terr	英華台	58C4
Ying Yeung St	鷹揚街	43D7
Ying Yip Rd	影業路	109B6
Yip Cheong St	業暢街	97C7
Yip Fat St	業發街	88C2
Yip Fung St	業豐街	97C8
Yip Hing St	業興街	88D2
Yip Kan St	業勤街	88D2
Yip Shing St	興盛街	123G7
Yip Wo St	業和街	97D8
Yip Wong Rd	業旺路	118A3
Yiu Hing Rd	耀興道	74D3
Yiu Tung St	耀東街	33G4
Yiu Wa St	耀華街	67C6
Yiu Wing Lane	窑榮里	105B8
Yiu Wing St	耀榮里	123D6
Yiu Wing St	耀榮街	123C6
York Rd	約道	33D8
Yu Chau St	汝州街	34A2
Yu Chau West St	汝州西街	31C6
Yu Chui St	瑜翠街	120F3
Yu Hing Lane	餘慶里	60D4
Yu King Sq	裕景街	113C6
Yu Lok Lane	餘樂里	58C4
Yu On St	裕安街	9G5
Yu Po Lane East	餘步里東	58C3
Yu Po Lane West	餘步里西	58C3
Yu Tai Rd	裕泰路	96F4
Yu Wing Path	裕榮徑	113D7
Yue Fai Rd	漁暉道	86A4
Yue Fung St	漁豐街	86F3
Yue Hong St	漁康街	86A3
Yue Ko St	漁歌街	86D3
Yue Kwong Rd	漁光道	86A2
Yue Kwong St	漁安街	9G5
Yue Lei St	漁利街	86D3
Yue Man Square	裕民坊	52D2
Yue On Lane	寓安里	109C6
Yue Shi Cheung Rd	魚市場道	86D4
Yue Wok St	漁礮街	86D3
Yuen Chau Kok Rd	圓洲角路	102G4
Yuen Cheong Lane	源昌里	102G3
Yuen Fat Path	元發徑	113D6
Yuen Hing Lane	元慶里	74A3
Yuen Hong St	源康街	103F6
Yuen Kong Au St	鉛礦凹街	102A2
Yuen Long Highway	元朗公路	115C6
Yuen Long Hong Lok Rd	元朗康樂路	113C6
Yuen Long New St	元朗新街	113C7

Yuen Long On Hing St	元朗安興街	113D7
Yuen Long On Lok Rd	元朗安樂路	113B6
Yuen Long On Ning Rd	元朗安寧路	113D6
Yuen Long Pau Cheung Sq	元朗炮仗坊	113C6
Yuen Long Tai Cheung St	元朗泰祥街	113B6
Yuen Long Tai Hang St	元朗泰衡街	113B6
Yuen Long Tai Yuk Rd	元朗體育路	113F7
Yuen Long Tung Tai St	元朗東堤街	113B6
Yuen Ngai St	圜藝街	35B6
Yuen On St	源安街	103F6
Yuen Po St	園圃街	35B7
Yuen Shun Cir	源順圍	103F6
Yuen Sin Rd	完善路	99C6
Yuen Tun Cir	圓墩圍	122C1
Yuen Wo Rd	源禾路	102C4
Yuen Yuen St	源遠街	84B3
Yuet Lun St	月輪街	30D3
Yuet Wah St	月華街	52C4
Yuet Yuen St	月園街	70B4
Yuk Choi Rd	育才道	41G6
Yuk Hok Lane	毓學里	46C2
Yuk Hong St	育康街	117F5
Yuk Kwan St	育群街	47G8
Yuk Ming St	毓明街	58G3
Yuk Sau Lane	毓秀里	58F3
Yuk Sau St	毓秀街	84B3
Yuk Shing St	玉成街	40C2
Yuk Tsing Lane	育青里	118B2
Yuk Wah Crescent	毓華里	46D2
Yuk Wah St	毓華街	46D2
Yuk Nga Lane	毓雅里	108B3
Yuk Yat St	旭日街	40B1
Yun Ping Rd	恩平道	67A5
Yung Ping Path	雍坪徑	100D4
Yung Yuen Rd	雍園路	114B4
Yunnan Lane	雲南里	36B4
Zetland St	泄蘭街	61A7

地方索引
Index of Places

二，三畫

七星崗	Tsut Sing Kong	7G7
九肚	Kau To	15B7
九宮塘	Kun Kung Tong	128G2
九華徑	Kau Wa Keng	14G4
九龍水塘	Kowloon Reservoirs	14F4
九龍坑山	Cloudy Hill	8F4
九龍坑老圍	Kau Lung Hang Lo Wai	8F3
九担租	Kau Tam Tso	9C7
了哥岩	Liu Ko Ngam	10B2
二白灣	Yi Pak Wan	127A7
二白坳	Yi Pak Au	20A1
二肚	Yi To	9B7
二東山	Yi Tung Shan	19C7
二浪灣	Yi Long Wan	19G8
二澳	Yi O	18F1
二澳新邨	Yi O San Tsuen	18F1
二澳舊邨	Yi O Kau Tsuen	18F1
八仙嶺	Pat Sin Leng	9D6
八鄉	Pat Heung	14A2
刀頭咀		10F1
十八鄉	Shap Pat Heung	7G5
十四鄉	Shap Sz Heung	16B2
十塱舊村	Shap Long Kau Tsuen	19D8
土支香		14G2
三白	Sam Pak	20A1
三肚	Sam To	9B7
三角咀	Sam Kok Tsui	9A8
三抱石	Sam Po Shek	10F4
三門山		10F2
三門仔新村	San Mun Tsui	9G6
三門墩		9G8
三洲	Sam Chau	25A5
三家村	Sam Ka Tsuen	23C7
三塊田	Sam Fa Tin	16D1
三椏村	Sam A Tsuen	10C1
三椏涌	Sam A Chung	10C1
三担籮	Sam Tam Lo	9C7
下木木橋	Ha Tsat Muk Kiu	9C6
下山雞乙	Ha Shan Kai Wat	8B3
下白泥	Ha Pak Nai	12A2
下禾坑	Ha Wo Hang	9B5
下坑	Ha Hang	8F4
下尾篤	Ha Mei Tsui	25G6
下尾灣	Ha Mei Wan	25F6
下沙洲	Ha Sha Chau	21C6
下花山	Ha Fa Shan	14D2
下城門水塘	Lower Shing Mun Reservoir	15D5
下洋	Ha Yeung	17A5
下洋	Ha Yeung	24B1
下洋山		24B1
下苗田	Ha Miu Tin	9C8
下徑	Ha Keng	20G1
下黃宜凹	Ha Wong Yi Au	15A6
下葵涌	Ha Kwai Chung	14F3
下車	Ha Che	7G8
下担水坑	Ha Tam Shui Hang	9A6
上水華山	Sheung Shui Wa Shan	8C2
上白泥	Sheung Pak Nai	6G1
上禾坑	Sheung Wo Hang	9B5
上村	Sheung Tsuen	7G8
上沙洲	Sheung Sha Chau	21C6
上花山	Shen Fa Shan	14C2
上洋	Sheung Yeung	24B1
上流灣	Sheung Lau Wan	24C1
上塱	Sheung Tong	14C1
上窰	Sheung Yiu	17C5
丫洲	Centre Island	15A8
丫髻山	Ah Kai Shan	6F4
千角咀	Chin Kok Tsui	20D1
土瓜坪	To Kwa Peng	17A6
土地灣	To Tei Wan	23G6
大刀	Tai To Yan	8G1
大上托	Tai Sheung Tok	23A7
大山		13G6
大水坑	Tai Shui Hang	12A2
大水坑	Tai Shui Hang	15C8
大水坑	Tai Shui Hang	20B1
大王爺墩	Tai Wang Yeh Tun	16C4
大生圍	Tai Shang Wai	7D5
大白咀	Tai Pak Tsui	20A2

大白澳	Discovery	20A2
大石下		10C4
大石磨	Tai Shek Hau	129G5
大石磨	Tai Shek Mo (Crest Hill)	8B1
大地塘	Tai Tei Tong	19C8
大江埔	Tai Kong Po	7G7
大老山	Tate`s Cairn	15F8
大冷水	Tai Lang Shui	12B2
大冷溪		12B2
大利	Tai Lei	20B2
大坑	Tai Hang	23C5
大坑口	Tai Hang Hau	24B1
大尾篤	Tai Mei Tuk	9F7
大芒輋	Tai Mong Che	8G1
大角頭	Tai Kok Tau	21F7
大赤沙	Tai Chik Sha	24C1
大赤門	Tai Chek Mun (North Channel)	10C4
大枕蓋	Tai Cham Kai	17B6
大東山	Tai Tung Shan (Sunset Peak)	19C7
大城石澗		14C4
大洲		17C8
大洲尾	Tai Chau	24F4
大洲尾頂		21C7
大洲渡	Tai Chau To	10C3
大風坳		18D3
大埔仔	Tai Po Tsai	16C2
大埔仔	Tai Po Tsai	16C4
大埔田	Tai Po Tin	8B3
大埔尾	Tai Po Mei	15B7
大埔墟	Tai Po Hui	8G4
大埔頭	Tai Po Tau	8G3
大埔滘	Tai Po Kau	15A7
大浪	Tai Long	17B7
大浪	Tai Long	20G1
大浪凹	Tai Long AU	17B7
大浪灣	Tai Long Wan	18G3
大浪灣	Tai Long Wan	19G8
大浪灣	Tai Long Wan	23F7
大浪灣村	Tai Long Wan Tsuen	18G3
大蚊山	Tai Men Shan	17B7
大貴灣	Tai Kwai Wan	20G2
大排灣		21F7
大蛇頂	Tai She Teng	17F6
大蛇灣	Tai She Wan	17F6
大陰		13F7
大陰頂	Tai Yam Teng	13G7
大圍	Tai Wai	15D6
大帽山	Tai Mo Shan	14B3
大棠	Tai Tong	13A6
大菴山	Tai Om Shan	14A4
大貴灣	Tai Kwai Wan	20G2
大貴灣新村	Tai Kwai Wan San Tsuen	128B1
大稔咀	Tai Nim Tsui	9B8
大稔洲	Tai Nim Chau	9A8
大腦	Tai No	16F1
大旗嶺	Tai Kei Leng	7G5
大窩	Tai Wo	8F3
大窩	Tai Wo	14B1
大窩	Tai Wo	14F4
大窩坪	Tai Wo Ping	130C3
大網仔	Tai Mong Tsai	15G5
大潭水塘	Tai Tam Reservoirs	16C4
大潭篤水塘	Tai Tam Reservoirs	23F5
大潭港	Tai Tam Harbour	23F6
大潭灣	Tai Tam Bay	23G6
大鴨洲	Tai A Chau	21B7
大樹門		18C3
大樹灣	Tai Shue Wan	22G3
大橋		14C2
大澳	Tai O	18D1
大磨刀	Tai Mo To (West Brother)	12F4
大頭洲	Tai Tau Chau (Um Island)	17D5
大頭洲	Tai Tau Chau	23G8
大龍村	Tai Lung Tsuen	130A2
大嶺		10C4
大嶺		17F5
大嶺峒		24B1
大環	Tai Wan	16C3
大環頭	Tai Wan Tau	24C2
大藍湖	Tai Lam Wu	16F1
大藍寮	Tai Lam Liu	15D8
大鵬灣	Tai Pang Wan (Miss Bay)	11C7
大鵬新村	Tai Ho San Tsuen	19B7
大鵬涌	Tai Ho Wan	19B7
大嶼洲	Tno Island	24B3
大灘	Tai Tan	17A5

大灘海峽	Tai Tan Hoi Hap (Long Harbour)	10G4
大欖角	Tai Lam Kok (Brothers Point)	13D6
大欖涌	Tai Lam Chung	13D6
大欖涌水塘	Tai Lam Chung Reservoir	13D6
大灣	Tai Wan	21F6
大灣新村	Tai Wan San Tsuen	25D6
大滘	Tai Kau	10D2
大輋	Tai Che	15D8
大鶴	Tai Hom	17A5
大鵬森	Tai Hom Sham	18G1
大氹灣		21G6
大炒門	Tai Au Mun	24B1
女婆山	Nui Po Shan	15C8
子門田	Tsz Mun Tin	9B8
小交椅洲	Siu Kau Yi Chau	20B3
小冷水	Siu Lang Shui	12D2
小坑村	Siu Hang Tsuen	8C2
小沙洲	Siu Sha Chau	21C6
小青洲	Little Green Island	22C1
小破邊洲	Siu Po Pin Chau	17G7
小梭洲		9B8
小鴉洲	Siu A Chau	21A7
小磨刀	Siu Moto (East Brother)	12F4
小滘	Siu Ho	19A8
小滘灣	Siu Lek Yuen	15D8
小灘	Siu Tan	17A5
小欖	Siu Lam	13D6
山下	Shan Ha	19B6
山下村	Shan Ha Tsuen	13A6
山下圍	Shan Ha Wai	15D7
山地塘	Shan Tei Tong	25F7
山尾	Shan Mei	15C6
山咀	Shan Tsui	9A6
山背	Shan Pui	7F5
山前村	Shan Ting Tsuen	130B2
山塢	Shan U	9B8
山寮	Shan Liu	9F6
山寮	Shan Liu	16C3
川龍	Chuen Lung	14C2
弓洲	Kung Chau	11D6

四，五畫

中狗牙嶺		18F4
中灣	Middle Bay	22G4
丹竹坑	Tan Chuk Hang	8C4
丹桂坑水塘		13B5
丹桂村	Tan Kwa Tsuen	13A5
井頭	Tseng Tau	16A2
井欄村村	Tseng Tau Tsuen Chung Tsuen	12B4
井欄樹	Tseng Lan Shue	23A7
五分洲	Ng Fan Chau	23G8
五肚	Ng To	9B7
五桂山	Ng Kwai Shan (Black Hill)	23B7
元五墳	Yuen Ng Fan	17D6
元洲仔	Island House	8G4
元朗工業邨	Yuen Long Industrial Estate	7F5
元朗舊墟	Yuen Long Kau Hui	7G5
元崗	Yuen Kong	14A1
元崗新村	Yuen Kong San Tsuen	14B1
元墩下	Yuen Tun Ha	15A5
元嶺	Yuen Leng	8F3
元嶺仔	Yuen Ling Tsai	130C2
公庵		13A6
分流西灣	Fan Lau Sai Wan	18G1
分流頂		18G1
天水圍	Tin Shui Wai	6F3
孔嶺	Hung Leng	8C3
屯子圍	Tuen Tsz Wai	12A4
屯門	Tuen Mun	12C4
文錦渡	Man Kam To	8A2
木魚山	Muk Yue Shan	18D4
木湖	Muk Wu	8A2
木棉頭	Muk Fat Tau	10A4
木橋頭村	Mun Kiu Tau Tsuen	13A6
水口	Shui Hau	18F4
水井灣	Shui Tseng Wan	20D1
水牛山	Buffalo Hill (Shui Ngau Shan)	16D1
水坑	Shui Hang	128F2
水泉澳	Shui Chuen O	15F7
水流田	Shui Lau Tin	14A1
水浪灣		16C3
水逕頂	Shui Keng Teng	17D7
水圍	Shui Wai	8G3
水茶新村	Shui Tsu San Tsuen	13A6
水塘		7G6
水澇槽	Shui Lou Tso	18F1
火石洲	Fo Shek Chau (Basalt Island)	25A5

火炭	Fo Tan	15C7
火藥洲	Magazing Island	22F2
牙鷹洲		18F2
牙鷹角	Nga Ying Kok	18D1
牙鷹角	Nga Ying Chau	14F2
牙鷹排		24F1
牛丫	Ngau Au	19C5
牛尾洲	Ngau Mei Chau (Shelter Island)	24A2
牛角灣	Ngau Kok Wan	14F1
牛押山	Ngau Ngak Shan (The Hunch Backs)	16B1
牛屎湖		10B1
牛牯灣	Ngau Kwu Wan	19D8
牛牯塱	Ngau Kwu Long	19B7
牛牯	Ngau Keng	14B1
牛湖頂		21F6
牛過路		10F3
牛寮	Ngau Liu	14C2
牛潭尾	Ngau Tam Mei	7D7
牛頭排		24A2
牛欄咀		13D8
牛欄咀	Ngau Hom Pai	20C1
王角尾	Wong Kok Mei	10B3
王角頭	Wong Kok Tau	10B2
丙崗	Ping Kong	8D1
仙人井	Sin Yan Tseng	128F2
仙公洞	Sin kung Tung	20G2
仙姑峰	Sin Ku Peak	9D7
凹頭	Au Tau	7G5
北丫	Pak A	17F6
北大刀刃	Pak Tai To Yan	8F2
北角	Boulde Point	20G2
北角	Pak Kok	21A7
北角	Pak Kok	25C6
北角咀	Pak Kok Tsui	128A3
北果洲	Pak Kwo Chau	24D4
北社新村	Pak She San Tsuen	129A6
北流灣	Pak Lau Kok	21F6
北流灣		21F6
北朗	Pak Long	12C1
北圍	Pak Wai	16F2
北港	Pak Kong	16D2
北潭	Pak Tam	17B5
北潭凹	Pak Tam Au	17B5
北潭涌	Pak Tam Chung	17C5
北灣	Pak Wan	13F8
布心排	Po Sham Pai	9F6
半山石	Pun Shan Shek	13G7
半山洲	Pan Shan Chau	15A5
古石刻	Old Stone Carving	23F7
古石刻	Old Stone Carving	24F1
古洞	Kwu Tung	7C8
古劉卡		23C8
四白	Sz Pak	20A2
四白坳		13G6
四肚	Sei To	9B7
布心排	Po Sam Pai	9F6
布袋澳	Po Toi O	24D2
平山仔	Ping Shan Chai	9D5
平洲	Ping Chau	11A8
平面洲	Ping Min Chau (Table Island)	24B3
打石湖	Ta Shek Wu	7F8
打浪排		24D4
打鼓嶺		13G6
打鼓嶺	Ta Kwu Ling	16G1
打爛墩	Ta Ho Tun	16D2
打爛埕頂山	Shek O Peak	23F7
打鐵	Ta Tit Yan	15B5
扒頭鼓	Ta Pa Kwu	13G8
汀九	Ting Kau	14F1
汀九	Ting Kau	9F6
瓦窰下	Nga Yiu Ha	8B3
瓦窰頭	Nga Yiu Ha	9A6
瓦窰頭	Nga Yiu Tau	13A7
瓦窰龍		16F4
田下	Tin Ha	24C1
田下山	Tin Ha Shan	24D1
田夫仔	Tin Fu Tsai	13B8
田心	Tin Sam	6G3
田心	Tin Sam	8G4
田心	Tin Sam	15D6
田心	Tin Sam	19B5
田尾山	Tin Mei Shan	17C6
田寮	Tin Liu	13F8
田寮下	Tin Liu Ha	8G2
田寮村	Tin Liu Tsuen	6G4
甲龍	Kap Lung	14B2

白牛石	Pak Ngau Shek	14A3
白田	Pak Tin	15D6
白田壩	Pak Tin Pa	14D3
白石凹	Pak Shek Au	7C8
白石窩	Pak Shek Wo	16G1
白石橋	Pak Shek Kiu	14C2
白沙村	Pak Sha Tsuen	13A6
白沙洲	Pak Sha Chau	16D3
白沙澳下洋	Pak Sha O Ha Yeung	10G4
白沙頭咀	Pak Sha Tau Tsui	9G7
白沙頭洲	Pak Sha Tau Chau (Harbour Is.)	9G8
白沙灣	Pak Sha Wan (Hebe Haven)	16F2
白芒	Pak Mong	18B7
白角	Pak Kok	9B8
白角仔		10G2
白洲	Pak Chau (Tree Island)	21B5
白馬咀	Pak Ma Tsui	16F3
白沙		24B2
白牛山	Pak Pat Shan	23G6
白銀鄉	Pak Ngan Heung	19C8
白鶴洲	Pak Hok Chau	7C5
白腊	Pak Lap	17F7
白腊灣	Pak Tso Wan (Italian Beach)	128G1
石牛洲	Shek Ngau Chau	11F8
石仔嶺	Shek Tsai Wan	20F1
石仔坡	Shek Tsai Po	18D1
石古壟	Shek Kwu Lung	15D8
石坑	Shek Hang	16B4
石尾嶺		24C2
石茅洲		9B7
石崗		18G4
石門甲	Shek Mun Kap	19C5
石屋山	Shek Uk Shan	16A4
石涌凹	Shek Chung Au	9B6
石崗	Shek Kong	14A2
石崗村	Shek Kong Village	14A2
石崗軍營	Shek Kong Camp	14A1
石梨貝水塘	Kowloon Reservoirs	14F4
石湖圍	Shek Wu Wai	7C7
石湖墟	Shek Wu Tong	14A1
石湖墟	Shek Wu Hoi	8C2
石塘村	Shek Tong Tsuen	7G5
石獅山		19C6
石獅埔	Shek Lau Po	19C5
石壁	Shek Pik	18F3
石壁水塘	Shek Pik Reservoir	18F4
石澳	Shek O	19G7
石澳郊野公園	Shek O Country Park	23F6
石澳灣	Shek O Wan (Rock Bay)	23G7
石頭圍	Shek Tau Wai	14A2
石龍拱	Shek Lung Kung	14D1
石灣	Shek Wan	14F1
石壆仔	Shek Lung Tsai	16C1
石澳村		18G4
石坳村	Shek Po Tsuen	6G3
禾上墩	Wo Sheung Tun	15C6
禾徑山		8B4
禾坑江	Wo Tong Kong	16C2
禾輋崗		14B3
禾輋	Wo Che	15D6
立和村	Lap Wo Tsuen	9B5
加州花園	Palm Springs	111C7

六、七畫

赤洲		12A4
交椅洲	Kau Yi Chau	20B4
伙頭墳洲	Fu Tau Fan Chau	17G7
企人石	Kei Yan Shek	17F5
企山咀	Kei Shan Tsui	9A7
企角頭	Kei Kok Tau	17D8
企頭角		19B6
企頭角頂		17G7
企嶺下老圍	Kei Ling Ha Lo Wai	16B3
企嶺下海	Kei Ling Ha Hoi	16A3
弓洲	Kong Tau Pai	10B2
印洲		10B2
印洲塘	Yan Chau Tong (Double Haven)	10B2
吉慶圍	Kat Hing Wai	7G6
吉澳橋		13B7
吉澳洲	Kat O Chau (Crooked Island)	10A2
吉澳海	Kat O Hoi (Crooed Harbour)	10A1
吊鐘洲	Tiu Tang Lung	9C8
吊鐘洲	Tiu Chung Chau	17G5
吊鐘排	Tiu Chung Pa	24A3
吐露港	Tolo Harbour	15A8
后海灣	Hau Hoi Wan (Deep Bay)	6B2
地塘仔	Tei Tong Tsai	19D5

地塘咀		24D1
尖山	Tsim Shan (Eagle's Nest)	15G5
尖山	Tsim Chau	17C8
尖風山	Tsim Fung Shan	16G1
尖鼻咀	Tsim Bei Tsui	6D4
早禾坑	Tso Wo Hang	16C3
灰沙圍	Fui Sha Wai	6G4
百勝角	Pak Shing Kok	23B8
百福村	Pak Fuk Tsuen	8D2
竹坑	Chuk Hang	7G8
竹角	Chuk Kok	16G2
竹園	Chuk Yuen	8A3
竹園村	Chuk Yuen Tsuen	7D6
米埔	Mai Po	7C6
米埔老圍	Mai Po Lo Wai	7C6
米埔自然護理區	Mai Po Nature Reserve	7C5
羊高洲	Yeung Chau	16D3
老人山	LO Yan Shan	19F8
老坳		10C3
老虎石頂	Lo Fu Shek Teng	9B8
老虎岩		16F3
老虎頭	Lo Fu Tau	19A8
老圍	Lo Wai	122A4
老龍田		9B4
西徑	Sai Keng	16B2
西貢	Sai Kung	16B3
西貢海	Sai Kung Hoi (Inner Port Shelter)	16D3
西高山	High West	22D2
西南蒲台海	Sai Pok Liu Hoi Hap (W. Lamma Ch.)	20F4
西澳	Sai O	16A2
西灣	Sai Wan	13F8
西灣	Sai Wan	128F1
西灣山	Sai Wan Shan	17C8
孖仔排		24A1
孖指徑	Smugglers Ridge	14D4
孖洲	Ma Chau	21B7
孖鞍山	Ma Kong Shan (The Twins)	23G5
佛手岩		21G6
佛堂角	Fat Tong Kok	24D2
佛堂門	Fat Tong Mun	24D2
佛堂洲	Fat Tong Chau (Junk Island)	23C8
何東花園	Ho Tung Garden	22D2
佐敦谷	Jordan Valley	23A6
伯公凹	Pak Kung Au	9A5
伯公坳		9G8
伯公坳		19D6
低埔	Tai PO	19B6
吳屋村	Ng Uk Tsuen	6F4
吳屋村	Ng Uk Tsuen	8D2
吳家村	Ng Ka Tsuen	7G7
吳家村	Ng Ka Tsuen	14A1
吹筒咀		17C7
坑下莆	Hang Ha PO	8G2
坑口	Hang Hau	23A8
坑口村	Hang Hau Tsuen	6F2
坑尾	Hang Mei	18D2
坑尾村	Hang Mei Tsuen	6G4
坑頭大布	Hang Tau Tai Po	7C8
孝子角	Hau Tsz Kok	11D5
孝子角排		11F5
宋崗	Sung Kong	21D8
扶輪公園		14C2
扯旗山	Victoria Peak	22C2
攸潭尾村	Yau Tam Mei Tsuen	7D6
李府界石	Li House Boundary Stone	127D8
李屋	Lei Uk	8F4
李屋		9B6
沙下	Sha Ha	16C3
沙田海	Sha Tin Hoi	15B8
沙田圍	Sha Tin Wai	15D7
沙田頭	Sha Tin Tau	15D6
沙田嶺	Sha Tin Heights	15D5
沙田坳	Sha Tin Au	15F7
沙江圍	Sha Kong Wai	6F3
沙角尾	Sha Kok Mei	16C2
沙咀	Sha Tsui	16F2
沙咀		19F7
沙岩頭		10B3
沙洲	Sha Chau	21C6
沙排	Sha Pai	11D7
沙埔	Sha Po	7F6
沙埔崗	Sha PO Kong	12C1
沙塘口山	Sha Tong Hau Shan (Bluff Island)	24A4
沙塘口尾	Sha Tong Hau Mei	24B4
沙塘口洞	Sha Tong Hau Cave	24B4

地方

地名	English	Ref
沙橋村	Sha Kiu Tsuen	6C3
沙頭角	Sha Tau Kok	9A7
沙頭角海	Sha Tau Kok (Starling Inlet)	9B6
沙嶺	Sha Ling	8B2
沙螺灣	Sha Lo Wan	8F4
沙螺洞	Sha LO Wan	18B4
沙欄	Sha Lan	9G6
汲水門	Kap Shiu Mun	13F8
角大排	Kok Tai Pai	10C3
谷埔	Kuk Po	9B7
谷埔老圍	Kuk Po Lo Wai	9B7
貝澳	Pui O	9B7
貝澳灣	Pui O Wan	19F7
赤角頭	Chek Kok Tau (Fei Sue Ngam)	10A2
赤泥坪	Chek Nai Ping	15B7
赤門海峽	Chek Mun Hoi Hap (Tolo Channel)	10F2
赤柱正灘	Stanley Beach	23G5
赤洲	Chek Chau (Port Island)	11C6
赤洲口	Chek Chau Hau (Middle Channel)	11D5
赤徑	Chek Keng	17B6
赤徑口	Chek Keng Hau (East Aim)	17A6
赤鱲角	Chek Lap Kok	18A4
八畫		
庄頭	Ngai Tau	25F8
洋涌	Pan Chung	8G3
亞公田	A Kung Tin	7F8
亞公咀	A Kung Tsui	9A7
亞媽笏	A Ma Wat	9C7
京士柏	King's Park	22A3
咖啡灣	Cafetena Beach	12D4
和生圍	Wo Shang Wai	7D6
和合石	Wo Hop Shek	8D2
和宜合	Wo Yi Hop	14A8
周公島	Chau Kun To (Sunshine Island)	20C3
坪洋	Ping Yeung	8B3
坪洲	Ping Chau	20B3
坪朗	Ping Long	8G2
坪墩	Ping Tun	16B4
坪輋	Ping Che	8B3
奇力山	Mt. Kellett	22D2
孟公屋	Mang Kung Uk	24A1
孤獨山		17D7
岩頭山	Ngam Tau Shan	17A5
往灣	Wong Wan	10C3
往灣洲	Wong Wan Chau (Double Island)	10C3
往灣排		24A2
拔子窩	Pat Tsz Wo	15C6
拐石	Kwai Shek	13F7
拋魚咀		10C2
放馬莆	Fong Ma Po	8G2
昂佛石洲		18C3
昂平	Ngong Ping	18D4
昂船洲	Ngong Shuen Au	13G7
昂船洲	Ngong Shuen Chau (Stonecutters I.)	22A2
昂崗山	Ngong Chong Shan	10C4
昂窩	Ngong Wo	16C3
枕田山	Cham Tin Shan (Sleepers Hill)	15F8
枕頭洲	Cham Tau Chau	16D3
東丫	Tung Ah	17G7
東山下	Tung Shan Ha	8C4
東心淇	Tung Sam Kei	17A6
東成里	Tung Shing Lei	7G5
東咀頂		21F7
東果洲	Tung Kwo Chau	25D5
東岸一	One Rise More	15F8
東涌	Tung Chung	19B5
東涌灣	Tung Chung Wan	19B5
東博寮海峽	Tung Pok Liu Hoi Hap(E. Lamma Ch.)	22F2
東葵坑		13G5
東樓		21F6
東澳	Tung O	10A2
東澳	Tung O	25F8
東澳灣	Tung O Wan	25F8
東頭村	Tung Tau Tsuen	6F3
東頭頂		21F6
東頭圍	Tung Tau Wai	7F5
東龍洲	Tung Lung Chau	24F1
東龍仔	Tung Lung Tsik	17A7
東灣	Tung Wan	18G3
東灣	Tung Wan	20G2
東灣山	Tung Wan Shan	17A8
東灣仔	Tung Wan Tsai (Coral Beach)	128A2
東灣尾	Tung Wan Mei	18G4
東灣海灘	Tung Wan Beach	129C8
東灣頭	Tung Wan Tau	20C1
果洲群島	Kwo Chau Kwan To (Ninepin Group)	25D5
果洲灣		24D4
林村谷	Lam Tsuen Valley	8G2
林村新村	Lam Tsuen San Tsuen	8G2
林屋圍	Lam Uk WAi	17B7
松仔園	Tsung Tsai Yuen	15A6
松柏朗	Tsung Puk Long	8C1
松園下	Tsung Yuen Ha	8A3
涎涌	Nai Chung	16A2
泥圍	Nai Wai	13A5
河上鄉	Ho Sheung Heong	8C1
河背水塘	Ho Pui Reservoir	14C1
河瀝背	Ho Lek Pui	9F5
油柑頭	Yau Kam Tau	14D2
狗牙嶺	Kau Nga Ling	19D5
狗伸地	Kau San Tei	18C2
狗伸地	Kun San Tei	18C2
狗肚山	Kau To Shan (Cove Hill)	15B6
狗蝨灣	Kau Shat Wan	20C1
狗嶺涌	Kau Ling Chung	18G2
狐狸叫	Wu Lei Kiu	17A7
狐狸頭	Wu Lei Tau	16D2
直門頭		10B4
社山	She Shan	8G2
芝麻坑	Chi Ma Hang	128C4
芝麻灣	Chi Ma Wan	19D8
芝麻灣半島	Chi Ma Wan Peninsula	19F8
芙蓉聖	Fu Yung Pit	16D1
花山		17F7
花坪	Fa Peng	20G2
花坪	Fa Peng	20G2
花瓶頂		13G7
虎山	Fu Shan	18C2
虎王洲	Fu Wong Chau	10B2
虎地中村	Fu Tei Chung Tsuen	12A4
虎頭沙		10F2
近水灣	Approach Beach	14F1
金山	Golden Hill	14F4
金竹角	Kam Chuk Kok	14G1
金馬倫山	Mt. Cameron	22D3
金錢	Kam Tin	8D1
金錢圍	Kam Tin Wai	7G7
長石咀	Cheung Shek Tsui	10A2
長沙	Cheung Sha	19F6
長沙欄	Cheung Sha Lan	20B1
長沙灣	Cheung Sha Wan	20F1
長岩頂	Cheung Ngam Teng	17D8
長亭	Cheung Ting	13D2
長洲灣	Cheung Chau Wan	20G2
長索	Cheung Sok	13G6
長排咀	Cheung Pai Tsui	9A8
長排洲		10C2
長連山	Cheung Lin Shan	23F5
長牌墩	Cheung Pai Tun	9F8
長窩	Cheung Wo	10C3
長瀝	Cheung Lek	7D8
長瀝尾	Cheung Lek Mei	15B6
門樓頸	Mun Lau Keng	9G6
青山	Castle Peak	12C3
青山灣	Castle Peak Bay	12C4
青洲	Green Island	13E3
青洲	Tsing Chau (Steep Island)	24D3
青洲仔	Tsing Chau Tsai	13F7
青洲瀝	Tsing Chau Lek	10B2
青潭水塘		13F7
青龍頭	Tsing Lung Tau	13D7
青龍灣	Dragon Beach	13D8
坳背窩	Au Pui Leng	9B7
坳背灣	Au Pui Wan	15B6
担竿洲	Tam Kon Chau	7C6
担桿山	Tam Chai Shan (Mount Hallowes)	10G3
放馬莆	Fong Ma Po	8G2
九畫		
信義村	Shun Yee Village(Lutheran Village)	128F2
南丫	Nam A	16C3
南丫島	Lamma Island	25G7
南山	Nam Shan	19D8
南山尾	Nam Shan Mei	9D5
南山洞	Nam Shan Tung	10G3
南生圍	Nam San Wai	7F5
南坑	Nam Hang	8G3
南坑	Nam Hang	13A7
南坑排	Nam Hang Pai	13A7
南沙莆	Nam Sha Po	6C3
南角咀	Nam Kok Tsui	21G6
南唱		13F8
南果洲	Nam Kwo Chau	24F4
南風洲		17G6
南朗	Nam Long	12C1
南朗山	Brick Hill	22F3
南涌	Nam Chung	9C5
南堂	Nam Tong	24F1
南堂尾	Nam Tong Mei (Tathong Point)	24G1
南蛇塘	Nam Sha Tong	129D7
南圍	Nam Wai	16F2
南華莆	Nam Wah Po	8F3
南灣	South Bay	22G4
南灣	Nam Wan	130C3
南涌山頂新村	Nan Wan Shan Ting San Tsuen	130C2
南涌新村	Nan Wan San Tsuen	130C2
南氹	Nam Tam	21G6
南氹	Nam Tam	20G2
南氹灣	Nam Tam Wan (Morning Beach)	128F3
城門副水塘	Shing Mun (Jubilee) Reservoir	14D4
屏山	Ping Shan	6G4
屏風山	Ping Fung Shan	9D5
施樂園		14C3
春花落	Chun Fa Lok	14G2
春風亭		9F7
柏架山	Pak Ka Shan (Mount Parker)	23D6
椰売村		13F8
洋洲	Yeung Chau	9G6
洲尾角	Chau Mei Kok	11A8
洲頭	Chau Tau	7B7
洲頭	Chau Tau	11A8
洪水橋	Hung Shui Kiu	6G4
洪聖爺	Hung Shing Ye	25D7
洪聖爺灣	Hung Shing Ye Beach	25D6
洞梓	Tung Tsz	9F5
炮台山	Mo Kwai Shan	23B7
界咸	Kai Ham	16F1
相思灣	Seung Sz Wan	24B1
穿窿門		24F4
紅山半島	Red Hill Peninsula	23G6
紅石門	Hung Shek Mun	10D2
紅花嶺	Hung Fa Leng (Robins Nest)	8A4
紅花嶺	Hung Fa Leng	10B3
紅花岩	Hung Fa Ngan	19B8
紅排	Hung Pai	10C2
紅梅谷	Hung Mui Kuk	15F6
美經援村	Care Village	128G1
茅坪	Mau Ping	16D1
茅湖山		23A7
茅園	Mau Yuen	19D7
茅草岩	Mau Tso Ngam	15F8
軍地	Kwan Tei	8C3
飛鳳岩		10A3
飛機岩		21B7
飛鵝山	Kowloon Peak	15G8
香粉寮	Heung Fan Liu	15D5
香港仔水塘	Aberdeen Reservoirs	22D3
香港仔郊野公園	Aberdeen Country Park	22D3
香港仔海峽	Aberdeen Channel	22F3
香港仔海港	Aberdeen Harbour	22F2
香園圍	Heung Yuen Wai	8A3
十、十一畫		
羌山	Keung Shan	18F3
砵屋角	O Si Kok	10A2
砵甸乍山	Pottinger Peak	23D7
茜草灣	Sai Tso Wan	18C3
倒扣灣		13F7
凌雲寺	Ling Wan Tsz	14A3
唐人新村	Tong Yan San Tsuen	6G4
哥連臣山	Mt. Collinson	23F6
夏萍灣	Hair Pin Beach	23G6
蛾眉洲	Ngo Mei Chau (Crescent Island)	10B3
蛾眉灣	Ngo Mei Wan	10B3
恐龍山	Hung Lung Hang	8B2
悟園		18F2
捉魚排		10C3
料壆	Liu Pok	7A8
朗廈	Long Ha	7D6
柴灣角	Chai Wan Kok	14D2
桃園圍	To Yuen Wai	12A4
泰亨	Tai Hang	8F3
浪芒灣		16D4
浪琴	Long Ke	17D7
浪茄灣	Long Ke Wan	17D8
海下	Hoi Ha	10G4
海美灣	Hoi Mei Beach	14F1

地方

地名	英文	編號
涌口	Chung Hau	19F8
涌口	Chung Hau	19C8
涌尾	Chung Tsai Mei	20B3
涌尾	Chung Mei	9D7
涌尾角	Chung Mei Kok	11F5
涌沙頂	Chung Sha Teng	10G4
涌背	Chung Pui	9D7
涌湖咀		10B1
流水岩		8B4
流水響	Lau Shu Heung	8D3
流浮山	Lau Fau Shan	6D3
烏石角	Wu Shek Kok	9B6
烏石		10C3
烏洲		16A3
烏排		10B2
烏蛟騰	Wu Kau Tang	9C8
烏溪沙	Wu Kai Sha	16A1
烏龜沙咀	Wu Kwai Sha Tsui	16A1
烏龜洲		21B6
破邊洲	Po Pin Chau	17F8
祠堂村	Tsz Tong Tsuen	8D3
神仙井山	San Sin Tseng Shan	16F4
索罟群島	Soko Islands	21B8
索罟灣	Sok Kwu Wan	25F7
純陽峰	Soon Yeung Peak	9D6
荔枝坑	Lai Chi Hang	15A6
荔枝莊	Lai Chi Chong	10G2
荔枝園	Lai Chi Yuen Tsuen	19D8
荔枝窩	Lai Chi Wo	9B8
草灣	Grassy Hill	15B5
茶果洲	Cha Kwo Chau	19G6
茶園	Tea Farin	18D4
荃灣	Tsuen Kam Au	14A5
針山	Cham Shan (Needle Hill)	15D5
馬己仙峽	Magazine Gap	22D3
馬田村	Ma Tin Tsuen	6G4
馬坑山	Stone Hill	23G5
馬屎	Ma Niu	15B7
馬尾下	Ma Mei Ha	8C4
馬角洲		13F8
馬屎洲	Ma Shi Chau	9G7
駱駝水涌洲		9G6
馬牯纜	Ma Kwu Lam	16A2
馬料水	Ma Liu Shui	15B7
馬草壟	Ma Tso Lung	7B8
馬游塘	Ma Yau Tong	23A7
馬腰	Ma Yiu	9G7
馬窩	Ma Wo	15A5
馬鞍山	Ma On Shan	16B1
馬鞍山村	Ma On Shan Tsuen	16B1
馬鞍崗	Ma On Kong	13A8
馬蹄峋		13C8
馬頭角	Ma Tau Kok	22A4
馬頭峰	Ma Tau Fong	9D8
馬灣	Ma Wan	13F8
馬灣	Ma Wan	19B5
馬灣涌	Ma Wan Chung	19B5
高山村	Ko Shan Tsuen	129F6
高流灣	Ko Lau Wan	11G6
高排		21B8
高莆	Ko Po	8C4
高塘	Ko Tong	9C8
高塘口	Ko Tong Hau (West Arm)	17A6
高塱	Ko Long	25D6
乾山		12A3
崑洲	See Chau	17G6
崑菱洲	Tsz Kan Chau	12G4
執毛洲	Tsap Mo Chau	10C2
嬰哥山		19B7
將軍石	Old Man Rock	18D1
將軍澳	Tseung Kwan O (Junk Bay)	23B8
崩紗排		10G2
張保仔洞	Cheung Po Tsai Cave	20G1
張屋	Cheung Uk	9B6
張屋圍	Cheung Uk Wai	17B8
掃管笏	So Kwun Tan	13D5
掃管灣	So Kwun Wat	13D5
掃管笏村	So Kwun Wat Tsuen	13C5
排進	Pai Tau	15D6
斬竹灣	Tsam Chuk Wan	16C4
斬頭洲	Cheung Keng Chau	11A8
曹公潭	Tso Kung Tam	14D3
望夫石	Amah Rock	15F6
望后石	Mong Hau Shek (Pillar Point)	12D2
望后溪		12C2
望東坑	Mong Tung Hang	13G7
望東灣	Mong Tung Wan	19F8
望魚角	Mong Yue Kok	17B8
梁屋	Leung Uk	18D2
梧桐寨	Ng Tung Chai	14A3
梅子林	Mui Tsz Lam	9C8
梅子林	Mui Tsz Lam	16C1
梅窩	Mui Wo	19C8
梅樹坑		8G3
淺水灣	Repulse Bay	23F5
清水灣	Tsing Shui Wan (Clear Water Bay)	24C1
清水灣旅遊中心	Clear Water Bay Tourist Ctr	24C2
清快塘	Tsing Fai Tong	13C8
深井	Sham Tseng	13D8
深井新村	Sham Tseng San Tsuen	13D8
深水角	Sham Shui Kok	13G5
深水埗	Sham Shui Kok	22G3
深水排	Sham Shui Pai	20G3
深水灣	Deep Water Bay	22F4
深石村	Sham Shek Tsuen	18C3
深坑瀝		18G1
深屈	Sham Wat	18C3
深涌	Sham Chong	16A3
深涌角		10G1
深窩灣		18C3
深灣	Sham Wan	25G7
深涌埔角	Sham Kao Po Kok	9A8
犁壁山	Lai Pek Shan	9D6
犁壁山		13G6
犁頭石	Lai Tau Shek	9C8
畢拿山	Mount Butler	23D5
第一新村	Tai Yat San Tsuen	130C2
細鴨洲	Sai Ap Chau	9A8
春坎角	Chung Hom Wan	23G5
春坎灣	Chung Hom Wan	23G5
船灣海	Shuen Wan Hoi (Plover Cove)	9F6
船灣淡水湖	Plover Cove Reservoir	9F8
蛇灣山		17F6
蛇灣角	She Wan Kok	17G6
蛋家灣	Tan Ka Wan	11G6
達吉鄉	Fung Kat Heung	7F6
野豬徑	Ye Chu Keng	23F6
釣魚台	Tiu Yue Toi	21A5
釣魚灣	Anglers Beach	13D8
陳屋		9C6
陰仔		21B7
陰仔灣		13G6
陰澳	Yam O	13G6
陰澳灣	Yam O Wan	13G6
鹿山		15A6
鹿地塘	Luk Tei Tong	19C8
鹿洲	Luk Chau	25D7
鹿洲村	Luk Chau Tsuen	25D7
鹿洲灣	Luk Chau Wan	25C7
鹿湖	Luk Wu	17C7
鹿湖	Luk Wu	18D3
鹿頸	Luk Keng	9B6
鹿頸山	Luk Keng Shan	19G5
鹿頸村	Luk Keng Tsuen	13G6
麻雀嶺	Ma Tseuk Leng	9B5
麻笏洲	Ma Lam Wat	16F3
麻窩圍	Ma Wat Wai	8D3
蚺蛇尖	Sharp Peak (Nam She Tsim)	17A7
蚺蛇灣	Nam She Au	17A7
康樂園	Hong Lok Yuen	111B7
陶了堅	To Tsz Kin	1A5

十二、十三畫

地名	英文	編號
喜靈洲	Hei Ling Chau	20D2
圍仔	Wai Tsai	7D6
圍仔井新村	Wai Tsai Tseng San Tsuen	130C2
圍仔村	Wai Tsai Tsuen	130C2
圍頭村	Wai Tau Tsuen	8F2
彭家村	Pang Ka Tsuen	7G7
愉景灣	Discovery Bay	20A1
掌牛山		13A8
插桅仔	Chap Wan Kon	15D7
散石灣新村	San Shek Wan San Tsuen	12C3
曾咀	Tsang Tsui	12A1
棺材角	Ocean Point	10D4
殼仔排		24D4
港頭村	Kong Tau Tsuen	7G5
湖洋	Wu Yeung	12B1
渣甸山	Jardin's Lookout	23D5
牌額山	Pai Ngak Shan	17B6
猴岩島		14B4
畫眉山	Wa Mei Shan	8F2
番鬼倫洲	Fan Kwai Lun Chau	25A5
番鬼塘	Fan Kwai Tong	18D2
短洲仔		25D5
筆架山	Beacon Hill	15F5
紫羅蘭山	Tsz Lo Lan Shan (Violet Hill)	23F5
萊洞	Ling Kok Shan	25F7
萊洞	Loi Tung	8B4
蛤塘	Kop Tong	9C8
象山	Cheung Shan	18C3
象鼻崖		18G1
週田村	Chow Tin Tsuen	8B2
雲枕山	Wan Cham Shan	23F7
飯甑洲	Fan Tsang Chau	17F8
馮家圍	Fung Ka Wai	6F4
黃麦應	Wong Mo Ying	16C4
黃石	Wong Shek	17A6
黃地峒		16A3
黃竹山	Wong Chuk Shan	16D1
黃竹角	Wong Chuk Kok	25D8
黃竹角咀	Wong Chuk Kok Tsui (Bluff Head)	10C4
黃竹角海	Wong Chuk Kok Hoi	10C3
黃竹洋	Wong Chuk Yeung	15C6
黃竹洋	Wong Chuk Yeung	16B2
黃竹園	Wong Chuk Yuen	7G8
黃竹園	Wong Chuk Yuen	14A2
黃竹園	Wong Chuk Yuen	16C3
黃竹塱	Wong Chuk Long	17A5
黃宜洲	Wong Yi Chau	17C5
黃泥洲	Wong Nai Chau	17G7
黃泥涌峽	Wong Nai Chung Gap	23D5
黃屋	Wong Uk	13D6
黃茅角	Wong Mau Kok	11G5
黃茅洲	Wong Mau Chau	11G7
黃魚灘	Wong Yue Tan	9F5
黃麥石澗		13B6
黃輞山	Wong Fong Shan	10A2
黃龍坑	Wong Lung Hang	19C6
黃嶺	Wong Leng	9D5
黃竹螺	Wong Nai Tun	13A6
黃麖仔	Wong Keng Tsai	16G1
黃麖地	Wong Keng Tei	17C5
黑心窩		24C1
黑角頭	Hak Kok Tau (Cape Collenson)	23D8
圓玄學院	Yuen Hin Hok Yin	14D3
圓角	Yuen Kok	25G8
圓洲	Yuen Chau	21B7
圓洲角	Yuen Chau Kok	15D7
圓桌村	Round Table Village	128F1
圓桌第一村	Round Table 1st Village	128F1
圓崗洲	Yuen Kong Chau	21B8
圓墩	Yuen Tun	13D7
塘坑	Tong Hang	8D3
塘肚	Tong To	9A6
塘福	Tong Fuk	19F5
塘福廟灣	Tong Fuk Miu Wan	19F5
塔門	Tap Mun	11F5
塔門口	Tap Mun Hau (South Channel)	11F6
塔門洲	Tap Mun Chau (Grass Island)	11F6
塔門洞	Tap Mun Cave	11F6
媽灣		24D4
廈村	Ha Tsuen	6G3
廈村市	Ha Tsuen Shi	6G3
廈門灣	Hap Mun Bay	16F4
慈興寺	Tsz Hing Monastery	18F2
新田	San Tin	7C7
新東涌坑	San Tong Chung Hang	19C6
新屋	San Uk Ha	9C7
新屋仔	San Uk Leng	8B2
新娘潭	Bride's Pool	9C7
新桂田	San Kwai Tin	9A5
新圍	San Wai	6F3
新圍村	San Wai Tsuen	7D6
新塘		15F5
新墟村	San Hui Tsuen	12B4
新慶村	San Hing Tsuen	6F3
新慶村	San Hing Tsuen	12A4
新舖唱	San Po Tsui	13F8
楊小坑	Yeung Siu Hang	12B3
楊桂田	Yeung Uk Tsuen	7G5
楊家村	Yeung Ka Tsuen	13B6
滅舟風		12B3
煎魚灣	Tsin Yue Wan	18G1
照鏡環灣新村	Chiu Keng Wan San Tsuen	23B7
獅子山	Lion Rock	15F6
獅子滾球		11D6
獅尾凸石	Sz Tsz Tau Shan	18D4
獅山	Sz Shan	18D2
獅頭嶺	Sze Tau Leng	8C4

地方

碗窰	Wun Yiu	15A5
萬丈布	Man Cheung Po	18F2
萬角	Man Kok	20C1
萬角咀	Man Kok Tsui	20C2
萬宜水庫	High Island Reservoir	17D6
萬邊山	Man U Pin	8B4
稔圜	Nim Yuen	19C5
稔樹灣	Nim Shue Wan	20B2
稔樹灣	Nim Shue Wan	20B2
稔樹灣村	Nim Shue Wan Village	127C7
稔灣	Nim Wan	12A2
落禾沙	Lok Wo Sha	16A1
落路下	Lok Lo Ha	100G3
較水寮	Kau Shui Liu	17G5
道風山	To Fung Shan	15D6
鉛鑛坳	Lead Mine Pass	15B5
隔田	Kak Tin	15F6
雷公田	Lui Kun Tin	14A2
雷打石	Lui Ta Shek	16B4
脷魚岩	Tai Yue Ngam	17C8
脷魚岩頂		17D8
滘西	Kau Sai	17G5
滘西洲	Kau Sai Chau	17F5
滘西灣	Cascade Bay	17G5
輋下	Che Ha	16A2

十四、十五畫

嶂上	Cheung Sheung	16A4
嘉道理農場	Kadoorie Farm	14A3
嘉道理灘	Kadoorie Beach	12C4
壽臣山	Shouson Hill	22F4
蔡角	Chai Kok	14A4
對面洲	Tui Min Chau	10A3
榕樹下村	Yung Shue Ha Tsuen	25F8
榕樹仔		18C2
榕樹凹	Yung Shue Au	9A7
榕樹澳	Yung Shue O	16A3
榕樹灣	Yung Shue Wan	25D8
馬鞍山	Mt. Gough	22D3
漁民新村		11F6
窩尾	Wo Mei	16F2
蒲台	Po Toi	21F6
蒲台群島	Po Toi Islands	21D6
銀坑新村	Ngan Hang Tsuen	23G7
銀洲	Ngan Chau (Flat Island)	10F4
銀洲		20B3
銀瓶頂	Ngan Ping Tau	24A1
銀線灣	Ngan Sin Wan (Silver Strand)	24A1
銀灣	Ngan Wan	23D8
銀鑛洞	Silver Mine Cave	19C8
銀鑛灣	Ngan Kwong wan (Silver Mine Bay)	20C1
銅池灣	Tung Lo Wan	15D6
鳳地新村	Fung Chi Tsuen	113F5
鳳凰	Fung Hang	9B6
鳳降村	Fung Kong Tsuen	6F3
鳳凰山	Fung Wong Shan (Lantan Peak)	18D4
鳳凰笏頂	Fung Wong Wat Teng	10D2
鳳園	Fung Yuen	8F4
鳳凰老村	Fung Yuen Lo Tsuen	8F4
墩洲	Fun Chau	10B1
德禮塘		14G4
摩星嶺	Mount Davis	22C1
樟木頭	Cheung Muk Tau	16A1
樟木頭	Cheung Muk Tau	21A8
樟樹頭	Cheung Shue Tau	14F2
樟樹灘	Cheung Shue Tan	15A7
標尖角		17F8
模達	Mo Tat	25F8
模範鄉	Mo Fan Heung	7F6
澄碧邨	Sea Ranch	19G8
潮音洞		24A3
熨波洲	Middle Island	22G4
蓮花山	Lin Fa Shan	14C1
蓮花山	Lin Fa Shan	19C7
蓮花井山	Bridge Hill	23F6
蓮花地	Lin Fa Tei	14A1
蓮麻坑	Lin Ma Hang	8A4
蓮塘尾	Lin Tong Mei	8D1
蓮澳	Lin Au	14A4
蝴蝶山	Butterfly Hill	127D6
蝴蝶地		14C3
蝴蝶灣	Butterfly Beach	12D3
		19B5
蝦鬚排		20F1
調景嶺	Tiu Keng Leng	23B7
踏石角	Tap Shek Kok	12C1
棚井圍	Mong Tseng Wai	6D3

鄭屋		9B5
鞋頭灣		24C1
鯽魚灣	Yau Yue Wan	23A8
鴉山	A Shan	9F5
鴉洲		9B6
關壩井	Tong Kai Tseng	9G6
探軍盧軍營	Cassino Lines	7D7
墨洲	Mat Chau	21G5
潭尾軍營	Tam Mi Camp	7D7

十六、十七畫

墨圍	Pok Wai	7F6
壁峽	Pik Uk	16G1
橫山腳	Wang Shan Keuk	9D6
橫山嶺新村		8B4
橫台山	Wang Toi Shan	7G8
橫門海	Wang Mun Hoi	10B3
橫洲	Wang Chau	25A5
橫墈	Wang Tong	19D8
橫墈墩		17C6
橫嶺		8C3
橫嶺	Wang Leng	9D8
橫嶺頭	Wang Leng Tau	9D8
橫瀝		8A4
橫瀾島	Waglan Island	21D8
橫咀	Kiu Tsui	16D3
橫洲	Kiu Tsui	16F3
橫嶼郊野公園	Kiu Tsui Country Park	16F4
橫頭	Kiu Tau	16F3
橫頭墩	Kiu Tau	6G3
澳背塘	O Pui Tong	10A3
燈洲		9G8
燈籠洲	Tang Lung Chau	13F8
燕子岩	Yin Tsz Ngam	17C8
燕巖	Yin Ngam	15B5
磨刀洲	Mo To Chau (The Brothers)	12G4
磨洲		10F4
蕉坑	Tsiu Hang	16D2
蕉徑新圍	Tsiu Keng San Wai	7D8
貓眼洞	Mao Ngan Cave	10A3
錫窩灣	Sik Kong Wai	6G3
錦山	Kam Shan	8G3
錦田	Kam Tin	7F6
錦慶圍	Kam Hing Wai	7G6
頭坳	Tau Au	16D3
頂鯉魚洲	Tau Lo Chau	21C8
鴨洲	Ap Chau (Robinson Island)	10A1
鴨洲海	Ap Chau Hoi	9A8
鴨脷洲	Ap Lei Chau	22F2
鴨脷排	Ap Lei Pai	22G3
龍仔	Lung Tsai	12C1
龍仔村	Lung Tsai Tsuen	129F7
龍尾	Lung Mei	9F7
龍尾	Lung Mei	16C2
龍尾村	Lugn Mei Tsuen	19C8
龍珠島	Pearl Island	12D4
龍落石		10G2
龍蝦排		25D5
龍眼排		16F4
龍鼓上灘	Lung Kwu Sheung Tan	12B1
龍鼓洲	Lung Kwu Chau	21A6
龍鼓灘	Lung Kwu Tan	12C2
龍鰕灣	Lung Ha Wan	24B2
龍鰕筋	Lung Keng Ken	11F6
龍鰕頭	Lung Shan Tau	8C2
龜背洞	Turtle Cove	23G6
龜頭嘴	Kwai Tau Tsui	20F2
龜頭嶺	Kwai Tau Leng	9C5
嶺皮	Ling Pei	19C5
彌勒山	Nei Lik Shan	18C4
營盤	Ying Pun	8F1
聯和墟	Luen Wo Hui	8D2
薄刀嶺	Po To Yan	19B6
薄扶林水塘	Pok Fu Lam Reservoir	22D2
薄扶林郊野公園	Pok Fu Lam Country Park	22D2
菁莨洲		25D5
螺地墩	Lo Tei Tun	17C7
螺洲	Lo Chau (Beaufort Island)	21D6
螺洲白排	Lo Chau Pak Pai (Castle Rock)	21F5
螺洲門	Lo Chau Mun	21F6
謝屋		11G5
鍾屋村	Chung Uk Tsuen	8G2
鍾屋村	Chung Uk Tsuen	13A5
濾石灣	San Shek Wan	18B3
濾沙灣	San Shek Wan	19F7
濾頭	San Tau	19B5
濾頭角	San Tau Kok	9F5

十八畫及以上

擺頭墩	Pai Tau Tun	17D5
斷頭洲	Tuan Tau Chau	16D4
檳榔灣	Pan Long Wan	24B1
瀑布灣	Waterfall Bay	22F1
甕缸灣		24A4
簡頭村	Kan Tau Tsuen	8C4
簡頭灣	Kan Tau Wai	8A3
糧船灣洲	Leung Shuen Wan Chau (High Island)	17F7
糧船灣海	Leung Shuen Wan Hoi (Rocky Harbour)	17G6
聶高信山	Mt. Nicholson	22D4
藍巴勒海峽	Rambler Channel	14F3
藍地	Lam Tei	12A4
藍塘海峽	Lam Tong Hoi Hap (Tathong Channel)	23F8
鎮流扣	Sor See Kau	17G7
鎮鑼盆	So Lo Pun	9B8
雙鑼灣	Gemini Beach	13D8
雙四門	Sheung Sz Mun	21D5
雞公山	Kai Kung Shan	16B3
雞公山		18F1
雞公頭	Kai Kung Tau (Peaked Head)	10A4
雞公嶺	Kai Kung Leng	7D8
雞公嶺	Kai Kung Leng	10A3
雞谷樹下	Kai Kuk Shue Ha	9B6
雞洲	Kai Chau	17F5
雞魚岩		24F1
雞麻峒	Kai Ma Tung	10G2
雞嶺	Kai Leng	8D2
鯉魚門	Lei Yue Mun	23C7
鵝頭咀		10F3
鵝髻頂		10D3
穩患山		25A5
羅屋村	Lo Uk Tsuen	14A2
羅湖	Lo Wu	8B1
海地灣	Hai Tei Wan	20B2
蟹鉗咀	Hai Kum Tsui	127A7
雞公石	Kei Lun Shek	10B3
麒麟圍	Kei Lun Wai	12A4
麗都灣	Lido Beach	14F1
寶珠潭	Po Chue Tam	18C2
寶塔下	Po Tong Ha	12A4
蘆荻灣	Lo Tik Wan	25D7
		9F6
蘆鬚城	Lo So Shing	25F7
蘇眉頭		24C1
嚮涌	Ho Chung	16F1
嚮涌谷	Ho Chung Kuk	16F1
嚮和深	Ho Hok Shan	7G6
鹹田	Ham Tin	17B8
鹹田	Ham Tin	19D8
鹹坑尾	Ham Hang Mei	9B6
爛頭營	Lantau Camp	19D6
鐵坑	Tit Hang	7B8
鐵鉗山	Tit Kim Hang	16C4
鐵藕洲	Tit Cham Chau	23D8
礜螺石		21F6
礜螺角	Heung Lo Kok (Gruff Head)	10D4
鶴咀灣	Hok Tsui Wan	10B4
鶴咀沙	Hok Tsui Sha	23G7
鶴岩洲		24D2
鶴藪	Hok Tau Wai	8D4
疊石	Tip Shek	11F6
鶴過山	Che Kwu Shan (Razor Hill)	16G2
鑊波山		12A4
靈會山	Ling Wui Shan	18G2
鹽売洞		18B4
鹽田	Yim Tin	18D2
鹽田仔	Yim Tin Tsai	9G6
鹽田仔	Yim Tin Tsai	16D4
鹽灶下	Yim Tso Ha	9B5
鹽寮下	Yim Liu Ha	9A6
鹽灶	Lam Hau	6G4
欖灣角洞		25B5
灣仔	Wan Tsai	21F6
灣仔峽	Wan Chai Gap	22D3
灣仔排		10F4
鑊箕灣	Lo Kei Wan	18G4
鑊箕		16F1
觀音山	Kwun Yam Shan	14B3
觀音山	Kwun Yam Shan	15F8
觀音洞	Kwun Yam Cave	10C2
觀音岩		10A3
觀音灣	Kwun Yam Wan (Afternoon Beach)	20G2
觀塘仔灣	Kwun Tong Tsai Wan	23B6
鑿石山	Po Yue Wan	128G1
鑿磡石	Ngau Hom Shek	6F2
鑿磡沙	Ngau Hom Sha	6G2

地方